国家自然科学基金面上项目(41371162)　　资助出版

旅游地理论与实践探索丛书

旅游生态学理论与实践

晋秀龙　陆　林　等著

科学出版社
北京

内 容 简 介

本书在分析国内外旅游生态环境影响及旅游生态学学科发展的基础上，从学科体系构建入手，探索建立旅游生态学学科发展的研究体系；构建了以旅游生态系统为学科的研究对象，以系统理论、生态系统理论、生物多样性理论、景观生态学理论和可持续发展理论等相关理论为基础的旅游生态学学科理论体系，探索旅游生态学的研究对象、研究理论、研究内容和旅游方法；并对黄山风景区等进行案例分析，研究人类旅游活动对植被、土壤、土壤动物、水、声环境、土壤酶、微生物等的影响过程、效应与机理。

本书可供高等院校旅游管理专业及生态学、环境学、地理学、生物科学等相关专业的专科生、本科生、研究生使用，也可供旅游从业人员、旅游管理人员、生态研究与管理人员等参考。

图书在版编目(CIP)数据

旅游生态学理论与实践 / 晋秀龙等著. —北京：科学出版社，2017.9
（旅游地理论与实践探索丛书）
ISBN 978-7-03-054503-9

Ⅰ. ①旅… Ⅱ. ①晋… Ⅲ. ①生态旅游—研究 Ⅳ. ①F590.75

中国版本图书馆CIP数据核字(2017)第227236号

责任编辑：许　健
责任印制：谭宏宇 / 封面设计：殷　靓

科学出版社 出版
北京东黄城根北街16号
邮政编码：100717
http://www.sciencep.com
南京展望文化发展有限公司排版
当纳利（上海）信息技术有限公司
科学出版社发行　各地新华书店经销

*

2017年9月第　一　版　开本：B5(720×1 000)
2022年1月第六次印刷　印张：17½　插页：2
字数：343 000

定价：87.00元

（如有印装质量问题，我社负责调换）

序

1979 年 7 月 15 日，一代伟人邓小平同志徒步登上黄山之巅，语重心长地说：黄山是发展旅游的好地方，要有点雄心壮志，把黄山的牌子打出去。由此开启了黄山乃至整个中国现代旅游业发展的历史大幕。近 40 年来，我国改革开放事业取得了举世瞩目的成就，旅游业也迅速发展，已经成为国民经济的综合性产业，全面融入国家战略体系。

中国旅游业的发展为旅游研究提供了千载难逢的机遇。安徽师范大学师生深受鼓舞，20 世纪 80 年代初，在卢村禾、韩也良先生的带领下开始了旅游学术研究，韩也良先生主持了我国第一项旅游研究的国家自然科学基金项目《黄山风景区开发理论的地学研究》。之后，安徽师范大学老师们承担了多项旅游研究的国家科研项目，持续开展旅游学术研究，取得了一些研究成果，培育了一批旅游研究人才。

我既是这一过程的见证者、参与者，更是这一过程的受益者。1985～1988 年我师从安徽师范大学卢村禾先生，攻读硕士研究生，开始从事旅游研究；1992～1995 年，师从南京大学曾尊固先生，攻读博士学位，继续从事旅游研究；1995～1997 年，师从中国科学院地理科学与资源研究所郭来喜先生从事旅游研究的博士后工作。三位先生的教导，让我终身受益。

三十余年来，我一直从事旅游研究，获得了多项旅游研究的国家科研项目支持，培养了 100 多位旅游研究领域的博士和硕士研究生，他们中不少已经成为旅游研究领域专业研究者。在研究过程中，我们取得了一点成果，成果较明显地指向了旅游研究核心领域之一的旅游地研究。随着我们研究的深入和拓展，具备了形成主题化、系统化研究成果的条件。相对集中的研究领域、研究兴趣和研究成果为出版《旅游地理论与实践探索丛书》提供了条件。

希望以《旅游地理论与实践探索丛书》的形式，集中、系统出版的研究成果，更好地向国内外同行学习、与国内外同行交流，更好地为旅游地研究服务。

《旅游地理论与实践探索丛书》是一个开放的学术平台，我们非常欢迎相关研究成果以学术丛书的形式出版，一起为旅游地研究做贡献。

许多人为《旅游地理论与实践探索丛书》的出版做出了贡献，今后，还会有人为此做出贡献，在此衷心地感谢所有贡献者。

限于作者的学识和水平，丛书中的不到之处，敬请专家和读者批评、指正！

陆　林

2017 年 6 月于安徽师范大学文津花园

前　言

进入21世纪以来，旅游活动的范围和影响日益扩大，人类旅游活动对生态环境的影响研究受到国内外学者的关注程度较高，并逐渐成为研究的热点。

本书在对国内外旅游生态环境影响及旅游生态学学科发展的相关研究进行分析的基础上，结合十多年来的旅游生态学的具体研究实践，从学科体系构建入手，探索建立旅游生态学学科发展的研究体系。本书还构建了以旅游生态系统为学科的研究对象；以系统理论、生态系统理论、生物多样性理论、景观生态学理论和可持续发展理论等相关理论为基础的旅游生态学学科理论体系；以旅游生态系统结构、功能、旅游生态系统的影响和旅游生态管理等为学科的主要研究内容；以野外研究方法、空间分析方法、旅游生态影响评价和旅游生态管理等为学科的主要研究方法。本书对旅游生态学学科的发展和完善提供有益的探索，在进行学科理论研究体系探讨的同时，以国内知名的旅游胜地黄山风景区、九华山风景区、太平湖风景区、琅琊山风景区、赭山风景区等为主要研究案例地，研究人类旅游活动对植被、土壤、土壤动物、水、声环境、土壤酶、微生物等的影响过程、效应与机理，探索旅游生态学不同尺度的研究实践。

晋秀龙撰写了本书的第一章～第五章、第六章的第七节和第八节、第八章、第十章，以及全书的整理与完善；陆林对全书的撰写进行了全面的指导与把关，确定本书的研究框架结构体系；巩劼撰写了本书第六章的第一节～第六节；王立龙撰写了本书的第七章；杨安娜撰写了本书的第九章；最后由晋秀龙与陆林统稿。

本书由国家自然科学基金面上项目“旅游干扰下的旅游地生态系统的响应、演化与调控”(41371162)的部分研究成果整理而形成。本书在案例地调及撰写过程中得到黄山风景区管理委员会、九华山风景区管理委员会、太平湖湿地公园、琅琊山风景区管理委员会等的大力支持和帮助，也得到了席贻龙教授、周守标教授等的指导，以及郝朝运、覃逸明等博士的帮助，在此一并表示感谢。

由于时间仓促，书中难免有疏漏之处，欢迎读者指正。

晋秀龙

2017年6月8日于安徽滁州

目　录

第一章　绪　　论

环境是旅游的重要载体，旅游需要环境支撑，随着旅游活动在全世界范围内的迅猛发展，旅游所带来的环境问题日益凸显，全球生态环境受旅游活动的影响日趋严重。旅游活动所引起的生态环境问题越严重，也越会受到旅游业界和学术界的关注。目前，有关旅游活动对生态环境影响的研究在全球范围内处于蓬勃发展态势，但这些研究大多还处于应用性的影响研究阶段。因此，有必要建立一门学科来对此现象、本质等加以探讨和研究，旅游生态学正是在这种背景下产生的一门新学科。它用生态学方法和原理来研究旅游活动、探讨旅游产业与生态环境之间的关系，以最大限度地减少不合理的旅游活动对自然生态环境的破坏为目的，使旅游业得以持续稳定发展。对照一门独立学科规范的研究理论、内容和方法，旅游生态学尚不完备，作为一门独立学科还存在许多不足，具体表现在旅游生态学的学科尚在建立之中，旅游生态学的研究体系有待完善；研究的内容、方法和手段等还不完备；对由旅游生态活动造成的环境影响的指导作用还不强等。完善旅游生态学学科体系，为旅游与生态环境相互关系的研究提供理论与实践的保障，使旅游生态学的研究理论、研究方法等不断得到完善势在必行。本书对旅游生态学学科体系进行研究，并以其理论为指导，在黄山、九华山、太平湖等旅游地进行了中小尺度的实践性研究，目的是为了丰富和完善学科研究体系，从学科建设的角度去探究人类面临的旅游活动与生态环境之间的作用、机理和过程。

第一节　旅游与旅游生态学

一、旅游及旅游业

（一）旅游

“旅游”从中文字意上理解，“旅”是旅行，外出，即为了实现某一目的而在空间上从甲地到乙地的行进过程；“游”是外出游览、观光、娱乐，即为达到这些目的所作的旅行，二者合起来即旅游。所以旅行偏重于行，旅游不但有“行”，且有观光、娱乐含义。英文中的旅游（tour）来源于拉丁语的“tornare”和希腊语的“tornos”，其含义是“车床或圆圈；围绕一个中心点或轴的运动”。这个含义在现代英语中演变为“顺序”。单词 tourism 的后缀-ism 定义为“一个行动或过程，以及特定行为或特性”，而单词 tourist 的后缀-ist 则意指“从事特定活动的人”。词根 tour 与后缀-ism 和-ist连在一起，指按照圆形轨迹的移动，所以旅游指一种往复的行程，即指离开后再回到起点的活动；完成这个行程的人也就称为旅游者(tourist)。

世界旅游组织和联合国统计委员会认为的旅游是指为了休闲、商务或其他目的离开人们的惯常环境，到某些地方并停留在那里，但连续不超过一年的活动，其目的包括六大类：休闲、娱乐、度假，探亲访友，商务、专业访问，健康医疗，宗教/朝拜，其他。

旅游业，国际上称为旅游产业，是凭借旅游资源和设施，专门或者主要从事招徕、接待游客，为其提供交通、游览、住宿、餐饮、购物、文娱六个环节的综合性行业，旅游业主要由旅游业、交通客运业和以饭店为代表的住宿业三大部分构成，它们构成了旅游业的三大支柱。

(二) 旅游业发展

第二次世界大战以后，世界经济和政治格局以和平、发展为主题，全球大多数国家的经济都经历了持续稳定的发展和增长时期。国际政治环境的相对稳定、科技和教育的快速发展、交通运输业的突飞猛进、人们收入水平的大幅度提高、生活和消费观念的改变、带薪休假制度的产生和兴起等，使得旅游需求日益高涨，旅游业得到了蓬勃发展。旅游进入了大众化时代，大众旅游(mass tourism)是一种以享乐和休闲为目的的活动，享有的人群逐步扩展到人类的大多数，成为人类共同需求的一种生活形式，参与的主体已经平民化了。这也导致了旅游活动能够在全球范围内广泛开展，国际旅游人数和国际旅游收入快速增长。1950 年国际旅游人数为 2 528 万人次，2007 年达到了 8.98 亿人次，2015 年达到了 11.84 亿人次，国际旅游收入也从 1950 年的 21 亿美元增加到 2007 年的 8 000 亿美元，2015 年达到 1.4 万亿美元。在大众旅游的背景下，也出现了为数众多的旅游者和为满足旅游需求而花费庞大的旅游消费，使得为旅游活动提供服务的旅游业成为世界产业发展中增长最快的产业。1992 年世界旅游收入超过了石油产业、汽车工业，成为世界第一大产业，1996 年旅游总产值(包括国内旅游收入)达到 3.6 万亿美元，占世界国内生产总值的 10.7%；旅游总投资 7 660 亿美元，占世界总投资的 11.9%；旅游业总税收为 6 530 亿美元，占世界税收总额的 10.4%；旅游业就业人数达 2.55 亿人，占世界总就业人数的 1/9。进入 21 世纪以来，世界旅游产业发展更加迅猛，旅游业的规模、旅游投入、直接和带动的就业人数等方面都在世界经济格局中占据相当重要的地位。

自 1978 年改革开放以来，我国的入境旅游也经历了快速发展和壮大的过程。

2007 年中国入境旅游人数达 1.318 7 亿人次，入境旅游外汇收入为 419.19 亿美元；2015 年中国入境旅游人数达到 1.33 亿人次，入境旅游外汇收入达到 1 175.7 亿美元。同时，国内旅游也得到了迅速增长，2007 年全国国内旅游总人数达 16.10 亿人次，旅游总花费为 7 770.62 亿元，人均花费为 482.6 元；2015 年全国接待国内旅游人数超过 41 亿人次，旅游总花费近 4 万亿元，人均花费为 937.5 元。显然旅游已不再是少数人特有的消费方式，而已经成为国民的一种基本生活消费，这也标志着我国进入了大众旅游阶段。

在全球经济快速发展的同时，人们的收入水平也得以不断提高，旅游者数量不断增大，使旅游真正成为人们的基本生活需求，成为人类的一种生活形式。旅游是人类对自然、人文环境的美学感受、欣赏和体验的过程，从这个意义上说，旅游活动与自然环境密切相关。伴随着旅游活动的全球性、旅游内容和形式的多样性等，旅游者的活动已经进入到全球每个角落，从原始森林到世界屋脊，从赤道到两极，从陆地到海洋，从平原到山地，旅游者的足迹几乎无处不在。同时，旅游活动对环境的影响也遍及全球，这种影响既包括旅游活动过程对生态环境的影响，又包括旅游目的地在建设过程中对生态环境的影响。从目前来看，旅游活动过程中的践踏、交通、生活废弃物等，以及旅游目的地与旅游相关的项目建设等成为旅游生态环境影响的主体。

二、旅游与自然环境

(一) 旅游依赖自然环境

青山绿水、优美环境是人类所追求的环境目标，是旅游者放松心情、享受自然和娱乐的目的所在。因此，旅游发展与环境密切相关，自然环境是旅游业存在的基础和立足点。大多数旅游景区(点)都是由自然环境直接构成的，人文景观也多是构筑在良好的自然生态环境的基础上。例如，绚烂多彩的海洋、气势磅礴的山地、广阔豪放的草原、引人入胜的原始森林等自然景观，无不与优美的自然环境息息相关。在中国 52 处世界遗产中，属于自然遗产和分布于山区的有 34 处，约占总数的 65.4%。2017 年 2 月我国公布的 5A 级景区有 236 处，其中属于自然环境类型(或以自然环境类型为主体)的旅游景区约占总数的 80%以上。截至 2017 年 3 月，我国公布国家重点风景名胜区(中国国家级风景名胜区)244 处，它们是我国旅游风景区的主体，其中主要景区类型为山岳型景区、水域型景区、洞穴型景区等，自然类景区占绝对优势。早在 1993 年中华人民共和国建设部(现名为中华人民共和国住房和城乡建设部)发布的《中国风景名胜区形势与展望》绿皮书明确指出，“中国风景名胜区与国际上的国家公园(National Park)相对应，同时又有自己的特点，中国国家级风景名胜区的英文名称为 National Park of China”。而根据中华人民共和国国家标准《风景名胜区规划规范 · 术语》(GB 50298—1999)一章的定义，国家级风景名胜区相当于“海外的国家公园”。由此可见，自然类的旅游景区是国家重点风景名胜区的主体。

旅游业赖以生存的旅游景区大多与自然环境息息相关，其主要表现为山岳型、河流水域型、森林公园型、湿地型、荒漠绿洲型、草原型等。这些与自然环境密切相关的旅游景区，随着旅游者的大量进入，会不可避免地产生生态环境问题，特别是生态破坏和环境污染等问题。

(二) 旅游活动影响并改变着自然环境

旅游所依赖的景区大多属于山、河、洞穴、湿地等自然环境优美的地域，自然环境是其存在和发展的基础，但这些区域大多是生态环境较为脆弱的地区。旅游活动包括旅游开发活动和旅游者游览活动两个阶段，其中，开发活动包括旅游景点、景区的开发建设、各类旅游交通、旅游服务设施等的建设，这些建设是对自然环境直接进行改造的过程，这种改造使得自然环境中出现大量的人工因素，从而改变了原生的自然环境系统，使自然环境出现人工化；旅游活动的另一个重要阶段是旅游者游览活动，这个阶段游客的进入和相关管理服务人员的出现，产生了旅游对环境的直接影响和间接影响过程，从而逐步改变着自然环境。

20 世纪 80 年代后，随着国内旅游业的快速发展，旅游环境问题越来越突出。早在 2004 年，中华人民共和国人与生物圈国家委员会对自然保护区旅游现状做了深入调查后发现，中国目前有 40%的自然保护区存在垃圾公害，12%有水污染，11%有空气污染。根据科学监测，对游客的数量进行控制的保护区不到 20%。目前已有 22%的自然保护区因开展旅游而遭受破坏，11%出现旅游资源退化现象，其形势令人忧虑。旅游环境问题的研究也逐渐得到重视。

三、旅游生态学

旅游生态学是研究旅游活动与生态环境之间关系的科学。20 世纪后半叶，随着全球经济和技术的发展，交通、通信的快捷使国际旅游成为现实；经济技术的发展、劳动生产率的提高使人们的余暇时间逐渐增多，为远距离旅游提供可能。旅游者旅游活动的范围、广度都得到了扩展，现代旅游活动也逐渐成为人们生活的重要组成部分。现代旅游活动是一种以经济形式为主体的活动，其经济特性表现明显，这显然也是各个国家和地区不惜余力大力发展旅游产业的原因所在。所以对旅游经济活动的研究相对较早，可以说是伴随着现代旅游活动的开始而开始的。而对旅游生态环境影响的研究则相对滞后，主要因为在 20 世纪旅游产业一直被认为是“朝阳产业”和“无烟工业”，旅游所带来的环境问题都掩盖在其经济效益的光环下，但随着旅游活动规模和范围的不断扩大，旅游环境问题不断地显现出来，才逐步引起政府、旅游业界和旅游学界的重视，旅游生态环境影响的研究才逐渐得到加强。

生态学(ecology)是研究生物与环境及生物与生物之间相互关系的生物学分支学科。生物的生存、活动、繁殖需要一定的空间、物质与能量。生物在长期进化过程中，逐渐形成对周围环境某些物理条件和化学成分(如空气、光照、水分、热量和无机盐类等)的特殊需要。各种生物所需要的物质、能量及它们所适应的理化条件是不同的，这种特性称为物种的生态特性。

任何生物的生存都不是孤立的，同种个体之间有互助、有竞争；植物、动物、微生物之间也存在复杂的相生相克关系。人类为满足自身的需要，不断改造环境，环境反过来又影响人类。随着人类活动范围的扩大与多样化，人类与环境的关系问题越来越突出。因此，近代生态学研究的范围，除生物个体、种群和生物群落外，已扩大到包括人类社会在内的多种类型生态系统的复合系统。人类面临的人口、资源、环境等几大问题都是生态学的研究内容。旅游是当今及未来人类社会最重要的一种生活形式，旅游产业发展过程中涉及旅游产品的生产、就业、资源、环境等各种问题，特别是资源和环境问题与生态学的研究密切相关。

从全球来看，大量的旅游活动正逐渐成为学术研究的重点，对旅游活动的研究最初是从对传统旅游经济活动的影响研究开始的。随着旅游活动人次、范围的不断扩大，旅游活动对自然生态环境的影响也越来越大，人类逐渐意识到旅游产业对环境的负面影响，从而加强了旅游环境影响的研究，并开始寻找能把环境影响减小到最低程度的旅游活动，旅游生态学正是在这样的背景下孕育并逐步发展的。旅游生态学(recreation ecology，也译为游憩生态学)是把人类旅游活动的过程、方式等，同其产生的生态环境问题综合起来加以研究，以探讨最佳的旅游方式、最有利于生态环境保护的旅游资源开发利用模式等，实现人类旅游活动与自然环境和谐发展。

第二节 旅游生态学研究概况

旅游生态学是生态学与旅游学相交叉的新兴学科，是伴随着旅游活动对生态环境的影响不断扩大而逐渐形成的。当今旅游活动遍及全球各地，对生态环境的影响越来越受到全社会的关注，越来越多的学者开始关注旅游与环境之间的相互影响，并对其间的相互关系进行探索和研究，从而导致旅游生态学的研究内容、研究方法和手段等也不断地得以扩展。

一、旅游生态学产生

旅游是一种社会、文化现象，其经济特征越来越明显。旅游产业的发展也随着社会经济的发展而不断扩展壮大。然而,旅游业的快速发展却给旅游目的地地区的生态环境带来了巨大的负面影响。为了解决旅游过程中出现的各种生态环境问题,以及生态环境与旅游发展的矛盾,保障旅游业持续健康发展便逐渐形成了一门新兴的学科——旅游生态学。可以说,旅游生态学的萌芽、形成和发展过程也是人类对旅游活动引起的生态环境问题认识逐步提高的过程,其主要任务是对旅游活动及其过程中产生的各种生态问题进行描述、测度、归纳分析和评价,提出切实可行的解决方案;同时,为旅游生态管理提供技术和理论上的指导,使旅游业赖以生存的生态环境保持健康,使旅游业得以可持续发展。

二、旅游生态学研究进展

按照旅游生态影响研究的进展顺序(表 1-1),旅游生态学的形成和发展概括成四个主要发展阶段,即旅游生态学萌芽阶段、旅游生态问题研究的繁荣阶段、旅游生态学的产生和旅游生态学学科发展阶段。

表 1-1　旅游生态学发展过程

发展阶段	大致时期	发展/事件
发展阶段	2000s	方法、手段多样化,学科研究内涵扩展
	1990s	精准的方法,新的主题和前景,学科初步建立
产生阶段	1980s	和管理方式结合,出版了《游憩生态学》
繁荣阶段	1970s	研究活跃期,研究区域扩展
	1960s	使用和影响快速增长期
萌芽阶段	1940～1950s	旅游生态的科学研究在美国首次出现
	1930s	首次研究案例出现在英国

1. 旅游生态学萌芽阶段

旅游生态学萌芽阶段是伴随着旅游生态问题的出现而开始的,最早关于旅游生态问题的研究是 1928 年美国人 Meinecke 对加利福尼亚红木国家森林公园的游憩影响的测度研究,其可以说是旅游生态学研究的开始,随后美国、英国及欧洲其他国家关于旅游生态问题的研究逐步展开。一直到 20 世纪 60 年代,旅游生态研究一直集中在旅游活动对植被、土壤等的影响研究,这类研究大多是以近似的不严格的描述方式进行的。其中,代表人物是 N. G. Bayfield,他被称为旅游生态研究的"奠基人"。

2. 旅游生态问题研究的繁荣阶段

对旅游生态问题的研究在 20 世纪 70 年代出现强劲的势头,表现出研究的论文数量多、内容丰富、范围广和方法多样等特征，并开始定量化研究。

3. 旅游生态学的产生

美国人 Hammitt 和 Cole 于 1987 年出版了 *Wildland Recreation: Ecology and Management*（1998 年出第二版），英国人 Liddle 也于 1997 年出版了 *Recreation Ecology: the Ecological Impact of Outdoor Recreation and Ecotourism*，它们的出现是旅游生态学作为一门新兴边缘学科初步形成的标志。旅游生态学的研究从理论到方法都有了一个较大的提升。

4. 旅游生态学学科发展阶段

20 世纪 90 年代后，随着旅游活动在全世界范围内扩展，旅游活动对生态环境的影响日益严重，出现的问题日益增多，研究的内容复杂多样、任务重，旅游生态学的研究进入了一个新的时代，研究的范围从欧美扩展到亚太地区，又进一步发展到南亚、西亚和非洲等地区，逐步拓展成全球性研究领域，研究的深度、广度及与其他相关学科的交融都得到了较快的发展。旅游生态学进入了逐渐发展和不断完善的阶段。

三、国内旅游生态学相关研究

在我国，与旅游生态学相关的研究起步于 20 世纪 80 年代，当时国内旅游业发展，旅游环境影响问题日渐突出，引起了旅游和环境等相关学科研究者的关注。

20 世纪 80～90 年代，研究主要集中在旅游开发和游览过程中引起的生态破坏和环境污染等问题的分析和总结，提出了一系列解决办法和措施。例如，陈传康研究了北京环境污染对汉白玉石雕的腐蚀影响，并提出相应的解决途径；宋力夫等分析历史上人类活动对旅游资源和旅游环境的影响，结合现代旅游发展给环境造成的负面影响，提出旅游资源开发要妥善处理好环境保护与旅游开发的关系；汪嘉熙从大气污染、水质污染和噪声污染三个方面探讨了旅游发展中存在的环境质量问题；周延亭从水体污染、生态破坏、空气与噪声污染、疾病传播、景观破坏和城市环境负荷等方面具体分析了旅游对环境的影响；孙淑均对三清山风景区地面的水质、大气和土壤进行了监测分析；刘汉洪分析了旅游活动给衡山风景区带来的大气污染、水体污染和资源破坏问题及其原因，提出了综合治理对策；刘秉升等对黄山风景区旅游开发与保护的问题进行了探讨；王文华等对颐和园昆明湖底泥中有机物表征的研究显示，旅游活动已经干扰了底泥有机物的正常沉积过程；蒋文举等调查了旅游活动对峨眉山造成的环境污染及生态影响，研究表明，旅游造成了大气污染、酸雨、土壤酸化及冷杉林死亡率增加等。

20 世纪 90 年代，一些研究者开始了对旅游活动对景区生态系统中的土壤、植物、动物等主要生态因子的影响研究，如李贞等、刘鸿雁等探讨了旅游活动对植被的影响；江海声等探讨了旅游对动物的影响；管东生等、冯学钢等探讨了旅游活动对土壤和植被的影响研究。

进入21世纪后，旅游生态影响研究的内容和范围更加广泛，涌现出一大批研究成果。例如，程占红、于澎涛、石强、陈飙、王忠君、全华、晋秀龙、巩劼、王立龙和彭翔等学者进一步研究了旅游活动对风景区主要生态因子——土壤、植被、土壤动物等的影响。此外，一些学者也研究了旅游活动对生物多样性的影响和保护问题；旅游活动对水环境的影响；研究范围也从以生态脆弱的山地景区为主转向森林、草原、城市、湖泊湿地、海岛、溶洞等各种类型的旅游地。

在研究方法上，是从早期定性描述发展到引入一些定量指标进行分析，并在野外调查和观测手段上运用了遥感、地理信息系统等新技术，但主要的研究方法大多是对国外研究方法和手段的借鉴，创新性研究较少。此后一批有关于旅游生态环境影响的研究成果陆续发表，2004年由吉首大学严斧主编的中国第一本《旅游生态学》的出版，以及2005年章家恩的《旅游生态学》的出版，也标志着中国旅游生态学学科的初步形成。加之近年来不少高校和科研机构的生态学、地理学、旅游学等专业培养旅游生态专业方向的硕士、博士研究生，有力地推动了中国旅游生态学的发展。同时，旅游生态学的研究随着经济社会的发展、旅游产业的不断壮大还将得到进一步的发展和完善。

第三节　旅游生态学研究存在的问题与不足

一、国外研究存在的问题与不足

国外旅游生态学的研究是以实证性的生态环境影响研究为主体，作为学科的理论性探讨研究相对薄弱，缺乏系统性和方法性的研究，目前研究的关注点及存在的问题主要表现在以下几个方面。

(1) 主要关注的是野地和自然保护区的生态影响研究，对旅游景区的研究相对较少。以美国林业部野地研究所为代表的学术机构对美国的不同野地进行了全面的研究，研究内容涉及野地的生态环境影响，包括各种机械践踏影响（旅游者、动物、机动车辆等）、对动植物的影响、入侵种的影响、土壤及水分的变化影响、游憩废弃物影响、景观美学、防火等的研究；研究方法涉及常规的统计分析、数学建模、网络分析、生态修复等。

(2) 以欧洲、北美洲学者为代表的研究往往集中在营地、步道等微观领域，缺乏综合性的整体研究，对中观、宏观尺度空间的研究也相对薄弱。

(3) 单个区域研究较多而忽视了整体区域的系统性研究，使学科的研究对象不明确，研究领域也受到限制。

二、国内研究存在的问题与不足

（1）旅游生态学学科研究体系还不够明确，学科还处于形成过程中。其研究的理论基础、研究内容、研究方法等还有待于进一步完善。

（2）国内的旅游生态研究大多是借鉴国外的研究经验和方法，缺乏创新，偏重影响性的案例研究，缺乏旅游生态学的理论研究，对旅游活动的实践和旅游产业可持续发展的指导作用有待加强；难以为管理者和政府提供可行的解决办法和途径，所以学科的发展也受到一定的影响，目前尚没有得到管理部门、决策部门及专家学者的重视。

（3）国内的研究侧重于既成事实的影响研究，缺乏对旅游生态影响进行实验模拟和对生态影响结果进行修复性的研究，加强旅游生态模拟和影响结果修复的理论与实践研究是旅游生态学发展的趋势之一。

（4）旅游生态与生态旅游的关系没有明确，国内多数人，包括一些研究专家，对旅游生态与生态旅游还缺乏足够的了解和辨识，一些模糊的、错误的观点还时常出现在相关的研究报告中，这些都不利于旅游生态学作为一门学科的发展和完善。

第二章　旅游生态学研究对象

研究对象是关系到一门学科存在和发展的关键。学术界一致认为，形成一门独立的学科，首先必须要明确该学科的研究对象是什么。对于学科的研究对象，一般认为是指学科所研究的某一特定的事物。研究对象是学科的内核，全部的理论分析和逻辑证明都是围绕着它展开的。只有明确了研究对象，才能对其进行科学研究，并建立起严格的科学理论及体系。对于学科的研究对象，毛泽东曾经有过十分精辟的论述："科学研究的区分，就是根据科学对象所具有的特殊的矛盾性。因此，对于某一现象的领域所特有的某一种矛盾的研究，就构成某一门科学的对象。"

旅游生态学作为一门新兴的生态学与旅游学的交叉学科，确定其研究对象是对其进行学科研究的基础。近代科学发展，特别是科学上的重大发现和国计民生中的重大社会问题的解决，常常涉及不同学科的相互交叉和相互渗透。学科的交叉融合逐渐形成一批交叉学科，如化学与物理学的交叉形成了物理化学和化学物理学，化学与生物学的交叉形成了生物化学和化学生物学，物理学与生物学交叉形成了生物物理学。这些交叉学科的不断发展大大地推动了科学进步，因此，学科交叉研究（interdisciplinary research）体现了科学向综合性发展的趋势。科学上的新理论、新发明的产生，以及新的工程技术的出现，往往是在学科的边缘或交叉点上，重视交叉学科将使科学本身向着更深层次和更高水平发展，这是符合自然界存在的客观规律的。旅游生态学属于这样的学科类型，其主要是为了解决当前人类社会旅游发展与生态环境之间的矛盾而兴起的一门交叉学科。对于交叉学科的研究，一般从学科的构成来确定其具体的研究对象，旅游生态学的研究对象可以从生态学和旅游学这两门学科的交叉而来，其目的是研究旅游活动与生态环境之间的相互作用、相互关系。这种相互作用、相互关系往往通过旅游和旅游活动对生态环境的具体影响而衍生出来，旅游活动对生态环境中各种生态因子（生物因子和非生物因子）的直接和间接影响及其之间的相互关系、作用等，可以概括成旅游活动对旅游目的地的生态系统的作用，由此可见，旅游生态系统作为旅游生态学研究的对象比较准确，符合交叉学科——旅游生态学作为一门独立学科发展的需要，恰当地反映了旅游生态学研究的核心问题。

第一节 生态系统及其组成

一、生态系统

生态系统(ecosystem)是英国生态学家 Tansley 于 1935 年首先提出来的,指在一定的空间内,生物成分和非生物成分通过物质循环和能量流动相互作用、相互依存而构成的一个生态学功能单位。它把生物及其非生物环境看成是互相影响、彼此依存的统一整体。生态系统无论是自然的还是人工的,都具有共同特性:① 生态系统是生态学上的一个主要结构和功能单位,属于生态学研究的最高层次;② 生态系统内部具有自我调节能力,其结构越复杂,物种数越多,自我调节能力越强;③ 能量流动、物质循环是生态系统的两大功能;④ 生态系统营养级的数目因生产者固定能值所限及能流过程中能量的损失,一般不超过 5~6 个;⑤ 生态系统是一个动态系统,要经历一个从简单到复杂、从不成熟到成熟的发育过程。

二、生态系统的组成

生态系统有四个主要的组成成分,即非生物环境、生产者、消费者和分解者。① 非生物环境,包括气候因子,如光、温度、湿度、风、雨雪等;无机物质,如 C、H、O、N、CO_2 及各种无机盐等;有机物质,如蛋白质、碳水化合物、脂类和腐殖质等。② 生产者(producers),主要指绿色植物,也包括蓝绿藻和一些光合细菌,是能利用简单的无机物质制造食物的自养生物,在生态系统中起主导作用。③ 消费者(consumers),异养生物,主要指以其他生物为食的各种动物,包括植食动物、肉食动物、杂食动物和寄生动物等。④ 分解者(decomposers),异养生物,主要是细菌和真菌,也包括某些原生动物和蚯蚓、白蚁、秃鹫等大型腐食性动物。它们分解动植物的残体、粪便和各种复杂的有机化合物,吸收某些分解产物,最终能将有机物分解为简单的无机物,而这些无机物参与物质循环后可被自养生物重新利用。

生态系统的结构可以从两个方面理解:其一是形态结构,如生物种类、种群数量、种群的空间格局、种群的时间变化,以及群落的垂直和水平结构等。形态结构与植物群落的结构特征相一致,外加土壤、大气中非生物成分,以及消费者、分解者的形态结构。其二为营养结构,营养结构是以营养为纽带,把生物和非生物紧密结合起来的功能单位,构成以生产者、消费者和分解者为中心的三大功能类群,它们与环境之间发生密切的物质循环和能量流动。

第二节 旅游生态系统

一、旅游生态系统概念

旅游生态学是由生态学和旅游学相交叉的一门新兴学科，在学科体系上属于应用生态学的一个分支学科，同时也是旅游科学一个重要的研究领域，它将生态学原理和方法应用于旅游科学研究中，是旅游科学研究理论和方法的一个重要组成部分。

旅游生态学的研究对象可以概括为对旅游生态系统的研究。旅游生态系统是通过旅游活动，将旅游目的地的自然、社会和经济三个不同性质的系统综合起来而产生的自然-社会-经济复合生态系统。按照生态系统的生物和非生物的四种组成成分来看，旅游生态系统既包含自然生态系统中的非生物环境、生产者、消费者和分解者，也有其特殊的组成部分，在非生物环境中加入了更多的旅游基础设施（供水、供电等管线，旅游道路等）和旅游服务设施（旅游宾馆、饭店、商店等），生产者中加入了旅游开发过程和人类旅游经济活动过程（景区经济、宾馆等的服务经济因素）等，消费者中加入了人类旅游消费活动（包括人类旅游过程中的行、游、购、住、食、娱等）及其产生的各种生态影响和废弃物，分解者中加入了人类为了景区自然环境的优美而进行的人工废弃物的处理过程（固体废弃物、液体废弃物和气体污染物管理与处理过程）等。

此外，旅游生态系统也可以理解为三个相互联系的圈层系统，第一圈（核心圈）是人类及其旅游活动，因为旅游生态系统是受人类旅游活动影响的生态系统，这个系统是以人为中心的生态系统，人是主要的调控者，也是主要的影响者；第二圈是旅游目的地的环境——生态系统，是旅游活动的承载系统；第三圈是旅游地外部的自然环境、社会和经济环境，是旅游活动的支持系统。对这个复合生态系统的研究是一个多目标的决策过程，是在生态学原则指导下拟定具体的社会目标、经济目标和生态目标，使系统的复合效益最高、风险最小，存活的机会最大。

二、旅游生态系统类型

旅游生态系统类型根据不同的分类方式有不同的类型，目前主要按照以下几种方式进行分类。

1. 按研究对象的类型分类

按旅游目的地自然生态系统的类型，将旅游生态系统分为旅游陆地生态系统、旅游水域生态系统两大类。其中，旅游陆地生态系统可分为旅游森林生态系统、旅游草原生态系统、旅游荒漠生态系统等；旅游水域生态系统可分为旅游滨海生态系统、旅游河湖生态系统、旅游湿地生态系统等。

2. 按研究对象的空间范围分类

按旅游生态系统空间尺度大小可分为大尺度、中等尺度和小尺度的旅游生态系统。大尺度旅游生态系统研究，是指大旅游区生态系统以宏观的生态系统研究为重点，主要是针对旅游生态足迹的研究，是一个大范围的区域旅游生态系统，如华南旅游区生态系统、安徽旅游生态系统；中观上的旅游生态系统研究，是指一个具体的旅游景区旅游生态系统，主要研究旅游生态系统影响与恢复，如黄山旅游生态系统、西湖旅游生态系统等；微观小尺度上的旅游生态影响——旅游活动的微观生态环境影响研究，是对土壤动物、微生物等的影响，以及中观影响的微观反应(植物生理、生态影响，土壤理化性质变化影响)研究。

3. 按研究对象的时间尺度分类

旅游生态系统按照受旅游活动影响的时间尺度进行分类，分为长期、中期和短期影响的旅游生态系统。

4. 按研究对象的地理气候带分类

根据不同的旅游生态环境的研究区域的地理气候带来对旅游生态系统进行分类，可以分为热带、亚热带、暖温带、温带、亚寒带、寒带、极地等旅游生态系统。

总之，不同分类类型的旅游生态系统由于各自的组成、结构、功能特征上的差异，以及其所受到的旅游活动影响的强度及系统的反应都不相同，对其进行的旅游开发、管理的手段措施等也存在明显的差异。

第三节　旅游生态系统的形成及演化

旅游生态系统主要是旅游活动各要素及与旅游相关的社会、经济等要素，进入旅游目的地生态系统中，通过这些要素之间的相互作用、相互影响而形成的复合生态系统。旅游生态系统演化主要通过旅游活动产生的人流、物流、资金流和信息流等不断地进入旅游生态系统，并受到不同的旅游模式的影响，使旅游生态系统在时间上和空间上发生变化和演替的过程(图 2 - 1)。

旅游生态系统的演化会产生不同的结果，这种结果与旅游的组织形式、旅游目的地管理方式等密切相关。按照生态旅游的形式去组织旅游、建立符合生态规范的方式去管理旅游目的地，可以引导旅游目的地的生态系统沿着可持续发展的道路行进；反之，继续传统的旅游模式和管理方式会导致旅游目的地生态系统背离可持续发展的方向。但这种生态系统的恶化不是突然显现的，而是有不断的量变累

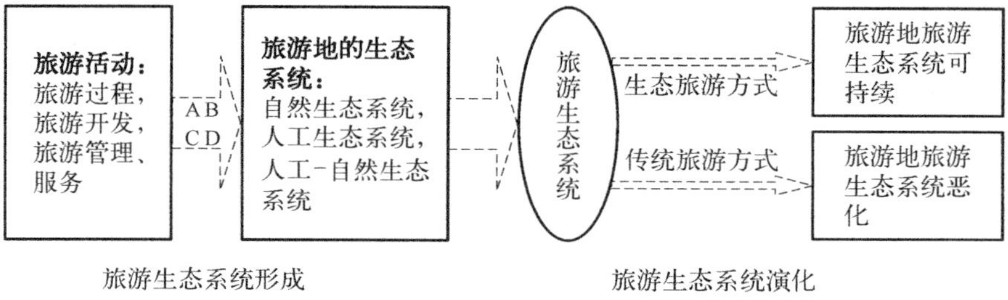

图 2-1　旅游生态系统形成和演化示意图

A. 人流；B. 物流；C. 资金流；D. 信息流

积过程的，表现为：① 植被的变化，包括植被覆盖率、植物的活力、繁殖率、群落和建群种的结构变化等，入侵物种的种类增加、对本地物种的影响日益严重；② 生物多样性的程度变化，既包括由旅游活动导致的景区动物和植物种类和数量减少使多样性降低，也包括因外来植物入侵等而导致的局部区域生物多样性增加；③ 土壤的理化性质产生变化，包括旅游活动的机械践踏影响、土壤水分结构变化等；④ 旅游目的地的人工化面积和范围扩大，各类旅游设施和人类活动对自然生态系统的影响增大等。这些变化是个渐近的过程，随着时间的推移、旅游活动的扩大而逐渐显现，最终会由量变而产生质变，从而使整个旅游生态系统或者其中的子系统崩溃。这样的案例已经在一些生态脆弱的山岳型景区中呈现出来了，如庐山的亚高山草甸生态系统几乎消失；黄山山顶排云亭旁边的高山草甸也正在承袭着同样的命运；山西历山、北京东灵山等亚高山草甸的物种多样性也正受到旅游活动的干扰。

第三章　旅游生态学的基础理论体系

基础理论是构成学科存在和发展的基本保证。作为一门新兴的交叉学科，旅游生态学的基础理论主要来源于生态学和旅游学等相关和相近的学科。其主要理论包括生态系统的物质、能量传输，时空格局变化，系统控制，发育和进化，以及多样性和稳定性的重要基础理论；生态系统层级理论与复合生态系统理论；旅游地的空间竞争、合作理论；景观生态学的格局、过程和尺度等理论；旅游的可持续发展理论；旅游供求关系理论和旅游效用理论等（表3-1），这些理论构成了旅游生态学的主要基础理论。

表3-1　旅游生态系统的基础理论及应用

理　论	旅游生态学的应用
系统理论	旅游生态学主要研究旅游生态系统，系统理论构建旅游生态学的理论基础
生态系统理论	旅游生态系统有发生、发展、成熟和退化的过程，并随着经济技术的发展，旅游生态系统有不断变化的过程
多样性理论	组成旅游生态系统的生物种类、组合具有多样性的特征，旅游需求、旅游方式等也存在着多样性
景观生态学理论	旅游生态系统在空间尺度上存在着斑块、廊道和基质等；在时间尺度上同样存在着格局和过程的特征
可持续发展理论	旅游生态系统承担着旅游服务功能，为保持人们旅游需求的可持续性，要求旅游生态系统具有可持续发展的特性；旅游生态系统的各个组成系统都存在着可持续发展问题
旅游地空间竞争、合作理论	不同旅游生态系统间存在着空间上的差异，对旅游活动来说就存在着空间竞争和合作
层级理论	旅游生态系统存在空间尺度上和时间尺度上的等级差异
复合生态系统理论	旅游生态系统是由自然、社会、经济等多系统组成的复合生态系统

第一节　系统理论与旅游生态学

系统，来源于古希腊语，是由部分构成整体的意思。学者对系统下的定义有几十种。例如，系统是诸元素及其顺常行为的给定集合；系统是有组织的和被组织化的全体；系统是有联系的物质和过程的集合；系统是许多要素保持有机的秩序，向同一目的行动的东西。一般系统论试图给一个能揭示各种系统共同特征的一般的系统定义，通常把系统定义为由若干要素以一定结构形式联结构成的具有某种功能的有机整体。这个定义包括系统、要素、结构、功能四个概念，表明了要素与要素、要素与系统、系统与环境三方面的关系。

一、系统理论形成及特征

系统理论是研究系统的一般模式、结构和规律的学问，它研究各种系统的共同特征，用数学方法定量地描述其功能，寻求并确立适用于一切系统的原理、原则和数学模型，是具有逻辑和数学性质的一门新兴的科学。

（一）系统理论的形成

系统思想源远流长，但作为一门科学的系统论，是由美籍奥地利人、理论生物学家贝塔朗菲(Bertalanffy)创立的。他于1952年发表“抗体系统论”，提出了系统论的思想，1973年，他提出了一般系统论原理，奠定了这门科学的理论基础。确立这门科学学术地位的是1968年贝塔朗菲发表的专著 *General System Theory; Foundations, Development, Applications*(《一般系统理论基础、发展和应用》)，这本书被公认为是这门学科的代表作。

系统论认为，整体性、关联性、等级结构性、动态平衡性、时序性等是所有系统的共同的基本特征。这些观点既是系统所具有的基本思想，也是系统方法的基本原则，表明了系统论不仅是反映客观规律的科学理论，也具有科学方法论的含义，这正是系统论这门科学的特点。贝塔朗菲对此曾做过说明，英语 system approach 直译为系统方法，也可译成系统论，因为它既可代表概念、观点、模型，又可表示数学方法，他说，特意用 approach 这样一个不太严格的词，正好表明这门学科的性质特点。

（二）系统理论的特征

1. 整体性

系统论的核心思想是系统的整体观念。任何系统都是一个有机的整体，它不是各个部分的机械组合或简单相加，系统的整体功能是各要素在孤立状态下所没有的新质。所以系统的首要特性是整体性，即系统作为整体，具有部分或部分之和所没有的性质。与此同时，系统组分受到系统整体的约束和限制，其性质被屏蔽，独立性丧失。这种特性可称为整体突现性原理，也可称为非加和性原理或非还原性原理。整体突现性来自系统的非线性作用。系统存在的各种联系方式的总和构成系统的结构。

2. 等级性

系统结构的直接内容就是系统要素之间的联系方式。任何系统要素本身也同样是一个系统，要素作为系统构成原系统的子系统，子系统又必然为次子系统构成，这样就形成一种层次递进关系。因此，系统的结构特性可称为等级层次原理。与系统的构成关系不再起作用的外部存在称为系统的环境。系统相对于环境的变化称为系统的行为，系统相对于环境表现出来的性质称为系统的性能。系统行为所引起的环境变化称为系统的功能。系统功能由元素、结构和环境三者共同决定。相对于环境，系统是封闭性和开放性的统一。这使系统在与环境不停地进行物质、能量和信息交换中保持自身存在的连续性。系统与环境的相互作用使两者组成一个更大的、更高等级的系统。

3. 动态性

一切实际系统由于其内外部联系复杂的相互作用，总是处于无序与有序、平衡与非平衡的相互转化的运动变化中，任何系统都要经历一个系统的发生、维持、消亡的不可逆的演化过程。也就是说，系统存在在本质上是一个动态过程，系统结构不过是动态过程的外部表现。而任一系统作为过程，又构成更大过程的一个环节、一个阶段。与系统变化发展相关的重要概念包括可逆与不可逆、确定性与随机性、有序与无序性等。系统秩序的有序性首先是指结构有序，结构无序是指组分的无规则堆积。此外，系统秩序还包括行为和功能的有序和无序，平衡态与非平衡态则是刻画系统状态的概念。非平衡有序是指有序结构必须通过与外部环境的物质、能量和信息交换才能得以维持，并不断随之转化更新。它往往是呈现在宏观范围内的有序。

系统论的基本方法就是把所研究和处理的对象当作一个系统，分析系统的结构和功能，研究系统、要素、环境三者的相互关系和变动的规律性，并优化系统的整体功能，从系统的观点看问题，世界上任何事物都可以看成是一个系统，系统是普遍存在的。系统也随着时间的不断变化呈现出动态性的特征。

4. 自组织性

自组织性是指系统内部的相互作用。系统内部的相互作用是系统演化的内在根据和动力。系统内的相互作用从空间来看就是系统的结构、联系方式，从时间来看就是系统的运动变化，使相互作用中的各方力量总是处于此消彼长的变化中，从而导致系统整体的变化。系统内的相互作用规定了系统演化的方向和趋势。系统演化的基本方向和趋势有两个方面：其一，从无序到有序、从简单到复杂、从低级到高级的前进的、上升的运动，即进化。产生进化的基本根据是非线性作用及其对系统的正效应在系统中居于主导地位。在这一条件下，非线性作用进一步规定了什么样的有序结构可能出现，并成为稳定性因子，同时规定了系统演化可能的分支。其二，从有序到无序、从高级到低级、从复杂到简单的倒退的、下降的方向，也即退化。热力学第二定律已经表明，在孤立或封闭系统内，这一演化趋势是不可避免的。对于一个处于热力学平衡态或近(线性)平衡态的开放系统，其运动由玻尔兹曼原理决定，其运动方向总是趋于无序。从相互作用上来理解，退化主要基于非线性相互作用对系统的负效应占有了支配地位。

系统与环境的相互作用是系统演化的外部条件。任何现实系统都是封闭性和开放性的统一。环境构成了系统内相互作用的场所，同时又限定了系统内相互作用的范围和方式，系统内相互作用以系统与环境的相互作用为前提，两者又总是相互转化的。系统的进化尤其依赖于外部环境。系统的相互作用是在系统内存在差异的情况下表现出来的。热力学第二定律指出，系统内在差异总是在自发的不可逆过程中倾向于被削平，导致系统向无序的平衡态演化。因此，必须不断从外部环境获得足够的物质和能量才能使系统差异得以建立和恢复，维持远平衡状态，使非线性作用实现出来。因此，系统必须对环境保持开放，才能进化。耗散结构论指出，孤立系统没有熵流(系统与外界交换物质和能量而引起的熵)，而任一系统内部自发产生的熵总是大于或等于零(平衡时等于0)。因此，孤立系统的总熵大于零。它总是趋向于熵增，无序度增大。当一个系统的熵流不等于零时，即保持开放性时有三种情况：第一种情况是热力学平衡态，此系统中熵流大于零，因此，物质和能量的涌入大大增加了系统的总熵，加速了系统向平衡态的运动。第二种情况是线性平衡态，它是近平衡态，其熵流约等于零。这种系统一般开始时有一些有序结构，但最终无法抵抗系统内自发产生的熵的破坏而趋于平衡态。第三种情况是远离平衡态，即熵流小于零，物质和能量给系统带来的是负熵，结果使系统有序性的增加大于无序性的增加，新的组织结构就能从中形成。

5. 随机涨落性

稳定与涨落是描述系统演化的重要特征。系统的内外相互作用会使系统要素性能有偶然改变，耦合关系会有偶然起伏，环境会带来随机干扰。系统整体的宏观量很难保持在某一平均值上。涨落就是系统宏观量对平均值的偏离。按照对涨落的不同反应，可把稳定态分为三种：恒稳态，对任何涨落保持不变；亚稳态，对一定范围内的涨落保持不变；不稳态，在任何微小涨落下都会消失。对于稳定态，涨落将被系统收敛平息，表现为向某种状态回归。但对于远平衡态，如果系统中存在着正反馈机制，那么，涨落就会被放大，导致系统失稳，从而把系统推到临界点上。系统在临界点上的行为有多种可能性，究竟走向哪一个分支，是不确定的。是走向进化，还是走向退化；是走向这一分支，还是走向那一分支，涨落在其中起着重要的选择作用。由此可见，稳定态对涨落的独立性是相对的，超出一定范围，涨落将支配系统行为。如果涨落被加以巩固，那就意味着新稳态的形成。涨落在系统演化中的重要作用说明系统演化是必然性与偶然性的辩证统一。普利高津指出，“远离平衡条件下的自组织过程相当于偶然性与必然性之间、涨落和决定论法则之间的一个微妙的相互作用”。

二、系统理论在旅游生态学中的应用

按照系统的观点，任何事物和现象的存在都处于发展和变化的系统中，旅游生态学作为一门新兴的学科，其主要研究旅游活动与生态环境之间的相互关系，其研究对象为旅游生态系统。作为一类系统，旅游生态系统可以说是一种大系统，是由多种因素、多种范围和多个子系统组成的复杂的巨系统。旅游生态系统的研究具有系统的一般特征，即具有整体性和动态性。整体性是指旅游生态系统由旅游系统、旅游环境系统、旅游交通系统、旅游服务系统等多种有关旅游和旅游环境等子系统组成，这些子系统的相互作用、相互影响构成了一个整体的旅游生态系统；动态性是指旅游生态系统会随着时间的变化而变化，这种变化的影响因素复杂，包括社会、经济和环境等多种因素，它们都会使旅游生态系统发生变化。

旅游生态系统的变化既有系统内部因素相互作用产生的内部动力机制而引起的变化，如旅游目的地地区的自然生态系统内部的植物、动物与环境之间的生存竞争等变化因素；又有外部环境导致旅游生态系统发生的变化，如社会经济的变化、政治制度、风俗习惯等的改变等都会引起系统的变化；此外，旅游生态系统还受到各种随机因素的影响而产生不规则的变化，如游客量的季节分配、空间分配等的不均衡性，意外的自然灾害、政治事件等都会对旅游生态系统产生影响。所以旅游生态系统也会在动态性这一系统原则的作用下不断地发展和变化着，这种变化可能是有益的变化（符合生态系统演化规律），也可能朝着不利于系统稳定的状态发展，从而导致系统走向崩溃。

第二节　生态系统理论与旅游生态学

生态系统是在一定的空间和时间范围内，在各种生物之间及生物群落与其无机环境之间，通过能量流动和物质循环而相互作用的一个统一整体。生态系统是生物与环境之间进行能量转换和物质循环的基本功能单位。为了生存和繁衍，每一种生物都要从周围环境中吸取空气、水分、阳光、热量和营养物质；生物生长、繁育和活动过程中又不断向周围的环境释放和排泄各种物质，死亡后的残体也复归环境。生态系统在生物与环境的相互作用下产生能量流和信息流，并促成物种的分化和生物与环境的协调。其在时间尺度上的复杂性和有序性的增长过程称为生态系统的进化。

一、生态系统发生、发展与进化理论

(一) 生态系统的物质、能量和信息流

生态系统是由一定的生物组合和非生物环境(包括生物的产物)所构成的复杂的动态结构,系统内和系统外之间有物质、能量和信息交流。一个生态系统与它的外环境(包括其他的生态系统)之间有物质、能量的交流,因而是一个开放系统。生态系统的各个组成部分之间不断进行着物质循环。生态系统的物质循环是伴随着能量流动进行的。但能量流动是单向性的、不可逆的过程,消耗后变成热量而耗散。而营养物质是不会消失的,可为植物重新利用。与生态环境关系密切的主要有水、碳、氮、硫四种物质的循环。一个生态系统由建立之初的不稳定的无序状态,通过与外部的物质能量交换和内部的自我组织过程而逐渐达到相对稳定的、有序的状态,并且依靠外部能量的流入(主要来自太阳)和内部能量的耗散来维持其稳定有序的结构。因而生态系统也符合耗散结构的概念,所以生态系统在时间尺度上的复杂性和有序程度的增长过程,符合物质由无序到有序、由同质到异质、由简单到复杂的变化过程的广义进化定义。

按控制论概念,生态系统是控制系统。一个控制系统由一系列不同单元或不同部分组成,其中任何一个组成单元都可能以多种不同的状态存在,而存在状态的选择受到系统内其他组成单元的影响和制约。相互作用的各单元组成了复杂的反馈环。系统的每一个现有状态都给予未来状态一个限定,系统通过其组成单元之间的相互作用和相互制约而限制了无数可能状态的实现,因而携带着信息。生态系统正是这样的系统,一个生态系统通过其内部各组成部分的相互作用而达到某种稳定有序的结构和自我控制。控制的机制就是信息的表现,只要有相互作用和控制,就有信息储存,信息的储存意味着机制复杂性的增长。

(二) 生态系统的进化

在生态系统内的物种进化。从时间的尺度上来考察生态系统,不难发现构成生态系统的两大部分(生物与环境)都随时间而改变,但这种改变又不是孤立地发生的。在自然界中,物种是生态系统中的功能单位,任何物种都处于一定的生态系统的构架中(当然,物种与生态系统的关系不是大框框套小框框的关系,一个物种的不同种群可以属于不同的生态系统),自然界中不存在脱离生态系统的孤立物种,也不存在孤立的物种进化。生态系统内生物之间、生物与其环境之间的复杂关

系构成了物种进化的背景，某一物种的进化受生态系统内其他物种和环境因素的制约，因此，物种在生态系统内的进化表现为该物种与其他相关物种及环境的协同进化。

生态系统在短的时间尺度上的变化。生态系统在时间尺度上的变化是一个复杂的过程。人们可以在短的时间尺度、小范围内，或在长的时间尺度、大范围内观察这种变化。在短的时间尺度(相对于地质时间)上，就某一具体地区的生态系统而言，从其建立之初的相对不稳定状态，通过内部生物之间、生物与环境之间的相互作用，以及系统内物种的自我组织、自我调整过程而逐渐达到相对稳定的状态，在这个过程中，系统内的生物与环境都经历了有规律的变化，在生态学上称为演替。演替是从裸地开始，经过一系列中间阶段，最后形成生物群落与环境相适应的动态平衡的稳定状态，即演替到了最后阶段。最后阶段的生物群落叫做顶级群落，这一阶段的生态系统属于顶级稳定状态生态系统。

(三) 生态系统平衡

生态系统平衡又称为自然平衡(natural balance)，是指生态系统在一定时间内结构与功能的相对稳定状态，生态系统的能量流动、物质循环和信息传递都处于稳定和通畅的状态。在自然生态系统中平衡还表现为物种数量的相对稳定。生态系统之所以能保持相对的平衡稳定状态是因为内部具有自我调节(或恢复)能力。生态系统的自我调节能力是有限度的，外力干扰超过限度，就会引起生态平衡破坏，表现为结构破坏或功能衰退。引起生态平衡破坏的有自然灾害，也有人类不适当的活动，包括人类生活和生产废物污染及对自然资源的过量开发利用等。自然灾害和不适当的人类活动对生态系统的破坏，往往对生态系统造成三方面的压力：① 生物种类成分的改变；② 引起生物赖以生存的环境条件改变；③ 引起生态系统的信息流通系统的破坏，从而改变生物繁殖状况。在人类对自然界影响作用如此之大的当今世界，生态系统平衡已成为全球共同关心的重大问题。

二、生态系统理论在旅游生态学中的应用

生态系统是旅游生态学研究的基础，旅游生态学正是通过研究旅游开发、旅游过程及其各种与旅游相关的活动，这些活动以一系列的资金、物质、能量和信息流等形式进入旅游目的地生态系统，使旅游目的地生态系统偏离原先的演化方向，甚至使生态系统的平衡遭到破坏，产生严重的生态破坏问题。旅游活动作为现代人类基本的生活方式，旅游的形式、目的等越来越多样化，对旅游地的环境影响也越来越大，这种影响的范围遍及全球各地及各种类型的地形地貌区域，影响的深度和广度等都在不断加强，出现了各种各样的影响旅游目的地生态系统的问题。为了

解决旅游活动及其过程中产生的各种环境问题及实现旅游活动与地理环境之间的和谐，产生了旅游生态学这门新兴学科。

伴随着人类的旅游活动增多，进入旅游目的地生态系统的资金、物质、能量和信息流等不断增加，这种增加不是与原有的生态系统外部能量的简单叠加，而是围绕着旅游业发展的需求，加入的资金、物质、能量和信息流具有一定的方向性，主要表现为旅游通道建设、旅游景观的辅助设施建设、旅游接待设施建设，以及为美化景观而做的其他形式的投入等，这些设施的进入改变了目的地生态系统的本身结构及物质、能量交换的方式，影响着生态系统的演化过程；同时持续的旅游活动过程增加了各种人为影响，如噪声、践踏、废弃物污染等一系列人为因素产生的持续影响过程等。所以，以旅游目的地生态系统为基础，以旅游设施建设和旅游活动过程为主要动力因素，以自然环境、社会经济文化等为外部环境的旅游目的地旅游生态系统研究应运而生。

第三节 生物多样性与旅游生态学

生物多样性(biodiversity)是指在一定空间范围内，多种多样的有机体有规律地结合在一起的总和，包括动物、植物、微生物和它们所拥有的基因，以及它们与其生存环境所形成的复杂生态系统。生物多样性是人类赖以生存和发展的基础，保护生物多样性已成为世界各国关注的热点之一，它有利于全球环境的保护和生物资源的可持续利用。

一、生物多样性的层级、价值与特征

(一) 生物多样性的层级

生物多样性是环境与自然资产中具有生命意义的组成部分，它与人类共同组成了息息相关的生命系统。生命系统是一个等级系统，包括多个层次或水平：基因、细胞、组织、器官、种群、物种、群落、生态系统、景观等。每一个层次都具有多样性，但在理论与实践上较重要且研究比较多的主要是遗传(基因)多样性、物种多样性、生态系统多样性和景观多样性。遗传(基因)多样性是指生物体内决定性状的遗传因子及其组合的多样性；物种多样性是生物多样性在物种上的表现形式，可分为区域物种多样性和群落物种(生态)多样性；生态系统多样性是指生物圈内生境、生物群落和生态过程的多样性；景观多样性是指不同类型的景观在空间结构、功能机制和时间动态方面的多样化和变异性。遗传(基因)多样性和物种多样性是生物多样性研究的基础，生态系统多样性是生物多样性研究的重点。

(二) 生物多样性的价值

对于人类生物多样性具有直接使用价值、间接使用价值和潜在使用价值。

1. 直接使用价值

具有直接使用价值的生物为人类提供了食物、纤维、建筑和家具材料、药物及其他工业原料。生物多样性还有美学价值,可以陶冶人们的情操,美化人们的生活。如果大千世界里没有色彩纷呈的植物和神态各异的动物,人们的旅游和休憩也就索然寡味了。正是雄伟秀丽的名山大川与五颜六色的花鸟鱼虫相配合,才构成令人赏心悦目、流连忘返的美景。此外,生物多样性还能激发人们文学艺术创作的灵感。

2. 间接使用价值

间接使用价值是指生物多样性具有重要的生态功能。无论哪一种生态系统,野生生物都是其中不可缺少的组成成分。在生态系统中,野生生物之间具有相互依存和相互制约的关系,它们共同维系着生态系统的结构和功能。野生生物一旦减少了,生态系统的稳定性就要遭到破坏,人类的生存环境也就要受到影响。

3. 潜在使用价值

具有潜在使用价值的野生生物种类繁多,人类已经做过较充分研究的野生生物只是极少数,大量野生生物的使用价值目前还不清楚。但是可以肯定,这些野生生物具有巨大的潜在使用价值。一种野生生物一旦从地球上消失就无法再生,它的各种潜在使用价值也就不复存在了。因此,对于目前尚不清楚其潜在使用价值的野生生物,同样应当珍惜和保护。

(三) 生物多样性特征

1. 生物多样性的层次

目前,公认的生物多样性有三个主要层次,分别是物种多样性、基因多样性(或称遗传多样性)和生态系统多样性。这是组建生物多样性的三个基本层次。物种多样性常用物种丰富度来表示。物种丰富度是指一定面积内物种的总数目。到目前为止,已被描述和命名的生物种有 160 万种左右,但科学家对地球上实际存在的生物物种的总数估计为 500 万到 1 亿种。其中,以昆虫和微生物所占的比例最大。基因多样性代表生物种群之内和种群之间的遗传结构的变异。每一个物种包括由若干个体组成的若干种群。各个种群由于突变、自然选择或其他原因,往往在遗传上不同。因此,某些种群具有在另一些种群中没有的基因突变(等位基因),或者在一个种群中很稀少的等位基因可能在另一个种群中出现很多。这些遗传差别使得有机体能在局部环境中的特定条件下更加成功地繁殖和适应。不仅同一个物种的不同种群遗传特征有所不同，即存在种群之间的基因多样性；在同一个种群之内也有基因多样性——在一个种群中某些个体常常有基因突变。这种种群之内的基因多样性就是进化的材料。具有较高基因多样性的种群，可能有某些个体能忍受环境的不利改变，并把它们的基因传递给后代。环境的加速改变，使得基因多样性的保护在生物多样性保护中占据着十分重要的地位。基因多样性提供了栽培植物和家养动物的育种材料，使人们能够选育具有符合人们要求的性状的个体和种群。生态系统多样性既存在于生态系统之间，也存在于一个生态系统之内。在前一种情况下，在各地区不同背景中形成多样的生境，分布着不同的生态系统；在后一种情况下，一个生态系统其群落由不同的物种组成，它们的结构关系（包括垂直和水平的空间结构及营养结构中的关系，如捕食者与被捕者、草食动物与植物、寄生物与寄主等）多样，执行的功能不同，因而在生态系统中的作用也不一样。

2. 生物多样性的评价指标

物种多样性是一个区域或一个生态系统可测定的生物学特征，是生物多样性在物种水平上的表现形式，因此，一般用物种多样性指标来分析生物多样性。目前，采用的物种多样性测度指数有物种丰富度指数、物种多样性指数、物种均匀度指数及生态优势度。物种丰富度是指测定一定空间范围内的物种数目以表达生物的丰富程度，主要有一定样地内的物种数（S），Margalef 物种丰富度指数。物种多样性指数是将物种丰富度与物种的多度结合起来的函数，常用的有 Shannon - Wiener 指数、Simpson 指数及种间相遇概率等。物种均匀度指数是把物种丰富度与均匀度结合起来的一个统计量，应用最多的是 Pielous 物种均匀度指数（群落的实测多样性与最大多样性的比率）。生态优势度可用 $D=\sum P_i^2$ 来计算（$P_i = N_i/N$，N 表示所有物种个体总数，P_i 表示第 i 个物种的相对多度）。生态优势度、物种均匀度指数和物种多样性指数有密切关系。物种多样性指数与物种均匀度指数呈正相关，而与生态优势度呈负相关。物种多样性指数越高，生态优势度越小，物种均匀度指数越高。

3. 生物多样性与生态系统稳定性

20 世纪 70 年代以前，生态学家试图找到多样性与稳定性相联系的理论，Odum 的研究表明，通过食物网能量路径的数量是群落稳定性的度量；MacArthur 认为随着食物网中链环数量的增加，稳定性提高；Elton 指出如果生态系统变得比较简单，那么它们的稳定性就会变差；Hutchinson 断言多样性所提供的稳定性对所有适应性较强的大动物都是很有价值的。但是也有相反的提法，Gilpin 指出其研究结果不支持多样性产生稳定性的看法；Woodward 认为较高的物种多样性并不总是意味着较稳定的生态系统功能；McNaughton 根据他在 Jasper Ridge 实验区的实验结果，认为没有证据可以证明，较大的多样性由较高的稳定性来伴随。Beeby 和 Brennan 认为高度多样化的群落似乎更脆弱。

对多样性与稳定性关系的不同看法，有人认为是对群落的多样性和稳定性的不同定义造成的。Pimm 认为，不同的多样性、稳定性概念导致不同的结果，如多样性包括物种丰富度、相互作用强度及物种均匀度等；稳定性则用弹性、抗性及差异性来衡量。这些概念和层次上的复杂性，都是无法正确了解多样性与稳定性之间真实关系的原因。近来有研究用优势度来衡量群落的稳定性，认为优势度越大，稳定性越高。有人则认为，物种多样性作为群落稳定性的指标，具有良好效果。

二、生物多样性在旅游生态学中的应用

多样性是自然界中生物生存和发展的基础，也是旅游景观中的重要资源，多样性的旅游资源、景观、旅游业态等成为旅游业持续发展的基本保障。多种多样的生物资源既是旅游观赏的对象，如珍稀的动、植物资源直接成为旅游者的观赏对象；也是旅游环境的重要背景值，成为旅游景观赖以生存的基础。但旅游区域开发与旅游活动过程也会对旅游景区的生物多样性产生不同程度的干扰。

（一）旅游生态景观中的生物多样性

不同的生物物种（包括植物、动物及其种类、数量、组合类型等）及不同类型、等级的生态系统构成了直接的旅游资源和间接的旅游环境背景。生物多样性是旅游生态景观的重要组成部分，是旅游生态资源价值的基础。生物多样性的直接价值、存在价值和潜在价值是生态类旅游资源价值形成的基础，也是确定生态旅游产品价格的基础。在生态旅游资源评价中有关生物多样性的直接价值、存在价值和潜在价值等已得到了旅游学界的关注和重视。

（二）生态旅游景区开发、旅游过程对生物多样性的影响

生态旅游景区开发过程中需要修筑旅游道路、建造各种旅游设施和服务设施，这些建设必然会对生态旅游景区的生物多样性产生影响，表现为植被砍伐和破坏、动物生存环境破坏、生存区域受到影响等。旅游者在生态景区内进行观光游览和休闲度假等游憩活动，游憩践踏造成植被破坏、入侵种的增加、土壤压实硬度增加、水环境的变化等造成了景区内植被、动物的多样性发生变化，这种变化表现在两个方面：其一是生物多样性减少，这是旅游活动对动植物多样性的直接影响作用；其二是生物多样性增加，这种增加表现为入侵种类增加，这种增加会导致本地物种组成的变化，造成物种入侵，也可能造成更大规模的生态灾害等。

第四节 景观生态学理论与旅游生态学

景观生态学(landscape ecology)研究一个相对大的区域内,由许多不同生态系统所组成的整体(即景观)的空间结构、相互作用、协调功能及动态变化的一门生态学新分支。景观在自然等级系统中一般认为是属于比生态系统高一级的层次。景观生态学以整个景观为研究对象,强调空间异质性的维持与发展,生态系统之间的相互作用,大区域生物种群的保护和管理,环境资源的经营管理,以及人类对景观及其组分的影响。在景观这个层次上,低层次上的生态学研究可以得到必要的综合。景观生态学的基本理论可以按照整体性原理、时空尺度与等级组织原理、空间格局与生态过程原理及镶嵌稳定性与生态控制原理构成框架体系。

一、景观空间格局、过程理论与旅游生态学

(一) 景观空间格局、过程理论

景观空间格局(landscape pattern)一般指大小和形状不一的景观斑块在空间上的配置。景观格局是景观异质性的具体表现,同时又是包括干扰在内的各种生态过程在不同尺度上作用的结果。斑块、廊道和基质是景观的主要组成部分,不同的结构决定了景观的不同功能。景观空间格局广义地讲,包括景观组成单元的类型、数目及空间分布与配置。例如,不同类型的缀块可在空间上呈随机型、均匀型或聚集型分布。景观结构的缀块特征、空间相关程度及详细格局特征可通过一系列数量方法进行研究。与格局不同,过程强调事件或现象的发生、发展的动态特征。景观生态学常常涉及多种生态学过程,其中包括种群动态、种子或生物体的传播、捕食者-猎物相互作用、群落演替、干扰传播、物质循环、能量流动等。

(二) 景观空间格局、过程理论在旅游生态学中的应用

旅游生态学研究的对象是旅游生态系统,旅游生态系统是旅游活动各种要素叠加到景区的自然生态系统中形成的。由此可知,在空间分布上,不同自然环境区域、不同景观结构类型的景区有不同的旅游生态系统。同一个旅游生态系统内部也会出现以不同的斑块、廊道和基质为特征的环境子系统,形成不同的内部格局。也就是说,旅游生态系统在不同地域空间上、在同一地域空间的不同位置上都会呈现不同的格局。在时间过程上,旅游生态系统会随着旅游开发的进程、旅游活动的不同季节、景区开发的不同历史阶段而形成时间上的差异。所以旅游生态系统存

在空间格局上的分异，也存在时间过程中的变化。任何类型的旅游生态系统都存在一个发生、发展和衰退的过程，存在着时间和空间格局的变化，了解和掌握不同旅游生态系统的发展阶段，明确其不同阶段的规律特征是旅游生态学研究的一项重要内容。

二、景观尺度、干扰理论与旅游生态学

(一) 景观尺度与干扰理论

尺度(scale)是指在研究某一物体或现象时所采用的空间或时间单位，同时也可指某一现象或过程在空间和时间上所涉及的范围和发生的频率。前者是从研究者的角度来定义尺度，而后者则是根据所研究的过程或现象的特征来定义尺度。尺度可分为空间尺度和时间尺度。在景观生态学中，尺度往往以粒度(grain)和幅度(extent)来表达，空间粒度是指景观中最小可辨识单元所代表的特征长度、面积和体积；时间粒度指某一现象或事件发生的频率或时间间隔。幅度是指研究对象在空间或时间上的持续范围或长度，即所研究区域的总面积决定该研究的空间幅度；而研究项目持续多久，则决定其时间幅度。

干扰理论是生态学中的重要理论。生态学干扰是指发生在一定地理位置上，对生态系统结构造成直接损伤的、非连续性的物理作用或事件。生态学干扰由三方面构成：系统、事件和尺度域。生态学干扰源于群落水平的生态学研究，实际上它适用于其他各个组织层次，乃至整个生物圈。长期以来，群落生态学家常常观察到来自群落外的、强大的自然力迅速破坏群落结构的现象。因为群落尺度接近于人类感官尺度，所以在这一尺度上干扰的影响显而易见。然而，干扰概念并不局限于群落尺度。经过拓展外延和丰富其内涵，它已被运用到种群、生态系统和景观尺度上。对干扰的判断依赖于尺度、事件强度及系统的本质。认识干扰首先要考虑所研究系统的结构和边界，这样才能判别事件是否来自系统外部，是否改变了系统的结构。此外，要认识到干扰的多尺度性，一个尺度上的干扰并非是所有尺度上的干扰。小尺度上的干扰往往是大尺度上正常现象的结构成分。对种群而言的干扰，在群落上也许显得微乎其微；对生态系统而言的干扰，在景观水平上也许可以忽略不计。这种现象被称为对干扰的兼容性(incorporation)。

(二) 尺度理论在旅游生态学中的应用

尺度是旅游生态学研究的重要内容之一，旅游生态学中的尺度既有空间尺度，也有时间尺度。空间尺度反映了旅游生态学研究对象旅游生态系统的区域范围，即有不同尺度等级的旅游生态系统，不同尺度的生态系统所使用的研究方

法、手段也存在差异。目前,大尺度的旅游生态系统主要采用宏观的生态足迹的研究方法,研究其宏观生态足迹的变化、评估及存在的安全风险;中、小尺度的旅游生态系统研究,多采用生态环境因子影响的方法,研究旅游活动对植物、动物、微生物等的影响及其反应,以及非生态因子的土壤、水分、空气质量等受到的影响。在时间尺度上,主要研究不同的旅游开发阶段、旅游发展过程等对旅游生态环境的影响,从旅游项目开发的背景值调查,到旅游产品形成、发展、成熟、衰退等不同的时间历程,研究其环境影响的变化幅度、程度及影响的结果等。此外,旅游活动对生态环境影响研究存在着从生物种群到群落再到生态系统等不同尺度上。

(三) 干扰理论与旅游生态系统

旅游生态系统中的干扰主要表现在两个方面:其一是偶发干扰,这种干扰主要发生在旅游景区开发、维修等建设过程中,这种干扰不是经常性的,但具有突发性的特征,其对生态系统影响的程度相对较大,往往使生态格局发生变化,导致植物砍伐、土壤硬化、动物消失等负面生态效应;同时也可能强化了濒危动植物的保护,改变了不利自然因素对生态环境的影响等负面效应。这些变化都在一定程度上改变了景观区域的基质、廊道和通达度等生态环境指标。其二是旅游活动过程的持续性干扰,这种干扰虽然存在时间、空间上的差异变化,但这种变化不会改变在旅游廊道上持续受到干扰的事实,在旅游活动形成的持续性干扰影响的情况下,旅游生态系统发生的变化也是持续的,生态系统的演化方向是确定的。但这种演化的方向往往会产生负面的结果。同时,局部的强弱程度变化会使生态环境的影响产生质的变化,结果是恶化程度更严重。

第五节　可持续发展理论与旅游生态学

可持续发展(sustainable development)概念的提出,最早可追溯到1980年由世界自然保护联盟(IUCN)、联合国环境署(UNEP)、世界自然基金会(WWF)共同发起的《世界自然保护大纲》。1987年布伦特兰夫人(G · H · Brundland)主持由21个国家的环境与发展问题专家组成的联合国世界环境与发展委员会(WCED),发表了报告——《我们共同的未来》(Our Common Future),其中系统地阐述了人类面临的一系列重大经济、社会和环境问题,提出了可持续发展的概念。强调“既满足当代人的需求,又不对后代人满足其自身需求的能力构成危害的发展”。它包括两个关键性的概念:一是人类需求,特别是世界上穷人的需求,即“各种需要”的概念,这些基本需要应被置于压倒一切的优先地位;二是环境限度,如果它被突破,必将影响自然界支持当代人和后代人生存的能力。

一、可持续发展理论及内涵

可持续发展是既满足当代人的需要，又不对后代人满足其需求的能力构成危害的发展。它们是一个密不可分的系统，既要达到发展经济的目的，又要保护好人类赖以生存的大气、淡水、海洋、土地和森林等自然资源和环境，使子孙后代能够永续发展和安居乐业。可持续发展与环境保护既有联系，又不等同，其核心是发展，但要在保护环境资源永续利用的前提下进行经济和社会的发展。可持续发展包含三个方面内涵：一是需要，即指发展的目标是要满足人类的需要；二是限制，强调人类的行为要受到自然界的制约；三是公平，强调代际之间、人类与其他生物种群之间、不同国家和不同地区之间的公平。可持续发展包括下面几层含义。

(一) 经济可持续发展

可持续发展的最终目标就是要不断满足人类的需求和愿望。因此，保持经济的持续发展是可持续发展的核心内容。发展经济，改善人类的生活质量，是人类的目标，也是可持续发展需要达到的目标。

(二) 社会可持续发展

可持续发展实质上是人类如何与自然和谐共处的问题。人们首先要了解自然和社会变化规律才能达到与自然的和谐相处。同时，人们必须要有很高的道德水准，认识到自己对自然、对社会和对子孙后代所负有的责任。因此，提高全民族的可持续发展意识，认识人类的生产活动可能对人类自身环境造成的影响，提高人们对当今社会及后代的责任感，增强参与可持续发展的能力，也是实现可持续发展不可缺少的社会条件。

(三) 资源可持续发展

可持续发展涉及诸多方面的问题，但资源问题是其中心问题。可持续发展要保护人类生存和发展所必需的资源基础。因为许多非持续现象的产生都是由资源的不合理利用引起生态系统的衰退而导致的。为此，在开发利用的同时必须要对资源加以保护，如对可更新资源利用时，要限制在其承载力的限度内，同时采用人工措施促进可更新资源的再生产，维持基本的生态过程和生命保障系统，保护生态系统的多样性以利于可持续利用；对不可更新资源的利用要提高其利用率，要积极开辟新的资源途径，并尽可能用可更新资源和其他相对丰富的资源来替代，以减少其消耗，要特别加强对太阳能、风能、潮汐能等清洁能源的开发利用以减少化石燃料的消耗。

(四) 环境可持续发展

可持续发展也十分强调环境的可持续性,并把环境建设作为实现可持续发展的重要内容及衡量发展质量、发展水平的主要标准之一,因为现代经济、社会的发展越来越依赖环境系统的支撑,没有良好的环境作为保障,就不可能实现可持续发展。

(五) 全球可持续发展

可持续发展不是一个国家或一个地区的事情,而是全人类的共同目标。当前世界上的许多资源与环境问题已超越国界的限制,具有全球的性质,如全球变暖、酸雨蔓延、臭氧层破坏等。因此,必须加强国际间多边合作,建立起巩固的国际合作关系。

由此可见,可持续发展包括生态持续、经济持续和社会持续,它们之间互相关联、不可分割。孤立追求经济增长必然导致经济崩溃;孤立追求生态持续不能遏制全球环境的衰退。生态持续是基础,经济持续是条件,社会持续是目的。人类共同追求的应该是自然-经济-社会复合系统的持续、稳定、健康发展。

二、可持续发展理论在旅游生态学中的应用

可持续发展理论已经广泛应用到当今社会、经济、环境等各行各业中,形成了各部门的可持续发展理论。旅游可持续发展是指以资源和生态环境承受能力为基础,以符合当地经济、文化发展状况和社会道德规范为标准,实现旅游发展与自然、文化和人类生存环境的协调统一,既满足当代人的需求,又不对后代人满足其自身需求的能力构成危害为目标的发展思想和发展道路。

旅游承载力(carrying capacity of tourist)作为可持续旅游发展理论的核心,目前已为世界各国旅游学界所赞同和认可。同其他形式的经济开发活动一样,旅游开发和旅游者的大量来访不可避免地会给旅游目的地的经济、社会、文化和生态环境带来某些影响和变化,包括积极方面的影响和变化及消极方面的影响和变化。就消极方面的影响和变化而论,如果旅游开发过度或旅游活动量过大超过了目的地的承载能力,会使目的地的旅游环境遭受严重的破坏甚至损毁,从而使旅游业和旅游活动失去赖以维持和发展的资源基础。旅游承载力的研究集中在旅游环境承载能力、旅游设施和服务承载能力、旅游空间承载能力和旅游目的地居民的心理承受能力等。

旅游生态学从旅游活动和旅游资源环境出发,研究旅游活动及过程对自然生态系统的作用、影响及其动态发展过程,以生态学的视角去探求旅游活动与生态系

统的耦合关系，可持续发展是其核心理念。突出可持续发展理论的旅游生态学研究主要集中在以下几个方面。

1. 可持续发展的生态学机理和评价研究

近年来，在可持续发展的生态动力学机制、控制论方法和指标体系方面加强了研究，并提出了一些新的方法和模型。例如，可持续过程指数(SPI)，系统的社会-生态指数，生态系统服务功能评价，资源核算的投入产出模型，土地利用开发和生产潜力的空间模型，生态足迹(ecological footprint)模型，在“驱动力-状况-响应”(driving force-state response, DSR)的框架下建立可持续发展的指标体系等。这些方法和模型不断地运用到旅游生态系统研究中去，拓宽了旅游生态学的研究思路，解释了旅游活动的生态响应机理，促进了学科的进一步发展。

2. 旅游生态安全及预警监控系统的研究

生态安全是指人类在健康、安全、生活基本权利、生态基础设施、必要的资源、社会秩序、适应变化的能力等方面受威胁程度的大小。旅游生态安全强调的是作为旅游休闲地生态环境变化对旅游者的健康、享受等方面造成的不安全影响。旅游生态预报是指对作为旅游环境的生态系统的多种要素未来变化趋势所作的预测，包括人为影响预报、景观变化预报和社会经济后果预报三大类，并在生态预报的基础上，建立起不同类型各具特色的旅游生态安全监控预警系统。

3. 区域旅游生态评价、规划和管理研究

用可持续发展理念和评价指数来建立旅游生态环境质量评价指标体系，用科学的方法来规划旅游生态地，指导旅游生态系统建设、发展和管理。通过加强旅游生态脆弱区的生态调控与退化生态系统恢复与重建，注重对不同景观环境背景的旅游区域的生态环境评价和旅游活动与水、土、大气、生物间的相互关系和动态规律；通过景观生态规划和管理等调控手段，改善旅游区域生态平衡，促进旅游经济可持续发展。

4. 生物多样性保护及旅游生态系统管理研究

从旅游资源环境保护入手，进行深入的研究，其中包括保护生物学的基本原理，生物多样性的测度方法，生物多样性调查和信息系统的建立，珍稀、濒危和衰退物种的就地保护和异地保护的方法，以及生物多样性的经济评价和效益分析等。把旅游活动纳入到生态系统的发生、发展和深化过程中去，从生态学、旅游科学等学科和可持续发展理论等多角度去管理旅游生态系统。

旅游可持续发展是旅游和旅游相关科学研究的重要目标。旅游生态学所研究的旅游景区生态系统影响、变化、效应及生态恢复等都为实现区域旅游的可持续发展服务。所以说，旅游可持续发展是旅游生态学研究的重要归宿，旅游可持续发展的方针、政策,所采用的方法、原则和价值都是旅游生态学应该遵循的目标体系。

此外,旅游生态学的理论基础还应该包括旅游科学的旅游供给与需求理论、旅游效益理论、旅游地的空间竞争合作理论等;也包括复合生态系统理论、生态平衡理论、环境价值等理论体系。

第四章　旅游生态学的研究内容体系

研究内容是构成一门学科的核心，研究什么、怎样研究是决定一门学科存在和发展的关键。为此，在对旅游活动和生态环境之间相关作用、相互影响而产生的一门新兴学科深入剖析的基础上，构建了以旅游生态系统结构、功能和管理等为核心的研究内容体系，这种体系能较好地反映旅游生态学所关注的重点问题、把握研究方向、解决实际矛盾，从而丰富和完善旅游生态学学科体系。

对于旅游生态学的研究内容，学术界有不同认识。吴必虎等认为，旅游生态学的研究内容主要包括三个方面，即旅游者和旅游经营管理者的行为对生态系统的影响，旅游区环境对旅游活动的影响和旅游生态学的应用研究。那守海等认为，旅游生态学是研究旅游生态系统的功能、结构和旅游生态学的应用研究。笔者认为，旅游生态学的研究内容概括为：研究旅游生态系统的结构、功能、影响、修复、管理及其不同组成成分间相互联系的机理，旅游生态系统在时间、空间上的演替等内容。其主要表现为：在旅游过程中旅游者对旅游目的地生态环境的影响(包括对大气、水、植被、土壤、动物等的影响，这是目前研究的主体)；旅游目的地的生态环境建设、规划、管理服务；旅游目的地景观格局对旅游者行为、身心的影响；旅游者与当地居民之间的相互影响关系等。

第一节　旅游生态系统的结构

旅游生态系统是由多种成分组成的复合型的生态系统。其结构可以划分为人类旅游活动、旅游目的地的环境以及其外部自然、社会、经济环境等三个图层结构。也可以概括为由旅游活动过程及旅游开发过程因素、旅游目标市场因素、旅游生态系统影响因素等方面构成。

一、旅游生态系统是复合生态系统

旅游生态系统是自然-经济-社会的复合生态系统。自然生态系统由旅游目的地无生命的环境和有生命的生物组成，其中无生命的环境包括阳光、空气、水、土壤、地质地貌等非生命组成部分；有生命的生物是根据生态学的组建水平，形成不同等级的生态系统，旅游自然景观包括多个生命组建水平，在不同的组建水平上都能满足旅游者需求的资源，也称为旅游生态资源，分为物种资源、群落和生态系统资源及景观资源等。经济系统包括生产、流通和消费，即旅游产品的生产、流通和消费过程。社会系统包括各种旅游法规、条例，社会制度、文化、风俗、艺术，组织管理等。由自然、经济和社会三个复合系统相互影响、相互关联而形成的旅游生态系统，存在着大量的人流、物质流、能量流、信息流、资金流等过程。

二、旅游生态系统的圈层结构

旅游生态系统可以认为是三个逻辑关系的圈层结构（图 4－1），其中，第一圈层（核心圈）是人类及其旅游活动，人类的旅游活动是旅游生态系统存在的核心，人既是旅游生态系统的主导者也是调控者；第二圈层是旅游目的地的环境，包括自然环境、社会环境和经济环境，旅游目的地环境受旅游活动的直接影响，进行着旅游活动与旅游景区的自然、社会、经济环境系统的直接碰撞，是旅游活动各种影响的直接反应区；第三圈层是旅游目的地外部的自然、社会和经济环境，是间接影响旅游目的地的环境，这类影响一般通过社会因素、经济因素、自然相关因素等影响着旅游区域。由图 4－1 可以看出，第一圈层与第二圈层间会产生相互的影响，这种影响既有文化、经济层面的影响，也有自然层面的影响；这两个圈层与第三个圈层间也都存在着相互作用的过程，旅游目的地外部环境对旅游者的旅游行为、出行方式、旅游形式等产生影响，也对旅游目的地的旅游设施建设、旅游服务环境等产生影响，即通过影响旅游供给，从而对行、游、购、住、食、娱六大旅游要素产生影响。

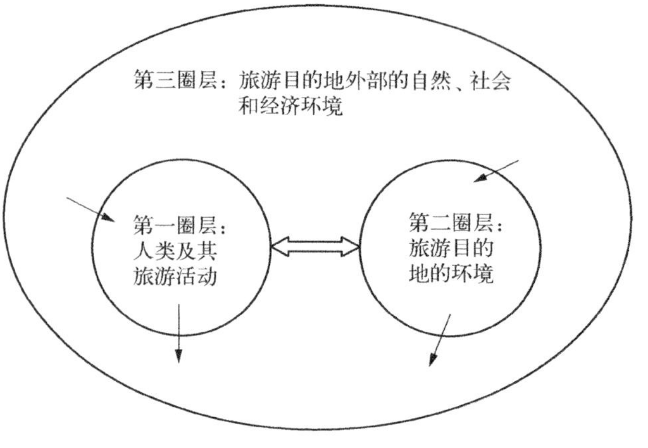

图 4－1　旅游生态系统 3 个圈层结构关系图

三、旅游生态系统的结构

旅游生态系统结构就是研究旅游活动进入旅游目的地生态系统而产生的旅游生态系统（图 4－2）。这里的旅游活动包括旅游过程和旅游开发过程，影响旅游过程的主要因素是旅游市场国家和区域的社会经济发展水平、文化风俗习惯、节假日制度等,即影响旅游者旅游能否实现的因素;旅游开发过程受到旅游目的地的社会经济发展水平、资源环境因素、政策制度等,以及目标旅游市场的需求状况等因素影响。旅游活动通过旅游者进入旅游目的地地区对目的地生态系统产生直接影响和间接影响,其中,直接影响是指旅游者在旅游景区旅游过程中产生的对植被、土壤、大气、水分、动物等自然环境和生物的影响;间接影响是指随着旅游者的旅游过程同时进入旅游目的地的还有大量的物质流、资金流、文化意识流和信息流等,这些改变了旅游目的地地区的社会、经济、文化意识等社会生态环境,通过影响社会生态环境从而影响了当地的旅游开发水平和开发程度,这又会对旅游目的地生态系统的自然环境因素产生影响。

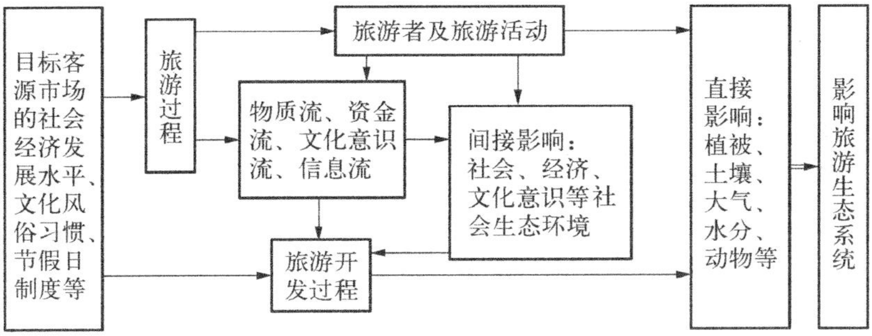

图 4-2 旅游生态系统结构示意图

第二节 旅游生态系统的功能

旅游生态系统包含旅游目的地的自然生态系统,所以其功能具有生态系统的基础生产功能、服务功能等。但由于其是特殊的社会、经济与自然环境的复合生态系统,其形成的目标是为了满足人类的精神生活需求,因此又有其特殊的功能,主要表现为其独特的服务功能及熵流与反馈功能。

一、旅游生态系统的基础功能

旅游生态系统是受到旅游活动影响的自然生态系统,其自然组成的生态系统包含生态系统基本的生产和服务功能,这些功能在旅游生态系统中可以认为是基础功能,这些功能表现如下。

1. 生态系统的生产功能

生态系统最显著的特征之一是生产力(productivity),生产者为地球上的一切异养生物提供营养物质,它们是全球生物资源的营造者。而异养生物对初级生产的物质进行取食加工和再生产而形成次级生产。初级生产和次级生产为人类提供几乎全部的食品、工农业生产的原料。这是地球上一切自然生态系统最基本的功能之一。

2. 生态系统的环境功能

生态系统概念自其产生之日起就提出了有关结构、功能和动态过程诸方面的研究。为了解决当前生产和社会面临的问题,生态学加强了生态系统功能和过程研究的力度,特别是生态系统的服务功能;或社会公益功能引起了生态学家的密切关注。生态系统的服务功能可以概括为生物多样性的维护功能、传粉和传播种子的功能、生物防治功能、保护和改善环境质量功能、土壤形成及其改良功能、减缓干旱和洪涝灾害、净化空气和调节气候等方面。此外,湿地旅游生态系统在全球和区域性的水循环中起着重要的调节和缓冲作用。

二、旅游生态系统的服务功能

旅游生态系统的服务功能也可以认为是其生产功能,旅游业正是通过对旅游者的服务组合旅游资源、旅游服务设施和基础生活设施而形成旅游产品,来满足旅游者的需求,并产生着巨大的社会效益和经济效益。旅游生态系统的服务功能是指旅游生态系统为人类提供的各种产品和服务来满足旅游者需求的能力。由此可见,旅游生态系统是具有旅游功能、生态功能和社会服务功能等多种服务功能的系统,见表 4-1。

表 4-1 旅游生态系统的服务功能

旅游生态系统服务	旅游生态系统功能	举　例
休闲娱乐	提供旅游吸引物、休闲旅游机会	生态旅游、钓鱼及其他户外游乐活动
文化教育	提供非商业性用途的机会	生态系统的美学、艺术、教育、精神及科学价值
气体调节	大气化学成分调节	CO_2/O_2平衡,O_3防紫外线、SO_2水平
气候调节	全球温度、降水及其他由生物媒介的全球及地区性气候调节	温室气体调节,影响云形成的 DMS 产物
水调节	水文流动调节	为各产业提供用水
水供应	水的储存和保持	向集水区、水库和含水岩层供水
控制侵蚀	生态系统内部土壤保持	防止土壤被风化、侵蚀等

三、旅游生态系统的社会经济功能和生态教育功能

旅游功能是旅游生态系统存在的基础,通过旅游功能实现着旅游生态系统

的社会经济价值和生态环境教育价值。旅游生态系统的社会经济和生态功能如下。

(一) 旅游生态系统的社会经济功能

旅游生态系统中的旅游景区、景点发挥着强大的旅游效益,其经济系统是国民经济系统的组成部分,具有良好的社会经济功能。旅游生态系统的经济功能是通过旅游经济活动来实现的,旅游生态系统建设的目标就是为了实现旅游价值,发展地方经济。以旅游生态系统为基础的旅游产业从其在世界上出现时便开始具有促进经济发展的作用,成为20世纪世界发展最快的产业之一,在20世纪90年代,旅游业便依靠其强大的经济功能成为世界第一大产业。据《中国旅游发展报告2016》,2015年世界旅游业创造了2.84亿个就业岗位,对全球GDP的综合贡献达到7.86亿美元,占全球GDP总量的10%。大多数国家和地区都认识到,作为服务性产业,旅游业由于利用的大多为资源性成本,开发利用的门槛较低。旅游业对国民经济有巨大的乘数效应,对地方经济的带动作用强,加之其为劳动密集型产业,又能解决大量的人口就业问题,目前已经成为许多国家和地区经济发展的首选产业。

(二) 旅游生态系统的生态教育功能

旅游生态系统有着极其丰富的生态环境资源,这些生态环境资源可直接对旅游者进行生态环境教育。在人类面临生存环境危机的今天,能够拯救人类的只有我们人类自己,靠的是全人类建立正确的生态观和每个人都能够认识到自己应当承担的生态责任。旅游生态系统中拥有丰富的生态资源,自然环境和生物多样性丰富,开展生态教育活动可以使人们通过参观游览、聆听专家讲解、亲自参与实践等多种形式,了解生物、地理、生态、自然保护等各方面的相关知识,充分认识自然的美学价值和科学价值。从而,提高人们的生态意识,最终达到自觉保护自然的目的。

旅游者是旅游活动的主体,目前,我国旅游者的环保意识还不强,很容易对生态系统造成破坏,对旅游者开展生态教育十分必要。通过旅游者走进自然、认识自然,从而普及生态知识,唤醒人们的生态意识,自觉保护自然,促进生态系统的良性循环,保证旅游的可持续发展。这种在大自然环境中接受环境保护教育和生态道德教育的形式要比其他教育更生动、更直接、更有说服力。不仅可以大大提高旅游者的兴趣,而且可以使旅游者真切地体验到在其他地方所没有的价值。通过生态教育活动可以使人们更好地了解生物多样性和景观多样性,提高人们的生态和自然保护意识,逐步形成和完善比较完整的生态文化。

四、旅游生态系统的熵流与反馈功能

旅游生态系统是全方位开放的生态系统，与外界进行沟通，进行熵的交换。生态系统与环境之间存在着紧密的联系。生态系统通过不断地摄入能量，并将代谢过程中所产生的熵排向环境。生态系统从本质上不同于孤立系统行为就在于与环境之间有熵的交换。旅游生态系统正是通过景区的规划、建设，旅游者的游览活动，管理者和经营者的服务，当地的社会、文化、风俗，以及供水、供电、交通等与系统外部环境不断地进行物质和能量交换，即不断产生进入和排出的熵流。

旅游生态系统总熵的变化由两部分组成：

$$ds = dis + des$$

式中，ds 是旅游生态系统的总熵；dis 是系统内部不可逆过程产生的熵变；des 是由系统与外界环境发生能量和物质交换而产生的熵变化。

当 des 远小于 0 时，旅游生态系统从外部环境不断获得能量和物质，吸收负熵流，系统的总熵值将减小，有序性增加，信息量增加，生态系统稳定；促进旅游生态系统与外界环境之间的各要素交流。开放性使得旅游生态系统本身的结构和功能得到不断的发生和发展，使系统处于平稳的运行状态。

同时旅游生态系统是受人为控制的生态系统，人为影响是决定生态系统熵流变化的关键，物质和能量的输入和输出都与人的行为有关，也就是说，合理的熵流变化才会使旅游生态系统保持平稳的状态，如果为了增加经济效益而盲目扩大游客量，减少物质和能量的输入，必然会导致系统内的熵值增加，系统无序性增加，向着环境恶化的方向发展，最终使旅游生态系统崩溃。

旅游生态系统的反馈：反馈(feedback)是生态系统普遍存在的现象，旅游生态系统中的输出可以认为是旅游产品，是旅游者对所消费的旅游产品的评价和认同度，如果旅游者对旅游目的地认知好，会有更多的游客进入该地旅游，从而使此旅游生态系统产生更多的旅游产品，在输入不变的情况下会对旅游目的地的生态系统产生破坏，即所谓的正反馈；反之，游客很少进入该地，输入不变，呈负反馈。然而旅游生态系统又包含社会-经济系统，负反馈在导致旅游生态系统中自然生态系统呈良性循环的同时，会导致社会-经济系统的效益下降，使旅游区衰退；正反馈会使旅游区的旅游活动过于频繁，使旅游区的社会-经济系统具有最大的效益，但会超过其环境承受能力，导致旅游区的自然生态系统退化(图 4－3)。为了使旅游生态系统保持平衡、健康的发展态势，必须既要考虑正反馈的社会经济效益，也要考虑负反馈的自然环境效益，只有从中找到平衡，在正反馈的同时增加负熵流(增加投入改善生态环境)，使其达到系统的平衡。

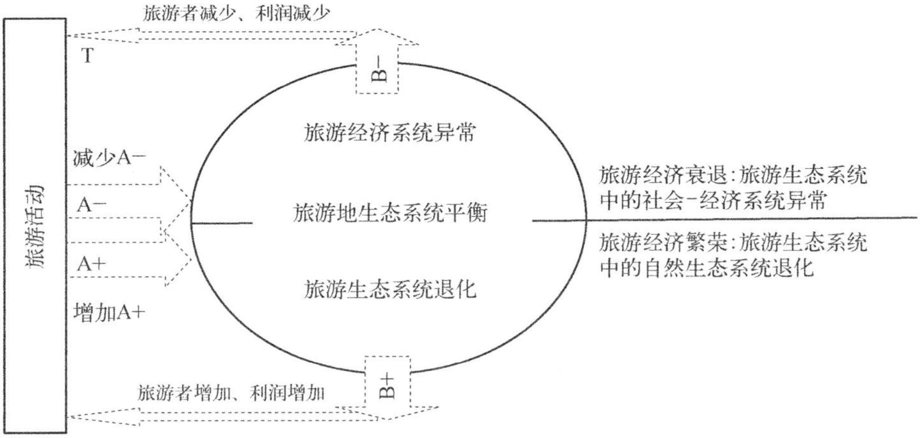

图 4-3　旅游生态系统熵流与反馈示意图

A+,正熵流：旅游产出；A−,负熵流：旅游投入；B+,正反馈：旅游地知名度大、旅客多；B−,负反馈：旅游地知名度小、游客少

第三节　旅游生态系统的影响

旅游生态系统的影响是双向的相互影响,包括两个方面：其一是旅游活动对旅游生态系统的影响。旅游活动对生态系统的影响是目前研究的主体,研究的内容相对较多,但多集中在对生态系统中个别因素的影响上。其二是旅游景观(旅游生态系统的主体)对旅游者的影响。旅游者到达任何一个旅游目的地,旅游目的地的景观都或多或少地对其身心产生影响,有行为动作的影响、心态的影响、心情的影响等,这种影响往往构成旅游目的地对游客的一种强烈的印象,若表现强烈,则记忆深远,并可能产生再次旅游的动机。

一、旅游活动生态影响效应

人类旅游活动对旅游生态系统的影响包括主观影响和客观影响两个方面,其中,主观影响是指为了发展旅游业而进行的景区、景点开发,修建道路,以及各种配套旅游服务设施的建设而产生的影响;旅游者在旅游过程中的主观影响行为,如对植物的攀爬、折断、采摘等行为。客观影响主要指旅游活动过程中的非主观故意性的活动而造成的影响,如旅游者不经意的践踏行为、开发过程中噪声对动物等的惊吓,以及一些石灰岩洞穴内景区游客过多而造成的 CO_2 含量增加,产生的破坏性影响等。

旅游活动对生态影响效应的研究主要表现在三个方面：其一,旅游开发活动对旅游目的地的开发性影响(表 4-2);其二,旅游过程对旅游目的地的生态环境产生的影响，直接造成对旅游区域的植物、动物、水体、大气、土壤等的影响（表 4－3）；其三，旅游区管理、经营和社区居民等为旅游活动服务的过程也会产生一定的生态影响。

表 4－2 旅游目的地开发过程对生态的影响及优化措施

旅游开发过程	特　征	对生态环境的影响	生态优化管理措施
资源普查	旅游资源的调查包括生物资源、地质地貌、自然景观、化石遗迹等	轻微影响	设计会理的调查程序、采用无影响化操作模式，以减少对环境的影响
道路修建	进入景区的道路、景区内部的道路	破坏自然景观，影响动物的迁徙规律、破坏植被	管道、电力通信线路埋设，地面植被恢复性建设，避开高大乔木，汽车道路绿化
管网建设	地埋式供水、排水管道	施工过程中的植被破坏	建筑物色调、风格与周围环境协调，利用太阳能、风能等可再生、环保性的能源
电力、通信线路	架空的线路和线杆	破坏植被、景观不协调，易引起火灾	
索道	架空	破坏植被、景观不协调，地质破坏	
接待设施	宾馆、饭店、停车场	过多的现代建筑导致景观城市化现象，施工过程中的噪声污染、废弃物抛弃、工程大量用水导致的不当取水行为	以地方土特产、见地风味食物为主；严禁捕杀受保护的动物、砍伐景区内的林木；污水经过净化处理；旅游服务用水经处理后循环使用；固体垃圾分拣、消毒后，用作景区建设材料
开发过程中的运输	交通车辆	噪声，有害气体对植被、动物和大气的影响	采用环保型交通运输工具；减少小型汽车，实行景区运输的公交化；提倡步行

表 4－3 旅游对环境的影响效应

环境因子	旅游过程中的影响因素	影 响 效 应
植物	各类践踏、采集、刻划、驮畜啃食，旅游设施建设、环境污染等引起的生境变化，外来物种入侵	植物覆盖减少，地表裸露；植物个体高度、活力下降，繁殖与更新受影响；种群数量、结构与分布改变，群落组成与结构改变、物种多样性变化
土壤	践踏、垃圾等污染	土壤压实，理化性质改变；土壤生物组成改变；土壤侵蚀加速，水土流失加剧
动物	打猎，垂钓，食用，商品开发，观赏，喂食，游客干扰，植物、土壤状况改变引起生境变化，外来物种入侵	行为变化，健康恶化；繁殖率下降，死亡率增加，数量下降；个体或种群迁移，物种分布改变，区域物种组成改变
水环境	旅游设施建设，外来物种引入，游船等水上旅游活动，岸边旅游活动，游人游泳、潜水	水体浑浊，营养物增加，致病细菌增加，水质量下降；水生生物数量和组成改变；水资源数量下降；水资源空间分布改变
大气、降水	旅游景点、景区的各种交通工具，旅游活动过程中产生的空气颗粒物、CO_2、NO_x	空气质量下降，有毒有害物质增加，导致景区空气恶化，如酸雨

(一) 旅游开发活动对旅游目的地的开发性影响

实现旅游建设过程的生态化,可以有效减少建设对生态环境的影响,提高旅游建设者的生态意识,建立符合生态规范的旅游产品及旅游景区、景点。旅游开发建设是旅游区发展的第一步,也是对生态环境影响最严重的阶段,对于以自然环境为主体的旅游区,开发之前是生态环境优美的山岳、森林或者水域等区域,也可能是生态脆弱的山地、水域区域等。开发过程往往是破坏和影响的过程,开发过程中的生态化措施对这些区域生态环境的完整性、生态系统的稳定性等有重要的作用。由此可见,旅游开发阶段的生态化是实现旅游全过程生态化的开始。当然在旅游景区的开发过程中也会增加对珍稀动物、植物的保护和对环境生态系统的治理,这在一定程度上会改善生态系统的不健康运行状态。但在众多旅游景区的实践中,这种正面的生态效应往往被效果更加显著的负面影响所掩盖。

(二) 旅游过程对旅游目的地的生态环境产生影响

旅游过程主要是指行、游、住、食、购、娱等活动过程,对这些过程进行分析时发现,旅游景区内的旅游活动六要素对景区的生态环境影响巨大,“行”和“游”会导致土壤硬化、腐殖质减少、土壤水分下降等,进而影响植物的生长;会对植物产生直接的践踏、采撷、刻划等影响;导致动物惊吓、逃亡等,使土壤动物分布产生变化;也可能造成景区空气污染、水源污染等。景区内的“住”“食”活动产生的水体污染、固体垃圾污染等会对环境造成影响。景区内的“购”“娱”也会产生垃圾污染、噪声污染、光污染等。这些在景区内产生的各种影响和污染会对旅游景区的生态系统产生不良影响,这些影响若不加以改善,在累积作用的影响下,往往会导致旅游景区生态功能下降、生态系统破坏的恶性后果。

(三) 旅游景区管理和服务过程等对生态环境的影响

旅游景区的管理、经营活动及社区居民为旅游活动服务也会产生各种生态影响。在旅游景区,各种为旅游者服务的管理、经营活动等是旅游活动得以进行的必要保证,但这些保障性活动本身也会对旅游景区的生态环境造成影响,这种影响与旅游者在景区内活动产生的影响类型大致相同。由于这些活动往往集中在一定区域内,生态影响相对集中,若仅仅为了服务和管理方便,往往会对景区的局部区域生态环境造成重要影响,因此对管理、服务区域位置的选择是减少影响的一个重要措施,在旅游景区规划中要加强对这类区域的生态决策规划,以减少景区的生态影响。

二、旅游生态系统修复研究

生态修复可分为自然生态系统本身修复和人工修复。本身修复是指受损的自然环境通过生态系统自身的生长和扩展功能逐渐得以修复的过程，这种修复主要发生在旅游活动影响具有一定的间隙期内，此间隙期是自然生态系统修复的最佳时期，方可保证其修复的效果。人工修复是指受旅游活动影响区域的景区生态环境，借助人工方法（包括人工管理的景点轮修方法，受影响区域的人工选择生物、物理和化学等的修复方法）使之得以恢复和减少影响的过程。

（一）旅游生态系统修复的目的

旅游生态系统研究的重要目的之一就是对已经受到严重影响的生态系统进行修复，恢复其应有的生态系统功能。修复主要是自然环境因素（如植被、土壤、水、大气、水土流失等）的修复，以及一些破坏性、与环境不协调的旅游设施的拆除和重新设计建设等。欧美的研究主要是对野地（wildland，wilderness）游憩地进行修复性实验，以恢复其作为游憩的功能，如 Cole 等在美国俄勒冈州的 Eagle Cap 等野地游憩营地对植物和土壤所进行的修复研究；国内有些景区也以封山育林的方式进行修复，如黄山风景区景点轮休制度也是旅游生态系统修复的案例。修复研究首先对旅游生态系统健康进行评价，建立旅游生态系统健康评价机制、评估机制和监测机制，找出影响健康的主导因素，运用相应的生态系统修复方法对受损的系统进行修复。

旅游生态系统修复是为了保持旅游景区的旅游可持续发展而采取的一种补救方式，其目的是维护生态系统的稳定性和可持续发展，而不是恢复到被破坏之前的状态，因为全球性的环境、气候等在不断变化，恢复到原有状态生态环境可能已经不适应那里已经产生变化的局地环境，所以恢复就失去了本来的意义。

（二）旅游生态系统的修复

针对旅游景区普遍存在的生态影响，目前对旅游生态系统的修复主要集中在旅游景区的视觉污染修复、生态破坏修复（主要是植被和土壤的破坏）、环境污染修复（土壤、水体、大气的污染）三个方面。

1. 视觉污染修复

旅游景区开发过程中的道路、旅游服务设施、生活服务设施及索道等建设过程中都会产生对自然景观美感的视觉破坏，造成景观的人工化及局部植被、土壤等视觉环境的破坏。对这类以视觉破坏为主体的景观进行修复，首先要考虑受干扰的自然本身的恢复，包括植被环境、地形、地貌状态等的恢复；对与自然景观不协调的旅游服务设施要进行拆除处理，以减少对景观环境的影响，如安徽歙县拆除了古徽州景观周围的政府办公楼、四川等省的一些景区拆除了在风景区内建设的一些宾馆等服务设施等。对于修建道路、索道等引起的景观破坏，可以采取人工植被修复的方式进行景观恢复。在视觉修复过程中注意保持旅游生态景观系统的协调性与和谐性，使人工视觉修复结果与自然环境有机融合。

2. 生态破坏修复（土壤修复、植物恢复性修复）

对受旅游活动影响的区域进行修复一直是旅游生态环境研究的目标所在，也是旅游生态学研究的重点。如何使景区、休闲度假区域等那些受旅游活动影响的生态系统恢复其生态功能，旅游生态学术界也一直在进行探索。美国研究者 Cole 和 Spildie 等研究了北美俄勒冈州西北部的 Wallowa 山 Eagle Cap 野地受游憩活动影响的 6 个营地，营地海拔高度在 2 215～2 300 m，与一个亚高山湖相连，距离道路 12～15 km，上层针叶林的主要植被是冷杉和黑松，灌木层覆盖率为 50%，分布不连续，以杜鹃科、越橘和簇生的禾草等为主，土壤由花岗岩风化而成，土层浅、砂质、呈酸性，pH 4.2～4.8。这些营地受到高强度的游憩影响至少 50 年，造成植被缺乏、土壤有机质含量最低。在 6 个营地中实行等分实验区设计，每个营地建立 12 个 1.5 m×1.5 m 实验点，分为对照点和不同修复控制实验点，对游憩营地进行土壤和植被等生态修复实验，并检验不同实验控制条件下的修复效果。

结合国外旅游地的生态修复研究方法和我国部分受旅游活动影响强烈的区域在景点（区）轮修中的具体做法，在景点（区）修复研究中建立若干个生态修复实验区（一般不少于 5 个），在每个实验区内采用等分实验点方法（图 4－4），把研究区域分成若干大小相等的实验点（一般设计为边长 1～3 m 的正方形，或 10 m^2 以内的长方形 6～12 个，或者更多），记录每个实验点在实验之前的土壤理化性、植物覆盖率、种类组成等基础信息。然后根据实验要求在每个实验点设置两个对照点，不做任何人工修复工作，让其自然恢复；控制点至少设置为 6 个，3 个实验点分别进行土壤深翻（深度根据土层的深度来确定，一般不超过 25 cm）、混合、松土等，其中一个实验点种植种子（本地物种）、一个移栽、一个进行堆肥；另外 3 个实验点不对土壤进行松土、混合等活动，其中一个实验点种植种子（本地物种）、一个移栽、一个堆肥。然后每年至少 4 次（不同季节）记录植物生长少覆盖率等变化结果，对结果进行比较，确定哪种方法更加适合本地区旅游景区的生态修复，并进行推广。这种旅游景区的生态修复实验方法简单、可操作性强，适应范围广，且效果相对明显。但这种修复实验方法旨在寻求一种更加适合实验景区的生态修复方式，但是即使在同一个景区内，也会存在局地环境的差异，实验位置的修复方式也不可能完全适应于同景区的其他位置；使用这种方法的前提条件之一是要进行景区关闭或者景区轮休制度，才能保障实验的条件。对较好的实验修复结果，可以在相类似的景区进行推广，从而使受旅游活动影响的大面积生态系统得到修复。

对照点	不松土、种植种子	松土、移栽	不松土、堆肥
松土、堆肥	松土、种植种子	不松土、移栽	对照点

图 4－4　生态修复实验对照点与控制点示意图

3. 环境污染修复

景区内的环境污染问题主要表现在自动运输车辆直接泄漏汽油、排放有毒有害气体，一些景区内的燃油及有毒有害的生活废弃物、医疗废弃物、废弃的计算机鼓等进入景区生态系统中而产生的。这些废弃的有毒有害物质进入景区的自然环境或水体中，对景区的生态系统影响巨大，要进行相应的修复处理。生物修复是最好的方式之一，也是采用较多的修复方式。

生物修复(bioremediation)主要是利用天然存在的或特别培养的微生物在可调控环境条件下将高毒污染物转为无毒物质的处理技术。生物修复可以消除或削弱环境污染物的毒性，可以减少污染物对人类健康和生态系统的风险。这项技术的创新之处在于精心选择、合理设计操作的环境条件，促进或强化在天然条件下本来发生很慢或不能发生的降解或转化过程。生物修复起源于有机污染物的治理，近年来也向无机污染物的治理扩展。

在修复景区的污染时需要监测指标，除化学监测项目以外，还需要对微生物进行监测。在土壤、沉积物和地下水的生物修复过程中应根据人工干预的情况进行分类(图 4－5)。

- 生物修复
  - 自然生物修复
  - 人工生物修复
    - 原位生物修复
    - 易位生物修复

图 4－5　生物修复分类图

自然生物修复(intrinsic bioremediation)是不进行任何工程辅助措施或不调控生态系统，完全依靠自然的生物修复过程，即靠土著微生物发挥作用。这类被污染土壤和地下水的生物修复需要有以下环境条件：① 有充分和稳定的地下水流；② 有生物可利用的营养物；③ 有缓冲 pH 的能力；④ 有使代谢能够进行的电子受体。如果缺少一项或两项条件，将会影响生物修复的速率和程度。

在生物降解速率很低或不能发生时，可采用人工生物修复(artificial bioremediation)，通过补充营养盐、电子受体，改善其他限制因子或做生物菌体，促进生物降解。它包括原位生物修复(in situ bioremediation)和易位生物修复(ex situ bioremediation)两种。原位生物修复在污染的原地点进行，采用一定的工程措施，但不人为移动污染物，不挖出土壤或抽取地下水，利用生物通气、生物冲淋等一些方式进行，这种方法不影响景区本身的外部风貌，是景区修复的常用方法。易位生物修复是移动污染物到邻近地点或反应器内进行，采用工程措施，挖掘土壤或抽取地下水进行。很显然这种处理更好控制，结果容易预料，技术难度较低，但投资成本较大，景区修复一般不采用此类方法。

旅游景区生态修复采用的生物修复可以现场进行，这样减少了运输费用和人类直接接触污染物的机会；以原位方式修复，可使对污染位点的干扰或破坏达到最小；生物修复使有机物化解为二氧化碳和水，可以永久性地消除污染物和长期的隐患，无二次污染，不会使污染转移；生物修复也可与其他处理技术结合使用，处理复合污染；降解过程迅速，费用低，只是传统物理、化学修复的30% ～50%。但生物修复方法也存在局限性，主要表现在不是所有的污染物都适用于景区的生物修复，有些化学品不易或根本不能被生物降解，污染物的不溶解性及其在土壤中与腐殖质和黏粒结合，使生物修复更难以进行，或者采用修复的某些生物会造成修复景区其他生物和环境的破坏等；有些化学品经微生物降解后，其产物的毒性和移动性与母体化合物相比反而增加；生物修复是一种科技含量较高的处理方法，它的运作必须符合污染物的特殊条件。因此，最初用在修复地点进行生物可处理性研究和处理方案可行性评价的费用较高。目前用于旅游生态修复还比较少。

三、旅游生态景观感

景观(landscape)一词最早在文献中出现是在希伯来文的《圣经》*the Book Psalms* 中，用于对圣城耶路撒冷总体美景(包括所罗门寺庙、城堡、宫殿在内)的描述。景观最早的含义更多具有视觉美学方面的意义，即与风景(scenery)同义或近义。各种词典对景观的解释也是把自然风景的含义放在首位。综合起来，景观具有三个方面的内涵：① 指具有审美特征的自然和人工的地表景色，意同风光、景色、风景；② 自然地理学中指一定区域内由地形、地貌、土壤、水体、植物和动物等所构成的综合体；③ 景观生态学中指由相互作用的拼块或生态系统组成，以相似的形式重复出现的一个空间异质性区域，是具有分类含义的自然综合体。可见，景观是一个具有时间属性的动态整体系统，它是由地理圈、生物圈和人类文化圈共同作用形成的。当今的景观概念已经涉及地理、生态、园林、建筑、文化、艺术、哲学、美学等多个方面。

景观系统(landscape system)又称为景观生态系统，是指以整体性为特色的地域综合体，是地球表层不同地段自然要素与人文要素的功能统一体，它是一个中尺度的宏观系统，是由自然、生物和人类组成的复杂三维现象。其中，自然环境为基础，生物为主体，人类为主导，具有特定的格局、功能和动态特征。旅游景观生态系统是景观生态系统概念的衍生。在旅游景观生态系统中，自然环境子系统指旅游景观生态系统中除人类之外的物质环境，包括地质、地貌、气候、水文、土壤、生物、耕地、建筑、道路等要素，自然环境对旅游发展的支撑作用是其他任何因素均无法取代的。

旅游者和景观系统是相互作用、相互影响的两个方面。一方面，旅游者受到景观系统的影响，从而对不同的景观进行选择并感受景观对自身的影响；另一方面，旅游者（或者说是人类）的需求又会导致不同类型旅游景观的出现，即旅游景观是用来满足人类需求的，所以能否成为旅游景观往往受到人类本身欣赏能力和水平的限制，也就是说，旅游景观大多有厚重的人文色彩，会受到旅游者自身的影响。

（一）旅游者对景观建构的影响

旅游者对景观的影响自古有之，景观是针对人类欣赏而言的，也就是说景区是在人类需求的基础上经过改造自然而逐渐产生的，即满足人类某种需求而产生的，或者是被人类发现和利用形成的。由此便出现了大量的人造景观，这些人造景观在形式上能反映人类的审美需求，在景观系统（或功能）上又具有与自然生态系统的完美结合，丰富和升华了自然的美感。其中，最著名的代表类型是园林景观，其次是森林公园、风景名胜区等，这些景观都成为现代旅游活动的重要载体。

1. 园林景观需求与构建

中国传统园林产生于最初的标志意义，最初的精神祈望，最初的人类生存表征。物质财富的增长，科技的发展，权力的集中和专门从事建造园林的人的出现，使园林的规模化成为可能。园林（recreational place）是指在室外空间营造的供人们休养生息、恢复身心的精神和体力可循环的地方。其环境特点是对人类可赏（美学）、可娱（功能）、可靠（安全）。园林是人们身体和精神需求的一个重要精神层次的发源地。其有时空差异，园林的表征是人类所创造生境的一部分，是伴随着社会（经济、政治、文化等）的发展而发展的，并且与地理位置、地物环境交叉融合而形成，其深层意义来源于对物质和精神的需求，并反映出内在的精神内涵。

园林可分为中国园林和西方园林。中国园林又可分为以粗犷式的皇家园林为代表的北方园林、以小桥流水为代表的中国南方园林等；西方园林同样以自然环境的差异和人类生活方式的不同而分类，西方园林有意大利的台地园、法国的平地园、英国的牧园、日本的水石庭等不同形式和类型。中国园林同西方园林的不同之处正体现了东、西方文化内涵的差异及不同民族、人种对自然美的不同感知。北方园林与南方园林的差异也体现出中国在南北方自然环境差异的基础上引起的生活方式差异。

1）意境美与中国园林景观

丹纳在《艺术哲学》中写到，环境只接受同它一致的品种而淘汰其余的品种，环境用重重障碍和不断的攻击阻止别的品种发展。中国园林艺术创作的最高准则是“虽由人作，宛自天开”“外师造化，中得心源”，即从自然中感悟出生命真谛、宇宙隐语，自然因人的情思而包裹感性及生命，由此孕育并上升为容量极大、辐射力极广的审美意象。“文章是案头之山水，山水是地上之文章”。中国人这种深沉的山水自然意识使中国园林成为自然山水园的精神发源地。中国的自然山水园的创作原则是“天人合一”哲学观念与美学意念在园林艺术中的具体体现，即纯自然与天地共融的世界观的反映。中国园林的“可居可游”与“外适内和”的生活观基于“天人合一”的宇宙意识、以“和”为贵的哲学信念，中国古代把与自然界的“外适”，从而有身心健康的“内和”，作为人生的最根本的享受。园林更多的是让人们体会“天人之际”最理想、最和谐的胜境。这种富含哲学思想的园林景观是在其自然环境的基础上进行的改造，自然生态系统的完美性在一定程度上也决定了其各种唯美价值的实现，外在的美感是其内在生态环境因素和谐的体现。

2）形式美与西方园林景观

由于对自然美的态度不同，对园林景观的追求便有所侧重。西方园林刻意追求的是形式美。西方人认为自然美有缺陷，为了克服这种缺陷而达到完美的境地，必须凭借某种理念去提升自然美，从而达到艺术美的高度。西方园林那种轴线对称、均衡的布局，精美的几何图案构图，强烈的韵律节奏感都明显地体现出对形式美的刻意追求。在对美的这种认识和追求下，西方造园遵循形式美的法则，刻意追求几何图案美，必然呈现出一种几何制的关系，如轴线对称、均衡及确定的几何形状，如直线、正方形、圆、三角形等的广泛应用。尽管组合变化多种多样，千变万化，但仍有规律可循。西方造园既然刻意追求形式美，就不可能违反形式美的法则，因此，园内的各组成要素都不能脱离整体，而必须以某种确定的形状和大小镶嵌在某个确定的部位，于是便显现出一种符合规律的必然性。

2. 森林公园与旅游需求

森林公园是指具有一定规模和质量的森林风景资源与环境条件，可以开展森林旅游，并按法定程序申报批准的森林地域。森林公园是经过修整可供短期自由休假的森林，或经过逐渐改造使它形成一定的景观系统和森林。森林公园是一个综合体，它具有建筑、疗养、林木经营等多种功能，同时，也是一种以保护为前提，利用森林的多种功能为人们提供各种形式的旅游服务和可进行科学文化活动的经营管理区域。在森林公园里可以自由休息，也可以进行森林浴等。

随着社会的发展，人们越来越认识到森林具有吸收二氧化碳释放氧气、吸毒、除尘、杀菌、净化污水、降低噪声、防止风沙、调节气候及对有毒物质进行指示监测等作用。于是，不少人开始到大自然中去感受大森林的乐趣，去领略大森林对人体的各种益处。现代工作压力大，当离开喧闹的城镇进入苍翠碧绿的林海里时，会骤感舒适、疲劳消失。森林中的绿色不仅给大地带来了秀丽多姿的景色，而且它能通过人的各种感官作用于人的中枢神经系统，调节和改善机体的机能，给人以宁静、舒适、生机勃勃、精神振奋的感觉，从而增进健康。

绿色环境能在一定程度上减少人体肾上腺素的分泌，降低人体交感神经的兴奋性。它不仅能使人平静、舒服，而且还使人体的皮肤温度降低 1～2℃，脉搏每分钟减少 4～8 次，能增强听觉和思维活动的灵敏性。科学家经过实验证明，绿色对光的反射率达 30%～40%时，对人的视网膜组织的刺激恰到好处，它可以吸收阳光中对人眼有害的紫外线，使眼疲劳迅速消失，精神爽朗。

据研究，森林中的植物，如杉、松、桉、杨、圆柏、橡树等能分泌出一种带有芳香味的单萜烯、倍半萜烯和双萜类气体“杀菌素”，能杀死空气中的白喉、伤寒、结核、痢疾、霍乱等病菌。据调查，在干燥无林处，每立方米空气中，含有 400 万个病菌，而在林荫道处只含 60 万个，在森林中则只有几十个了。森林和原野里有一种对人体健康极为有益的物质——负离子，它能促进人体新陈代谢，使呼吸平稳、血压下降、精神旺盛，以及提高人体的免疫力。据测定，在城市的房子里，每立方厘米只有四五十个负离子，林荫处则有一两百个，而在森林、山谷、草原等处则达到一万个以上。

(二) 旅游生态景观对旅游者身心的影响

景观是人类对自然环境和人文环境的一种描述和概括，是人类对其生存环境的一种认识。景观作为旅游活动的主要客体，便成了旅游吸引物，它的构成、特征气势、风格等反过来也影响着旅游者。旅游生态景观是旅游目的地进行旅游活动所依赖的基础，是旅游者游览旅游目的的真实感受，不同的景观及景观格局会产生不同的景观感(表 4－4)，给旅游者的身心、行为产生不同影响(图 4－6)。景观对旅游者的身心、行为、思想感情等的影响主要表现在以下几个方面。

表 4－4 景观和景观感

景 观	黄河峡谷风光	黄土古文化遗址	黄土高原地貌	陕、晋、豫黄土民情、民风
景观感	雄、犷、幽感；民族文化寓意感；怀旧归属感	民族文化寓意感；怀旧归属感	视觉奇感	奇特快乐感；文化寓意感；爽口感；情趣感

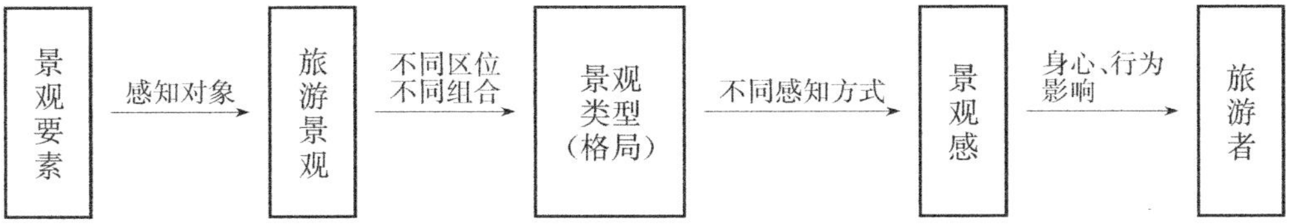

图 4-6 景观、景观格局对旅游者影响示意图

(1) 不同的景观格局类型会对旅游者产生不同的影响。Axelsson - Lindgren 利用两种相同长度，但林段景观不同，一条有 8 条游憩路径，另一条只有 3 条。对 16 位测试者进行测试，结果表明不同景观格局对旅游者的心理影响是不同的。当判断旅游者游程经过很少的视觉森林站点的时候，应答者在估计时间和距离方面产生了较多的错误。有更多森林站点的路径被认为有更加显著的特征。这从而表明，不同的景观格局对旅游者有不同的影响，这种影响结果与旅游者的年龄、经历、文化素养等有密切关系，但这种影响的相关性目前还难以界定，是旅游生态和旅游心理研究者关注的研究领域，也是揭示景观与人类之间相互关系的本质所在。

(2) 生态园林景观的保健功能。保健型生态园林景观是可帮助人们增强体质、防治疾病的人工植物群落，目前比较流行的"森林浴"旅游、保健生态社区都是基于保健型生态园林的理论建立的。除此之外，国外利用花卉气味治疗疾病的"香花医院"也是其延伸用途之一。保健型生态景观中的植物能散发很多种含有杀菌素、抗生素等化学物质的气体，这些物质通过肺部及皮肤进入人体，能够抑制和杀死原生病毒和细菌，起到防病强身的作用。喜树、三尖杉、长春花等植物散发的气体可抑制癌细胞的生长；松柏科植物枝叶散发的气体对结核病等有防治作用；樟树散发芳香性挥发油，能帮助人们祛风湿、止痛。植物学家通过对不同植物的长期测试和研究，目前已发现几百种植物对人类具有保健功效。在景观设计中，运用生态位和植物他感原理，把具有保健功能的植物合理配置成群落，即可形成祛病强身的保健生态社区。社区的绿地率和绿视率很高，以具有保健作用的植物为基调树，总体空间布局按中医五行学说设计。由于它符合崇尚自然、追求健康的时尚潮流，因此这种园林模式备受欢迎。

(3) 随着人们对植物保健作用的普遍认可，目前世界各国都在森林旅游中引入"森林浴"概念，我国森林区也纷纷开设"森林浴疗养池""森林医院"等设施。森林浴就是到森林中沐浴那里特有的气息，利用森林中含有的大量对人体有利的良性物质，包括氧气、负氧离子、抗生素、维生素、微量元素、水蒸气等。植物通过光合作用可产生大量氧气，这些新鲜空气能清肺强身，使人们心旷神怡。植物能产生大量负氧离子，抑制病菌生长，密集的负氧离子对高血压、神经衰弱、心脏病都具有辅助治疗作用。植物产生的抗生素、挥发性物质能杀灭病毒、细菌。除此之外，植物还能产生人体需要的大量维生素、微量元素和水蒸气，滋润干燥的空气，达到人体适宜的湿度，消除静电。而且，森林中小溪的流水声、触摸树皮产生的感觉也会让人心旷神怡。因此，“森林浴”受到众多旅游者的欢迎，而“森林浴疗养池”“森林医院”也帮助许多疾病患者恢复了健康。

(4) 园林景观对旅游者的影响是，生活在“可居可游”的园林中，是怡性养寿的最佳所在。费尔巴哈讲过“一种精神的水疗法”，认为水有一种惊人的治疗力，他说：“水不但是生殖和营养的一种物理手段，而且是心理和视觉的一种非常有效的药品。凉水使视觉清明，一看到明净的水，心里有多么爽快，精神有多么清新！”园林花木有净化空气、吸收噪声、调节改善小环境的气候、吸收紫外线、提供绿荫、防止眩光等功能，它不但能通过光合作用和基础代谢，呼出氧气，而且能吸收二氧化碳、二氧化硫、氯气等对人体有害的气体，还有滤菌、杀菌、松弛神经、减轻精神紧张、解除身心疲劳、健胃祛风、提神益气等功效；水生植物也具有净化水体、增进水质的清洁与透明度等功能。清康熙说：“朕避暑出塞，因土肥水甘，泉清峰秀，故驻跸于此，未尝不饮食倍加，精神爽健”。他在《芝径云堤》诗中说：“草木茂，绝蚊蝎，泉水佳，人少疾”。乾隆皇帝在《避暑山庄百韵歌》中曰：“岩秀原增寿，水芳能谢医”，就深谙山水的养生之道。“内和”也与中国传统医学所论的核心“养神”是一致的。

此外，景观感受也因旅游者年龄、性格、文化特征等而不同。例如，不同种族的人对建筑结构要求不一样，环境的感受也不同，所以对游憩地的环境要求也是不一样的，也就是说不同环境景观对不同种族的人产生的心理和行为影响是不同的。

目前，对生态景观与旅游者之间相互作用、相互影响的关系研究还相对较少，是旅游生态学研究的一个较弱的领域。加强与心理学、行为学等学科的结合，找出研究旅游景观和景观格局对旅游者身心、行为影响的方式和评价指标体系，提高旅游活动的质量，是旅游生态学研究一个不可缺少的研究领域。

第四节　旅游生态系统的管理

对旅游目的地的管理是旅游管理的重要内容，而旅游目的地的生态环境管理是其重要的组成部分。旅游目的地生态环境管理的主体是对旅游生态系统的管理，其包括对生态的监测、评价，生态规划，也包括对旅游者和当地居民的生态管理和生态约束。

一、旅游目的地的生态系统管理

(一) 旅游目的地的生态系统管理

生态系统管理要求系统地、科学地研究人类对生态系统的利用及对其造成的影响,要让利用和影响达到均衡,旅游生态系统的管理要明确旅游生态系统能给人们带来的物质和精神上的利益,同时也要系统地研究人类对其利用造成的影响;旅游生态系统管理要能识别"生态阈值","生态阈值"是生态系统退化的限值,超出限值,旅游生态系统一些主要性质或功能就会丧失,旅游生态系统管理者的重要职能就是建立一套完整的模型作为识别旅游生态系统"阈值"的工具,为不同类型的旅游生态系统确定出不同的"生态阈值"水平,并将所获得的数据提供给旅游管理的决策者。旅游生态系统管理目标和管理对象的变化、旅游生态系统管理的尺度必须有足够的弹性,没有哪一个空间尺度本身就能满足所有旅游生态系统管理的需要。同样时间尺度也必须有足够的调节性,以允许旅游区受到干扰后重构一个完整的生态系统循环。可调节性管理是旅游生态系统管理的基本组成部分,旅游规则和标准不仅要有足够的弹性以适应生物物理状态、人类行为及对象的不断变化,还要适应科学发展,生态系统管理需要一个能从本身所犯的错误中学习的系统,是一个具有反馈作用的非僵化系统。旅游生态系统管理要求积极地管理,既要针对旅游生态系统中的自然系统、社会系统和经济系统,也要针对与这个系统有关系的人为因素或外部影响。

(二) 旅游资源的生态评价和生态规划

1. 旅游资源的生态评价

旅游生态学研究的旅游资源生态评价强调的是用生态学基本原理、从可持续旅游发展的角度对旅游资源进行评估,注重其生态功能的运用,突出对旅游资源可利用程度的评价,应从资源的生态价值、社会价值、经济价值等几个方面整体考虑,对一个地域的旅游资源作出综合评价。旅游生态学研究要制定旅游资源生态评价的方法、手段,构建和完善评价指标体系,形成评价模型。

2. 旅游资源的生态规划

旅游资源的生态规划是从生态学的角度出发,进行旅游区划、旅游区功能分区、旅游地规划、旅游项目的生态化设计,从宏观到微观,多层次、系统、全面地对旅游活动进行科学规划,促使旅游业能够持续健康发展。旅游目的地的生态系统规划是对自然生态系统的保护与功能恢复过程,规划可以有效地减少对自然生态系统的不合理利用,加强生态资源的保护提高利用效益等。

(三) 旅游设施的生态管理

旅游生态学强调对旅游目的地旅游设施管理要划分层次、制定不同的标准,针对旅游区内设施的各个层次要求,对区内旅游设施的配置做出严格的规定。强调采用如加拿大国家森林公园管理局的"旅游目的地生态层次管理模型"形式,把森林公园或者自然保护区由里向外划分为特别保护区、原野区、缓冲环境区、游荡区和公园服务区等。我国森林保护区一般划分为核心保护区、缓冲区、旅游区、外围保护带、管理生活区等。研究要求对不同保护类型、保护性质的旅游区采用不同的划分方式、管理方式，从而既有利于保护地带的保护要求，又可以最大限度地发挥其作为生态旅游地的旅游资源优势。

二、旅游者的生态管理

(一) 旅游生态容量

旅游容量一般指旅游区的自然容量(生态容量)、旅游设施容量及旅游地居民和游客的心理容量。只有三类容量都达到合理水平，一个旅游景区才能达到最佳容量。通常，自然容量和心理容量是影响旅游地容量的主要因素，而旅游设施容量在经济条件允许的情况下，可以通过建设来满足旅游市场的要求。这里说的旅游生态容量包括旅游景区的自然容量和心理容量，前者称为旅游自然生态容量，就是指不对旅游景区的自然环境产生不可逆转的破坏的最佳游客量；后者称为旅游人文生态容量，是指不对旅游者和当地居民产生心理压力的最大游客流量。

(二) 旅游者的生态教育

通过对旅游者进行生态教育，塑造负责任的旅游者是旅游生态学所要达到的目标之一。旅游进入大众时代，已经成为大众参与的一种基本生活方式，生态教育不仅要针对出游的旅游者，而且还要采用一种大众教育的方式，提高公民的生态意识和生态观念，促进旅游的和谐发展，使旅游者在旅游过程中真正做到“留下的仅是足迹，带走的唯有照片”的全新生态旅游方式。

三、旅游目的地居民的生态管理

旅游目的地居民的生态管理是实现旅游生态系统良性循环的重要保证。旅游生态学强调从社会文化、生态经济的角度去理解当地居民在旅游生态系统中的作用及他们对生态系统做出的贡献，鼓励当地居民参与旅游经营，通过生态宣传和教育引导他们，使其行为符合旅游生态系统优化的原则。

四、旅游活动主体之间的社会生态关系

旅游活动主体包括旅游者、旅游经营者、当地居民和旅游目的地地区的旅游管

理者等。旅游活动主体通过旅游景区相互联系在一起，形成了旅游生态系统中最重要的组成因素，是旅游生态系统可调控的关键所在。他们之间的和谐关系有利于旅游目的地地区的旅游产业健康、稳定发展。他们之间往往会围绕着旅游利益的分配、旅游环境保护和管理的目标等产生冲突，如何协调他们之间的关系、创造和谐的旅游环境氛围是旅游业可持续发展的重要保障，也是旅游生态系统健康的基础。由此可见，研究旅游活动主体之间的相互关系是旅游生态学研究的一项重要内容，这种相互关系建立在一种平等、协调、符合生态规范的范畴之内，才是健康的旅游社会生态关系。

第五章　旅游生态学研究方法体系

在西方语言中，“方法”一词起源于希腊文，在希腊文词义里，“方法”表示沿着某种道路行进。从现代科学意义上来理解，“方法”是指人们在一切活动领域内从实践上或理论上把握现实，为达到某种目的而采用的途径、手段、工具和方式的总和。

尽管方法既可以表现为经验，又可以表现为理论，但两者都来自实践。在实践活动中，人们为解决某一新的问题，总要采取一些特定的行为方式。一旦这种行为方式符合现实的情况或规律，它就以经验的形式被记录下来；当人们再用它来解决别的问题时，便构成了方法。后来，人们就把符合客观发展规律、能达到预期效果的方法称为科学方法。在学科的发展过程中，研究方法是其中最重要的一个组成部分，一门新学科正是以人类社会发展过程中需要解决的一类问题为出发点，围绕这类问题，人们通过借鉴其他学科的研究方法、创立一些新的方法等方式提出了解决这类问题的方法和途径，当这些方法在解决这类问题时既符合客观发展规律，又能达到预期的科学效果时，人们往往把这类方法称为科学的研究方法。一门新学科正是由于这些科学研究方法的存在和不断发展，并在解决人类需求的应用领域逐步得到扩展，从而这样一门新学科便得以产生和发展。

旅游生态学的产生、发展过程是人类对旅游业产生的生态环境问题的认识和提高过程，其主要任务是对旅游活动及其过程中产生的各种生态问题进行描述、测度、归纳分析和评价，提出切实可行的解决方案；同时为旅游生态管理提供技术和理论上的指导，使旅游业赖以生存的生态环境保持健康，使旅游业得以可持续发展。

旅游生态学是一门应用性较强的学科，其发展过程可以说是运用生态学方法分析解决旅游发展过程中的生态问题过程。然而旅游生态学是一门新兴的应用性交叉学科，其发展时间相对较短，目前对旅游生态学方法的研究还很少。方法研究对应用性学科的发展往往起到巨大的推动作用，本章在对国内外旅游生态学所应用的研究方法的归纳和总结的基础上，提出了旅游生态学的四大类研究方法，即野外研究方法、空间分析方法、生态评价研究方法和生态管理研究方法，构建了旅游生态学的研究方法体系。通过对研究方法的评述可以看出，目前旅游生态学的一些研究方法和手段尚不完善，影响准确性的因素很多，还有待于今后的进一步丰富和完善。例如，管理方式的多样性、区域性、差异性等方面；环境容量阈值的确定尚不明显、精确，可操作性也不强等。研究的精确性问题存在，致使一些研究还处于假设、推测阶段，影响了研究结果的准确性，影响了对旅游区的建设规划、管理的指导意义。因此，进一步的研究、精准的研究和方法的更新都是旅游生态学学科发展过程中必不可少的环节。

旅游生态学的研究方法最初是借鉴发展较为成熟的生态学来解决旅游活动对生态环境影响的描述和测度问题。从最初的旅游和游憩活动对生态影响的描述方式开始，到现在的多种研究方法，经过近 80 年来对旅游环境影响的研究，旅游生态学研究方法日趋成熟。作者在分析大量研究文献，以及对旅游学、生态学及其相交叉分析的基础上，总结归纳出野外研究方法、空间分析方法、生态评价研究方法、生态管理研究方法四大类研究方法，初步构建了旅游生态学研究的方法体系。

第一节　野外研究方法

野外研究是旅游生态学基本的研究手段和方法，是生态学和旅游学两门学科共有的方法。旅游生态问题的研究正是通过对旅游地的观察，发现旅游活动对生态环境造成的影响而开始的。野外研究方法可以概括为野外描述、野外对比、野外模拟、野外实验等方法。

一、野外描述研究方法

通过野外的实际调查、观察，发现大量在旅游景区内的游览活动，包括不同践踏类型(如人、马、骆驼及各种车辆等)，不同践踏强度会对植物、土壤产生不同程度的影响，造成植被覆盖下降、土壤有机质含量减少和对土壤矿物质的踏实、路边植物的根暴露，严重的会产生地面裸露和水土流失等(图 5 - 1)。

从图 5 - 1 中可以看出，旅游践踏对植被、土壤产生的生物物理影响及其相互关系。Bates 进行了最早的践踏研究，随后 Dale 和 Weaver 等在 20 世纪 70 年代开始定量化研究人类活动践踏对植被产生的影响。Blom 定量化研究了践踏对土壤压实的影响，研究主要针对被影响植被的覆盖率、高度、盖度等，以及被影响土壤的容重、密度、有机质含量、水土流失量等。由此可见，旅游生态研究是从旅游活动过程中的践踏影响开始的，从最初的定性描述逐步发展到定量化研究。

二、野外对比研究方法

野外对比是研究者对野外实际得到的结果进行比较分析，包括时间序列的对比(即比较旅游发展不同时间阶段对生态的影响)和空间序列的对比(旅游区的不

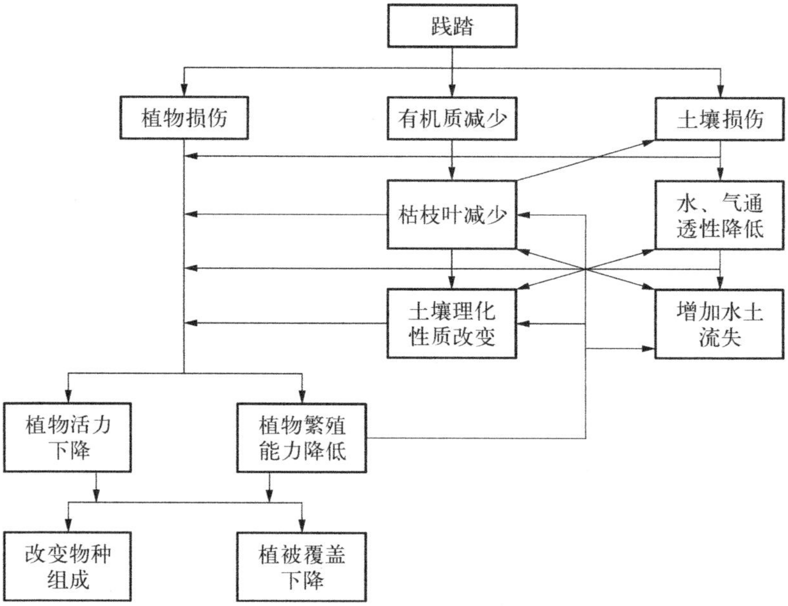

图 5－1　践踏影响相互关系模式图

同空间位置受到旅游活动的影响）两种方式。

（一）时间序列的对比

比较旅游发展不同时期的影响，特别是对开发前生态环境中的植被、土壤、大气、动物等各项指标及开发后生态环境中相同的指标进行比较，或者是在旅游发展的时间链上进行比较。通过对旅游景区不同旅游发展时期进行生态背景的全面调查、记录纵向比较旅游活动对生态环境的影响，为旅游区域持续发展提供基础数据。此方法多用于对影响强烈的旅游景区进行长期、定点研究，用来揭示旅游环境影响的基本规律，在北美，Cole 等从 20 世纪 90 年代开始就对旅游和游憩活动对生态影响敏感的亚高山地区进行了持续研究，发表了一批对比性的研究成果，在我国，台湾省的刘儒渊等对玉山旅游区进行了长达十多年的研究，对比性研究的成果也较为显著。

（二）空间序列的对比

根据距主要旅游道路的距离，选择不同研究样地（图 5－2）实测旅游活动的生态影响；在不同旅游活动强度的旅游道路选择样地，并且与非旅游区域的对照样地（图 5－3）进行对比研究；旅游影响点样地和对照控制点样地进行对比。程占红在芦芽山自然保护区南坡和西南坡，沿游道大致每隔高差 100 m 做一条样带，每个样带依据距游径的不同水平距离随机设置 2～3 个样地，每个样地面积为 10 m×

10 m，记录每个样地的海拔高度、游径宽度、距离和附近景点的游览人次，测量每个植被层盖度及每个种的盖度、高度和冠幅，最后记录垃圾种类和数量、枯枝落叶层和腐殖质层厚度、乔木死枝下高、树桩量、幼苗数量等其他指标，进行生态影响对比研究，得出旅游影响强度对生态环境影响的差异。管东生为了判断旅游对白云山生态环境的干扰强度，首先对山内道路进行分级：0 级路为沥青路、石板路等人造公路；1 级路为地表裸露宽度大于 2 m；2 级路为地表裸露宽度 1～2 m；3 级路为地表裸露或有零星低矮植物生长，裸露宽度小于 1 m；4 级路为可辨出道路，路上植被覆盖度大于 50%；5 级路为未受干扰区；平台为山顶及半山较为平坦、人为活动相对集中的区域。Sanjay 和 Paul Way 在加拿大不列颠哥伦比亚 Mount Robson 省立公园对两条边远地区的游径周边植被进行比较，并且选取了不受旅游干扰的对照样地，得出不同的旅游路径、不同的植被受影响的程度是不相同的。

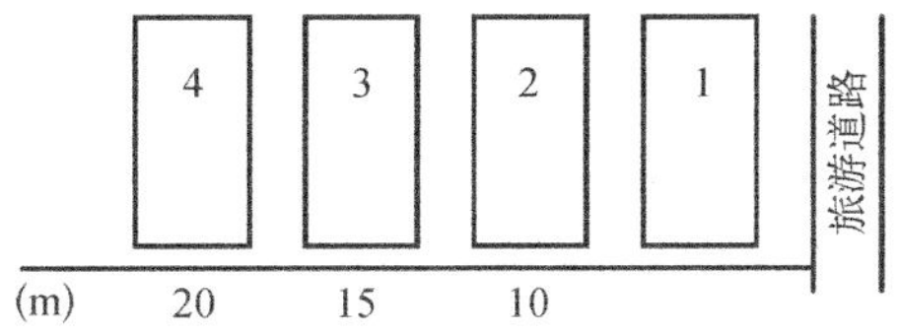

图 5-2　距游道不同距离的影响样地示意图

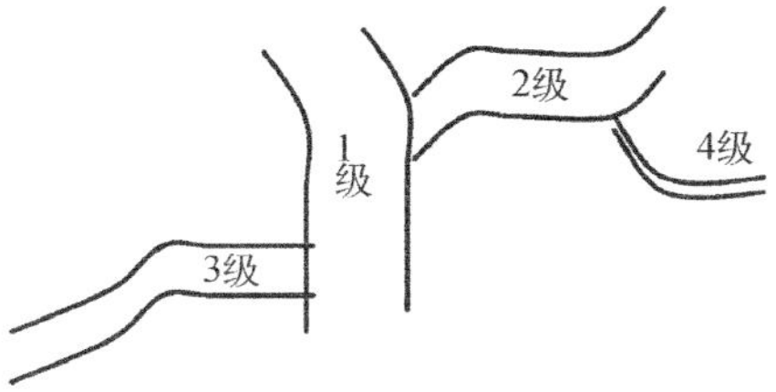

图 5-3　旅游景区内不同等级游道示意图

此外，近年来，野外对比研究方法又应用到对旅游生态影响严重区域的恢复研究中，采用停止游憩活动、种植种子和植物移栽等对比实验，以找出最佳的恢复途径。

三、野外模拟研究方法

野外模拟研究方法是运用野外人工控制的方式对旅游活动过程进行模拟。例如，选择某处没有旅游活动影响的区域，对旅游路径践踏、野营地等进行实地模拟，以可控制的方式来确定旅游活动对生态影响的阈值。Wager 进行了首次模拟践踏实验。Frissell 和 Duncan 第一次对不同使用水平的营地进行模拟研究。Cole 和 Bayfield 设计了模拟旅游路径对不同植被的影响。他们分别设计了 0～500 人次(体重为 75±10 kg)践踏(图 5-4)，通过控制践踏量，观测和记录不同实验道路区段的植被受到的影响情况，得出结论：不同植被对同样践踏水平忍受程度不同，同种植物在不同路径上受到的影响程度不同。Cole 和 Monz 在美国怀俄明州的落基山中部亚高山地区进行了野营地实验，选择了两个相距 3 km 的野营地，一个是亚高山针叶林下层低矮的灌丛主导的群落，另一个是河岸草原环绕的亚高山森林下的禾草群落。每个营地建立如图 5-5 所示的小营地模式 16 个，占地面积约

5 hm^2，其中，8 个营地为每年使用一个夜晚（其中 4 个作为实验，4 个作为对比）。另外，8 个营地为每年使用 4 个夜晚（其中 4 个作为实验，4 个作为对比），然后请训练有素的野营学校学生进行野营，并对不同方式的野营结果进行记录，每个记录区分核心区、中间区和外围区，来分析评估野营活动对每个区的不同影响程度，从而找出野营地使用的空间影响模式。

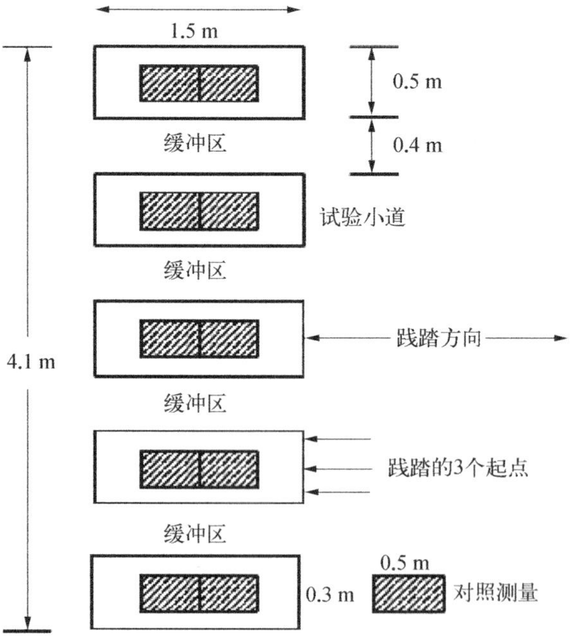

图 5-4　模拟实验路径内小道、缓冲区和次要测量区的分布

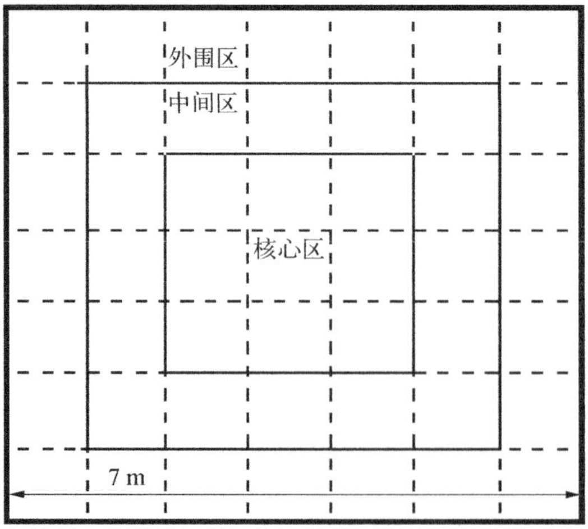

图 5-5　49 m^2 的营地 3 个区域示意图

四、野外实验研究方法

在旅游景区内进行实地植物种植，通过记录实验结果直接反映旅游活动形式、强度等对植被生长、发育不同过程的影响。在同一旅游景区内使用实验条件相同的植物，在不同旅游活动强度的旅游景区（点）或者不同类型的游道等旅游强度有差异的区域，对同类植物种子发芽率、植物幼苗生长、植物幼年期、青壮年期、老年期，以及植物的叶、花、果实等受到旅游活动的直接和间接影响的结果进行记录。通过记录的数据，分析不同旅游活动强度对植物不同生长期，以及植物的叶、花、果实等的影响。同时在相同旅游活动强度的区域进行多种植物的对比研究，从而找出对旅游活动影响敏感的植物种类。反之，可以通过这些敏感植物确定不同旅游区域旅游活动的影响强度，为旅游景区的生态管理提供理论和实践指导。晋秀龙等在琅琊山风景区进行的两种草地植物种子发芽率实验就是其中的一类研究案例。

此外，还可以在室内模拟旅游活动对植被、土壤和大气的影响等实验。在实验室内模拟设置旅游区的植被、土壤及空气等自然环境条件，通过人工控制模拟不同的旅游活动强度，然后记录不同旅游活动强度对植被、土壤和空气的影响程度。这种模拟还可以选择不同类型的植被、土壤等进行对比研究，既可以为旅游区选择耐践踏的草地植被作为绿化和美化的植物，还可以为旅游区的道路建设、规划等提供理论和实践指导。

第二节　空间分析方法

空间分析方法是运用空间结构、特征及空间的相关性来进行旅游生态学的研究。这类研究方法主要表现为景观生态学的空间研究方法、地理学的空间分析方法及 3S 技术的研究方法等。

一、景观生态学空间分析方法

景观生态学空间分析方法是以景观为研究对象，研究景观结构和功能、景观动态变化及相互作用机理，研究景观的变化格局、优化结构、合理利用与保护等。运用景观生态学的空间研究方法，研究旅游活动对土壤的影响，发现其影响大多具有高度集中性，即大部分的发生“节”上，都局限在几条游道及游客集中休息点上（图 5－6），这些地点（块）和地段（带）分别称为“节”（node）和“链”（linkage）。“节”一般形成于各游览区的接待和休息点，如野营地的扎营区、营火场、各景观点等。而“链”则在各节之间的游道两边逐渐形成，如王蕾在福州国家森林公园的研究中采

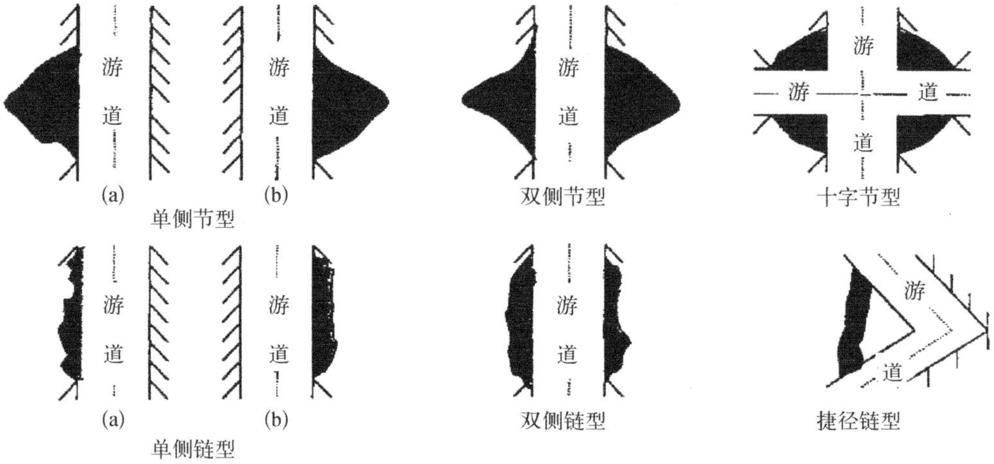

图 5－6　游道外侧土壤受影响的形态类型

用了景观生态学空间分析方法。

景观的不同斑块—廊道—基质分布模式与空间格局会产生不同的生态学过程和生态效应，景观要素的大小、形状、边缘、数量、空间分布与组合具有重要的生态学意义。在旅游生态学研究过程中，旅游活动的干扰会导致景观异质性发生变化，特别是在旅游区域开发过程中会使景观要素发生变异。刘亚萍认为自然保护区划分要尽可能使本底大一些，以便保护尽可能多的物种。斑块大小的最优景观设置是在几个大型自然植被斑块的组合中，点缀众多分散在本底中的小斑块，并与之相连，形成一个有机的整体，大斑块更有能力维持和保护基因的多样性；小斑块占地小，提高景观多样性，可为景观带来大斑块所不具备的优点，是对大斑块的补充。廊道的格局呈网状或辐射状较好，可提高自然保护区中的通达度，既有利于保护物种之间、保护物种与野外物种之间的交换，从而增强整个群体的生存能力，也有利于物质和能量的流动，维持保护区整个生态系统功能得到最优发挥。

余世孝和郭泺用定量法描述的景观中的斑块大都是不规则的图形，由各种景观要素斑块在空间上镶嵌分布并有机地结合在一起而形成的景观镶嵌体是自然界中最典型的分形几何体，并在特定时间呈二维空间分布，可采用二维欧氏空间的分数维公式计算景观的动态变化维数，描述景观斑块的复杂性。结合景观多样性(diversity index)指数、优势度(dominance)、破碎度(landscape fragmentation)等指标进行定量化描述。

1. 景观分维数(fractal dimension)

$$\ln A(r) = 2/D \times \ln P(r) + C$$

式中，$A(r)$为以 r 为量测尺度的某景观斑块的面积；$P(r)$为周长；C 为截距；$^{2}/_{D}$为斜率，分形维数 D 的理论范围为 1.0～2.0。D 值越大，代表图形形状越复杂。景观要素的稳定性指数 $SK=1.5-D$，当 $D=1.5$ 时，则代表图形处于布朗随机运动状态，越接近该值，斑块稳定性越差。

分维几何中斑块周长和斑块面积的关系定义为

$$P=kA^{D/2}$$

式中，D 值为 1.0 时代表形状最简单的正方形斑块，为 2.0 时代表等面积下周边最复杂的斑块。对单个正方形斑块，常数 k 等于 4，则

$$P=4A^{D/2}$$

即有

$$D=2\log_2(P/4)/\log_2 A$$

2. 景观多样性指数(diversity index)

一个区域内不同景观类型分布的均匀化和复杂化程度可以用景观多样性指数表示，依据 Shannon - Wiener 指数，景观多样性指数为

$$H=-\sum_{i=1}^{m}(P_i\log_2 P_i)$$

式中，P_i 是第 i 类景观所占的面积比例；m 为景观类型的数目。H 值越大，景观要素类型越丰富，景观多样性就越大，其最大值为

$$H_{\max}=\log_2 m$$

3. 景观优势度(dominance)

少数嵌块体在景观中的支配程度由优势度表示，其表达式为

$$D=H_{\max}+\sum_{i=1}^{m}P_i\log_2 P_i$$

式中，D 值大时，表示景观只受一个或少数几个嵌块体类型支配；而 D 值小时，反映该景观是由多个面积大致相当的嵌块体所组成。它与多样性指数刚好相反，对于景观类型数目相同的不同景观，多样性指数越大，其优势度越小。

4. 景观破碎度(fragmentation)

若某景观内斑块数目增多，单个或某些斑块的面积相对减少，则斑块形状更趋复杂化、不规则化。景观破碎度的表达式为

$$I=\sum_{i=1}^{m}N_i/A$$

式中，I 为景观破碎度；N_i 为第 i 类景观斑块数；A 为景观总面积。I 值越大，破碎化程度越高。

在 GIS 技术支持下，对景观要素斑块进行空间分析，生成各景观要素斑块的面积和周长，拟合回归模型，得出分形维数，进行景观规划和旅游景区的设计和管理。

二、地理空间分析方法

地理空间分析是把旅游景区作为一个地理区域加以考虑，根据不同尺度的地理空间特征加以区分和综合。通过景点间、景区和背景环境之间等的空间相关性来研究旅游与生态环境之间的相互影响。Cole 和 Monz 的野营地实验中，对于同一个营地，采用营地空间影响差异来分析野营践踏在营地内的分布，并通过不同营地的空间比较得出，使用时间不同对营地影响的差异和在营地内的影响分异（图 5－7）。

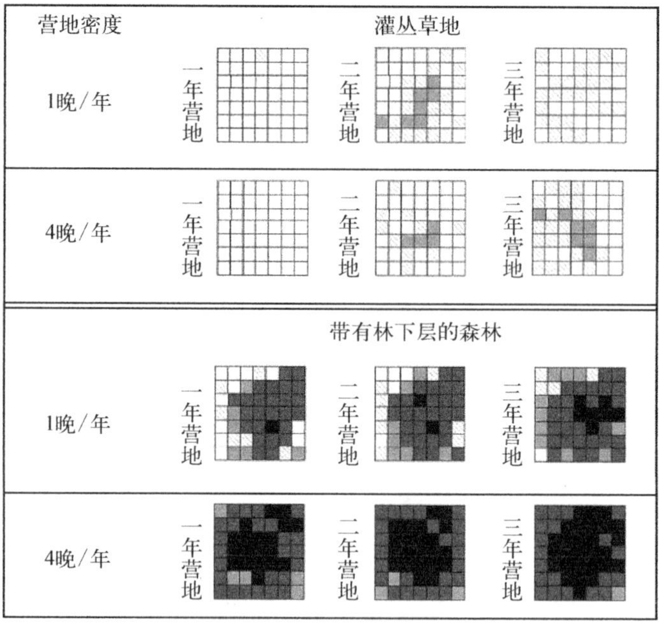

图 5－7　灌丛草地和森林营地对比实验结果空间差异示意图

李文军等对九寨沟风景区内的道路系统运用地理空间分析和数学模型（空间 connectivity 指数、circularity 指数）的方法，对受影响道路的长度、宽度、出现的频率进行评估，从不同景点问题的差异性、路径问题和道路空间模式的相关性及不同路面问题三个方面进行分析，得出道路系统的空间分布与徒步旅行对旅游区生态环境的影响具有相关性的结论。

三、3S 技术分析方法

3S 是全球定位系统（global positioning system，GPS）、遥感技术（remote sensing，RS）和地理信息系统（geographic information system，GIS）的统称。3S 技术作为当代空间信息处理的新技术，在发达国家的城市规划、园林规划及相关研究中应用较为普遍。在我国，近年来利用 3S 技术进行旅游景观格局分析、旅游生态规划和生态景观价值评估等方面的研究也取得了一些成果。

在景区规划上，应用 GPS 和 RS 所采集的数据在 GIS 上进行了后期处理，做成可用于 CAD 制图的基础电子文档，再通过 GIS 平台对景观进行分类。从观赏角度确定了景观目标物的布局、维护及其相互间的位置，并且确定了道路的铺设路线、景观标志物及建筑物的数量和位置。将经 GIS 处理过的矢量文件输入 CAD 进行施工图设计，同时通过 GPS 对基础设施和景观目标的状态进行信息采集，输入数据库，以便管理者使用。并且可以作为下次设计的基础电子资料将 CAD 做成的设计图再输入到 GIS 中，进行景观成像模拟，可以在因特网上供访问者进行虚拟体验。许浩在日本筑波山梅林公园的规划中采用了 3S 技术，应用 GPS 和 RS 所采集的数据，通过 GIS 进行后期处理，取得了较好规划的效果。侯碧清利用美国 QuickBird 卫星（QuickBird 卫星是美国 2001 年 10 月发射的地球资源卫星，其数据的几何分辨率可以达到 0.61 m，为城市绿地系统的调查提供了精确而可靠的技术支持）数据完成了株洲市城市绿地系统现状调查，并建立了城市绿地地理信息系统，提取各种景观要素信息，为株洲市城市绿地景观规划提供了技术保障。

通过对旅游景区遥感影像数据进行处理，形成景区土地利用矢量数据，建立景观类型图。对不同时期的遥感影像进行几何精纠正和影像拼接，建立研究区域的数字影像地图。利用 GIS 软件人机交互解译出不同时期的景区土地利用图，在景观空间格局动态分析中，考虑景观组分占整个景观的面积比例及各景观类型变化的情况，选取不同景观类型进行分析，然后利用斑块数、斑块密度、平均斑块面积、面积加权平均、斑块分维指数和平均邻接指数分析各景观类型的动态特征，计算不同类型旅游景观用地的变化。

利用 3S 技术还可以对旅游生态系统服务直接利用价值进行评估和在空间维度上的表达。通过研究区识别，综合考察研究区生态系统特征，识别评估对象，确定评估项目；资料收集与数据库建立，收集评估工作需要的相关资料与图件，利用 GIS 平台建立空间数据库与属性数据库；GIS 分析与空间表达，基于生态系统产品和娱乐文化资源（如景点）的空间分布，确定评价指标与相关系数，利用 GIS 的空间分析功能，进行价值计算与可视化表达评估技术框架等步骤来实现。

第三节　旅游生态评价研究方法

目前对旅游地生态影响的评价方法有很多，包括对旅游区空气质量、植被、土壤、动物、水和旅游区的全面影响评价。旅游区空气质量评价方法、旅游区生态容量评价方法和旅游区生态安全(风险)评价方法是影响较大的三类评价方法。

一、旅游区空气质量评价方法

空气质量是旅游景区(点)生态环境评价的重要指标。空气环境质量现状评价是运用空气质量指数对大气污染程度、时空变化等进行描述，并根据空气污染的生物监测和空气污染环境卫生学监测进行空气污染分级，分析评价空气污染的原因、主要空气污染因子、重污染发生的条件、空气污染对人和动植物及旅游活动的影响。主要评价方法有空气质量指数评价法和空气质量生物评价法。

(一) 空气质量指数评价法

空气质量指数评价法是指用空气环境质量监测结果和空气环境质量标准之间所定义的一种数量尺度，并以此作为依据来评定现实的空气环境质量对人类社会发展需要的满足程度。评价大气环境质量的方法较多，如人工神经元网络法、模糊聚类法、主成分分析法和空气污染指数法(air pollution index，API)等。目前，中国旅游区的空气质量评价方法主要用 API 法中的上海型空气污染指数，即几何均值型多因子环境质量评价指数。其公式

$$P=\sqrt{\max(P_{ij})\times \mathrm{ave}(P_{ij})}$$

式中，$\max(P_{ij})$为参与评价的最大的单因子指数；$\mathrm{ave}(P_{ij})$为参与评价的单因子指数的均值。评价分级标准见表 5 - 1。

表 5 - 1　上海空气污染指数分级标准

分　级	清　洁	轻度污染	中度污染	重污染	极重污染
P 值	≤0.6	0.6～1.0	1.0～1.9	1.9～2.8	>2.8
空气污染水平	清洁	空气质量标准	警戒水平	警报水平	紧急水平

(二) 空气质量生物评价法

生物与环境的相关性很大，非生物因子的变化往往会引起生物相应的变化，这种变化可以作为了解环境状况和评价环境质量的依据。空气污染的生物评价法一

般包括植物生长势评价法、植物体内污染物含量评价法和空气细菌菌落数评价法。

目前，植物生长势评价法主要用来对空气污染物敏感的植物或者植物的敏感部分来评价。空气污染造成植物外部形态、生理生化和生长发育状态上的反应作为指标，来分析空气中主要存在的污染物质及污染程度大小。例如，植物叶面对SO_2敏感，监测植物有地衣、紫花苜蓿、凤仙花、翠菊、四季海棠、天竺葵、锦葵、含羞草等；幼芽对氟化物敏感，监测植物有唐菖蒲、玉簪、郁金香、万年青、萱草、榆叶梅、葡萄、杜鹃、樱桃、月季等；O_3可抑制植物的生长，在叶面出现棕褐色、黄褐色的斑点，监测植物有烟草、秋海棠、矮牵牛、蔷薇、丁香、樟树、皂荚等。

植物体内污染物含量评价法，主要有单因子污染评价指数法和综合污染评价指数法。

单因子污染评价指数法：

$$P_i = PC_{mi}/C_{bi}$$

式中，P_i 为第 i 污染物的单因子指数；C_{mi} 为取样点 m 上植物叶中第 i 污染物实测含量统计均值；C_{bi} 为清洁区内同种植物叶中第 i 污染物实测含量统计均值。

综合污染评价指数法：

$$P = \sum_{i=1}^{m} W_i P_i \left(i = 1,\ 2,\ \cdots,\ m;\ \sum_{i=1}^{m} W_i = 1\right)$$

式中，P_i 为第 i 污染物的污染指数；W_i 为第 i 污染物的权重值（与污染物的毒性成正比）。评价分级见表 5－2。

表 5－2　空气质量分级表

分　级	Ⅰ	Ⅱ	Ⅲ	Ⅳ	Ⅴ
P 值	≤1.00	1.01～1.50	1.51～2.00	2.01～4.00	>4.00
空气污染水平	未污染	轻污染	中污染	重污染	严重污染

目前，空气细菌菌落数评价法多用撞击式空气微生物采样器采样，通过抽气动力作用，空气通过狭缝或小孔产生高速气流，使悬浮在空气中的带菌粒子撞击到营养琼脂平板上，经 37℃、48 h 培养后，计算出每立方米空气中所含的细菌菌落数。在旅游区空气质量研究中采集不同时间、不同空间的空气样品，然后把所有样品进行比较，得出旅游区空气质量状况。由于采样的技术手段、方式和方法上存在一些问题，以及鉴定具有困难性，目前空气质量生物评价法用于旅游区空气质量评价的实际应用还不多。

二、旅游区生态容量评价方法

世界旅游组织（World Tourism Organization）把旅游容量定义为所能维持的

不对周围自然环境造成损害，不对当地社区造成社会文化和经济问题的开发水平；保护与发展之间所能达到的平衡；与旅游者所追求的旅游产品的形象、环境类型和文化体验相兼容的游客人数。此外，思克普（Inskeep）、泰维（Tivy）、麦克因德（McIntyre）等都对旅游容量提出了自己的见解。旅游容量的计算方法可以分为四大类：单因素确定法、单一类型指标—生态足迹测定法、系统综合方法—LAC理论法、生态位方法。此外，还有土耳其学者 Reyhan Gedikli 和 Ali Ozbilen 提出的用人均单位使用面积的数学模型方式来确定城市邻里公园旅游容量的方法等。

（一）单因素确定法

旅游容量用具体的旅客数量来表示，以某种旅游供给要素的密度代表游客容量，通常用人均占有资源量和旅游地的接待能力反映旅游容量。旅游供给包括旅游资源的供给（自然资源与环境、人文社会旅游资源）；旅游地的基础设施和接待设施及交通运输能力。安娜以不同旅游活动的人均占地为例，计算出不同场地在进行不同类型游憩活动时所需的土地面积，从而得出该场地的旅游容量（表 5－3）。

表 5－3　不同游憩活动常规使用者占用面积

土地利用	面积/m^2	活动种类
非常高	大于 600	高尔夫、自备马匹骑马、周末别墅
高	100～200	租用马匹骑马、乡村足球、小公共花园
一般	40～65	城市足球、野餐、游憩公园、野营
小	5～25	网球、小型帆航游艇、公共花园
非常小	小于 5	露天或室内游泳池、溜冰

（二）单一类型指标——生态足迹评价方法

生态足迹（ecological footprint，EF）最早是由加拿大生态经济学家 William Rees 等在 1992 年提出，1996 年其博士生 Wackernagel 等加以完善，是一种测量人类对自然资源生态消费的需求（生态足迹）与自然所能提供的生态供给（生态承载力）之间差距的方法。由于其简单易懂的特性，并且直接与全球可持续发展状况相关联，因此受到有关国际机构、政府部门、非政府组织和大学等研究机构的广泛关注，成为国际可持续发展测度的重要方法，其应用范围遍及全球。其测算公式为

$$\mathrm{EF} = N \times \mathrm{ef} = N \sum (\mathrm{aa}_i) \doteq N \sum (C_i / P_i)$$

式中，i 为消费商品和投入的类型；P_i 为 i 种消费商品的平均生产能力；C_i 为 i 种商品的人均消费量；aa_i 为人均 i 种交易商品折算的生物生产性土地面积；N 为人口数；ef 为人均生态足迹；EF 为总的生态足迹。

旅游生态足迹（TEF）由旅游交通生态足迹（$TEF_{transport}$）、旅游住宿生态足迹（$TEF_{accommo}$）、旅游餐饮生态足迹（TEF_{food}）、旅游购物生态足迹（$TEF_{shopping}$）、旅游娱乐生态足迹（$TEF_{entertainment}$）及游览观光生态足迹（$TEF_{visiting}$）组成，为六个子模型计算结果的总和。

$$TEF = TEF_{transport} + TEF_{accommo} + TEF_{food} + TEF_{shopping} + TEF_{entertainment} + TEF_{visiting}$$

通过上述六个生态足迹子模型的计算，形成一个旅游区域的总体旅游生态足迹，并与该区域的主要生产性用地面积、化石能源地面积进行比较，确定某旅游地的旅游容量，若超过生产性用地面积，则出现了生态赤字，说明该地旅游者过多超过它的旅游容量；若小于生产性用地面积，则说明该地旅游发展的空间还较大，能够允许更多的游客进入。近年来，国内旅游生态足迹的研究很热，主要有：对黄山的实证研究、对九寨沟的研究、对旅游环境承载力的研究、对鼎湖山自然保护区旅游者生态足迹的分析和对北京市海外入境旅游者旅游消费生态足迹的研究等。

不足的是用生态足迹模型来分析旅游容量要考虑外地的产品输入问题；计算值受到的影响因素较多，对旅游容量来说，很难确定一个具体的值来作为一个区域旅游容量的极限值，即阈值难以准确界定。

（三）系统综合方法——LAC 理论法

LAC 理论，英文全称为 limits of acceptable change，中文译为可接受改变的极限。1985 年首次由美国森林管理局采用，在其出版的题目为 *The Limits of Acceptable Change (LAC) System for Wilderness Planning*（《荒野规划中的容许改变极限理论》）的报告中系统地提出了 LAC 理论的框架和实施办法，主要用于解决国家公园和保护区中资源保护与利用问题的环境容量理论框架。20 世纪 90 年代以后广泛地用于美国、加拿大、澳大利亚等国家的国家公园和自然保护区的规划和管理中。

LAC 理论基本框架的九个步骤如下：① 确定规划地区的课题与关注点。例如，地区资源特征与质量现存管理问题、公众关注管理问题焦点等，使规划者在深刻认识地区资源的基础上就如何管理好这些资源得出一个总体概念。② 界定并描述旅游机会类型。③ 选择监测资源状况和社会状况的相关指标，强调指标应反映区域的总体“健康”状况和易测性。④ 调查当前资源状况和社会状况，根据步骤③所选择的监测指标进行。⑤ 制定每种旅游机会类别的资源状况标准和社会资源状况标准，标准是指管理者（可以接受的）每一种旅游机会类别的每一项指标的极限值。⑥ 根据步骤①确定的课题和关注点与步骤④所得出的现状制订旅游机会类别的可选方案，即规划者和管理者探索不同旅游机会类别的空间分布。⑦ 为每一个可选方案制订管理行动计划，其中对每种方案进行代价分析。⑧ 评价可选方案并选出一个最佳方案。⑨ 实施最佳方案的管理行动计划，并监测资源状况与社会状况。如果行动计划实施后的监测结果是资源状况或社会状况改变甚至恶化，应采取进一步或新的管理行动制止这种不良趋势。显然这是一个对旅游地进行全面的系统分析后，得出的旅游地的最佳合理容量。但是其程序复杂、工作量较大很难准确地界定，并得到最佳方案。

(四) 生态位方法

生态位(ecological niche)是有机体在环境中占据的地位。生态位的概念最早由美国人格瑞奈尔(Grinell)引入生态学中，现已发展成为一个重要理论，其含义指一个物种在生态系统中的功能作用以及它在时间和空间中的地位，反映了物种与物种之间、物种与环境之间的关系；不仅决定了物种在哪里生活，而且也决定了它们如何生活、如何受到其他生物的约束。用生态位方法来确定游客数量与旅游地环境容量之间的关系，确定合理的旅游容量，关键在于界定最佳容量的合理值。实际上种群数量与环境容量存在一定的对应关系，种群的数量会自动受到环境容量的制约，但种群数量难以统计。而游客数量相对容易统计，但不会自动受到旅游容量所允许的范围制约。

三、旅游区生态安全(风险)评价方法

对于生态安全，不同学者有不同的认识，Rogers 指出生态安全指的是这样一种状态：一个群落的自然环境能满足群落持续生存的需求，而不损害自然环境的潜力。尹希成认为生态安全是指人类赖以生存的生物圈处于自然平衡状态，在这种状态下，人能够与自然界共生、共荣、协同进化；蒋信福则认为生态安全是指一定区域内的人类赖以生存和持续发展的以环境资源为基础，以环保产业为救济手段的生态系统的综合平衡；熊好琴等认为生态安全是指自然生态和人类生态意义上生存和发展的风险大小，包括环境安全、生物安全、人体安全、企业及社会生态安全等。

对旅游地生态安全状况进行评价具有重要的理论意义和实践价值，旅游目的地从旅游开发到旅游活动过程的开展等每个环节都可能引起生态安全问题，对旅游地进行生态安全(风险)评价能有效地避免旅游地生态系统的破坏和旅游景区环境的恶化。因此，大量的有关旅游地生态安全的评价研究应运而生，评价方法主要包括：① 根据生态足迹模型构建了旅游地生态安全评价的指标体系和方法，建立了以生态足迹和旅游用地承载力为两个一级指标，以游览观光、旅游交通、旅游住宿、旅游购物、旅游餐饮、旅游娱乐生态足迹和耕地、水域、建设用地、草地、能源用地、林地的承载力为二级评价指标体系；以人均旅游生态足迹和人均旅游用地承载

力的比值 I 来确定旅游地生态安全的状况(I=人均旅游生态足迹/人均旅游用地承载力)。曹新向以开封市为研究区域,得出 $I=0.36$,开封市旅游生态安全处于一般状态。② 运用“压力-状态-响应”(P-S-R)指标体系模型来进行旅游地生态安全评价,董雪旺运用22个评价指标的“压力-状态-响应”模型,对旅游地生态安全度的计算采用线性加权法对区域旅游地生态安全进行综合评分,计算方法为

$$P(O)=\sum_{i=1}^{22}W(C_i)\times P(C_i)$$

式中,$P(O)$为旅游地生态安全度;C_i为第 i 项指标;$W(C_i)$为指标 C_i 的权重;$P(C_i)$为第 i 个指标的安全指数。经测算,得出五大连池的生态安全度 $P(O)$为0.798 3,属于很安全状态。

第四节 旅游景区生态管理研究方法

旅游生态管理是旅游生态学研究的重要内容,旅游活动对生态环境的影响及评价其目的都是为更好地对旅游目的地进行管理,从而使旅游景区(点)能够持续、稳定地发展。旅游目的地的生态管理方法主要有旅游地环境质量价值的测算、旅游地的规划设计和可持续旅游发展等。

一、旅游地环境质量价值的测算方法

生态环境质量价值包括传统价值、自然资源功能价值、自然资源补偿价值、生态环境价值等。目前对旅游地环境资源价值的评估方法主要有旅行费用法、市场价格法、替代市场价格法、意愿调查评估法、内涵资产定价法及其他宏观模型。

环境资源价值评估方法中,旅行费用法(travel cost method,TCM)是非市场物品价值评估的一种比较成熟的评估技术。它主要适用于休闲娱乐场所、国家公园、风景名胜区、用于娱乐的森林和湿地,以及水库、大坝等兼有娱乐及其他用途的地方的价值评估。研究表明,应用TCM进行社会经济活动的成本与效益分析,有助于制定某些政策,如为国家公园和休闲地门票的确定提供理论依据;在不同地区分配国家景点或自然保护区的保护投资预算;判断某地是否值得保护,仅作为休闲之用,而不是作为其他用途等。

TCM模型是在20世纪50～60年代逐步发展起来的。现在主要有两种基本模型:分区旅行费用模型(zonal TCM,ZTCM)和个人旅行费用模型(individual TCM,ITCM)。

(1) 分区旅行费用模型(ZTCM)是最早发展起来的模型(区域一般是指行政区

划)。ZTCM 的基本形式是

$$V_{hj}/N_h = f(P_{hj}, SOC_h, SUB_h)$$

式中,V_{hj} 为根据抽样调查结果推算出的一定时间内从 h 区域到 j 旅游地旅游的总人数;N_h 为 h 区域的人口总数;P_{hj} 为 h 区域的游客到 j 旅游地的平均旅行成本;SOC_h 为 h 区域的社会经济特征向量;SUB_h 为 h 区域旅游者的替代旅游地的特征向量。

(2) 个人旅行费用模型(ITCM)是 20 世纪 70 年代发展起来的一种新的 TCM 模型,其中,因变量是个体或家庭在每个时期内旅行的次数,这种形式称为个人旅行费用模型。ITCM 能够把旅行时间、旅行成本及社会经济变量结合进去。ITCM 的需求函数一般具有以下形式:

$$V_{ij} = f(P_{ij}, T_{ij}, Q_j, S_j, Y_i)$$

式中,V_{ij} 为个体 i 到 j 旅游地的旅游次数;P_{ij} 为个体 i 到 j 旅游地旅行产生的旅行成本;T_{ij} 为个体 i 访问 j 旅游地发生的时间成本;Q_j 为个体 i 对 j 旅游地的感知质量的向量;S_j 为可能替代地的特征向量;Y_i 为个体 i 的家庭收入。

二、旅游地的规划设计方法

因斯克普认为旅游规划的方法主要有延续的方法、增长性的方法、灵活的方法、系统的方法、全面的方法、综合的方法、环境和可持续性开发的方法、社区的方法、可实施的方法和系统规划程序的应用等。显然生态环境已经是旅游地规划中最重要的内容。魏遐、唐伽拉提出了城市生态公园旅游规划不同于一般景区景点的旅游规划,需要针对资源特性和保护要求分析发展定位,核算生态承载力和环境容量——尤其是生态容量,在园区旅游总体规划中,必须首先制定生态环境保护原则,并作为其他各项规划的指导,从而使生态保护的理念贯穿整个规划过程。温州生态园的规划在方法上突出了自然资源禀赋、生态旅游市场等分析,重视生态承载力和环境容量对规划的指导作用,并从水环境保护、固体废弃物处理和节能等具体方法和措施上来体现旅游生态学方法在园林规划中的重要性。

三、可持续旅游管理方法

可持续旅游发展是指在保持和增强未来发展机会的同时,满足当代旅游者和旅游地居民需求,并通过现有旅游资源的可持续经营管理,在确保文化完整性、基本生态过程、生物多样性和生命保障系统的同时,实现旅游经济效益和社会效益的发展模式。旅游业可持续发展系统是经济系统、生态系统和社会系统的交集，并涉及生态经济、生态社会和社会经济各个领域。在温哥华“Globe '90”的《旅游可持续发展行动草案》中，科学地规定了旅游的“可持续”三元特质，即旅游可持续发展必须以经济、社会与生态三系统的整体协调为前提，而且还强调其现在与未来的统一性。

可持续旅游的管理方法目前大多是：① 建立或运用多因素评价指标体系，建立相应的评价模型得出评价结果。徐菲菲以滨海城市连云港为例，通过多目标加权平均法，创建了滨海生态旅游地可持续发展指标体系，提出了滨海生态旅游地可持续发展模式："资源环境—社区参与—经济发展—管理监控型"模式。金波、刘坤在旅游地可持续发展指标体系初步研究中旨在寻求可操作的、定量化的方法以衡量与评价可持续发展的水平和能力等。② 应用可持续发展的思想提出诸如清洁生产、旅游生态教育等方式进行管理旅游目的地，实现旅游的可持续发展。③ 建立旅游可持续发展的管理框架，建立可持续旅游的认证制度规范可持续旅游。余凤龙、陆林等指出我国旅游可持续发展（STD）管理框架的基本特征，构建了 STD 管理框架。④ 杨桂华、李鹏运用旅游生态足迹的方法来测度旅游可持续发展。在可持续旅游管理方面还应该加强计算机模拟旅游管理、旅游信息化管理等模式的研究。

此外，在旅游生态学研究方法中还大量地使用了生物学、生态学的统计方法及各种数学模型（如线性模型、回归模型、指数模型等）、归纳推理等逻辑方法等，进行旅游生态影响的计算和评价。

第六章　山岳型风景区旅游生态学研究实践

我国是一个多山的国家，山地面积占国土陆地面积的2/3。名山大川众多，山岳型景区是我国旅游景区的主要类型之一，占的比例较大。山岳型景区是以山体景观为主要景点，并依托自然山体开展旅游活动。山体一般都是生态环境脆弱地区，山地景区旅游生态系统，易受旅游活动干扰，响应明显。对山区的自然环境因素（植被、土壤、动物、水等）影响大。以黄山、九华山这两个影响较大的山岳景区为案例地，研究旅游活动对其自然环境的影响，探索人类旅游活动对山岳型景区影响的过程和规律。

第一节　黄山风景区概况

黄山风景区是我国第一批国家级重点风景名胜区，1990年12月被联合国教育、科学及文化组织列入《世界文化与自然遗产名录》，2004年2月入选世界地质公园，2007年被国家旅游局评定为第一批国家5A级旅游景区。黄山风景区因汇集了奇峰异石、古树名松、云海温泉、冰川遗迹等奇特的自然景观和人文景观资源及丰富的生物多样性而成为闻名天下的风景名胜区（图6-1），黄山风景区具有突出的美学观赏价值、科学研究价值、生态环境价值和历史文化价值。但随着景区的不断开发和游客量的增加，生态环境承受的压力也越来越大。特别是近十多年来，旅游的快速发展给景区环境带来了一定的负面影响，旅游服务设施，如索道、登山道、水库和宾馆等的建设使稳定的山体边坡、地形地貌及植被景观遭受不同程度的影响，造成水土流失、山坡岩石风化等，游客量增加加剧了对植被土壤的践踏，以及对大气、水环境的污染等。目前，黄山风景区的环境问题已引起了很大的关注，不少专家学者对黄山风景区资源开发与环境保护问题进行过研究，但从生态影响的角度去进行研究的不多。旅游生态影响与旅游活动类型、旅游活动强度、旅游区环境类型等多种因素有关，黄山风景区作为著名的山岳型风景区，其旅游活动及区域环境都具有一定的典型性，对黄山风景区旅游活动的生态影响进行研究，对于黄山风景区旅游发展与环境资源保护具有重要意义，对其他山岳型风景区也有一定的借鉴作用，同时也扩大了我国旅游生态影响的研究范围，有利于深入理解旅游生态影响的效应与机制，促进旅游生态学这门年轻学科在我国的发展与成熟。

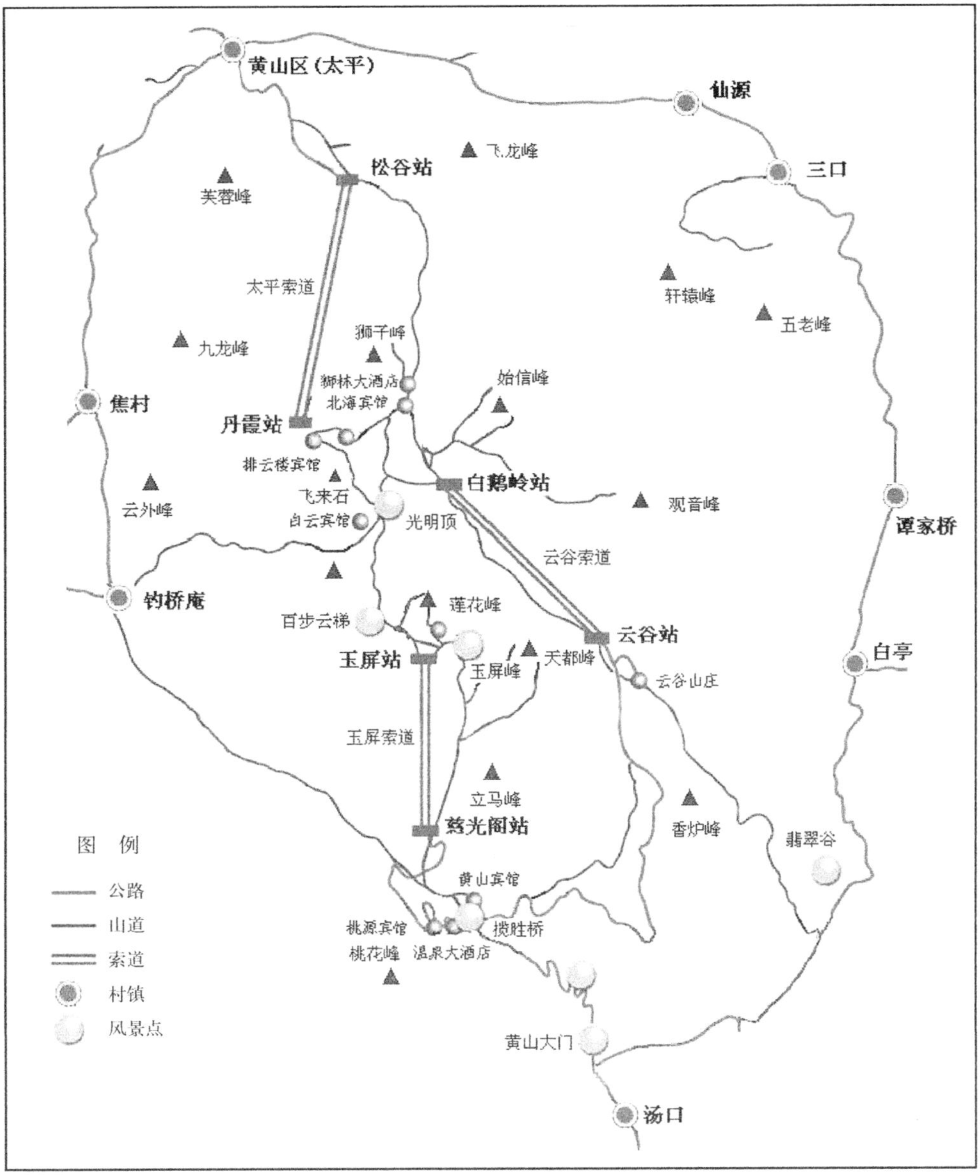

图 6-1　黄山风景区示意图

一、自然条件概况

(一) 地理位置

黄山位于安徽省南部,属于我国南岭山脉,南北长约 40 km,东西宽约 30 km,

全山区面积约 1 200 km²，风景区面积为 160.6 km²（1988 年国务院批复的空间范围为 154 km²，此处为 2006 年规划时重新测量的面积），位于 118°01′～118°17′E 和 30°01′～30°18′N。范围东起黄狮垱，西至小岭角，南起汤口，北至二龙桥。最高峰莲花峰海拔为 1 864.7 m，是华东地区最高峰，中心位置光明顶位于 30°10′N，118°10′E。风景区海拔为 500～1 864 m，外围缓冲区面积约 490 km²。黄山东临杭州、上海，南至武夷山，西接景德镇、庐山，北达合肥、南京，处于华东"4 小时旅游经济圈"中心位置。

(二) 地质地貌

黄山在大地构造上位于江南古陆与扬子台拗过渡带。黄山山脉主体由黄山花岗岩和狮子林斑状花岗岩组成，是典型的花岗岩地貌，花岗岩出露面积约占风景区面积的 70%。黄山的形成发展经历了中远古时代的地壳运动；8 亿年前的震旦纪在黄山地区形成扬子海，距今 2 亿年前的三叠纪末期在印支运动的影响下地壳隆起引起扬子海消失；侏罗纪、白垩纪期间黄山受燕山运动影响剧烈，发生褶皱、断块抬升和岩浆活动，奠定了现代黄山的地质基础。到距今 6 500 万年前的第三纪喜马拉雅运动早期，黄山慢慢露出地表。第四纪的三次幅度不等的抬升和 200 万年前更新世初期的急剧抬升，形成了黄山的花岗岩地貌。黄山花岗岩体的断层和节理十分发育，主要断层有钓桥庵至汤口的"黄山断层"、狮子林岩体和黄山岩体间的"莲花沟断层"、排云亭前的"西海沟断层"等。节理有多种形态和产状，众多的节理和断层是各种地貌类型发育的重要地质基础。黄山花岗岩地貌发育完整，基本上包括了所有的花岗岩地貌类型，有些地貌特征，如锥状峰为黄山独有，有较为罕见的花岗岩裂隙温泉、冷泉和地下热水。从全球范围看，黄山地质公园是反映和揭示花岗岩地貌景观形成机制的最佳地区，在研究扬子板块的形成演化历史上具有重要意义。

黄山最高峰为 1 864.7 m，平均海拔约 1 600 m，境内千米以上的山峰有 77 座，主峰相对高度多在千米左右，形成峰顶尖陡、群峰林立的中山地貌类型。山地周围大都属于波状起伏的低山丘陵。中生代以来多次抬升和夷平作用，使地貌在垂直方向上形成三级较为明显的古剥夷面。大致以莲花峰、天都峰、光明顶为中心，向山地外缘呈阶梯式下降。最高一级剥夷平面海拔为 1 600～1 800 m，包括白鹅岭、狮子峰等；次一级剥夷平面海拔为 1 300～1 500 m；第三级海拔为 800～1 000 m。

黄山山体在上升运动中受外营力作用，发育成十分陡峭的山峰和狭窄山脊，峡谷深切达 500～1 000 m。受不同特点断裂制约，鳌鱼、眉毛诸峰呈块状峰岭，莲花、天都诸峰呈筒状峰岭，西海排云亭前深谷两侧多为破碎峰岭，后山狮子峰至芙蓉岭一带呈现一系列刃式山脊。

(三) 气候

黄山位于安徽省南部，属北亚热带湿润季风气候区。由于山区地形作用，气温垂直变化明显，形成了山上山下垂直气候分带和局部小气候特征的显著差异。山下太平区年均温度为15.5℃，山上光明顶年均温度为7.8℃；夏季山上山下温差达10℃，而冬天温差较小。季节变化上，山地下部四季分明，海拔1 340 m以上春秋较短，冬长夏短；降雪积雪时间长，降水丰富，光明顶年均降水量为2 394.5 mm，年降水日为183天，4～9月为雨季，降水量占全年的79%。年均日照时数为1 810.2 h，平均相对湿度为76%，无霜日为258天。黄山云雾日多，光明顶多年平均雾日达256天，比庐山多61天，容易形成云海、雨淞雾淞、日出、晚霞、佛光等自然景观。

黄山风景区内高山低温，日照短，温差大，独特的气象条件造就了丰姿奇特的奇松和瞬息万变的云海，形成风景区内不同高度上丰富多彩的气象景观。

(四) 水文

黄山是钱塘江和长江两大水系的分水岭，以剪刀峰—浮丘峰—桃花峰一线为界，北侧水系包括黄山的大部分溪流，汇入太平湖后经青弋江再注入长江；南侧的水系流入新安江，再入富春江、钱塘江。黄山地表水系以光明顶为中心，在平面上呈放射状向四周分布。主要溪流有24条，一般长3～9 km，前山的逍遥溪、苦竹溪，后山的松谷溪和西海的白云溪，是黄山的主要溪流。

黄山地表水资源丰富，多年平均径流深1 384 mm，多年平均径流总量为21×10^8 m^3（丰水年高达4.8×10^8 m^3，枯水年也有1.1×10^8 m^3）。但黄山山势陡峭，海拔变化大，地质构造主体由燕山旋回第二期花岗岩组成，并以断裂为主，蓄水条件差。故地下水比较贫乏。

总体来说，黄山水资源较为丰富，但降水年内分配不均，年际变化大，加之地表储水能力比较差，加剧了溪涧水量丰枯的悬殊差异。黄山每年4～7月降水量占全年降水量的60%以上，尤其是6～7月的梅雨季节，雨量集中、降雨强度大，引起山洪暴发；而秋冬季则时常百日无雨，此时又是旅游旺季，使旅游生活用水和生态环境维护，特别是森林消防用水严重匮缺。另外，受大环境影响，黄山年降水量近几十年来呈下降趋势。

(五) 动植物资源

黄山植物资源丰富，植物种类繁多。黄山有高等植物222科，826属，1 807种。其中，苔藓植物为57科，114属，191种；蕨类植物为31科，58属，131种；裸子植物为6科，15属，18种；被子植物为128科，640属，1 465种。景区森林覆盖率为84.7%，植被覆盖率为93%。有26种野生珍稀植物，其中，有10种国家二级保护植物和16种国家三级保护植物，此外，还有多种古树名木，如黄山松（*Pinus taiwanensis*）、华东黄杉（*Pseudotsuga gaussenii*）等。

黄山地带性植被为常绿阔叶林，由于地形影响，有明显的山地垂直分布带，自下而上为常绿阔叶林、落叶-常绿阔叶混交林、落叶阔叶林、山地矮林与山地灌丛、山地草甸、黄山松林等。

黄山动物资源丰富，有野生动物297种，包括176种鸟类、48种爬行动物、21种两栖类和54种兽类。有国家一级保护动物6种，国家二级保护动物19种，大型哺乳动物有猕猴、短尾猴、亚洲黑熊等。

（六）土壤

黄山风景区土壤属亚热带北缘的黄红壤带分类系统。黄山土壤一般呈酸性，基质通常是花岗岩和石英岩。土壤分布属于红壤向黄棕壤过渡的黄红壤地带，具有明显的水平和垂直地带性特征。土壤类型由低到高依次为黄红壤—黄壤—暗黄棕壤—山地草甸沼泽土（局部）—山地草甸土（局部）—酸性棕壤。海拔700 m以下为次生木本或草本群落，土壤质地黏重，呈酸性，多形成黄红壤类型；700～1 000 m为常绿阔叶林，枯枝落叶层为2～4 cm，有机质易积累，多形成黄壤；1 000 m以上为落叶-常绿阔叶混交林，枯枝落叶层较厚，约10 cm，有机质更丰富，形成暗黄棕壤。1 650 m以上的中山顶平台，植被是以落叶阔叶林和常绿针叶林为主的山地矮林、草丛等，为酸性棕壤；天海一带分布着山地草甸土；西海门则分布着山地草甸沼泽土。

二、旅游发展概况

（一）历史沿革

黄山在秦代称为黟山，因其山石黝黑、“遥望成黛”而得名。唐代因《周书异记》中有“黄帝炼丹于黟山”的神话记载，于天宝六年（公元747年），由唐明皇下令改为黄山，自此名声渐大。黄山的建设与寺庙密切相关，如唐朝建的汤院，宋朝建的松谷庵、云谷寺等，至元朝黄山已有寺庙64座，但较大规模的建设还在明朝以后。明万历三十四年（1606年），普门和尚创建法海禅院，后扩建为护国慈光寺，有僧千人。1613年，普门又在玉屏峰前建文殊院。明代黄山共建大小寺庵60余座，为以前所建寺庵之和。与此同时，还开山修路，初步形成南路温泉至天海，北路松谷至北海，东路苦竹溪至天海及西路钓桥庵至温泉的四条登山路线和简易盘道，使以寺庙四大丛林为中心的景区建设初具规模。清朝建立后，道路和房屋建设以修整为主。但至清咸丰年间,因战乱等各庵庙被毁殆尽。

民国以前,山上只有寺庙,没有居民村落,不设行政机构也无明确的景区范围。20 世纪 30 年代,由于杭安公路通车和殷屯公路绕黄山山脚通过,交通状况得到改善,由安徽人许世英、张治中等发起,在江苏南京成立“黄山建设委员会”,开始筹划、建设黄山,确定了桃源(温泉)、天海、云谷、狮林为住宿区,紫云桥北为商业区,并在桃源地区修复了祥符寺,新建了居士林,在紫云庵建立了中国旅游行社,整修了前、后的登山道路和攀登天都峰的石磴道等。国民政府于 1936 年成立黄山管理筹备处,1939 年,成立黄山工程办事处,修建了至北海的芙蓉岭,紫云村至焦村的石阶路。1942 年,正式划定风景区范围,1943 年年初,成立黄山管理局,而后修建了听涛居、紫云东、西楼、翠明轩、散花精舍等建筑。至 1949 年,山上共建接待用房 2 200余平方米,公路修至逍遥亭。

新中国成立后,人民政府设立了专门的管理机构——黄山管理处。20 世纪 50 年代,先后修建了黄山宾馆、北海宾馆、礼堂、游泳池、疗养院。70 年代,修建了桃源宾馆及职工宿舍、邮电局等。新中国成立后新建面积达 4 万 m^2 之多,并整修与新建了 50 多千米的盘山石阶路,新修了温泉至慈光阁、温泉到云谷寺两条公路。至 1976 年,黄山建筑总面积为两万多平方米。1979 年成立黄山管理局,黄山正式对外开放。1988 年,中华人民共和国住房和城乡建设部批准了《黄山风景名胜区总体规划》,明确规定了黄山风景名胜区的管理范围。

(二) 旅游资源

黄山自然风光优美,历来以奇松、怪石、云海、温泉“四绝”闻名于世。加上崖、洞、涧、池、潭、瀑和丰富的动植物资源,具有“雄、奇、险、秀、奥、旷”等特征。据初步统计,黄山具有旅游欣赏价值的主要旅游资源景观有名峰 80 座,奇石 120 多处,古松树万株,具有独特魅力的自然奇观还有 30 岭、22 岩、10 台、7 岗、29 洞、36 源、24 溪、3 瀑、20 潭、15 泉、9 池、2 湖等景观,共 400 余处。除自然景观外,黄山人文景观荟萃,有宗教文化建立的寺、庙、庵、坛、亭、楼、阁;有地方风格的古民居、古桥、古道、摩崖石刻、书画题记、名人遗迹。黄山主要资源类型见表 6 - 1。

表 6 - 1　黄山风景名胜区主要资源类型

项　目	自然资源(67.5%)							文化资源(32.5%)		
	地质资源	水资源	生物资源	大气资源	自然光景资源	其他	总计	摩崖石刻	历史建筑	总计
数　量	335	108	211	7	3	24	688	276	55	331
占总量的百分比/%	48.7	15.7	30.7	1.0	0.4	3.5	100	83.4	16.6	100

资料来源:黄山风景区管理委员会.黄山风景名胜区总体规划(2007 - 2025)规划文本,2006.

黄山风景名胜区旅游资源特点主要体现在三个方面：一是景观资源丰富。景区内有名可数的景点800多处，千米以上的山峰有77座。命名的有36大峰，36小峰。三大主峰都在1 800 m以上，且各有特点，莲花峰瑰丽，光明顶高旷，天都峰险峻。奇松、怪石、云海、温泉、冬雪俗称黄山五绝。名松有100多棵，其中，列入世界遗产名录的有32棵。怪石有名可数的有120多处。温泉长年水温保持在42℃，云海和冬雪为黄山增添了无穷的魅力。二是动植物资源丰富。黄山素有"华东植物宝库"之称，共有高等植物222科，826属，1 805种，主要有黄山松、黄山杜鹃、天女花、木莲、红豆杉、铁杉等。植被覆盖率达93%，森林覆盖率为84.7%。珍禽异兽种类繁多，群落完整，生态稳定平衡。属国家一、二、三类保护的动物有30多种，主要有短尾猴、四不像、小灵猫、苏门羚、梅花鹿、娃娃鱼、白鹇、八音鸟、相思鸟等。三是文化底蕴深厚。黄山风景区地处文化历史悠久的徽州，现有摩崖石刻200多处，古道、古桥、古寺、古亭等古建筑近百处，历代歌颂黄山的诗词歌赋有两万多首，以黄山为题材的书法、绘画、摄影作品难以计数。

(三) 旅游发展状况

黄山风景区1984年被列为第一批国家级重点风景名胜区，1990年被联合国教育、科学及文化组织列入《世界文化与自然遗产名录》，1999年获首届梅利娜·迈尔库里文化景观保护与管理荣誉奖，2004年入选世界地质公园，2007年被国家旅游局评定为国家5A级旅游景区。黄山风景区目前主要分为六个游览风景区，各景区概况见表6－2。

表6－2　黄山风景名胜区各景区概况

景　区	温泉景区	云谷景区	北海景区	玉屏楼	松谷景区	钓桥景区
面积/hm^2	1 481.33	1 026.58	1 318.23	424.65	1 148.45	1 655.05
平均海拔/m	630	890	1 750	1 680	600	550
可供游览景点数	40	15	95	61	27	17
开发状况	已开发	已开发	已开发	已开发	待进一步开发	待进一步开发

资料来源：黄山风景区管理委员会，黄山风景名胜区生态环境保护规划文本，2005.

1. 客流量

1) 游客时间分布特征

由图6－2可见，黄山风景区游客人数自1979年以来，除个别年份有小的起伏外，总体呈明显上升趋势，1979年仅10.43万人，2007年已达203万人。图6－3为1987～2006年平均各月游客占全年游客的比例，由图6－3可见，游客主要集中在每年的4～11月，约占全年游客的90%，其中又以5月最多，占全年的15%～20%。

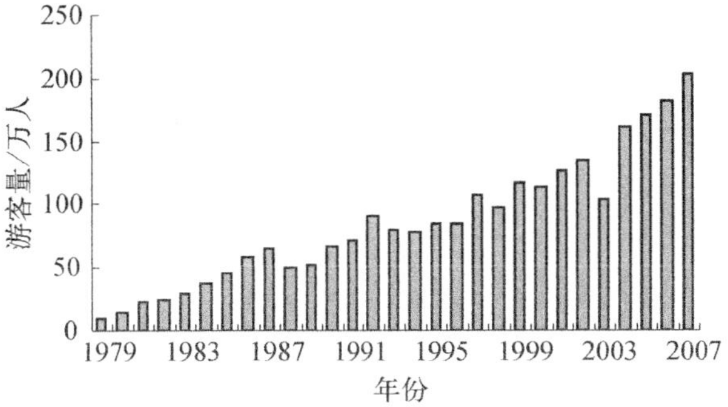

图 6-2 黄山历年游客
资料来源：黄山风景区管理委员会。

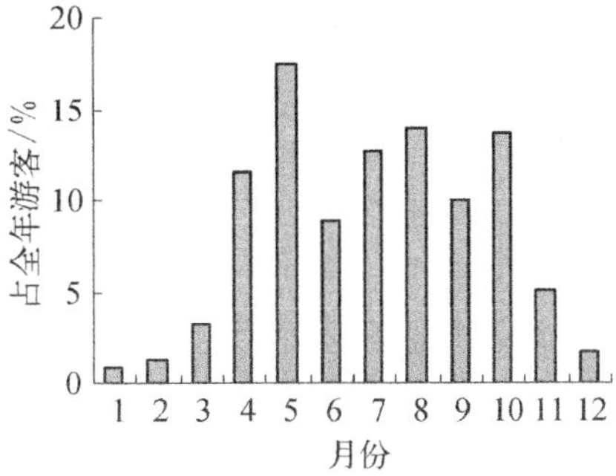

图 6-3 黄山游客月分布
资料来源：黄山风景区管理委员会。

2）黄山游客空间分布

黄山风景区主要有三个进山入口，分别为云谷寺、慈光阁和松谷庵，与之对应有三条索道和三条进山步道线路。三条索道为云谷寺—白鹅岭、慈光阁—玉屏楼、松谷庵—丹霞峰，三条进山步道线路为云谷寺—白鹅岭—北海，慈光阁—玉屏楼—天海，松谷庵—丹霞峰。1986 年黄山风景区第一条索道——云谷寺索道开通前，55%～60%的游客由前山，即慈光阁一线上山，其余主要从后山，即云谷寺上山，从北坡松谷庵上山的人数极少。云谷寺索道开通运营后，客流转向云谷寺一线，1996 年玉屏索道开通前，从云谷寺上山的游客所占比例最高达 84.1%，1998 年开始下降至 60%以下。三条索道开通后，大部分游客经由索道上山，乘索道上山人数从 1995 年的 61.6%增至 2006 年的 88.9%，历年三个入口游客分布见图 6-4。从不同景区看，在已开发的温泉、云谷、玉屏和北海四个景区中，温泉和云谷景区目前主

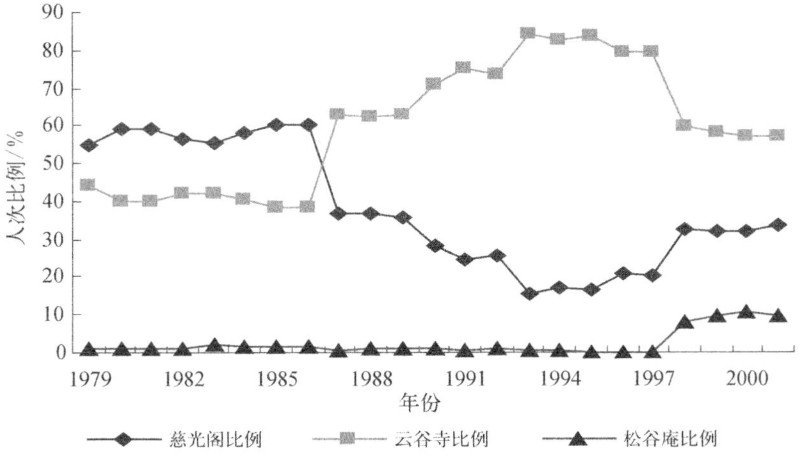

图 6-4 黄山风景区游客空间分布
资料来源：黄山风景区管理委员会。

要起通道作用，黄山大门、温泉、云谷寺和慈光阁间有公路连接，其间步道目前已极少有游人使用，游客主要集中于宾馆、索道站点等游客集散中心，景区内景点游客也较少。目前，由于近 90%的游客乘索道上下山，云谷寺至白鹅岭、慈光阁至玉屏楼间步道通过的游人数也逐渐减少。而玉屏、北海景区是黄山风景区的精华景区，游览率接近 100%，且北海和玉屏景区内各景点间仅有步道相连，因此，步道使用强度大，景区内游客密度也较大。

2. *旅游设施概况*

自从 20 世纪 80 年代以来，黄山旅游发展迅速，旅游设施也得到了极大改善。黄山风景区目前有温泉—汤口、温泉—云谷寺、温泉—慈光阁、芙蓉岭—松谷庵及焦村—钓桥庵 5 条公路，其中，焦村—钓桥庵为砂石路面，共 12 km，其余为混凝土路面，总长约 18 km。现有停车场 7 座，总面积约 10 000 m^2，可停车 300 多辆。主要游览步道长 46 000 多米，宽 1.5～2.5 m，为石质或混凝土质。有云谷寺—白鹅岭、慈光阁—玉屏楼、松谷庵—排云亭三条客运索道，分别长 2 693.3 m、2 012.12 m、3 522.0 m，上下站高差分别为 772.8 m、752.65 m、1 014.5 m，三条索道单向输客量为 1 500 人/h。景区内的宾馆招待所有 24 家，占地面积约 60 000 m^2，床位数为 3 800 张左右。娱乐设施 9 处，占地面积为 1 048.55 m^2，商店 33 家，还设有“黄山资源保护宣传教育中心”一处及三处旅游咨询服务投诉点。为适应旅游发展需求，全山先后建设有 7 座较大的水库，加上调节水池，全山总库容达 45 万 m^3。

第二节　旅游活动对黄山风景区植物群落的影响

植被是自然景观的重要组成部分，在黄山风景区尤为特出，其中的奇松成为黄山一绝。植被是受旅游活动影响最为显著的自然因素，也是旅游生态学研究较多的一个方向。运用旅游生态学研究方法中的野外调查研究方法，在黄山风景区沿海拔不同区域设置调查样带，记录植被群落状况，通过分析、对比植被群落及相关因素受影响的程序，探讨旅游活动对黄山风景区植被群落的影响及响应，探索其影响的规律和特征。

一、调查方法

采用样方法对黄山风景区内的植物群落进行调查，调查沿温泉—云谷寺—白鹅岭—北海—光明顶—西海游览步道进行，海拔每隔 100 m 左右在游道一侧设置一个样地，样地大小为 5 m×20 m，每个样地划分为 4 个 5 m×5 m 的样方，各样方距游径的距离分别为 0 m、5 m、10 m、15 m(按最靠近游径的一边计算)，总计 10 个样地、40 个样方。记录样地的经纬度、海拔高度、坡度和坡向(表 6-3)。每个样方

表 6-3　植物群落调查样地概况

编号	地点	群落类型	主要物种构成	土壤类型	经纬度	坡度坡向	海拔/米
1	温泉	化香-糙叶树林	化香 *Platycarya strobilacea*，糙叶树 *Aphananthe aspera*，檵木 *Loropetalum chinense*，腊莲绣球 *Hydrangea strigosa*，美丽复叶耳蕨 *Arachniodes speciosa*，苔草 *Carex* sp.	黄红壤	30°5.765N′ 118°10.763′E	19° NE52°	562
2	人字瀑	枫香-银鹊树林	枫香 *Liquidambar formosana*，银鹊树 *Tapiscia sinensis*，苎麻 *Boehmeria nivea*，小构树 *Broussonetia kazinoki*，三脉紫菀 *Aster ageratoides*，牛膝 *Achyranthes bidentate*，荩草 *Arthraxon hispidus*	山地黄壤	30°5.944′N 118°10.496′E	12° W	692
3	温慈步道	青栲林	青栲 *yclobalanopsiss myrsinaefolia*，石斑木 *Raphiolepis indicaa*，格药柃 *Eurya muricata*，马银花 *Rhododendron ovatum*，抱茎苦荬菜 *Ixeris sonchifolia*，荩草	山地黄壤	30°5.786′N 118°10.763′E	25° SE20°	728
4	云谷山庄	甜槠林	甜槠 *Castanopsis eyrei*，青栲，石斑木，格药柃，马银花，土麦冬 *Liriope* sp.，荩草	山地黄壤	30°7.180′N 118°11.426′E	16° SE24°	794
5	云谷步道	青栲林	青栲，格药柃，伞八仙 *Hydrangea umbellata*，马银花，土麦冬 *Liriope* sp.，堇菜 *Viola* sp.	山地黄壤	30°7.179′N 118°11.417′E	38.5° SW40°	925
6	云谷步道	小叶青冈林	小叶青冈 *Cyclobalanopsis gracills*，青冈 *Cyclobalanopsis glauca*，伞八仙，山胡椒 *Lindera glauca* 崖花海桐 *Pittosporum illicioides*，禾叶麦冬 *Liriope graminifolia*，苔草 *Carex* sp.	山地黄壤	30°7.574′N 118°10.916′E	28.5° SE60°	1 010
7	云谷步道	小叶青冈-米心水青冈林	米心水青冈 *Fagus engleriana*，灯台树 *Cornus controversa*，小叶青冈，圆锥绣球 *Hydrangea paniculata*，伞八仙，禾叶麦冬，苔草	暗黄棕壤	30°07.572′N 118°10.923′E	36° E	1 216
8	云谷步道	青冈-华东椴林	青冈，交让木 *Daphniphyllum macropodum*，华东椴 *Tilia japonica*，格药柃，马银花，土麦冬，苔草，堇菜 *Viola* sp.	暗黄棕壤	30°7.902′N 118°10.548′E	39.5° SW8°	1 322
9	排云亭	黄山栎林	黄山栎 *Quercus stewardii*，四照花 *Cornus kousa var. chinensis*、安徽杜鹃 *Rhododendron anhweiensis*，荚迷 *Viburnum* sp.，苔草，荩草，若竹 *Indocalamus longiauritus*	暗黄棕壤	30°8.499′N 118°9.442′E	15° NE41°	1 651
10	北海	黄山栎林	黄山栎，灯台树，伞八仙，野珠兰 *Stephanandra chinensis*，荚迷，堇菜 *Viola* spp.，大吴风草 *Farfugium japonicum*	暗黄棕壤	30°8.486′N 118°9.839′E	25.5° NW5°	1 699

均按乔木层、灌木层和草本层分层进行统计，记录每株乔木的名称、高度、胸径、冠幅、枝下高及乔木层的盖度与幼苗数，灌木层每株植物的名称、高度和层盖度。每个样方内设置 1 个 1 m×1 m 的小样方作为草本样方，记录物种名称、高度、多度及层盖度等。在每个 5 m×5 m 的样方内按五点取样法取 0～20 cm 层土样，同时测量每个取土点枯枝落叶层的厚度。

二、分析方法

旅游活动会影响植物的正常生长繁殖，对植物影响效应主要体现在植物的形态、密度、盖度及物种组成等方面。由于不同植物群落层次对干扰的抵抗力和恢复力不同，因此，分别从乔木层、灌木层、草本层三个群落层次对植物所受的影响进行分析。乔木层采用各样方乔木层的平均高度、盖度、冠幅、胸径、株数等指标；灌木层主要采用各样方平均高度、盖度、物种数及香农多样性指数等指标；草本层采用各样方平均高度、盖度、物种数、物种多样性指数 H'（Shannon - Wiener 指数）等指标，并采用 Sørensen 相似性系数 S 比较不同旅游活动强度下物种组成的差别。

物种多样性指数 H' 和相似性系数 S 的计算方法如下：

$$H' = -\sum P_i \ln P_i \qquad (6-1)$$

式中，$P_i = n_i/N$，N 为该样方草本层所有物种的个体数；n_i 为该样方草本层中第 i 个物种的个体数。

$$S = 2c/(a+b) \qquad (6-2)$$

式中，a、b 分别为两个样方中草本层的物种数；c 为两个样方草本层共有的物种数。

各样方土壤测定 pH、有机质、全氮、全磷、全钾等指标。pH 用电位法测定，有机质用重铬酸钾法测定，全氮用开氏法测定，全磷用酸溶-钼锑抗比色法测定，全钾用氢氟酸-高氯酸消煮法测定。

各项指标均用 SPSS 软件进行差异显著性检验（LSD 法），通过多重比较，分析距游径不同距离处，即不同旅游活动强度下植物与土壤的变化情况。

三、旅游活动对植物群落的影响分析

（一）旅游活动对乔木层的影响

1. 旅游活动对乔木层高度的影响

各样地乔木层高度如图 6 - 5 所示，随距游径距离的增加，乔木层高度无明显的变化规律，说明旅游活动对乔木层高度影响不大。

2. 旅游活动对乔木层盖度的影响

各样地乔木层盖度如图 6－6 所示，随距游径距离的增加，乔木层盖度未显示出明显的变化规律，说明旅游活动对乔木层盖度也无显著影响。

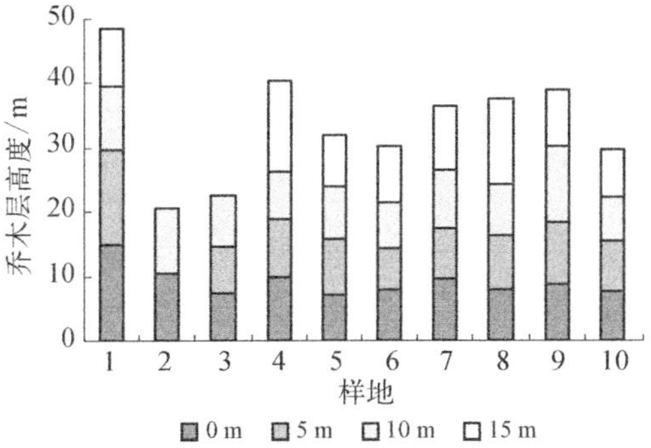

图 6－5　各样地不同样方乔木层高度

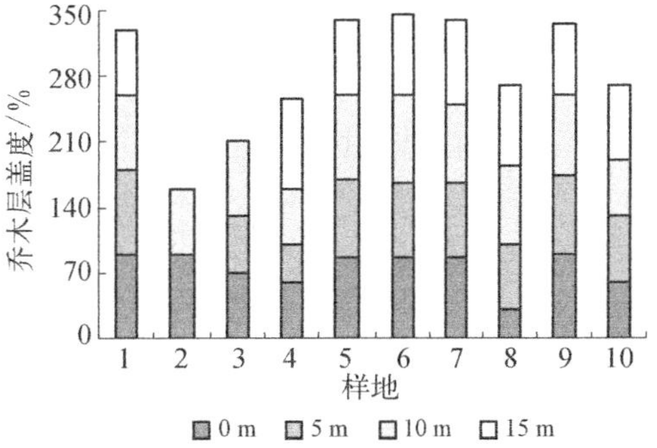

图 6－6　各样地不同样方乔木层盖度

3. 旅游活动对乔木层冠幅的影响

各样地乔木冠幅见图 6－7，随距游径距离的增加，乔木冠幅的变化无明显规律，说明旅游活动对乔木冠幅影响不大。

4. 旅游活动对乔木胸径的影响

各样地乔木胸径的变化见图 6－8，随距游径距离的增大，乔木胸径变化未显示出一定的规律性，说明旅游活动对乔木胸径的影响不大。乔木胸径一般可以表示乔木年龄构成的状况，由此看来，旅游活动对植物群落乔木层年龄构成无明显影响。

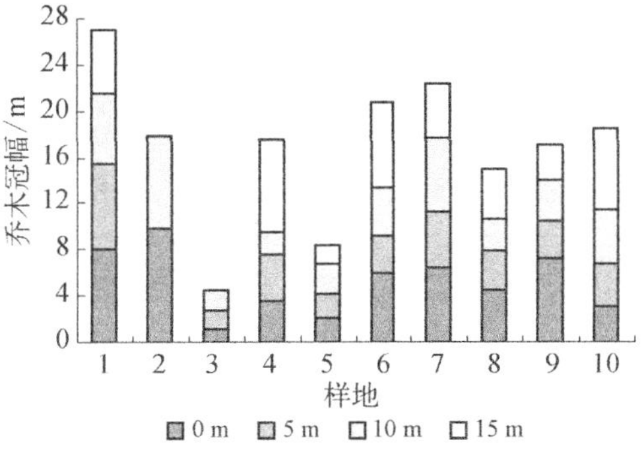

图 6－7　各样地不同样方乔木冠幅

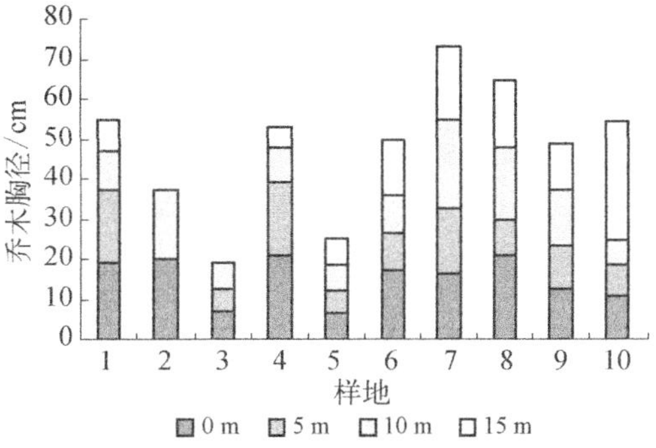

图 6－8　各样地不同样方乔木胸径

5. 旅游活动对乔木层个体数的影响

各样地不同样方乔木个体数见图 6－9，随距游径距离增大，乔木株数无明显变化，说明旅游活动对乔木密度影响不大。

6. 旅游活动对乔木枝下高的影响

乔木枝下高通常作为旅游影响的一个重要指标，游客偏离游径的活动及有意识的折枝行为均会引起枝下高的变化。各样地乔木枝下高见图 6－10，距游径不同距离处各样方乔木枝下高有一定变化，距游径 0 m、5 m、10 m 和 15 m 处各样地平均枝下高分别为 3.19 m、3.14 m、3.05 m 和 2.79 m，显然游径边缘样方平均枝下高较高，而距游径 15 m 处有所下降，但枝下高多重比较结果表明，不同距离处差异不显著，说明旅游活动对乔木枝下高的影响不是很明显。

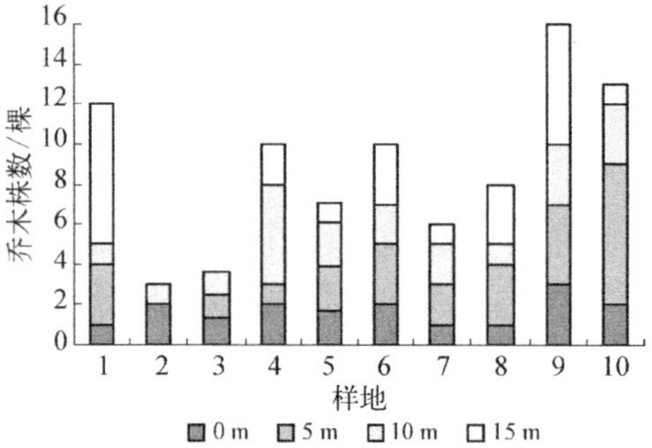

图 6－9　各样地不同样方乔木个体数

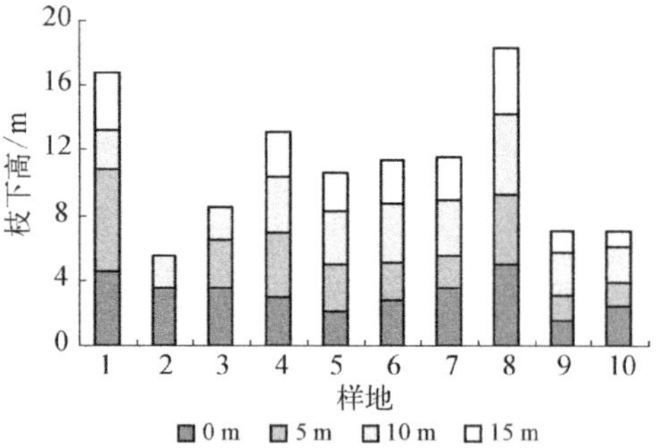

图 6－10　各样地不同样方乔木枝下高

7. 旅游活动对乔木更新的影响

由图 6－11 可看出，游径边缘幼苗数最少，随距游径距离的增加，各样地幼苗数逐渐增加，至距离 10 m 处幼苗数最多，但 15 m 处又略有降低，幼苗数多重比较结果表明，距离游径 0 m 处与 5 m、10 m 处差异显著（$P_{0\text{-}5}=0.031$，$P_{0\text{-}10}=0.017$）。游径边缘受游客活动影响较大，因此幼苗数有所减少。但游径的存在会改变游径附近光照、水文等环境条件，有利于幼苗生长，因此在旅游活动强度较低的 5 m、10 m处，幼苗受影响较少而生长良好，而距游径 15 m 处虽然基本上不受旅游活动的影响，但环境比较郁闭，可能会在一定程度上影响了幼苗生长，从而导致幼苗数有所减少。

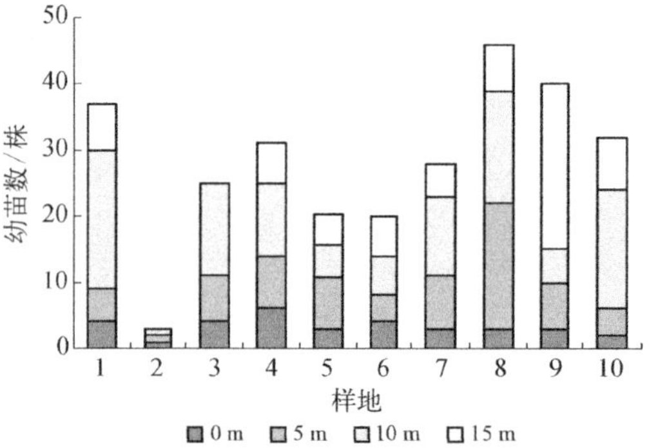

图 6－11　各样地不同样方幼苗数

样地 5 幼苗数为实际幼苗数的 1/10

(二) 旅游活动对灌木层的影响

1. 旅游活动对灌木层高度的影响

随距游径距离不同，各样方灌木层植物高度有所变化（图 6－12），距游径 0 m、

5 m、10 m、15 m 处，平均高度分别为 2.09 m、2.27 m、2.01 m、2.42 m，距离 15 m 处的植物高度要高于其他距离处，但灌木层高度未显示出随距游径距离增加而增加的规律性，说明旅游活动对灌木层高度的影响不大。

2. 旅游活动对灌木层盖度的影响

灌木层盖度变化如图 6 - 13 所示，随距游径距离的增加，各样地盖度大体呈增加趋势。盖度多重比较结果表明，距游径不同距离处样方间有一定差异，其中，0 m 处与 5 m 处差异不显著，但与 10 m(P＝0.014)、15 m(P＝0.017)处差异显著，其他距离间差异不显著。这说明游径边缘灌木层盖度受影响较大，5 m 处也受到一定影响。旅游活动对灌木层盖度的影响与游客直接践踏关系不大，但游径附近游客的采折等可能会影响到灌木层的盖度，游径附近环境条件的改变也可能是灌木层盖度变化的原因之一。

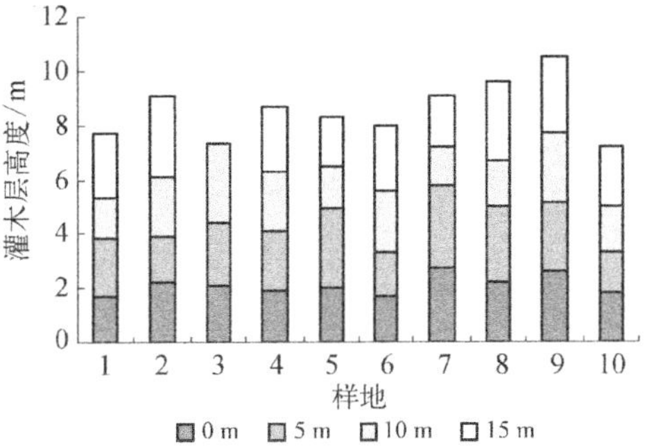

图 6 - 12　各样地不同样方灌木层高度

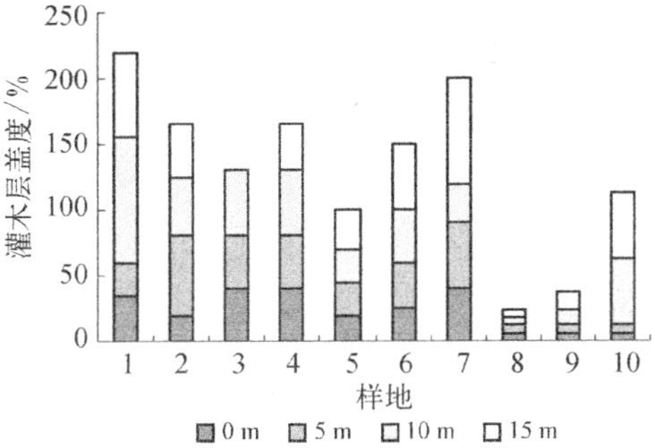

图 6 - 13　各样地不同样方灌木层盖度

3. 旅游活动对灌木层物种数的影响

各样地灌木层物种数和香农多样性指数分别见图 6 - 14 和图 6 - 15，由图可见，灌木层物种数随旅游干扰强度的变化表现复杂，未显示出一定的规律性。而距游径不同距离处，各样方的物种数及香农多样性指数的多重比较结果均显示无显著差异。

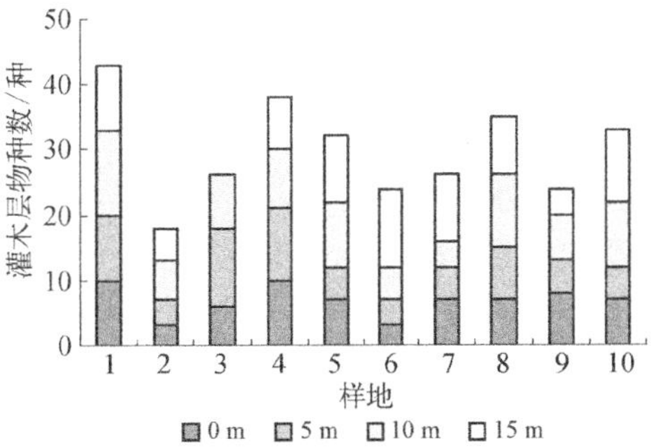

图 6 - 14　各样地不同样方灌木层物种数

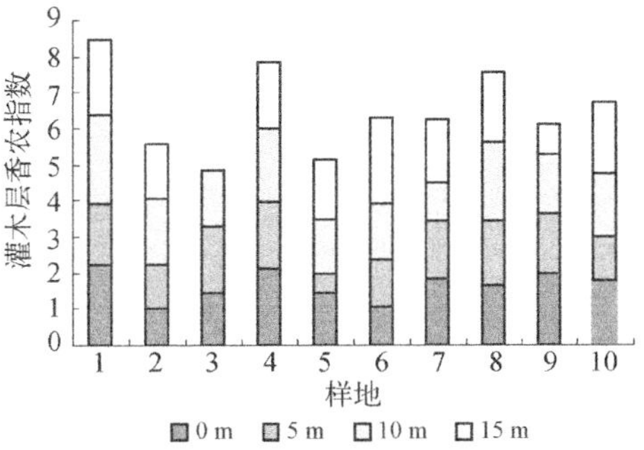

图 6 - 15　各样地不同样方灌木层香农指数

(三) 旅游活动对草本层的影响

1. 旅游活动对草本层高度的影响

随距游径距离的增加，草本层高度趋于增加(图 6-16)，特别是游径边缘草本层高度明显低于其他地段。对高度的多重比较结果显示，距游径不同距离处草本层高度差异显著，其中，0 m 处与 5 m($P=0.008$)、10 m($P=0.000$)及 15 m($P=0.002$)处差异显著，其他不同距离间差异不显著。这说明旅游干扰对游径边缘草本层高度的影响明显，对距游径 5 m 以外的草本层高度无太大影响。游径边缘游客活动强度大，游客践踏直接影响到植物高度，此外，在旅游干扰长期存在的情况下，游径附近一些耐践踏的低矮物种会逐渐增加，并取代不耐践踏种类，这也是游径边缘植物高度降低的原因之一。

2. 旅游活动对草本层盖度的影响

随距游径距离的增加，各样地草本层盖度变化呈现出不同的趋势，一些样地草本层盖度有所增加(图 6-17)，如样地 1、2、7、10 增加较为明显，而样地 6、8、9 草本层盖度则有所降低，因此，总体变化规律不显著，多重比较结果也显示不同距离处草本层盖度差异不显著。

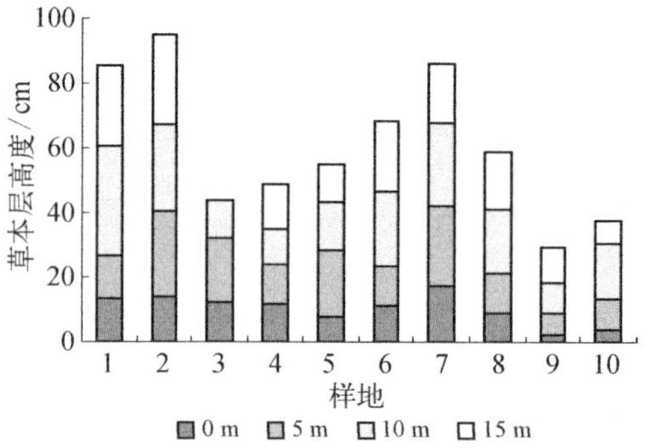

图 6-16　各样地不同样方草本层高度

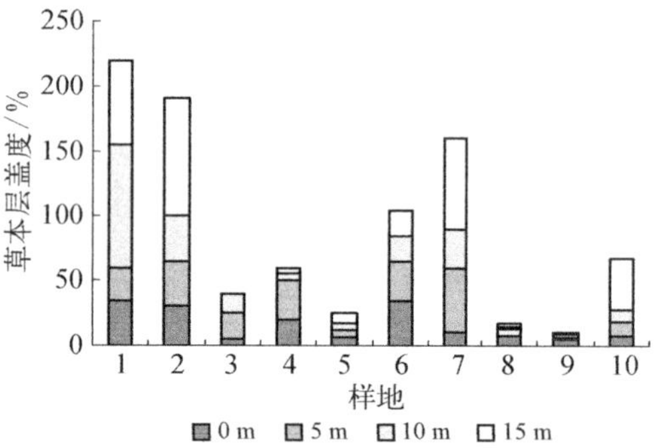

图 6-17　各样地不同样方草本层盖度

3. 旅游活动对草本层物种多样性的影响

由图 6-18 可以看出，游径边缘草本层物种数最多，多数样地草本层物种数随距游径距离的增加呈较为明显的下降趋势。物种数多重比较结果表明，距游径0 m 处与 5 m 处物种数无显著差异，但与 10 m($P=0.025$)和 15 m 处差异显著($P=0.016$)，其他距离间差异不显著。香农指数亦表现出类似的趋势(图 6-19)，距游径 0 m 及 5 m 地段，香农指数均与 15 m 处差异显著($P_{0\text{-}15}=0.046$，$P_{5\text{-}15}=0.041$)。从分析结果看，游径附近物种数变化表现出一定的中度干扰效应，黄山风景区游客游览观光活动主要沿游径进行，踩踏主要由石质的游径承受，游径两侧所受直接践踏强度较小，更远处由于地形险峻、环境郁闭而基本上不存在干扰，因此，游径附近在中度干扰压力下物种多样性最高。

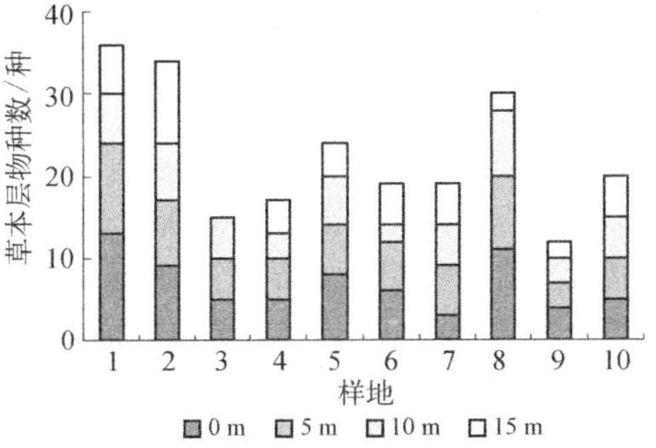

图 6-18　各样地不同样方草本层物种数

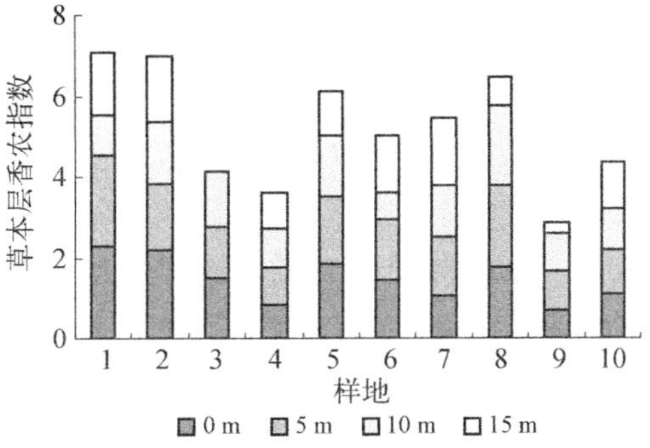

图 6-19　各样地不同样方草本层香农指数

4. *旅游活动对草本层物种组成的影响*

旅游活动不仅对物种多样性有影响，对物种组成也有影响。通过比较不同距离样方间物种相似系数得出：$\overline{S}_{0\text{-}15}(0.196\,8) < \overline{S}_{5\text{-}15}(0.366\,8) < \overline{S}_{10\text{-}15}(0.397\,9)$，$\overline{S}_{0\text{-}10}(0.237\,3) < \overline{S}_{5\text{-}10}(0.297\,5)$，$\overline{S}_{0\text{-}15}(0.196\,8) < \overline{S}_{0\text{-}5}(0.215\,4) < \overline{S}_{0\text{-}10}(0.237\,3)$。多重比较结果显示，$S_{0\text{-}15}$与$S_{5\text{-}15}(P=0.050)$、$S_{10\text{-}15}(P=0.021)$间差异均显著，$S_{0\text{-}5}$与$S_{10\text{-}15}(P=0.030)$间差异显著，说明游径边缘物种组成与其他地段物种组成差异较大。此外，随干扰强度增大，游径边缘样方物种组成的变化还表现出耐践踏禾草类植物及伴人植物增多，如荩草（*Arthraxon* Spp.）、土麦冬（*Liriope* spp.）及莎草（*Cyperus rotundus*）等出现较多，伴人植物主要有车前（*Plantago asiatica*）、鬼针草（*Bidens bipinnata*）、画眉草（*Eragrostis pilosa*）及牛膝（*Achyranthes bidentate*）等，各样地距游径 0 m、5 m、10 m 及 15 m 处平均伴人植物比例分别为 24%、5%、3%和 0。这些都表明旅游活动已对草本层物种组成造成了一定影响。

四、研究结论

（1）旅游活动对乔木层的上层影响不大，乔木高度、盖度、冠幅和胸径等指标均未受到明显影响，即使是易受游客活动影响的乔木枝下高，也未表现出明显的变化。但旅游活动对乔木更新有一定影响，旅游活动明显减少游径边缘 5 m 范围内的幼苗数。

（2）旅游活动降低了灌木层盖度，但对灌木层高度、物种丰富度等没有显著的影响，其明显受影响范围在游径边缘 10 m 以内。

(3) 旅游活动对草本层有显著影响，旅游干扰降低了植物高度，提高了物种丰富度，对草本层的物种组成也有一定影响，游径边缘耐践物种和伴人植物明显增加，但对草本层的盖度无明显影响。对草本层显著影响范围在距游径 10 m 内。

(4) 枯枝落叶层对旅游活动的反应敏感。随旅游活动强度增加，枯枝落叶层厚度明显降低，其影响范围至少达游径外 15 m。

(5) 旅游活动对植物群落的土壤环境有明显影响。旅游活动降低了土壤有机质含量，提高了土壤 pH。随旅游活动强度增加，土壤主要养分含量有明显变化，其中，土壤全氮、全磷含量趋于降低，而全钾含量则呈上升趋势。从综合影响效应看，旅游活动对土壤的影响范围至少可达游径外 15 m。

(6) 不同区域间旅游活动对植物群落的影响效应差异不显著。其原因在于黄山风景区开发时间长，旅游活动强度大，而且黄山风景区地形复杂，各区域间环境条件差异较大，因此，虽然不同区域旅游活动强度不同，但影响效应差别不大。

第三节 旅游活动对黄山风景区土壤的影响

土壤是陆地生态系统的重要组成部分，也是一个相对独立的生态系统。在土壤生态系统中，物质和能量流不断由外界环境向土壤输入；通过在土体内的迁移，必然引起土壤成分、结构、性质和功能的改变，从而推动土壤的发展与演变。旅游活动对土壤的影响尤为直接，通过旅游基础设施和服务设施的建设对土壤造成地面硬化、土壤被移走等一系列难以恢复的影响。同时旅游活动过程中，游客在游道及附近的直接踩踏也对土壤造成重大影响，也是旅游生态学研究的另一重要自然因素。在黄山风景区选择了 8 个不同区域，分别设置取样样带，分析比较旅游活动强度对土壤理化性质等方面的影响，探索其影响的规律性特征。

一、调查方法

对土壤的调查采用样方调查法，已有研究表明，旅游活动对土壤的影响在空间上具有高度集中性，即大部分影响的发生都局限在几条游道和游客集中的地点。石强等的研究表明张家界景区旅游活动对土壤的影响范围在游径外 3 m 以内。黄山风景区属于山岳型风景区，游客活动以游览观光为主，其主要活动范围在游径和景点附近，因此，调查选择温泉—云谷寺—白鹅岭—北海—光明顶—西海这一主要游览步道，在步道附近选取较为平坦的典型地段作为样地（表 6－4），每个样地从游径边缘沿与游径垂直方向连续设置 3 个 1 m×1 m 的样方，记为样方 1、2、3，考虑到黄山景区内地势较为陡峭，为尽可能保证同一样地各样方微环境一致，在相同方向距游径 5～6 m 处再设置一个样方 4 作为对照样方。每个样方内按五点法分别取 0～10 cm 及 10～20 cm 层土样，并用环刀法在样方对角线中心取土分别测 0～10 cm 和 10～20 cm 层的土壤容重与含水量，同时记录各样方的枯枝落叶层厚度。

表 6-4　土壤样地状况表

样地	地　点	经　纬　度	海拔高度	坡度	坡向	土壤类型	步道宽/m
1	温泉	118°10.672′E,30°05.861′N	557	29°	NE50°	黄红壤	1.7
2	云谷山庄	118°11.426′E,30°7.180′N	819	16°	SE24°	山地黄壤	1.5
3	白鹅岭—云谷寺	118°10.982′E,30°7.536′N	1 029	33°	SW41°	山地黄壤	1.7
4	白鹅岭—云谷寺	118°10.354′E,30°8.057′N	1 376	30°	SW11°	暗黄棕壤	1.7
5	排云亭	118°09.440′E,30°8.496′N	1 610	7°	NW60°	暗黄棕壤	1.5
6	北海	118°9.782′E,30°8.634′N	1 629	22°	SE11°	暗黄棕壤	2
7	白鹅岭—北海	118°10.043′E,30°8.566′N	1 635	24°	NE54°	暗黄棕壤	2.2
8	北海—光明顶	118°9.982′E,30°8.157′N	1 688	29°	NW44°	山地草甸土	1.7

二、分析方法

1. 土壤分析方法

土壤分析方法参照文献，土壤含水量与容重用烘干法测定，pH 用电位法测定，有机质用重铬酸钾法测定，全氮用开氏法测定，全磷用酸溶-钼锑抗比色法测定，全钾用氢氟酸-高氯酸消煮法测定。

2. 数据处理方法

对各样地距游径不同距离处各样方土壤影响效应用单项指标影响指数和综合影响指数进行分析，单项影响指数反映不同样方单项指标变化情况，计算公式如下：

$$C_{ij} = \Delta X_{ij} / X_{i4} \tag{6-3}$$

式中，C_{ij} 为第 j 样方第 i 项指标的影响指数，j 表示不同样方，取值为 1、2、3、4；ΔX_{ij} 代表第 j 个样方第 i 项指标的实测值相对于对照样方（样方 4）的变化值；X_{i4} 为对照样方第 i 项指标实测值，i 取值为 1、2、…、7。综合指数即土壤容重、含水量、pH、有机质、土壤全氮、全磷、全钾 7 个单项指标影响指数之和，某一样地各样方综合指数之和即为该样地综合影响指数。各单项指标的影响指数和综合影响指数均利用 SPSS 软件进行差异显著性检验（LSD 法），通过多重比较来分析旅游活动对土壤的影响效应与影响区域。此外，通过相关系数的计算分析旅游活动强度与土壤影响效应间的相关性，由于随距游径距离不同，旅游活动强弱不同，因此将样方1、2、3和对照样方的旅游活动强度分别计为3、2、1、0，计算各样地旅游活动强度与枯枝落叶层厚度、容重、含水量、pH、有机质、土壤全氮、全磷、全钾8项指标影响指数的相关系数及各单项指标影响指数间的相关性。

三、旅游活动对土壤的影响分析

(一) 旅游活动对土壤含水量和土壤容重的影响

1. 旅游活动对土壤含水量的影响

由图6-20可以看出，随距游径距离增加，土壤含水量逐渐增加，各样地变化趋势大体相似，0～10 cm土层的变化趋势较10～20 cm土层更为明显。0～10 cm土层的土壤样方1到样方3变化显著，样方3与样方4差异不大，10～20 cm土层仅样方1的含水量下降明显，其余样方间差异不大。影响指数多重比较结果表明，0～10 cm土层土壤含水量除样方3与样方4差异不显著外，其余各样方间差异均显著($P_{1-2}=0.000$，$P_{1-3}=0.000$，$P_{1-4}=0.000$，$P_{2-3}=0.001$，$P_{2-4}=0.000$)；而10～20 cm土层土壤含水量指数情况为，样方1与其他样方差异显著($P_{1-2}=0.000$，$P_{1-3}=0.000$，$P_{1-4}=0.000$)，样方2与样方4差异显著($P_{2-4}=0.022$)，其他样方之间差异不显著。

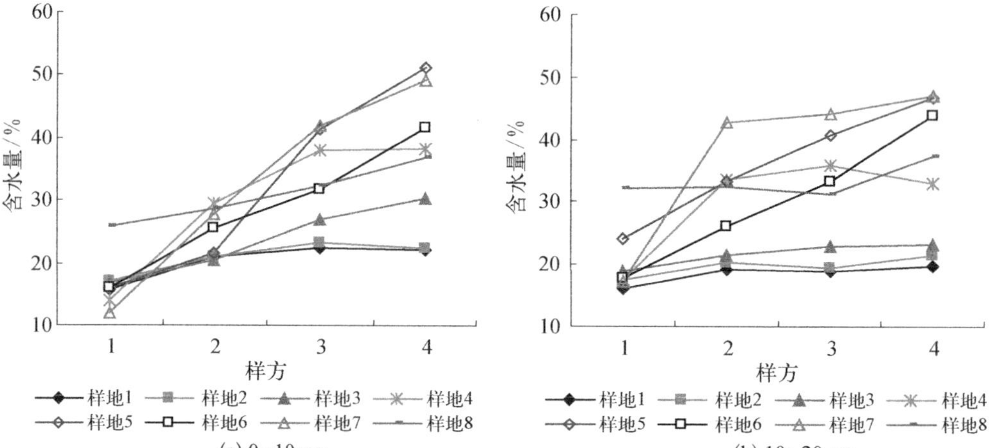

图6-20 旅游活动对土壤含水量的影响

从不同土壤层次看，在距游径1 m内，各样地下层含水量均高于上层，5 m外仅两个样地下层土壤含水量大于上层土壤。土壤含水量与土壤结构、质地及植被覆盖有关，游径边缘受旅游践踏影响较大，土壤压实严重，土壤基本裸露，因此，上层土壤含水量要低于下层，而离游径稍远的地段，受践踏程度降低，植被覆盖增加，土壤持水能力增强，上层土壤含水量要高于下层。另外，影响指数分析显示，样方 1 和样方 2 上下两层土壤含水量差异显著($P_1=0.012$,$P_2=0.006$)。综合来看，0～10 cm 土层和 10～20 cm 土层土壤含水量在游径外 2 m 以内均受显著影响，且上层土壤影响效应明显大于下层。

2. 旅游活动对土壤容重的影响

各样地土壤容重随距游径距离的增加趋于降低(图 6-21)，除样地 1 和样地 8 以外，各样地下降趋势均较为明显。0～10 cm 土层土壤容重变化趋势较 10～20 cm层明显，影响指数多重比较结果显示，0～10 cm 土层除样方 3 与样方 4 差异不显著外，其余各样方间差异均显著($P=0.000$)。10～20 cm 土层中样方 1 与样方 3、样方 4 差异显著($P_{1\text{-}3}=0.001$,$P_{1\text{-}4}=0.001$)。从上下两层的对比来看，各样地样方 1 上层土壤容重均大于下层土壤，且样方 1 上下层土壤容重影响指数差异检验也为显著($P=0.000$)。而在样方 4 中，仅有 1 个样地上层土壤容重大于下层。显然靠近游径边缘的表土层受影响更大，较远地带践踏强度减弱，植被覆盖增加，植物根系分布较多，土体较为疏松，因此，上层土壤容重小于下层。旅游活动对土壤容重显著影响范围达游径外 2 m。容重的大小与土壤结构、含水量等有关，践踏压实土壤，会导致土壤孔隙度降低、紧实度增加及含水量下降，而地表裸露、植被覆盖降低等也会影响土壤含水量与土壤容重。土壤含水量与土壤容重间相关性较大，各样地两者平均相关系数达 0.966。

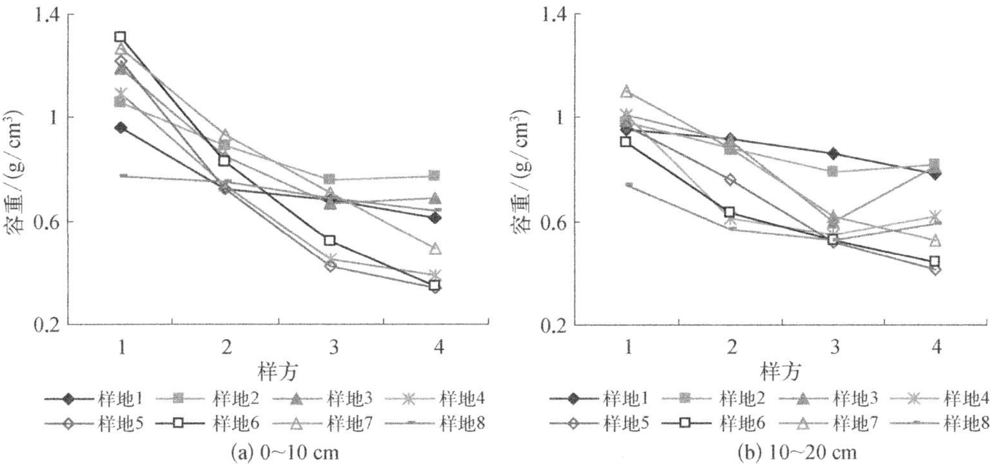

图 6-21　旅游活动对土壤容重的影响

(二) 旅游活动对土壤 pH 的影响

土壤酸碱度是土壤各种化学性质的综合反应，土壤 pH 高低对土壤有机质的合成和分解、各种营养元素的有效性、土壤微生物的活动及动物在土壤中的分布都有重要影响。由图 6－22 可见，随干扰强度的增加，土壤 pH 呈上升趋势，其中，样地 4、5、6、7 变化较为显著，0～10 cm 土层和 10～20 cm 土层土壤变化趋势大体相同。影响指数多重比较结果表明，0～10 cm 土层除样方 3 与样方 4 差异不显著外，其他样方间差异均达显著水平（$P_{1\text{-}2}=0.040$，$P_{1\text{-}3}=0.000$，$P_{1\text{-}4}=0.000$，$P_{2\text{-}3}=0.010$，$P_{2\text{-}4}=0.001$）；10～20 cm 土层样方 1 与其他各样方差异显著（$P_{1\text{-}2}=0.015$，$P_{1\text{-}3}=0.000$，$P_{1\text{-}4}=0.000$），其他样方间差异不显著，旅游活动对 0～10 cm 土层 pH 的显著影响范围达游径外 2 m，10～20 cm 土层土壤仅 1 m 内受到显著影响。从上下两层对比来看，样地 1 中有 5 个样地上层土壤 pH 明显大于下层，对照样方中有两个样地上层土壤 pH 大于下层土壤，但各样方上、下层土壤 pH 影响指数间差异均不显著。

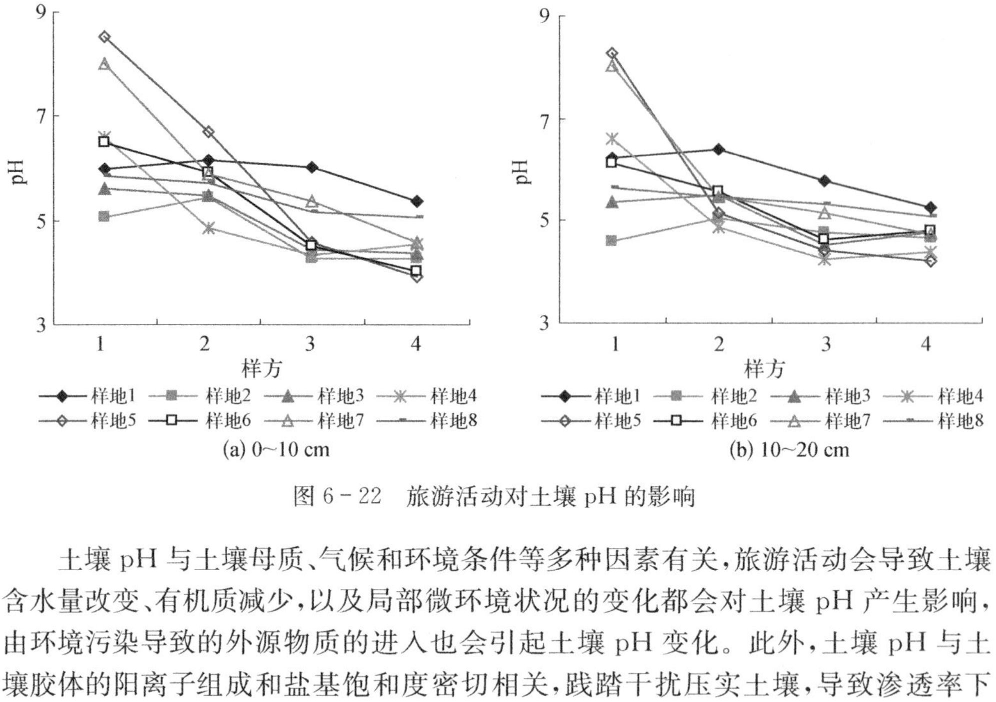

图 6－22　旅游活动对土壤 pH 的影响

土壤 pH 与土壤母质、气候和环境条件等多种因素有关，旅游活动会导致土壤含水量改变、有机质减少，以及局部微环境状况的变化都会对土壤 pH 产生影响，由环境污染导致的外源物质的进入也会引起土壤 pH 变化。此外，土壤 pH 与土壤胶体的阳离子组成和盐基饱和度密切相关，践踏干扰压实土壤，导致渗透率下降，淋溶作用减弱，盐基离子淋溶减少，这也可能是旅游干扰引起土壤 pH 上升的原因之一，如在本章中，土壤 pH 与易淋溶的土壤钾的相关性较大，8 个样地中有 4 个样地达显著或极显著相关，各样地平均相关系数为 0.892，而土壤 pH 与土壤氮、磷的相关系数分别为 0.858、0.825，与有机质的相关性也仅为 0.829。

（三）旅游活动对土壤有机质含量的影响

随距游径距离的增加，土壤有机质含量逐渐升高（图 6－23），除样地 1 外，各样

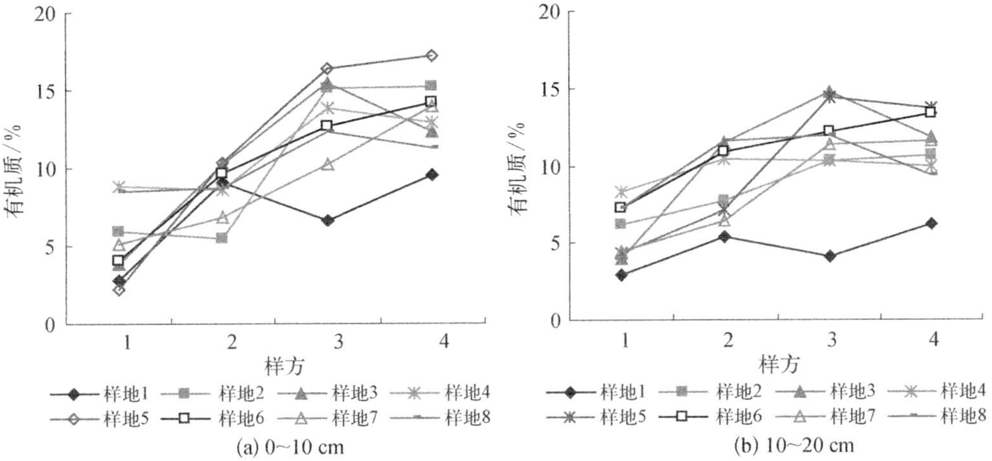

图 6-23　旅游活动对土壤有机质含量的影响

地变化趋势大体相同，10～20 cm 土层土壤变化趋势稍缓于 0～10 cm 土层。影响指数分析显示，0～10 cm 土层土壤样方 1、2 分别与其他样方差异显著（$P_{1\text{-}2}=0.001$，$P_{1\text{-}3}=0.000$，$P_{1\text{-}4}=0.000$，$P_{2\text{-}3}=0.000$，$P_{2\text{-}4}=0.000$）；10～20 cm 土层与 0～10 cm土层相同，样方 1、2 分别与其他各样方差异显著（$P_{1\text{-}2}=0.000$，$P_{1\text{-}3}=0.000$，$P_{1\text{-}4}=0.000$，$P_{2\text{-}3}=0.021$，$P_{2\text{-}4}=0.040$）。从上下层对比看，样方 1 中，有 5 个样地上层土壤有机质含量低于下层，而各样地样方 4 中 0～10 cm 土层土壤有机质含量均高于 10～20 cm 层，其原因在于距游径较远处，土壤受干扰较小，植被覆盖好，枯枝落叶层较其他距离处厚度也明显增加，长期累积效应使得该处上层土壤中有机质含量远高于下层土壤，不过差异性检验结果表明，各样方上下层土壤有机质影响指数差异不显著。旅游活动对土壤有机质含量的显著影响范围达到游径外 2 m。

有机质是土壤的重要组成部分，对土壤结构、质地和肥力的保持有重要作用，自然条件下，地面植被残落物和根系是土壤有机质的主要来源，旅游活动使枯枝落叶层和腐殖质层遭到破坏，土壤裸露，植物根系减少，从而引起植物归还量减少，这些都是土壤有机质减少的重要因素。此外，土壤动物的残体及分泌物也会提供一部分有机质，而旅游活动引起土壤理化性质改变，会使土壤动物和微生物数量减少，这也会导致有机质含量降低。

（四）旅游活动对土壤主要养分含量的影响

1. 旅游活动对土壤全氮含量的影响

氮是植物生长的重要营养元素之一，在土壤肥力中起着重要的作用。由图 6-24 可见，随距游径距离的增加，土壤全氮含量逐渐增加，样地 2、4、8 变化较平缓，其余各样地变化趋势较明显，0～10 cm 土层土壤全氮变化幅度比 10～20 cm

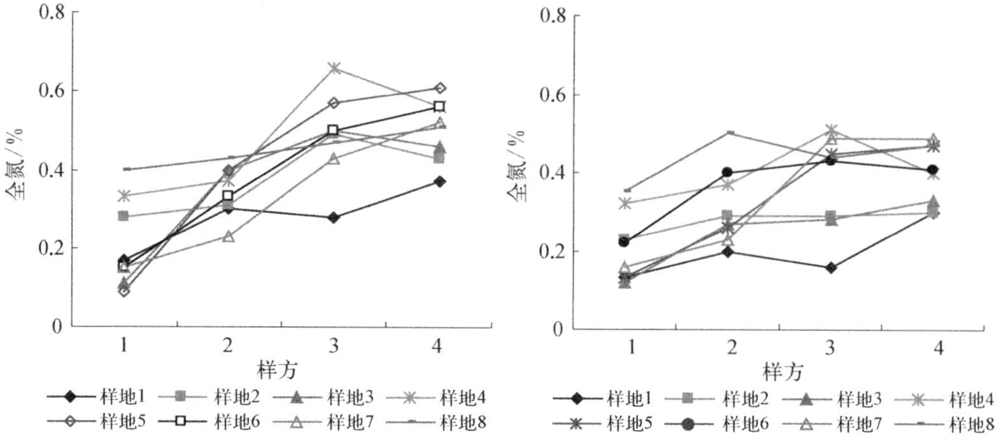

(a) 0~10 cm　　(b) 10~20 cm

图 6-24　旅游活动对土壤全氮含量的影响

土层大。多重比较结果显示，0～10 cm 土层土壤全氮影响指数除样方 3 与样方 4 差异不显著外，其他样方间差异均达到显著水平（$P_{1\text{-}2}=0.000$，$P_{1\text{-}3}=0.000$，$P_{1\text{-}4}=0.000$，$P_{2\text{-}3}=0.001$，$P_{2\text{-}4}=0.000$）；10～20 cm 土层样方 1 与其他样方差异显著，样方 2 与样方 4 差异显著（$P_{1\text{-}2}=0.000$，$P_{1\text{-}3}=0.000$，$P_{1\text{-}4}=0.000$，$P_{2\text{-}4}=0.000$）。各样方上下层差异均不显著，但比较来看，样方 1 有 6 个样地的上层土壤全氮含量低于下层土壤，而样方 4 所有 8 个样地上层土壤全氮含量均高于下层土壤，其原因在于游径边缘受影响较大，上层土壤全氮含量明显下降，但距游径较远处，上层土壤受影响较小，有机质含量高，全氮含量高于下层。

土壤中的氮大部分以有机质的形态存在，其含量与有机质密切相关，分析结果显示，有机质与土壤全氮间的相关性很强，8 个样地中有 7 个样地两者相关系数达显著或极显著水平，各样地两者平均相关系数达 0.975。旅游活动引起的有机质含量的降低应该是土壤全氮含量下降的主要原因。此外，土壤中的氮主要来源于生物固氮，嫌气固氮菌固氮量不到好气固氮菌的一半，旅游践踏引起土壤压实，土壤孔隙减少导致氧缺乏，会在一定程度上影响好气固氮菌的数量，如 Speight 研究发现，在受到践踏的土壤中厌氧细菌是其他种类的两倍。这也可能是土壤全氮含量变化的原因之一。

2. 旅游活动对土壤全磷含量的影响

随距游径距离增加，土壤全磷含量逐渐上升，各样地趋势相同，但样地 5、6、7 变化趋势明显，样地 1、8 变化较为平缓（图 6-25），上下层土壤变化趋势也大体相同，多重比较分析显示，0～10 cm 土层土壤全磷影响指数除样方 3 与样方 4 差异不显著外，其余各样方间差异显著（$P_{1\text{-}2}=0.030$，$P_{1\text{-}3}=0.000$，$P_{1\text{-}4}=0.000$，$P_{2\text{-}3}=0.002$，$P_{2\text{-}4}=0.005$）；10～20 cm 土层土壤仅样方 1 与其他样方差异显著（$P_{1\text{-}2}=$

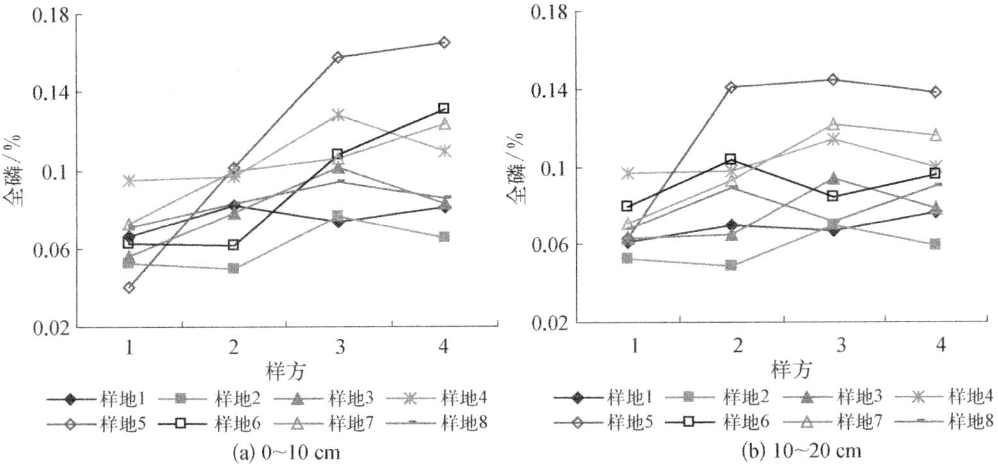

图 6－25　旅游活动对土壤全磷含量的影响

0.015，$P_{1\text{-}3}$＝0.000，$P_{1\text{-}4}$＝0.001）。上下层对比来看，样方 1 中仅 3 个样地上层土壤全磷含量小于下层土壤，样方 3 中和样方 4 中，均有 7 个样地上层土壤全磷含量大于下层，但各样方上下层土壤全磷指数差异均不显著。

土壤磷主要来自磷灰石的风化，除土壤母质类型外，自然土壤含磷量还与有机质含量、土壤酸碱度等因素有关，土壤微生物和腐烂昆虫及其他生命的躯体也会提供一定的磷。旅游活动影响下，有机质含量减少、pH 变化及土壤生物活动的改变等是土壤磷含量下降的重要原因，分析表明，在 8 个样地中，有 5 个样地的土壤全磷含量与有机质呈显著或极显著相关，8 个样地平均相关系数为 0.943 1。

3. 旅游活动对土壤全钾含量的影响

随距游径距离增加，各样地土壤含钾量均呈下降趋势，样地 2、3、8 变化较为平缓，样地 5 变化幅度最大（图 6－26），0～10 cm 土层变化趋势较 10～20 cm 土层明显。多重比较结果表明，0～10 cm 土层样方 1、样方 2 均与其他样方差异显著（$P_{1\text{-}2}$＝0.012，$P_{1\text{-}3}$＝0.000，$P_{1\text{-}4}$＝0.000，$P_{2\text{-}3}$＝0.007，$P_{2\text{-}4}$＝0.000），样方 3 与样方 4 差异不显著；10～20 cm 土层样方 1 与其他样方均差异显著（$P_{1\text{-}2}$＝0.001，$P_{1\text{-}3}$＝0.000，$P_{1\text{-}4}$＝0.000），其他样方间差异不显著。上下层差异均不显著，但比较来看，样方 1 和样方 2 均有 7 个样地上层土壤全钾含量大于下层，样方 4 处则有 7 个样地上层土壤全钾含量小于下层。由此看来，土壤全钾含量对旅游活动反应也较为敏感。

土壤含钾量主要和该地区的母质、风化、成土条件和质地因素有关。土壤全钾中矿物钾占 90%～98%，在风化和淋溶作用强烈的地区，矿物分解后钾极易流失，导致土壤钾含量低，因此，黄山风景区底土层土壤钾含量高于表土层。在

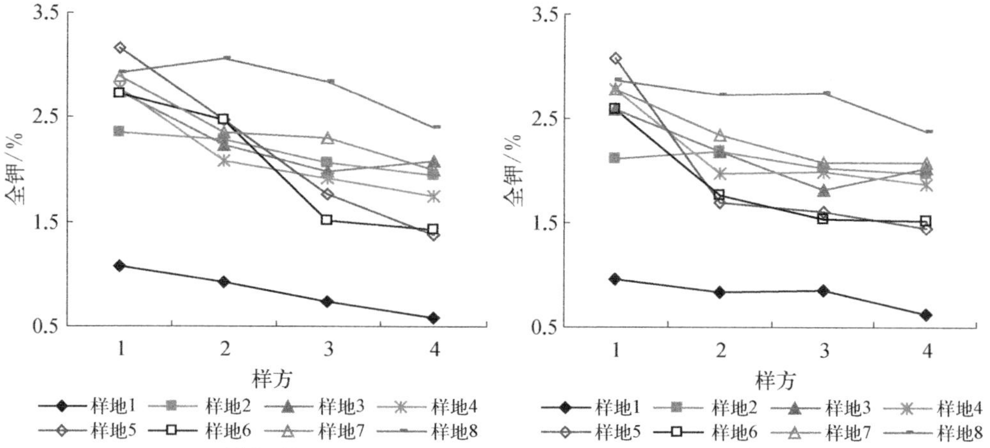

(a) 0~10 cm　　(b) 10~20 cm

图 6－26　旅游活动对土壤全钾含量的影响

旅游活动影响下，土壤紧实度增加，渗透率下降，会减少钾的淋溶，导致受影响地段土壤的钾含量上升，特别是表土层受干扰影响较大，使得表层土壤钾含量高于底层土。

（五）旅游活动对枯枝落叶层厚度的影响

旅游活动对枯枝落叶层的影响效应明显，随距游径距离的增加，各样地枯枝落叶层厚度均呈明显上升趋势（图 6－27）。枯枝落叶层影响指数多重比较结果显示，各样方间差异均显著（$P=0.000$），说明旅游活动至少对游径 3 m 以内枯枝落叶层有较大影响。

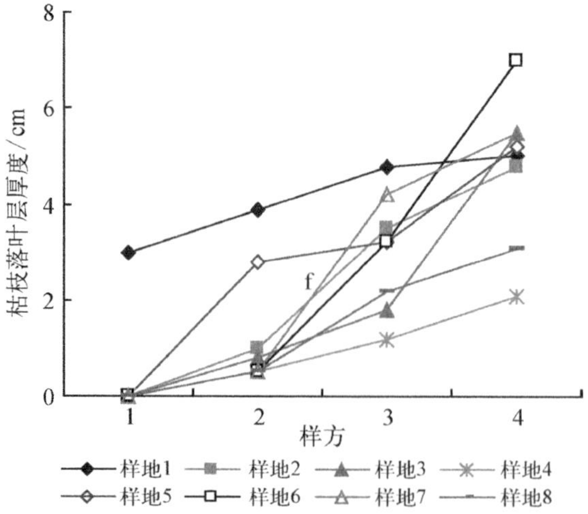

图 6－27　旅游活动对枯枝落叶层的影响

枯枝落叶层在植物-土壤系统中有重要的生态作用，枯枝落叶层分解物是土壤有机质和养分的重要来源，其存在可以增强系统的水土保持能力，改善土壤理化性质，维持土壤肥力，对植物系统的生产量稳定具有重要意义。旅游者的践踏及游径附近环境条件的变化均会降低枯枝落叶层厚度，从而给土壤结构与性能带来不利影响。

(六) 旅游活动对土壤综合影响效应分析

由表 6-5 可见，综合影响指数仍表现出随距游径距离增加而降低的趋势，0～10 cm 土层土壤综合影响指数明显大于 10～20 cm。多重比较分析结果显示，在0～10 cm 土层，除样方 3 与样方 4 差异不显著外，其余各样方间土壤的综合指数差异均达到显著水平($P_{2\text{-}3}=0.001$，其余各样方间 $P=0.000$)；而 10～20 cm 土层，样方 1 与其他样方差异显著($P=0.000$)，样方 2 与样方 3 差异不显著，但与样方 4 差异显著($P_{2\text{-}4}=0.014$)，说明 2 m 以内也受到较明显的影响。从上下层比较来看，样方 1、样方 2 上下层土壤综合影响指数差异显著($P_1=0.000$，$P_2=0.00$)。这说明尽管上层土壤影响明显大于下层，但上下层显著影响范围都达游径外 2 m。

表 6-5　土壤综合影响指数

层　次	样方	样地 1	样地 2	样地 3	样地 4	样地 5	样地 6	样地 7	样地 8	总和
0～10 cm	1	3.242 3	2.161 2	3.548 8	4.347 4	8.244 6	6.831 3	5.297 2	1.519 4	35.192 2
	2	1.173 6	1.807 6	1.250 3	2.187 7	4.344 2	4.225 2	3.051 5	1.225 3	19.265 4
	3	1.117 0	0.056 4	0.128 6	0.270 3	1.039 1	1.284 4	1.499 6	0.483 8	5.879 2
小　计		5.532 9	4.025 2	4.927 7	6.805 4	13.627 9	12.340 9	9.848 3	3.228 5	60.336 8
10～20 cm	1	2.405 9	1.184 5	2.287 0	2.493 5	5.888 3	3.719 9	4.415 2	1.433 6	23.827 9
	2	1.288 8	0.771 7	0.789 9	0.176 1	2.450 7	1.371 7	2.201 8	0.367 9	9.418 6
	3	1.504 4	0.202 8	0.162 3	0.064 2	0.603 8	0.675 1	0.334 9	0.627	4.174 5
小　计		5.199 1	2.159 0	3.239 2	2.733 8	8.942 8	5.766 7	6.951 9	2.428 5	37.421 0
总　和		10.732 0	6.184 2	8.167 1	9.539 3	22.570 8	18.107 7	16.800 2	5.656 9	97.757 8

(七) 旅游活动强度与影响效应的相关性分析

黄山风景区游客活动以旅游观光为主，旅游活动强度以游径附近及部分游客集中地点为最大，游径的存在也会对周围环境产生一定影响。因此，游径附近土壤环境的变化与旅游活动密切相关。从表 6-6 可见，不同土壤指标的变化与旅游活动的相关性有所不同，不同样地与旅游活动的相关性也不一致，不同层次土壤与旅游活动的相关性也不相同。在各项指标中，枯枝落叶层对旅游活动反应敏感，0～

10 cm土层 8 个样地中有 6 个样地与旅游活动相关性显著或极显著；土壤含水量和土壤容重与旅游活动相关性也较大，0～10 cm 土层 8 个样地中均有 5 个相关系数达显著或极显著水平；土壤全钾含量则有 4 个样地达显著或极显著相关，土壤 pH、土壤有机质与土壤全氮含量各有 3 个样地达显著或极显著相关，土壤全磷含量与旅游活动的相关性最小，仅两个样地为显著相关，如按 0～20 cm 土层相关系数平均值，则各指标影响指数与旅游活动的相关性大小依次为：枯枝落叶层＞土壤容重＞土壤含水量＞土壤全氮含量＞土壤全钾含量＞土壤有机质含量＞土壤pH＞土壤全磷含量。总体来说，旅游活动与土壤影响效应间的相关性较大。

从土壤不同层次看，0～10 cm 土层平均相关系数达 0.93，而 10～20 cm 土层平均相关系数为 0.85，显然 0～10 cm 土层旅游活动影响效应更为显著。

表 6-6　旅游活动强度与土壤影响效应的相关性分析

土　层	R	样地 1	样地 2	样地 3	样地 4	样地 5	样地 6	样地 7	样地 8	平均值
0～10 cm	枯枝层	0.970*	0.987*	0.929	0.992**	0.936	0.954*	0.960*	0.981*	0.964
	含水量	0.858	0.890	0.991**	0.924	0.980*	0.997*	0.987*	0.994**	0.954
	容重#	0.926	0.932	0.909	0.963*	0.953*	0.977*	0.993**	0.983*	0.955
	pH#	0.732	0.776	0.930	0.845	0.982*	0.980*	0.950	0.956*	0.894
	有机质	0.746	0.888	0.886	0.882	0.950*	0.965*	0.990*	0.915	0.903
	全氮	0.904	0.933	0.856	0.929	0.944	0.980*	0.985*	0.998**	0.941
	全磷	0.687	0.858	0.862	0.922	0.958*	0.943	0.972*	0.868	0.884
	全钾#	0.999**	0.982*	0.878	0.935	0.992*	0.946	0.951*	0.803	0.936
	平均值	0.853	0.906	0.905	0.924	0.962	0.968	0.974	0.937	0.929
10～20 cm	含水量	0.821	0.835	0.936	0.775	0.996**	0.997**	0.847	0.696	0.863
	容重#	0.981*	0.923	0.944	0.775	0.990*	0.960*	0.984*	0.689	0.906
	pH#	0.887	0.049	0.843	0.879	0.885	0.948	0.885	0.985*	0.795
	有机质	0.760	0.969*	0.800	0.775	0.945	0.957*	0.952*	0.775	0.867
	全氮	0.819	0.847	0.912	0.923	0.963*	0.801	0.934	0.750	0.868
	全磷	0.873	0.738	0.922	0.947	0.775	0.584	0.945	0.556	0.793
	全钾#	0.918	0.789	0.899	0.830	0.850	0.883	0.926	0.892	0.873
	平均值	0.866	0.736	0.894	0.843	0.915	0.876	0.925	0.763	0.852
	总平均	0.860	0.821	0.900	0.886	0.939	0.922	0.950	0.850	0.891

注：* 为相关显著，** 为相关极显著；# 为负相关，此处仅取相关系数的数值。

(八) 不同区域旅游活动影响效应的差异性分析

1. 不同区域间旅游活动强度差异分析

黄山风景区游客活动以观光游览为主，景区内不同区域游览利用程度不同，本次调查线路为温泉—云谷寺—白鹅岭—北海—西海，经过温泉、云谷和北海 3 个景区，是黄山风景区主要游览线路。1979～2007 年，有 55%的游客从此线上山，40%左右的游客从此线下山，客流通过率 90%以上。其中，由于部分游客从北海经光明顶直接至天海，而不游西海景区，因此西海一线游客量稍少。目前温泉—云谷寺往来游客几乎全部乘汽车通过，其间步道极少有游客行走。云谷寺—白鹅岭步道在索道开通后，客流通过量随乘缆车游客的逐渐增加而减少。索道修建前的 1985 年游客总量为 45.3 万人，日均客流量为 1 241 人，云谷寺—白鹅岭步道往来客流量为 42.5 万人，日均客流量为 1 165 人，三条索道建成后的 1998 年，总客流量为 98.2 万人，日均客流量为 2 687 人，该步道往来客流量下降到 26.3 万人，日均客流量为 720 人。目前，约 90%左右的游客乘缆车上下山，按此计算，2007 年黄山风景区总客流量为 203 万人，日均客流量达 5 561 人，则该步道日均客流量约 500 人；白鹅岭以上的北海景区是黄山的中心景区，著名景点多，游览利用率近 100%。且仅有步道连接各景点，客流通过量随年客流量的增加而增加。

从样地位置看，样地 1、2 位于温泉—云谷寺步道边；样地 3、4 位于云谷寺—白鹅岭步道边；样地 5 在西海排云亭附近，样地 6、7、8 位于白鹅岭—北海—光明顶步道边，均属北海景区，北海景区地势较为平坦，旅游设施也较为集中，是黄山风景区中旅游利用程度最大的景区。因此，在 8 个样地中，以样地 6、7、8 的旅游活动强度最大，其次为样地 5，再次为样地 3、4，样地 1、2 所受的旅游活动影响最小。

2. 不同区域旅游活动强度与影响效应相关性差异分析

从土壤各项指标与旅游活动强度的相关性看(表 6－6)，不同样地旅游活动强度与土壤影响效应相关性大小有一定差异，样地 5、6、7、8 与旅游活动强度的相关性比较明显，其中，又以样地 7 与旅游活动强度的相关性最大，0～10 cm 土层 7 个指标均达到显著或极显著相关水平，其次是样地 5、6，各有 6 项指标达到显著或极显著相关水平，样地 8 有 5 项指标达到显著或极显著相关水平，0～10 cm 土层各指标平均相关系数情况为，样地 8 为 0.937，其他 3 个样地均在 0.962 以上。样地 1、2、3、4 的 0～10 cm 土层仅有一项或两项指标达显著或极显著相关，4 个样地 8 项指标平均相关系数为 0.85～0.92。按相关性大小排序则为样地 7>样地 6>样地 5>样地 8>样地 4>样地 2>样地 3>样地 1。从 10～20 cm 土层来看，样地 5、6 各有 3 项指标达到显著或极显著相关，样地 7 有两项为显著相关，样地 1、2、8 各有一项为显著相关，10～20 cm 土层各样地按平均相关系数大小排序为：样地 7>样地 5>样地 6>样地 3>样地 4>样地 1>样地 8>样地 2。与上述不同区域旅游活动强度的大小相对照，可以发现，旅游活动强度越大的区域，其各项指标的变化与旅游活动强度的相关性也越大。

3. 不同区域间影响效应差异性分析

从综合影响指数看(表 4－1)，不同样地间也有较大差别，按 0～20 cm 土层综合影响指数大小排序：样地 5>样地 6>样地 7>样地 1>样地 4>样地 3>样地 2>样地 8。对综合指数差异性显著分析表明，样地 1 与样地 5 差异显著，样地 4 与样地 5、6 差异显著，样地 2、3、8 分别与样地 5、6、7 差异显著。大致来看，样地 1、2、3、4、8 之间差异不显著，样地 5、6、7 之间差异显著。总体来说，旅游活动强度越大，综合影响指数也越大，即影响效应也越大。但各样地综合影响指数与旅游活动强度间也表现出一定的不一致性，如样地 8 地处旅游活动强度较大的北海景区，0～10 cm 土层各指标与旅游活动强度的相关性也比较显著，但综合影响效应却最弱。这是因为旅游活动对土壤影响效应的大小不仅与影响强度、影响类型有关，还与土壤性质及环境条件有关。样地 8 虽然地处主要游览线路附近，其游览利用程度与样地 6、7 相当，超过样地 5，但从实际情况看，该处坡度较大，植被为高山草甸，仅路边有小部分土壤因践踏而裸露，1 m 以外植被覆盖均较好，基本无践踏痕迹。因此，虽然该地段游览利用率高，受旅游活动影响明显，但影响效应却明显低于同样强度下的样地 6、7，也正因如此，样地 8 的 10～20 cm 土层影响效应与旅游活动强度的相关性相对于 0～10 cm 土层要小一些。而样地 5 所处地段旅游利用率虽然低于样地 6、7、8，但该地段坡度小，地形较平坦，靠近游客聚集的景点排云亭，因此显示出更大的影响效应。样地 1 综合影响效应较大，但 0～10 cm 土层与旅游活动强度的相关性却较弱，而 10～20 cm 土层与旅游活动强度的相关性甚至略大于 0～10 cm 土层，究其原因是，该地位于温汤步道附近，是游客上山的必经之路，近年来由于公路交通改善，绝大部分游客乘车从黄山大门到温泉，该地段目前游人活动已极小，但受长期旅游活动的影响，仍表现出较大的影响效应。但目前该样地受旅游活动影响很小，应该是处于恢复阶段，从上述对各项指标的分析也能看出，随距游径距离的增加，各项指标的变化已不是很明显，因此与旅游活动强度的相关性已经有所减弱，特别是 0～10 cm 土层表现明显。

总体来看，不同区域旅游利用程度与影响效应密切相关，游览利用率高的区域，影响效应也相应较大，但地形、植被、土壤等环境因素会在一定程度上改变旅游影响效应，使影响效应与影响强度之间的对应关系并不完全一致。

四、研究结论

（1）黄山风景区旅游活动对土壤有明显影响。随旅游活动强度的增加，土壤含水量、有机质含量、土壤全氮含量、土壤全磷含量呈递减趋势，土壤容重、土壤 pH 及土壤全钾含量呈递增趋势，这种随距游径距离增加而呈现的变化与旅游活动强度有明显的相关性。反映土壤受影响程度的各项指标中，与旅游活动强度相关性的大小依次为：土壤含水量和土壤容重、土壤 pH 和土壤全钾量、土壤有机质含量和土壤全氮含量、土壤全磷含量。相关性越大，其对旅游活动的反应越敏感。

(2) 与受较小影响的对照地段相比，土壤性质发生明显变化的范围在游径外 2 m 以内 0～20 cm 的土壤层。不同土壤层次的干扰效应也不相同，0～10 cm 土层土壤受影响程度要大于 10～20 cm 土层土壤，这种差异在距游径 2 m 范围内表现突出。另外，距游径 2 m 范围内，0～10 cm 土层与 10～20 cm 土层土壤性质均有显著改变，旅游活动能否影响到更深的土壤层次则有待于进一步调查。此外，不同指标受旅游活动影响的深度也有一定差异，如土壤容重、土壤含水量0～10 cm 土层与 10～20 cm 土层差异显著，而土壤 pH、有机质含量、全氮含量、全磷含量及全钾含量 0～10 cm 与 10～20 cm 土层差异则不显著。

(3) 不同区域旅游活动对土壤的影响效应有所不同。黄山风景区海拔较高的区域游览利用率高，旅游活动强度大，因此影响效应要大于海拔较低地段。但除受游览利用程度影响外，地形、植被等环境条件对影响效应有一定影响，因此影响效应与该区域旅游利用程度并不完全一致。

第四节　旅游活动对黄山风景区水环境质量的影响

在风景旅游区，水是构成旅游资源的重要物质基础，水体一般可作为旅游观赏的对象和水上活动的载体，同时人们在旅游区的一切活动都离不开水，旅游区水环境质量的优劣对景区旅游发展有重要的影响。一般景区中工厂很少，污染物主要来自住宿、餐饮等服务设施产生的生活污水，这些污染物如未经处理直接排入景区溪流中，会影响水体的养分、悬浮物、溶解氧、温度、流量、pH、大肠杆菌和病原菌、可溶解固体、透明度等，造成景区水环境质量不断恶化。受影响的水体不仅会有颜色和气味等直观的物理变化，一些污染物监测指标，如 DO、COD、BOD 等也会有明显变化。

黄山是以花岗岩为主的山岳风景区，地下水极其贫乏，水体环境主要由源、溪、瀑、潭、泉、池、湖、库等地表水组成。源、溪、瀑、潭、泉等不同类型的水体与山体、生物、气象等景观共同构成了黄山风景区独特的自然风光，随着旅游的迅速发展，风景区内的水环境也受到一定影响。1985 年，黄山风景区管理局为了解风景区的水体环境质量，比较规范地进行了第一次环境监测工作，此后，1988 年安徽省环境科学研究所对景区内主要的溪水进行了监测，1994 年黄山风景区环境监测站对逍遥溪的水质进行了监测。自 1998 年后，对地表水的监测步入正常，设有 4 个监测断面，分别是黄山大门、九龙瀑、松谷庵、钓桥。监测频率为 6 次/年，监测指标有 pH、BOD_5、COD_{Mn}、NH_3-N、DO 5 项。但 1998～2000 年未测溶解氧，2002 年溶解氧测定单位与其他年份不同，无法比较。本书主要利用以上监测数据对黄山风景区地表水水质进行评价，以分析旅游活动对水环境的影响。

一、研究方法

目前，水环境质量评价方法很多，主要有指数评价法、模糊评价法、灰色评价法、物元分析法、人工神经网络评价法、主成分分析法，以及应用GIS或化学计量学进行评价。指数评价法可分为单因子污染指数评价法和综合污染指数评价法。单因子污染指数评价法是将某种污染物实测浓度与该种污染物的评价标准进行比较以确定水质类别的方法，即将每个水质监测参数与《地表水环境质量标准》(GB 3838—2002)进行比较，最后以水质最差的单项指标所属类别来确定水体综合水质类别。综合污染指数评价法是在求出各个单一因子污染指数的基础上，再经过数学运算得到一个水质综合污染指数，据此评价水质，对水质进行分类的方法。综合污染指数评价法是对整体水质做出的定量描述，在总体上可以基本反映水体污染性质与程度，而且便于同一水体在时间上、空间上的基本污染状况和变化的比较，所以现在进行水质污染评价时常采用这种方法。目前，使用的综合指数有简单叠加型指数、算术平均型指数、加权平均型指数、罗斯水质指数、内罗梅指数、黄浦江污染指数等。考虑到本次评价涉及的指标项目较少，而且不同年份监测项目略有差异，本节采用单因子指数与综合指数相结合的方法对水质进行评价。通过不同时段、不同地点地表水水质的变化情况来分析旅游风景区对水环境质量的影响。综合指数选用国内外目前最常用的内罗梅指数，内罗梅指数的优点在于既反映了各单项污染平均值，又考虑了其中最大污染项的作用，能够较为全面地反映水质污染程度。单项指数和综合指数计算方法如下。

单项指数：

$$P_i = C_i / S_i \tag{6-4}$$

内罗梅水污染综合指数：

$$I = \sqrt{\frac{\left[\frac{1}{n}\sum\left(\frac{C_i}{S_i}\right)\right]^2 + \left[\max\left(\frac{C_i}{S_i}\right)\right]^2}{2}} \tag{6-5}$$

式中，C_i为实测值；S_i为所选取级别的标准值，$i=1$、2、3，分别表示NH_3-N、COD_{Mn}、BOD_5。

黄山风景区执行国家地表水环境质量标准(GB 3838—2002)Ⅱ类标准(表6-7)，因此本节采用表6-7中Ⅱ类标准值来计算单项指数和综合指数。内罗梅综合指数分级标准见表6-8。

表 6-7　地表水环境质量标准(GB 3838—2002)部分项目标准限值(单位：mg/L)

项　目	Ⅰ	Ⅱ	Ⅲ	Ⅳ	Ⅴ
pH			6～9		
DO	7.5(90%)	6	5	3	2
COD_{Mn}	2	4	6	10	15
COD	15	15	20	30	40
BOD_5	3	3	4	6	10
NH_3-N	0.015	0.5	1.0	1.5	2.0

表 6-8　内罗梅指数分级标准

等　级	Ⅰ	Ⅱ	Ⅲ	Ⅳ	Ⅴ
分　级	清　洁	轻污染	中污染	重污染	严重污染
I_i	<1	1～2	2～3	3～5	>5

资料来源：李建军等，2001；申锐莉等，2006.

二、旅游活动对水环境质量的影响分析

(一) 污染源分析

黄山风景区水体环境主要包括源、溪、瀑、潭、泉、池、湖、库等。地表水主要有逍遥溪、丞相源、丹霞溪和白云溪等几条溪水。由于景区内无工业污染，水体环境主要受旅游发展的影响，主要污染源是区内各家宾馆、饭店的生活餐饮污水，旅游公厕的污水，驻山单位职工的生活污水，这些生活污水对水体环境有直接影响。此外，长期堆放的生活垃圾也会对水体环境产生一定的影响。部分年份污水排放量与垃圾产生量见表 6-9。可以看出，随着旅游的发展、游客量的增加，污水排放量及垃圾产出量逐渐增加，但近年来污水排放总量有减少的趋势，其主要原因是餐饮服务业用水水价提高，大多数宾馆饭店纷纷采取节水措施，用水量有所减少。但也有部分宾馆由于居高不下的游客量，用水量逐年增加。某些公共厕所用水量增加也与游客量增加有关。此外，一些行政单位由于驻山人员减少，用水量明显下降。黄山生活污水处理后主要排入 5 条溪流(表 6-10)，从表 6-10 中可见，丹霞溪承受的污水量最大，承担了总量的 70%，其次是逍遥溪，承担了约 18%，丞相源和白云溪分别承担了 8%和 4%。黄山风景区 1986 年开始建设生活污水处理设施，1998 年全山共建成 13 个污水处理站(表 6-11)，年污水处理能力达 160 万 t。温泉以上的宾馆、餐厅及职工生活污水都经过了污水处理系统的处理，生活污水处理率达 100%，但由于设施管理运行机制、缺乏专业技术指导，以及黄山特殊的气候、地

形等，污水处理系统大多运行不正常，出水没有达到设计要求。从 2003 年起，风景区实行污水设施统一管理制度，对设施进行维修改造，提高了设施运转效率。目前，污水排放和处理量见表 6－12。此外，还在景区外建成洗涤中心和净菜中心，减少了景区内污水和垃圾总量。近年来，黄山风景区先后实施了三次能源改造工程，成为全国第一个能源电力化景区，能源结构的变化减少了固体垃圾量的产出。1995 年，黄山率先实行垃圾袋装化，并逐步开展垃圾源头分类收集工作。目前，游道沿途设置各类垃圾池 1 480 个，建成 4 个垃圾处理场。对垃圾管理的加强也在一定程度上减少了固体垃圾对水环境的污染，固体垃圾处理方式见表 6－13。

表 6－9 黄山风景区部分年份生活污水排放量

年 份	污水排放量(t/a)	年 份	垃圾产出量/(t/a)
1987	195 690	1987	2 711
1988	150 478	1988	2 053
1989	154 111	1989	2 107
1990	133 535	1990	2 610
1991	227 495	1997	7 182.5
1992	270 370	1998	4 113.91
1993	237 060	1999	5 248.11
1994	233 655	2000	4 332.72
1998	636 600	2001	3 430.76
1999	579 100	2002	4 134.79
2000	523 000	2003	2 742.7
2002	614 900	2004	3 622.2
		2005	4 020.8

资料来源：黄山风景名胜区总体规划(2007－2025)基础资料汇编与专题研究报告汇编，2006；黄山风景区开发管理公司环境卫管理部，2006.

表 6－10 黄山风景区各条溪流主要排放区域一览表

区 域	排放量/t				排入溪流
	1998 年	1999 年	2000 年	2002 年	
温 泉	154 800	154 200	126 400	133 300	逍遥溪
逍遥亭片	30 200	25 400	27 600	37 900	逍遥溪
云 谷 片	99 500	67 000	65 900	73 500	丞相溪
玉 屏 片	3 200	4 000	4 300	8 000	丞相溪、连花沟
北 海 区	198 000	173 500	154 400	199 600	丹霞溪
西 海 区	117 100	118 000	109 700	125 900	丹霞溪
天 海 区	33 800	37 100	34 700	36 700	白云溪

资料来源：黄山风景名胜区总体规划(2007－2025)基础资料汇编与专题研究报告，2006.

表 6－11　黄山风景区污水排放及处理量

编号	设施地点	使 用 单 位	年排污量/t	处理量/(t/h)
1	白鹅山庄	白鹅山庄	28 340	6
2	北海宾馆	北海宾馆	76 426	16
3	狮林大酒店	狮林大酒店	21 760	30
4	西海片	西海饭店、西海山庄、西海水库	64 355	25
5	排云楼	排云楼宾馆、二索、园林局、园林开发公司	23 348	15
6	光明顶	光明顶山庄	29 260	6
7	半山寺	半山寺	8 960	4
8	云谷片	云谷公寓、云谷索道、云谷山庄	33 911	15
9	玉屏索道	玉屏索道、玉屏公寓、园林开发公司	5 376	4
10	玉屏楼*	玉屏楼宾馆	31 271	5
11	松谷庵*	松谷庵、二索、园林开发公司	8 434	6+6
12	天海★	天海管理区、天海综合科、白云宾馆	42 135	10
13	温泉南片★	桃源宾馆、温泉大酒店、友谊公司、温泉区	91 753	40
	总　计		465 329	

资料来源：黄山风景区环保办提供，2006。

注：* 正在维修改造；★未进行改造，不能达标排放。

表 6－12　黄山风景区污水排放及处理量

编号	设施地点	使 用 单 位	年排污量/t	处理量/(t/h)
1	白鹅山庄	白鹅山庄	28 340	6
2	北海宾馆	北海宾馆	76 426	16
3	狮林大酒店	狮林大酒店	21 760	30
4	西海片	西海饭店、西海山庄、西海水库	64 355	25
5	排云楼	排云楼宾馆、二索、园林局、园林开发公司	23 348	15
6	光明顶	光明顶山庄	29 260	6
7	半山寺	半山寺	8 960	4
8	云谷片	云谷公寓、云谷索道、云谷山庄	33 911	15
9	玉屏索道	玉屏索道、玉屏公寓、园林开发公司	5 376	4
10	玉屏楼*	玉屏楼宾馆	31 271	5
11	松谷庵*	松谷庵、二索、园林开发公司	8 434	6+6
12	天海★	天海管理区、天海综合科、白云宾馆	42 135	10
13	温泉南片★	桃源宾馆、温泉大酒店、友谊公司、温泉区	91 753	40
	总　计		465 329	

资料来源：黄山风景区环保办提供，2006。

注：* 正在维修改造。★未进行改造，不能达标排放。

表 6-13 2004 年生活垃圾处理情况

处理方式	焚 烧	生物处理	回 收 利 用		填 埋
			废品	有机垃圾	
比例/%	20.8	2.60	32.70	38.10	5.80

资料来源：黄山风景区开发管理公司环境卫管理部。

(二) 水环境质量时空变化特征分析

1. 单项指标分析

1) pH

1985 年及 1988 年地表水监测结果见表 6-14，从 1985 年的监测结果看，各监测点位 pH 除玉屏楼外，均在标准值以内；1988 年各监测点 pH 均在标准值范围内。

表 6-14 1985～1988 年部分水质监测项目指数分析

1985 年							1988 年			
取样点位	pH*	DO	COD_{Mn}	BOD_5	NH_3-N	综合指数	取样点位	pH*	COD	NH_3-N
五里桥	6.6	1.242	0.575	0.257	<0.1	0.462	黄山大门	7.15	0.600	0.1
慈光阁	6.0	1.283	0.443	0.407	<0.1	0.385	松谷庵	6.5	0.267	0.1
揽胜桥	7.1	1.233	0.900	1.407	<0.1	1.145	揽胜桥	7.01	0.600	0.1
黄山小学	7.6	1.167	0.570	0.567	<0.1	0.497	莲花沟	6.29	0.267	0.1
玉屏楼	9.0	1.017	28.9	1.293	4.4	22	云谷山庄	7.2	0.200	0.1
北海	6.5	1.183	0.310	0.190	1.76	1.354	揽胜桥**	7.10	0.507	0

资料来源：根据(王桂梭等，1996)数据计算。
注：* pH 为实测值；** 为 1994 年监测值。

1998～2006 年 pH 监测结果见图 6-28，4 个监测点各年 pH 均在标准值范围内。钓桥 1998～2001 年变化不大，但 2002 年明显降低，2003 年和 2004 年持续上升，2005 年和 2006 年又有所降低；松谷庵 1998～2001 年略呈下降趋势，2002 年明显降低，2003 年也较低，2004 年明显升高，2005 年和 2006 年又有较为明显的下降；九龙瀑 1998～2000 年基本不变，但 2001 年明显降低，2001～2003 年持平，但 2003～2005 年又持续上升，2006 年则降至几年的最低值；黄山大门处不同年份变化较大，大致来看，2001～2003 年较低。总体上，4 个监测点位 2001～2003 年均较低，年变化趋势基本一致。

2) NH_3-N

NH_3-N 是水体中的营养素，可导致水富营养化现象产生，是水体中的主要耗氧污染物，对鱼类及某些水生生物有毒害。NH_3-N 主要来源于人和动物的排泄

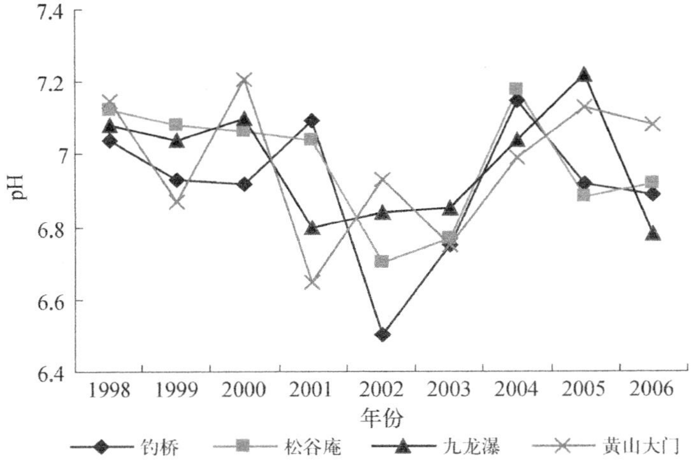

图 6 - 28　1998～2006 年 pH 变化趋势

资料来源：黄山风景区生态环境监测站。

物，生活污水中平均含氮量每人每年可达 2.5～4.5 kg。由表 6 - 14 可见，1985 年 NH_3- N 有玉屏楼和北海两处超标，特别是玉屏楼，超过标准值 3 倍以上，说明这两处水质已受到污染。1988 年各监测点 NH_3- N 均远低于标准值。

从图 6 - 29 中可见，除 1998 年黄山大门氨氮值超过标准值外，其余均在标准值以内。钓桥、松谷庵、九龙瀑 3 个监测点年变化趋势基本一致，1998～2001 年呈上升趋势，而黄山大门 1998～2002 年逐渐降低。除 2004 年外，2002 年及以后 4 个监测点位均未测出。

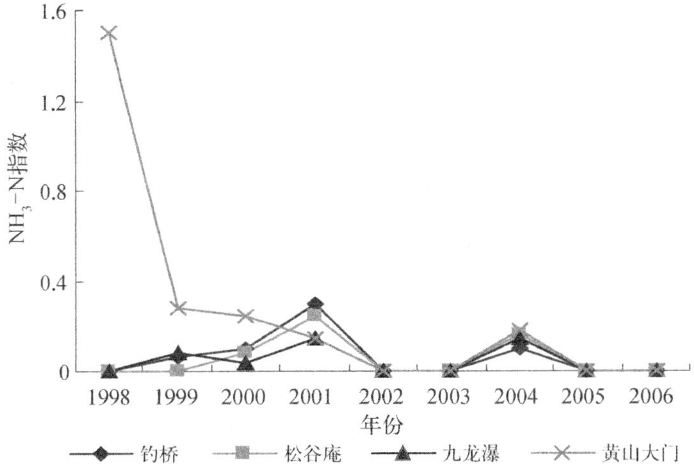

图 6 - 29　1998～2006 年 NH_3- N 变化趋势

资料来源：黄山风景区生态环境监测站。

3）COD_{Mn}和 COD

由表 6－14 可见，1985 年 COD_{Mn}指数玉屏楼最高，远超过标准值，其余各测点均在标准值以下，揽胜桥也较高，已接近标准值；1988 年各测点 COD 均在标准值以内，其中以黄山大门和揽胜桥稍高，1994 年揽胜桥 COD 较 1988 年有所降低。

由图 6－30 可见，1998～2006 年，2000 年松谷庵 COD_{Mn}超标，钓桥也接近标准值，其余监测点均在标准值以内。从年变化趋势看，2000 年各监测点 COD_{Mn}均明显高于其他年份，其他年份上下波动不大。4 个监测点位中除黄山大门以外，其余各监测点位年变化趋势基本一致。

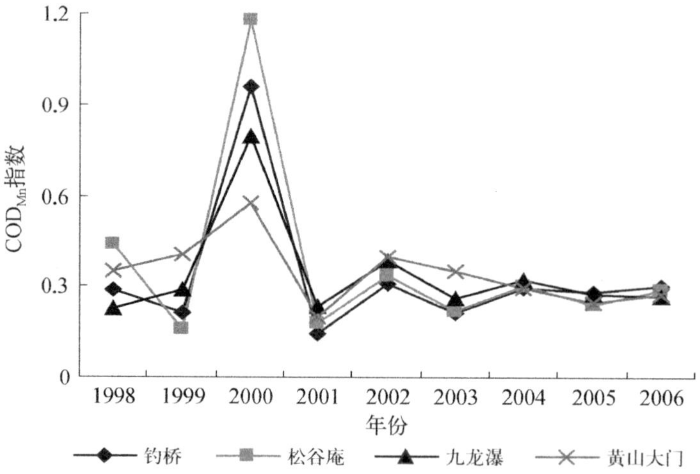

图 6－30　1998～2006 年 COD_{Mn}变化趋势

资料来源：黄山风景区生态环境监测站。

4）BOD_5

1985 年，BOD_5有揽胜桥和玉屏楼两个监测点超标，其余各监测点均在标准值以内（表 6－14）。1998～2006 年 4 个监测地点的 BOD_5均在标准值范围内（图 6－31）。钓桥点位 1998～2002 年 BOD_5呈下降趋势，但 2002～2006 年基本上呈上升趋势；松谷庵与钓桥点位变化趋势相似，但 1998～2002 年 BOD_5略高于钓桥；九龙瀑不同年份 BOD_5变化较大，1998 年 BOD_5值很低，1998～2001 年明显增加，2001～2003 年又明显下降，2003～2006 年总体上又是明显增加；黄山大门处 1998～2004 年总体呈下降趋势，其中 1998 年与 2003 年偏低，2004 年后又趋于上升，2006 年达到最高值。总体来看，各监测点位间差异不是很大，除 1998 年各监测点位相差较大以外，其余各年变化趋势大体相似，1999～2002 年呈下降趋势，2002～2004 年均较低，2004～2006 年呈上升趋势。

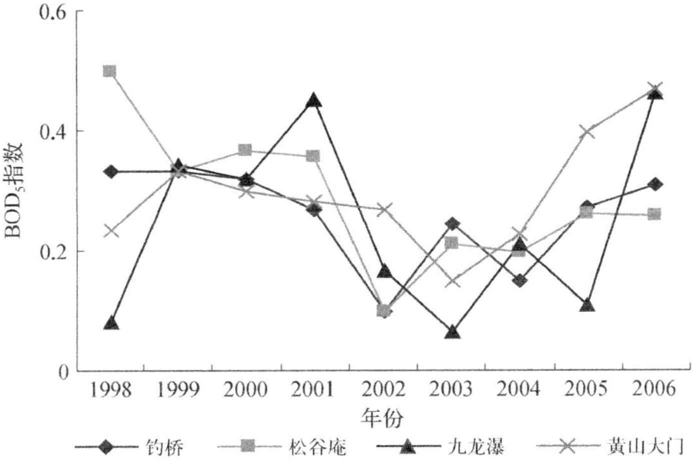

图 6-31　1998～2006 年 BOD_5 变化趋势

5) DO

1985 年，所有监测点位的 DO 含量均在标准值以内，其中玉屏楼含量最低，已接近标准值(表 6-14)；2001～2006 年，各点位监测值均在标准值以内(图 6-32)。钓桥和松谷庵变化特征比较一致，表现为先升后降的趋势，钓桥最高值出现在 2005 年，而松谷最高值出现在 2004 年，不过各年份间差异并不大。九龙瀑和黄山大门变化趋势基本一致，均是先降后升，2004 年最低。

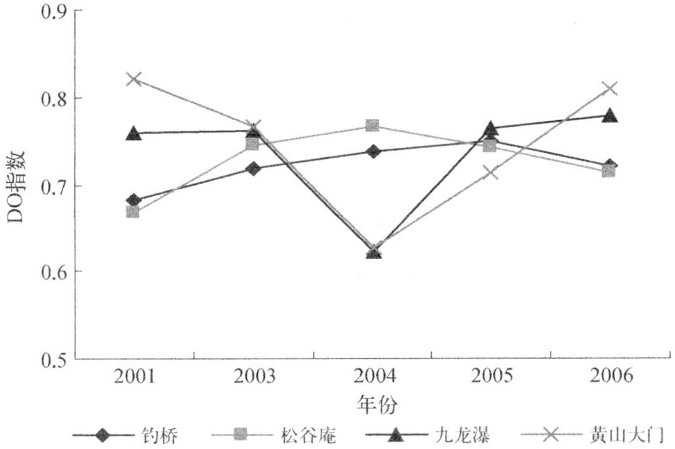

图 6-32　2001～2006 年溶解氧变化趋势

2. 污然分担率分析

从三种污染指数来看(表 6-15)，除 1998 年黄山大门监测点位外，其他年份及各监测地点均以 COD_{Mn} 和 BOD_5 分担率较大，说明黄山风景区以有机污染为主。

这与黄山风景区水体污染源为宾馆餐饮及生活用水一致。但不同年份 COD_{Mn} 和 BOD_5 分担率相对大小有所不同，总体来看，2000 年、2002 年、2003 年和 2004 年 COD_{Mn} 分担率稍大于 BOD_5，1999 年、2001 年和 2006 年则相反。从相同的监测点位看，不同年份主导污染项目不同；从同一年份来看，除少数几个监测点外，各污染项目分担率大大致相当。这说明在影响水质变化的因素方面，并没有固定的主导因素。但黄山大门处除 2001 年外，其他检测出 NH_3-N 的年份，其 NH_3-N 分担率均要高于其他监测点位。

表 6-15　各污染项目分担率

年份	地　点	NH_3-N	COD_{Mn}	BOD_5	年份	地　点	NH_3-N	COD_{Mn}	BOD_5
1998	钓　桥	0	0.463	0.537	1999	钓　桥	0.099	0.351	0.550
	松谷庵	0	0.467	0.533		松谷庵	0	0.317	0.683
	九龙瀑	0	0.730	0.270		九龙瀑	0.112	0.407	0.481
	黄山大门	0.720	0.168	0.112		黄山大门	0.275	0.398	0.327
2000	钓　桥	0.073	0.698	0.230	2001	钓　桥	0.423	0.201	0.376
	松谷庵	0.049	0.725	0.226		松谷庵	0.309	0.232	0.459
	九龙瀑	0.035	0.690	0.276		九龙瀑	0.170	0.283	0.547
	黄山大门	0.215	0.516	0.269		黄山大门	0.225	0.321	0.455
2002	钓　桥	0	0.756	0.244	2003	钓　桥	0	0.466	0.534
	松谷庵	0	0.771	0.229		松谷庵	0	0.512	0.488
	九龙瀑	0	0.698	0.302		九龙瀑	0	0.803	0.197
	黄山大门	0	0.600	0.400		黄山大门	0	0.698	0.302
2004	钓　桥	0.183	0.543	0.274	2005	钓　桥	0	0.507	0.493
	松谷庵	0.244	0.457	0.299		松谷庵	0	0.480	0.520
	九龙瀑	0.207	0.481	0.311		九龙瀑	0	0.712	0.288
	黄山大门	0.257	0.420	0.323		黄山大门	0	0.387	0.613
2006	钓　桥	0	0.492	0.508	2006	九龙瀑	0	0.370	0.630
	松谷庵	0	0.528	0.472		黄山大门	0	0.369	0.631

(三) 水环境质量综合分析

由表 6-14 可见，1985 年综合指数玉屏楼最高，已属于严重污染级别，有 pH、BOD、COD 及 NH_3-N 4 个指标超标；北海和揽胜桥综合指数均大于 1，属于轻污染级别，分别有 NH_3-N 和 BOD_5 一项指标超标。总体来说，该年地表水质量较差，其中又以玉屏楼、北海和揽胜桥为甚。1988 年虽然各监测点均未超标，但也显示出水质受到一定的影响，以揽胜桥和黄山大门的水质较差，COD 明显大于其他监测点。从揽胜桥监测点来看，1985～1994 年，水质逐渐好转。1985 年，黄山登山索道尚未开通，大部分游客从前山上山，且在山上逗留时间较长，玉屏楼、北海及温泉均为客流较为集中的地点，污水排放量大，因此水质较差。黄山风景区 1987～1990 年，污水排放量逐年减少，其主要原因在于游客量 1988 年、1989 年游客量有所下降，1991 后随游客量增加，污水排放量也逐渐增加，但黄山风景区从 1986 年开始建设生活污水处理设施，污染物排放总量降低，水体质量有所好转。

1998～2006 年（图 6－33）的 4 个监测点中，仅黄山大门处 1998 年综合指数（内罗梅指数）超标，水体属于轻污染级别，其他年份均属于清洁级别。1998 年 4 个监测点综合指数差异较大，特别是黄山大门处明显高于其他地点，这与该年黄山大门 NH_3-N 含量偏高有关，1999 各监测点综合指数相差很小，除黄山大门以外，2000 年各监测点均达到最高值，2001 年后综合指数波动不大，指数基本保持在 0.3 左右。从不同点位看，2000 年和 2001 年黄山大门最小，其余各年份黄山大门综合指数均最大。黄山大门监测点综合指数年变化趋势与其他 3 个监测点位有一定差异。

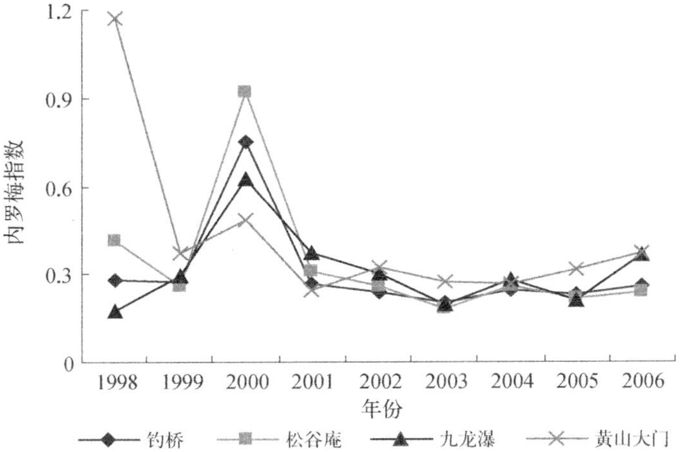

图 6－33　1998～2006 年水污染综合指数

从游客量来看，1998～2006 年，除 2000 年游客量较前一年略有降低、2003 较前一年明显降低以外，其余均呈较为明显的增长趋势（图 6－2），由此可见，黄山风景区地表水环境质量与游客增长量并不一致。

三、研究结论

（1）目前，黄山风景区地表水总体质量良好。近几年，黄山风景区地表水质量各监测项目均在标准值以内，自 2001 年以来，各项指标波动较小，综合指数基本在 0.3 左右，水质清洁，不同监测断面监测结果差异不大，说明黄山风景区整体水环境质量较好。

(2) 黄山风景区地表水体质量自 20 世纪 80 年代以来有所好转。黄山风景区的水环境质量在 20 世纪 80 年代中期较差,个别地段甚至出现了严重污染的状况。但 1985 年后,水环境质量有所好转,特别是 21 世纪以来,水环境质量一直保持在较好的水平。

(3) 水环境质量年变化与客流量变化趋势不一致,其原因在于水环境质量状况不仅与污水排放量有关,也与污水中的污染物含量和水体纳污能力有关。

(4) 黄山风景区不同地段地表水质量有一定差异。4 个监测点中,黄山大门处水体环境质量最差,其次为松谷庵,钓桥和九龙瀑监测点水质量较好,其主要原因是接纳污水量不同。这说明对污水排放的总量和污染物的浓度都要进一步加以控制。

第五节 旅游活动对黄山风景区空气质量的影响

黄山风景区旅游活动对大气环境的影响可通过景区旅游开发以来空气质量的时空变化来分析,王桂梭等提供了 1985 年 9 月的监测结果,该次监测项目为 SO_2、NO_x、TSP,连续 5 天,每天监测 4 次,监测点位 6 个。1988 年 9 月,安徽省环境科学研究院对黄山风景区大气环境进行监测,监测项目为 SO_2、NO_x、TSP 三项指标,连续采样 3 天,每天采样 4 次,监测点位 4 个。1994 年 10 月,黄山风景区环境监测站选择黄山宾馆和北海宾馆两个点位对 SO_2、NO_x、TSP 进行了监测。1996~1998 年,安徽省环境监测中心站对黄山风景区 10 个点位的大气质量进行了监测。黄山风景区 2002 年参加全国城市空气自动监测系统建设,景区空气自动监测系统包括温泉、天海两个子站,监测项目主要为 TSP、SO_2、NO_2。2005 年元月正式向外界发布景区空气质量信息。本节主要依据上述监测数据来分析旅游对大气质量的影响。由于监测时间和监测点位的连续性有所欠缺,因此一些监测数据不易直接进行比较,只能通过对监测数据分析的结果进行对照来评价空气质量的变化情况。

一、研究方法

目前,大气环境质量评价方法有单因子评价法和综合评价法,综合评价法包括综合指数评价法、模糊综合评价法、主成分分析评价法、GIS 评价法、灰色关联评价法等。考虑黄山风景区的实际情况,本节对监测数据采用单因子评价法与综合指数评价法相结合的分析方法。单因子评价法即将各单项实测值与标准值进行比较来分析大气质量状况,在评价因子较少的情况下,可以直观地了解大气质量的优劣。在进行单因子评价的同时，计算各污染物的分担率，以便进一步了解影响大气质量的各污染物的状况。综合指数评价法从总体上对大气质量状况做出定量描述，可以较为全面地反映大气污染的性质和程度，而且便于分析大气环境质量在时间、空间上的差异。综合指数评价法包括多种指数模型，目前国内应用较多的有均值型大气质量指数、上海大气质量指数、沈阳大气质量指数等。上海大气质量指数既考虑了各单项污然指数的平均值，又适当兼顾污染分担率最大因子的指数值，能够较为全面、客观地评价大气质量状况。因此，本节采用上海大气质量指数对空气质量作综合评价。上海大气质量指数分级标准见表 6－16。

表 6－16　上海大气质量指数分级标准

等　级	Ⅰ	Ⅱ	Ⅲ	Ⅳ	Ⅴ
分级	清洁	轻污染	中污染	重污染	严重污染
I_i	＜0.6	0.6～1.0	1.0～1.9	1.9～2.8	＞2.8

资料来源：张从，2002.

依据《大气环境质量标准》(GB 3095—1996)，黄山风景区执行大气环境质量一级标准，本节采用 SO_2、NO_x(NO_2)和 TSP 三项指标，其一级标准值见表 6－17。

表 6－17　环境空气质量标准

污染物名称	取值时间	浓度限值/(mg/m³)		
		一级标准	二级标准	三级标准
SO_2	年平均	0.02	0.06	0.10
	日平均	0.05	0.15	0.25
TSP	年平均	0.08	0.20	0.30
	日平均	0.12	0.30	0.50
PM_1	年平均	0.04	0.10	0.15
	日平均	0.05	0.15	0.25
NO_x	年平均	0.05	0.05	0.10
	日平均	0.10	0.10	0.15
NO_2	年平均	0.04	0.08	0.08
	日平均	0.08	0.12	0.12

注：根据国家环境保护总局环发〔2000〕1 号发布的《环境空气质量标准》(GB 3095—2012)。

各污染物单项指数、污染分担率及上海大气质量指数计算公式如下。

$$I_i = C_i / S_i \tag{6-6}$$

$$F_i = I_i / \sum I_i \tag{6-7}$$

$$I = \sqrt{\frac{1}{n}\left(\sum_{i=1}^{n} \frac{C_i}{S_i}\right) \max\left(\frac{C_i}{S_i}\right)} \tag{6-8}$$

式中，I_i为第 i 项污染物的单项污染指数；C_i为第 i 项污染物的实测值；S_i为第 i 项污染物的一级标准值；F_i为第 i 项污染物的分担率；I 为上海大气污染指数。

二、旅游活动对空气质量的影响分析

（一）污染源分析

黄山风景区属于山岳型风景区，森林覆盖率高，空气清新，但随着旅游业的发展，特别是近二三十年来旅游业的快速发展，景区内饭店、宾馆等设施增多，加之交通工具增多，给景区的空气质量带来了一定的负面影响。黄山风景区内无工业污染源，景区空气质量的优劣主要受旅游业发展的影响，景区空气污染源主要来自生活油烟排放的废气和车辆排放的尾气。景区内宾馆饭店锅炉、灶炉是主要的固定污然源，其污染物释放量主要与燃料用量和油烟排放方式有关，而燃料用量则与游客量密切相关。此外，景区内多个常驻单位的生活油烟和招待所的油烟排放也是重要的大气污染源。目前，景区内有 24 家宾馆和招待所，设有床位数 3 800 张左右（表 6－18），景区常住管理人员 2 644 人。这些宾馆和招待所主要集中在温泉景区、北海景区、玉屏景区和云谷景区等资源利用强度高的区域。

表 6－18　风景区内住宿餐饮设施规模与分布

宾 馆 名 称	占地面积/m^2	建筑面积/m^2	床位数/张	宾馆区位
温泉大酒店	1 480	3 213	110	温泉景区
黄山宾馆	3 693	3 928	168	温泉景区
桃源宾馆	15 430	9 300	272	温泉景区
轩辕饭店	1 182	2 210	199	温泉景区
花苑饭店	633	780	99	温泉景区
双溪饭店			69	温泉景区
黄山干部疗养院	4 368	1 878	119	温泉景区
黄山工人疗养院	1 296	2 213	175	温泉景区
邮电招待所			34	温泉景区
公路休养所				温泉景区
交警招待所			24	温泉景区
云谷山庄	12 151	8 000	200	云谷景区
白云宾馆	1 095	2 300	206	天海景区

续表

宾 馆 名 称	占地面积/m^2	建筑面积/m^2	床位数/张	宾馆区位
天海山庄	320	744	112	天海景区
天海招待所	230	630	84	天海景区
西海山庄	—	—	—	西海景区
西海饭店	2 574	3 678	220	西海景区
狮林大酒店	2 915	6 000	330	北海景区
排云楼宾馆	2 317	2 348	207	北海景区
北海宾馆	2 908	5 360	512	北海景区
光明顶山庄	2 510	1 167	280	北海景区
白鹅山庄	1 680	2 263	238	北海景区
半山寺招待所	—	—	15	北海景区
玉屏楼宾馆	1 150	2 170	105	玉屏景区

资料来源：黄山风景名胜区总体规划(2007－2025)基础资料汇编与专题研究报告，2006.

生活油烟污染是景区人员和游客在日常生活及旅游活动过程中所用矿物燃料(煤、油等)排放出的烟尘等污染物，主要包括 SO_2、NO_x、CO、粉尘等。1985 年以前，黄山风景区燃料以煤为主，当时全景区范围内共有锅炉 14 台及一些民用烤炉，其耗煤量与污染物排放量见表 6－19，自 1990 年后，山上景区全部改用液化石油气、柴油和电能，大大减少了污染物的排放量，但由于游客日益增加，燃料耗费仍保持在较高水平，部分宾馆 2005 年与 2006 年耗油量及污染物排放总量分别见表 6－20与表 6－21。

表 6－19　1983～1985 年燃料用量及污染物排放量　(单位：t)

年份	耗煤量	烟尘	SO_2	NO_x
1983	1 350	43.73	16.59	4.48
1984	1 500	48.90	18.55	5.02
1985	2 156	65.85	24.92	6.76

资料来源：王桂梭和潘宝林，1996.

表 6－20　黄山风景区部分宾馆饭店柴油燃油数　(单位：L)*

年份	宾馆编号												合计
	1	2	3	4	5	6	7	8	9	10	11	12	
2005	9 815	3 260	16 932	4 369	4 236	1 554	1 965	2 583	1 151	10 520	4 571	1 970	62 926
2006	7 505	3 260	9 497	3 274	2 520	3 610	2 245	2 500	1 878	8 786	13 714	1 830	60 619

资料来源：黄山风景区股份有限公司。

注：表中为黄山风景区股份有限公司所属 12 家宾馆饭店。

* 原为吨，按 1 L=0.866 kg 计算。

表 6-21　黄山风景区部分宾馆 2005～2006 年污染物排放量

项　目	烟尘/kg	SO_2/kg	CO/kg	H_nC_m/kg	NO_x/kg
2005	113.27	818.04	14.98	14.98	539.28
2006	109.11	788.05	14.43	14.43	519.50
排放系数/(kg/m^3)	1.80	20 S	0.238	0.238	8.57

注：柴油含硫率为 0.5%～0.8%，此处按 0.65%计算。

除固定污染源以外，景区行驶的交通工具作为流动源也对景区大气质量有重要影响，交通工具所排放的各种污染物主要包括 SO_2、NO_x、CO、Pb 及碳氢化合物等。景区共有办公用车 186 辆，营运用车 125 辆(黄山风景区创建 ISO14000 国家示范区技术报告，2006)，此外，还有部分外来车辆，主要分布在黄山大门—温泉，温泉—慈光阁及温泉—云谷寺三条总长约 16 km 的公路及相应的停车站点，是景区空气主要污染源之一。在 1992 年(公路水泥路面工程完成)以前，公路扬尘也会对空气质量造成一定影响。

(二) 空气质量现状分析

黄山大气监测设温泉和天海两个点位，分别位于山下和山上景区。温泉是黄山开发较早的景区，海拔 630 m，是黄山游览接待中心，这里别墅成群，楼阁遍布，有温泉大酒店、黄山宾馆、桃源宾馆等十多家宾馆和招待所，床位数 1 200 张以上，从北路、东路进山的游客和车辆均由此经过。天海位于黄山前、后、东、西四海之中，为黄山之中心位置，海拔 1 750 m，有白云宾馆、天海山庄、天海招待所等，床位 402 张，附近有海心亭、凤凰松等著名景观，还建有天海高山植物园等。

1. 空气质量总体评价

由表 6-22 可见，2005 年与 2006 年各单项指数均小于 1，说明各污染物浓度均在空气质量一级标准值以下，依据表 6-22 的标准，两年综合指数均在空气清洁级别范围内，说明这两年景区空气优良。而且无论各单项指数还是综合指数，2006 年均低于 2005 年，表明 2006 年空气质量比 2005 年好。

表 6-22　2005～2006 年空气质量分析

年　份	单项指数			分担率			综合指数
	SO_2	NO_2	PM_{10}	SO_2	NO_2	PM_{10}	
2005	0.700	0.250	0.575	0.459	0.164	0.377	0.597
2006	0.550	0.200	0.500	0.440	0.160	0.400	0.479

资料来源：黄山风景区生态环境监测站，2006.

从各污染物分担率看，两年均以 SO_2 分担率最大，PM_{10} 分担率略小于 SO_2，

NO_2分担率最小，两年比较来看，SO_2分担率略有降低，而PM_{10}有所上升，NO_2基本未变。说明对空气质量影响较大的污染物是SO_2和PM_{10}。

2. 主要污染物浓度月变化分析

1）SO_2浓度月变化

由图6－34可见，温泉监测点2005年SO_2浓度7月最高，已超过一级标准值，其余各月均在一级标准值以下，8月、10月、12月SO_2浓度较高，3月、4月SO_2浓度较低。2006年，全年SO_2浓度均在标准值以下，全年各月中，以1月、2月较高，7、10月较低，但全年各月间变化不大。与2005年相比，2006年6月、7月、9月、11月SO_2浓度有所降低，其余各月均有不同程度的增加。2005年与2006年温泉SO_2浓度月变化趋势并不完全一致。

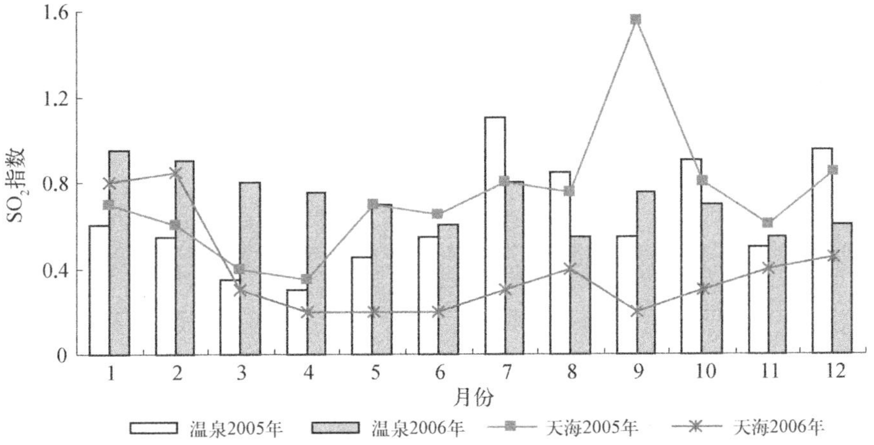

图6－34　2005～2006年SO_2指数月变化分析

资料来源：黄山风景区生态环境监测站，2006.

天海监测点2005年SO_2浓度8月最高，已超过SO_2标准值的1/2，明显比其他各月高，3月、4月SO_2浓度较低，其他各月差异不大。2006年各月SO_2浓度均在一级标准值以下，全年1月、2月SO_2浓度明显高于其他各月，其余各月间差异不大。与2005年相比，2006年除1月、2月SO_2浓度有所增加外，其余各月均有不同程度的下降。2005年与2006年天海SO_2浓度月变化趋势也不甚一致，但大体来说，下半年要高于上半年。

温泉与天海相比，2006年天海各月SO_2浓度均低于温泉，2005年仅6月、7月、9月、11月低于温泉，其余各月SO_2浓度均高于温泉。总体来看，2006年温泉SO_2浓度程度略有增加，2006年天海SO_2浓度有所降低，也明显低于温泉。

2）NO_2浓度月变化分析

温泉监测点2005年NO_2浓度均较低，4月、6月、7月、8月较高，但也均在

0.4 以下，3 月、12 月较低，其次，2 月和 5 月也较低；2006 年 10～12 月，NO_2浓度明显增加，高于其他各月，其指数均在 0.5 以上，1～3 月 NO_2浓度较低。与 2005 年相比，温泉 2006 年除了 5 月，1～4 月、6～8 月 NO_2指数均有所下降，但 10～12 月却明显增加。总体来看，2005 年 4～11 月较高，1～3 月、12 月较低，2006 年 10～12 月偏高，1～3 月较低，两年 NO_2浓度月变化趋势并不很一致。天海 2005 年 9 月 NO_2浓度最高，5 月最低，2006 年除 5 月、6 月略高于 2005 年外，其余各月均较上年有所降低，且全年不同时段 NO_2浓度起伏不大。天海两年 NO_2浓度的变化趋势也不一致，见图 6-35。

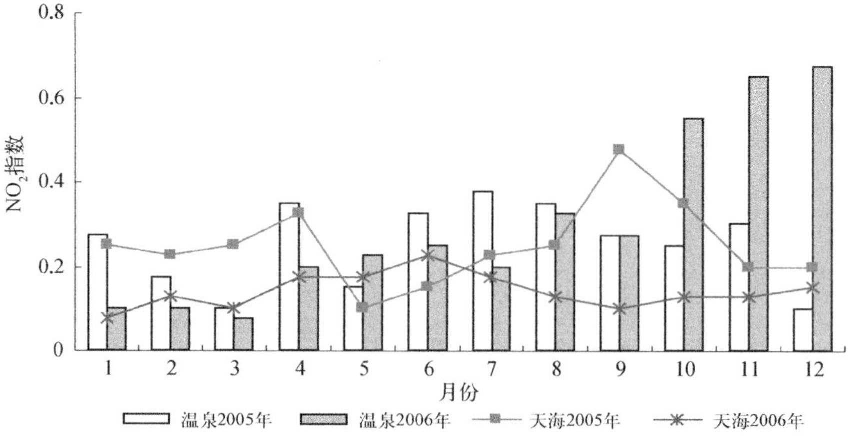

图 6-35　2005～2006 年 NO_2指数月变化分析

资料来源：黄山风景区生态环境监测站，2006.

温泉与天海相比较，2005 年 NO_2污染程度大致相当，2006 年天海 NO_2污染程度明显比温泉轻。两监测地点月变化趋势也不太一致。

3）PM_{10}浓度月变化分析

温泉 2005 年 3 月 PM_{10}浓度最高，也是全年唯一超过一级标准值的月份，其次，9 月和 12 月 PM_{10}浓度也较高，污染指数达 0.9 以上，4 月、5 月较低；2006 年也以 3 月 PM_{10}浓度最高，其次，6～9 月及 1 月、2 月较高，总体来看，两年月变化趋势大致相似，3 月和 9 月均较高，而 4 月、5 月较低，但 2006 年 PM_{10}浓度大部分时段都低于 2005 年，且全年各月 PM_{10}指数均小于 0.8，PM_{10}污染程度较上年有所降低。天海 2005 年 PM_{10}均在标准值以下，11 月最高，已接近标准值，其次，3 月较高，其余各月相差不大；2006 年 3 月最高，也接近标准值，4 月最低，其余各月差别不大，两年的月变化趋致大致相同，污染程度也相近，见图 6-36。

温泉与天海比较，天海空气质量略好于温泉，但差异不大。两地月变化趋势也大体一致，1～3 月、9～12 月空气质量稍差，4 月、5 月较好。

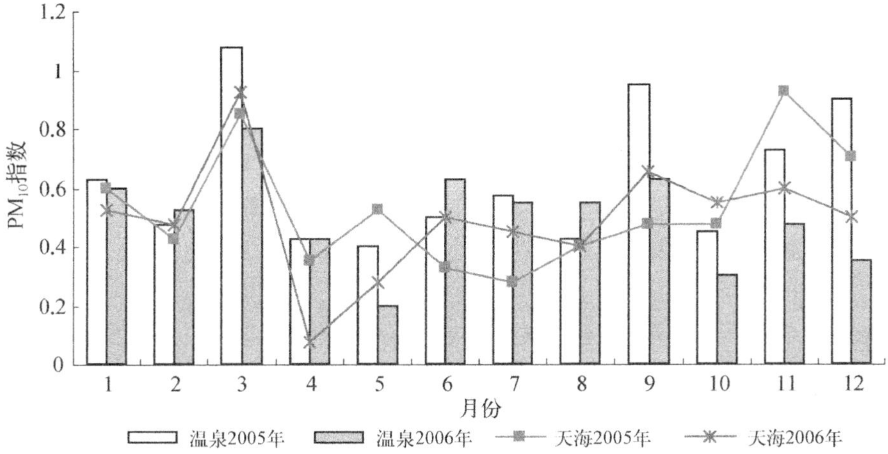

图 6-36　2005～2006 年 PM_{10} 指数月变化分析

资料来源：黄山风景区生态环境监测站，2006.

4）空气质量月变化综合评价

图 6-37 为各月综合指数，温泉 2005 年 7 月综合指数最高，为 0.867，其次，12 月、9 月、3 月 3 个月综合指数也较高，均在 0.7 以上，4 月、5 月较低。总体来看，下半年综合指数要高于上半年；2006 年不同月份间差异不大，大致表现为两头高、中间略低的态势，即 4～8 月较低，其他月份稍高。天海 2005 年综合指数 9 月最高，4 月最低，其余各月差别不大，与该年温泉变化趋势类似。天海 2006 年综合指数除 1～3 月外，其余各月明显低于 2005 年，全年以 1～3 月最高，4 月、5 月最低，其余各月差异不大，综合指数全年变化趋势与温泉大致相当。

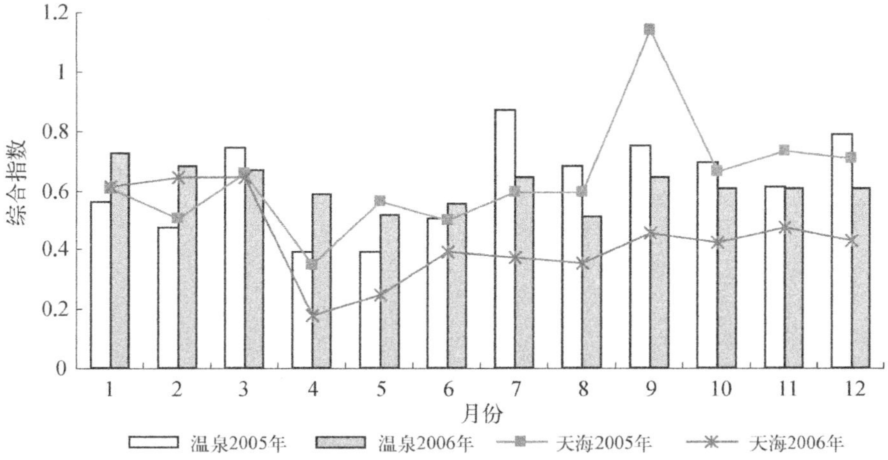

图 6-37　2005～2006 年综合指数月变化分析

表 6－23 是各月综合指数对应的空气质量级别，由表 6－23 可见，温泉 2005 年有 7 个月属于轻度污染级别，2006 年有 8 个月属于轻度污染。总体上，温泉 4～6 月空气质量较好，3 月和 9 月最差，10～12 月、1～2 月相对较差。天海 2005 年有 5 个月属于轻度污染级别，2006 年有 3 个月属于轻度污染级别，4～8 月空气质量较好，1～3 月较差。综合来看，天海 4～6 月空气质量最好，3 月和 9 月较差。温泉 2006 年空气质量比 2005 年略差，而天海 2006 年空气质量明显比 2005 年好；天海空气质量比温泉好。

表 6－23　2005～2006 各月空气质量综合评价结果

项　目	1月	2月	3月	4月	5月	6月	7月	8月	9月	10月	11月	12月
温泉 2005 年	清洁	清洁	轻污染	清洁	清洁	清洁	轻污染	轻污染	轻污染	轻污染	轻污染	轻污染
温泉 2006 年	轻污染	轻污染	轻污染	清洁	清洁	清洁	轻污染	清洁	轻污染	轻污染	轻污染	轻污染
天海 2005 年	轻污染	清洁	轻污染	清洁	清洁	清洁	清洁	清洁	中污染	轻污染	轻污染	轻污染
天海 2006 年	轻污染	轻污染	轻污染	清洁	清洁	清洁	清洁	清洁	清洁	清洁	清洁	清洁

(三) 污染物组分变化分析

由表 6－24 可见，2005 年温泉 3 月和 9 月 PM_{10} 的分担率明显大于 SO_2，7 月、8 月、10 月 SO_2 分担率明显大于 PM_{10}，其余各月两者差异不大；天海 3 月和 11 月 PM_{10} 分担率明显大于 SO_2，6～10 月 SO_2 分担率明显大于 PM_{10}，其余各月差异不

表 6－24　2005～2006 年污染物分担率

月份	温泉 2005 年			天海 2005 年			温泉 2006 年			天海 2006 年		
	SO_2	NO_2	PM_{10}	SO_2	NO_2	PM_{10}	SO_2	NO_2	PM_{10}	SO_2	NO_2	PM_{10}
1	0.400	0.183	0.417	0.452	0.161	0.387	0.576	0.061	0.364	0.571	0.054	0.375
2	0.458	0.146	0.396	0.480	0.180	0.340	0.590	0.066	0.344	0.586	0.086	0.328
3	0.230	0.066	0.705	0.267	0.167	0.567	0.478	0.045	0.478	0.226	0.075	0.698
4	0.279	0.326	0.395	0.341	0.317	0.341	0.545	0.145	0.309	0.444	0.389	0.167
5	0.450	0.150	0.400	0.528	0.075	0.396	0.622	0.200	0.178	0.308	0.269	0.423
6	0.400	0.236	0.364	0.578	0.133	0.289	0.407	0.169	0.424	0.216	0.243	0.541
7	0.537	0.183	0.28	0.615	0.173	0.212	0.516	0.129	0.355	0.324	0.189	0.486
8	0.523	0.215	0.262	0.536	0.179	0.286	0.386	0.228	0.386	0.432	0.135	0.432
9	0.310	0.155	0.535	0.620	0.190	0.190	0.455	0.167	0.379	0.211	0.105	0.684
10	0.563	0.156	0.281	0.492	0.215	0.292	0.452	0.355	0.194	0.308	0.128	0.564
11	0.328	0.197	0.475	0.348	0.116	0.536	0.328	0.388	0.284	0.356	0.111	0.533
12	0.487	0.051	0.462	0.486	0.114	0.400	0.369	0.415	0.215	0.409	0.136	0.455
平均	0.414	0.172	0.414	0.479	0.168	0.353	0.477	0.197	0.326	0.366	0.16	0.474

大。从 2005 年全年来看，温泉 SO_2 和 PM_{10} 的分担率大致相当，NO_2 的分担率较小；天海 SO_2 分担率大于 PM_{10}，NO_2 的分担率同样很小。

2006 年温泉仅 6 月 PM_{10} 分担率略高于 SO_2，1 月、2 月、4 月、5 月、7 月、9～12 月 SO_2 分担率略高于 PM_{10}，NO_2 分担率在 10～12 月明显增加，全年来看，SO_2 的分担率大于 PM_{10}，NO_2 的分担率较小；2006 年天海除 1 月、2 月、4 月 SO_2 分担率明显大于 PM_{10}，其余各月 PM_{10} 的分担率均大于或等于 SO_2 的分担率，全年来看，PM_{10} 的分担率大于 SO_2，NO_2 的分担率较小。

综上所述，黄山风景区 SO_2 和 PM_{10} 对空气质量的影响较大，NO_2 的影响较小，但不同月份和不同地点 SO_2 和 PM_{10} 的分担率有一定差异。

三、空气质量时空变化特征分析

(一) 主要污染物浓度时空变化特征分析

从监测结果看（表 6－25），1985 年 SO_2 基本未检测出，各监测点 NO_x 在 0.200～0.320，均低于一级标准值，但 TSP 除逍遥亭外，其余各监测点位均超标。NO_x 浓度以黄山宾馆最高，但监测值尚未达标准值的 1/3，TSP 浓度桃源宾馆最高，已超过标准值的 1 倍。

表 6－25　1985～1988 年大气质量监测结果单因子指数分析

	1985			1988		
	SO_2	NO_x	TSP	SO_2	NO_x	TSP
黄山宾馆	0	0.32	1.583	0	0.1	0.4
云谷寺	0	0.2	1.583	0	0.03	0.342
北海宾馆	0	0.23	1.417	0	0.06	0.6
逍遥亭	0	0.22	1.167	—	—	—
玉屏楼	0	0.22	1.583	—	—	—
桃源宾馆	0	0.22	2.083	—	—	—
莲花沟	—	—	—	0	0.04	0.483

资料来源：王桂梭和潘宝林，1996.

1988 年 SO_2 的浓度同样很低，平均值依然为 0。NO_x 和 TSP 的浓度则大幅度下降，其指数最高值分别为 0.1 和 0.6，各监测点三项指标均低于一级标准值。4 个监测点位中，NO_x 浓度黄山宾馆最高，TSP 浓度北海宾馆最高。

1985 年各地 TSP 含量偏高与当时使用的燃料种类有关，当时景区燃料中以煤为主，且燃煤锅炉均没有除尘设施，烟尘直接排入大气中。1988 年已对锅炉进行改造，并开始调整燃料结构，燃煤量有所减少，污染物排放量也相应减少。而黄山宾馆、桃源宾馆与北海宾馆均属于游客集中的场所，因此污染物浓度相对较高。黄山宾馆 NO_x 浓度较高主要与往来车辆较多有关。

由表 6 - 26 可见，1996 年 SO_2 浓度则略有上升，但 SO_2 浓度最高的光明顶，其指数最高值仍在 0.5 以下，其余监测点位在 0.2 左右；NO_x 浓度黄山大门处最高，其指数为 0.5，其次是逍遥亭、黄山宾馆和桃源宾馆，其余各点均较低，指数在 0.1 以下；TSP 浓度进一步降低，TSP 浓度逍遥亭最高，其指数仅为 0.158，其次是松谷庵，光明顶最低。1996 年 SO_2、NO_x、TSP 三项均远低于一级标准值。

表 6 - 26　1996～1998 年大气监测单因子指数分析

点　位	1996 年			1997～1998 年		
	SO_2	NO_x	TSP	SO_2	NO_x	TSP
黄山宾馆	<0.200	0.140	<0.023 0	0.160	0.140	0.030 0
云谷寺	<0.200	<0.070 0	<0.100	0.140	0.060 0	0.100
光明顶	<0.500	<0.090	<0.017 0	0.480	0.080 0	0.010 0
逍遥亭	<0.220	0.250	0.158	0.200	0.250	0.160
玉屏楼	<0.200	<0.050 0	<0.025 0	0.050 0	0.030 0	0.010 0
桃源宾馆	<0.200	0.120	0.100	0.180	0.120	0.100
西海宾馆	<0.220	<0.060 0	<0.025 0	0.140	0.030 0	0.030 0
黄山大门	<0.220	0.500	0.108	0.180	0.500	0.110
松谷庵	<0.200	<0.060 0	0.133	0.050 0	0.030 0	0.140
慈光阁	<0.200	<0.050 0	0.067	0.050 0	0.030 0	0.080 0

资料来源：黄山风景名胜区总体规划(2007 - 2025)基础资料汇编与专题研究报告，2006.

1997～1998 年，大气质量继续保持良好状况，三项监测值均远低于一级标准，各单项最大指数均小于等于 0.500，各监测点位中，SO_2 浓度光明顶明显大于其他各点，NO_x 浓度在黄山大门处最高，明显高于其他监测点位，TSP 逍遥亭和松谷庵略高，但也未达一级标准值的 1/5。

总体看来，自 1985 年以来，黄山风景区空气中各污染物的浓度逐渐降低，除 1985 年 TSP 超标外，其余各年及各监测项目均达空气质量一级标准。

(二) 空气质量时空变化综合分析

由图 6 - 38 可见，1985 年各监测点综合指数均在 0.6 以上，均已超过轻度污染的限值，桃源宾馆和黄山宾馆的综合指数已超过或达到 1.0，大气质量已属于中度污染水平，云谷寺和玉屏楼综合污染指数也接近 1.0。1988 年大气质量明显好转，北海宾馆综合指数最高，也仅为 0.363，各监测点空气质量均达清洁水平。1996 年大气质量继续保持优良，各监测点综合指数均在大气质量最优范围内。黄山大门处综合指数最高，其次为光明顶，但均在 0.4 以下。1997～1998 年的综合指数与

1996 年类似，其中，黄山大门和光明顶综合指数较高，其次为逍遥亭，玉屏楼和慈光阁较低，综合指数均在大气质量最优级值以内。总体来看，1985～1998 年，由于燃料结构的调整，污染物释放量下降，空气质量越来越好，旅游活动对空气质量的负面影响有所减轻。但从不同的监测点位看，客流和车流集中的地点空气中污染物浓度较高，对空气质量的影响也更大，特别是车流量集中的黄山大门。

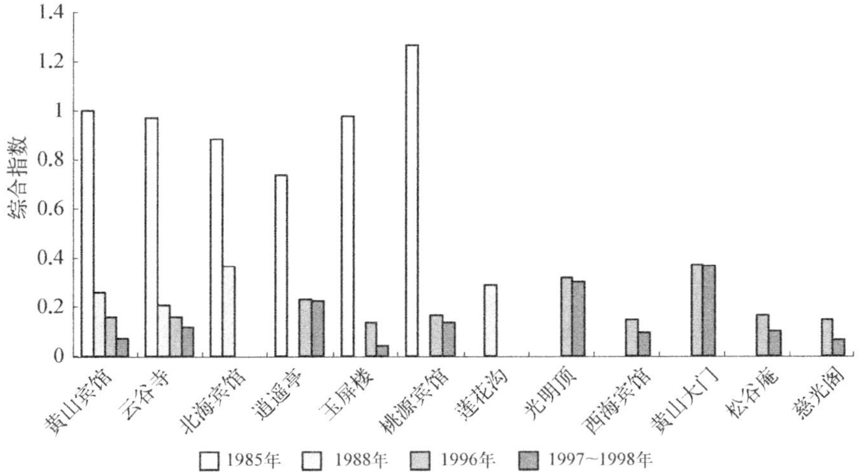

图 6 - 38　1985～1998 上海空气质量指数

(三) 污染物组分时空变化分析

从各污染物分担率来看(表 6 - 27 和表 6 - 28)，1985 年和 1988 年的 TSP 分担率较大，说明污染物以 TSP 为主，但 1996 年除逍遥亭、黄山大门和桃源宾馆以外，各监测点均以 SO_2 分担率为大，均超过 0.5，逍遥亭和黄山大门以 NO_x 分担率为大，特别是黄山大门监测点，NO_x 分担率明显大于其他两项指标，说明该年影响空气质

表 6 - 27　1985～1988 年各污染物分担率

点　位	1985 年			1988 年		
	SO_2	NO_x	TSP	SO_2	NO_x	TSP
黄山宾馆	0	0.168	0.832	0	0.200	0.800
云谷寺	0	0.112	0.888	0	0.081 0	0.919
北海宾馆	0	0.140	0.860	0	0.091 0	0.909
逍遥亭	0	0.159	0.841	—	—	—
玉屏楼	0	0.122	0.878	—	—	—
桃源宾馆	0	0.096 0	0.904	—	—	—
莲花沟	—	—	—	0	0.076 0	0.924

表 6-28 1996～1998 年各污染物分担率

点位	1996 年			1997～1998 年		
	SO_2	NO_x	TSP	SO_2	NO_x	TSP
黄山宾馆	<0.536	0.375	<0.089	0.485	0.424	0.091
云谷寺	<0.541	<0.189	<0.27	0.467	0.200	0.333
光明顶	<0.824	<0.148	<0.027	0.842	0.140	0.018
逍遥亭	<0.350	0.398	0.252	0.328	0.410	0.262
玉屏楼	<0.727	<0.182	<0.091	0.556	0.333	0.111
桃源宾馆	<0.476	0.286	0.238	0.450	0.300	0.250
西海宾馆	<0.721	<0.197	<0.082	0.700	0.150	0.150
黄山大门	<0.266	0.604	0.131	0.228	0.633	0.139
松谷庵	<0.508	<0.153	0.339	0.227	0.136	0.636
慈光阁	<0.632	<0.158	0.211	0.313	0.188	0.500

量的污染物主要是 SO_2 和 NO_x。1997～1998 年，10 个监测点位中，黄山大门和逍遥亭处 NO_x 分担率最大，松谷庵和慈光阁 TSP 分担率最大，其余 6 个测点均 SO_2 分担率最大，特别是光明顶，SO_2 分担率达 0.842。从实测值看，黄山大门、黄山宾馆和逍遥亭 NO_x 浓度较高，因此污染分担率也大，但松谷庵和慈光阁 TSP 浓度并不是很高，其分担率高的原因主要在于其他两项实测值很低。由此可见，影响大气质量的污染物主要是 SO_2，其次是 NO_x。

污染物分担率的变化与燃料的组成及用量有关，同时也受到排放方式的影响，1985 年和 1988 年，燃料中煤占很大一部分，且缺乏除尘设备，因此烟气中 TSP 含量较大，当时客流量也不算太大，每年 50 万左右，汽车排放废气所占比例不大，故污染物分担率中以 TSP 最大，且远超过 SO_2 和 NO_x。1990 年以后，燃料中煤的使用量大为减少，TSP 含量也明显下降。与此同时，随着客流量逐年增加，交通工具对空气的污染也逐渐增加，燃料结构的变化和客流量的不断增加，改变了空气中的污染物组成，造成污染分担率中 SO_2 最高，TSP 最低的状况。

从不同监测点位的变化来看，所有年份均以黄山大门和逍遥亭两处 NO_x 分担率为高，并大于 SO_2 和 TSP 的分担率，其他点位则以 SO_2 分担率最高。这与这两处车流量较大有关。各监测点位中，光明顶、玉屏楼和西海宾馆的 SO_2 分担率较高，但这三处实际情况不同，玉屏楼及西海宾馆空气中 SO_2 的浓度不高，与其他监测点位大致相当，但 NO_x 和 TSP 浓度较其他各处明显偏低，造成这两处 SO_2 分担率偏高的现象，光明顶 SO_2 分担率最高，主要是因为空气中的 SO_2 浓度明显高于其他各处。

四、研究结论

（1）目前，黄山风景区空气质量优良，各污染物浓度均在空气质量一级标准值以下，综合指数均在空气清洁级别范围内，说明旅游活动对空气质量的负面影响在可接受的范围内。但空气质量一年内不同时段有所变化，总体上 4～6 月空气质量较好，而 3 月、9 月稍差，已属于轻度污染。而不同地点空气质量有一定差异，天海的空气质量要稍好于温泉。

(2) 空气质量的月变化与游客量的变化并不一致，4～6 月空气质量较好，3 月和 9 月最差，1 月、2 月、10～12 月相对较差。客流量与空气质量变化不一致可能在于气候条件的影响，特别是降水和风速等气候条件的影响。

(3) 从空气质量的年变化来看，黄山风景区 1985～1998 年空气质量总体上逐渐好转，但不同污染物浓度变化趋势不同，其中，SO_2浓度明显上升、TSP 浓度明显下降，NO_x略有降低。因此，各污染物对空气的污染分担率也有所变化，20 世纪 80 年代，TSP 对空气质量的影响最大，但 90 年代时 TSP 对空气质量的影响已明显降低，而SO_2成为对空气质量影响最大的污染物，其次是 NO_x。进入 21 世纪以来，风景区空气质量继续保持优良状态，虽然由于目前监测点位与监测项目与以前有所不同，但从综合评价结果比较来看，空气质量略有下降，污染物分担率也有差异，目前对污染分担最大的是 SO_2，其次是 PM_{10}，NO_2较小。

空气质量并未随客流量增加而明显下降，主要在于通过采取改变燃料结构、改进排放方式等措施加强了对大气环境质量的管理。

(4) 不同区域空气总体质量及污染物组分有一定差异，主要在于不同监测点位的客流、车流及环境等条件不同。山下车流量大、客流多的黄山大门及温泉景区空气质量稍差。

第六节　旅游活动对声环境的影响

黄山是典型的自然风景区，自然界的风声水声、鸟语兽音等构成了自然音景的主要内容，也是影响游客旅游体验的重要因素。自然音景是自然资源的重要组成部分，在黄山风景区，自然音景保护与管理是资源管理的重要内容之一。控制人类活动引起的噪声、减少来自风景区外的噪声污染、在不同区域制定不同的噪声标准、制定相应措施保护风景区的自然音景音源的自然性等均是自然音景保护与管理的重要内容。

一、研究方法

随着旅游的发展及游客量的增加，黄山风景区部分地区已出现噪声污染，近几年，风景区声环境问题得到进一步的关注，但总体来说，监测数据有限，安徽省环境监测中心站于 1997 年 8 月进行过环境噪声监测，2005 年黄山风景区生态环境监测站又进行了环境噪声监测,其监测点位与1997年的监测点位基本相同,此外,2006年黄山市环境监测站对景区内一些主要景点进行了区域噪声和交通噪声的监测。因此,本节通过对这三年监测资料的比较,分析黄山风景区内影响声环境的主要噪声来源、分布与变化特征等。

目前,风景区噪声评价的标准有所不同,以前主要以我国《声环境质量标准》(GB 3096—2008)中的噪声控制标准为依据(表6-29)。根据中华人民共和国环境保护行业标准《山岳型风景资源开发环境影响评价指标体系》(HJ/T 6—1994)中关于环境噪声的质量指标规定,黄山风景区在观光游览地段应执行上述标准中的0类标准,在游客食宿地段执行其中的1类标准,各个道路周围执行3类标准(表6-29)。但近年来在旅游区噪声评价中也有一些应用了表6-30中的标准。表6-30中对自然风景区声环境的要求稍高于表6-29。考虑到中华人民共和国国家标准《GB 50298—1999风景名胜区规划规范》中曾明确规定风景区室外允许噪声级应低于《声环境质量标准》中规定的"特别住宅区"环境噪声标准值,而目前大多数旅游区在规划时也均以《声环境质量标准》为准,本节在评价中仍以表6-29中的噪声标准值为评价依据。

表6-29　城市区域环境噪声标准值(LAeq: dB)

类　别	昼　间	夜　间
0	50	40
1	55	45
2	60	50
3	65	55
4	70	55

资料来源: GB 3096—93《城市区域环境噪声标准》。

表6-30　旅游区环境噪声控制标准(LAeq: dB)

类　别	昼　间	夜　间	适 应 区 域
1	40	30	旅游度假区、疗养区、度假别墅区、高级宾馆区
2	45	35	自然风景旅游区
3	50	40	城市型旅游区
4	55	45	历史文化旅游区
5	60	50	娱乐、运动型旅游区

资料来源: 李松志等,2005;郭俊刚等,2008.

二、旅游活动对声环境的影响分析

(一) 噪声源分析

黄山风景区噪声主要由旅游噪声和交通噪声组成,此外还有部分施工噪声。

旅游噪声主要来自游客在景区内的游览活动与食宿休闲，主要分布在游客集中的景点、宾馆、饭店、商店、文化娱乐设施等地段；交通噪声主要来自各种进山车辆，噪声影响范围主要在景区公路两侧及附近区域；施工噪声主要出现在局部的施工地段及施工时段，对附近景点的声环境有明显影响。

(二) 噪声现状分析

从 2006 年黄山各景点区域噪声监测结果来看(图 6－39)，云谷寺和玉屏楼噪声值最高，超过 1 类标准，光明顶和西海超过 0 类标准，各景点按噪声值从大到小依次为：云谷寺＞玉屏楼＞光明顶＞西海＞温泉＞排云亭＞逍遥亭＞天海＞北海＞黄山大门＞慈光阁。云谷寺是后山上山游客的入口处，也是云谷索道的起点，而玉屏楼不仅是玉屏索道的山上站点，也是热点景区之一，游客经常处于超负载状态。超过 0 类指标的光明顶和西海也均为游客游览观光的热点景区，是游客集中的结点地段。其他景点除慈光阁较低外，噪声值相差不大。由此可见，景点噪声状况与客流量密切相关，目前除 4 个超标的景点外，其他景点噪声值均在 45 dB 以上，已接近于限值，因此随着游客流量增加，景区内声环境受到污染的可能性进一步增加。

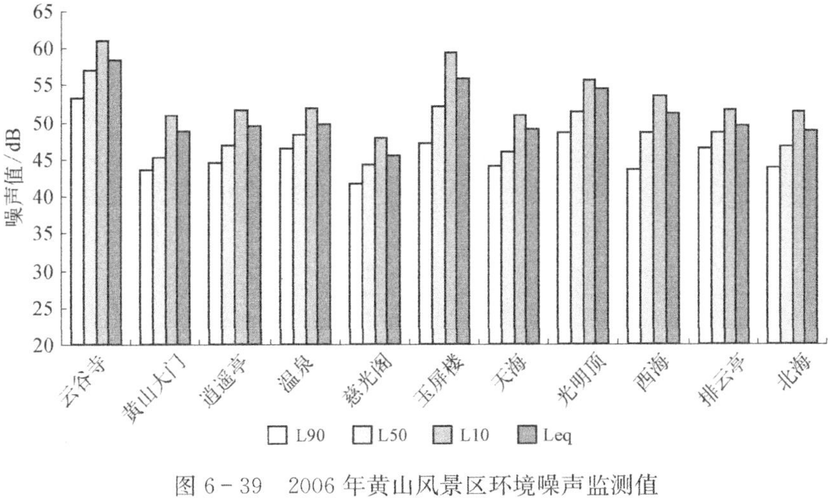

图 6－39　2006 年黄山风景区环境噪声监测值

资料来源：黄山市环境监测站监测报告。

(三) 噪声空间分布特征分析

从 1997 年的监测资料看，松谷小区噪声最低，其次为天海凤凰楼宾馆门前及温泉艺海楼门前，均在 0 类标准的范围内；其他各测点噪声基本超出 0 类标准，北海小区及幼儿园门口超出了 1 类标准(图 6－40)。在监测点中仅北海小区噪声超标，北海景区是游览率最高的景区，景区内噪声源主要是旅游噪声，其噪声超标与该景区游客量较大、宾馆等旅游服务设施较密有密切关系，而其他噪声较高的测点，如幼儿园门口和职工医院门前，其噪声也主要来源于生活噪声，但其不处于景区中心，对景区游客影响不是很大。松谷景区当时客流量极少，基本上未受旅游噪声的干扰，因此声环境最优。

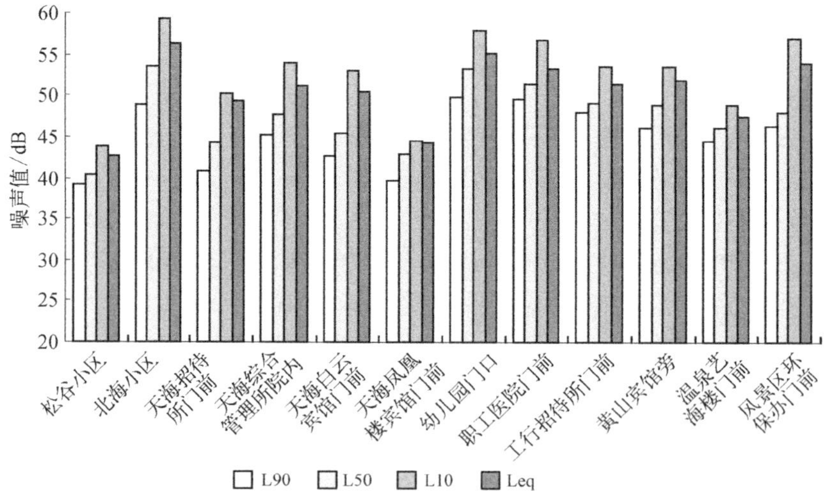

图 6-40　1997 年黄山风景区环境噪声监测值

资料来源：黄山风景名胜区总体规划(2007-2025)基础资料汇编与专题研究报告。

2005 年的监测点位与 1997 年基本相同(图 6-41)，但各测点间噪声值差异不大，包括主要游览区北海小区及排云亭在内的所有监测点位的噪声值均达到 0 类标准。

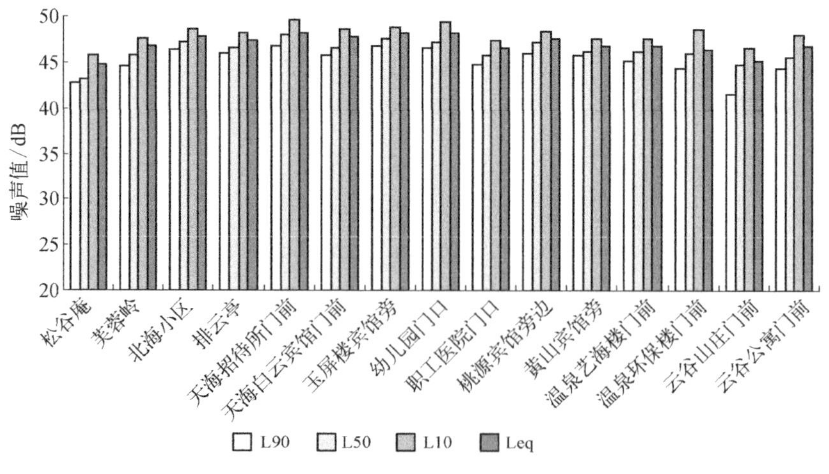

图 6-41　2005 年黄山风景区环境噪声监测值(昼间)

资料来源：黄山市环境监测站监测报告。

(四) 噪声时间变化特征分析

表 6－31 显示，与 1997 年相比，2005 年风景区的声环境已经有所改善，除松谷庵外，其余各测点噪声值均有不同程度的降低。松谷庵噪声值增高与近年来从北路上山的游客量增加有关。1997 年从北坡松谷庵上山的人数比例为 0，在此之前，各年最大游客量不超过游客总量的 2.2%，而从 1998 年起，由于索道开通运营，从松谷庵上山的游客显著增加，当年达 7.8%，以后每年均在 10%左右，2005 年约为 13%。此外声环境的改善也与黄山风景区有效的管理措施有关，黄山风景区自 2005 年 5 月 18 日起，全面禁止进山导游使用高音喇叭讲解，提倡用耳麦讲解，并规定景区内不得用喇叭等扩音设备播放音乐，同时加强了对建筑施工单位的管理工作，要求施工单位使用低噪声设备，尽量避免夜间施工等。

表 6－31　1997 年与 2005 年噪声值(Leq)变化分析

点　　位	Leq/dB			1997～2005 年
	1997 年	2005 年昼间	2005 年夜间	变幅/%
松谷庵	42.6	44.8	30	5.16
北海小区	56.4	47.8	29.8	−15.25
排云亭	49.3	47.3	34.6	−4.06
天海招待所门前	51.3	48.2	31.4	−6.04
天海白云宾馆门前	50.5	47.7	30.4	−5.54
幼儿园门口	55.2	48.1	33.7	−12.86
职工医院门口	53.4	46.5		−12.92
黄山宾馆旁	51.8	46.8		−9.65
温泉艺海楼门前	48.8	46.7		−4.30
温泉环保楼门前	57	46.4	29.4	−18.60
桃源宾馆旁边		47.6	32.6	
云谷山庄门前		45.2	29.1	
云谷公寓门前		46.7	36.1	

资料来源：黄山风景名胜区总体规划(2007－2025)基础资料汇编；黄山市环境监测站监测报告与专题研究报告。

由表 6－31 可见，2005 年夜间监测值与白天监测值相比均明显下降，均在 0 类标准值 40 dB 以下。在各监测点中，云谷公寓门前最高，其次为排云亭。排云亭附近是黄山风景区观看日出的主要景点，云谷公寓位于山下景区，游客宿晚起早。这可能是这两处噪声值较高的主要原因。

(五) 交通噪声特征分析

1997 年的监测结果表明，黄山风景区温泉—慈光阁(简称温慈路段)的交通噪声水平为 56.4 dB，温泉—云谷寺（简称温云路段）的交通噪声水平为 58.4 dB，温泉—汤口（简称温汤路段）的交通噪声水平为 61.8 dB，黄山大门交通噪声为 70.9 dB。4 个监测点位交通噪声水平从高到低依次为：黄山大门>温汤路段>温云路段>温慈路段。黄山大门的交通噪声水平不仅超过了 3 类标准值 65 dB，也超过了 4 类标准值 70 dB。其他 3 个测点均未超标，其中以温汤路段交通噪声值为大，其次为温云路段，温慈公路段较小。进入黄山风景区的车辆均要通过黄山大门，经温汤公路至温泉后再分别进入温云公路和温慈公路，黄山大门旁边是新国线车辆的站点，还有一些外来车辆在黄山大门处停车接受检查，因此黄山大门处交通噪声水平最高，已形成噪声污染。温汤公路的车辆基本上是温云公路和温慈公路的总和，因此交通噪声也高于这两个路段。

2006 年黄山交通噪声监测数据为：云谷寺 69.9 dB、黄山大门 68.8 dB、温泉 68.8 dB、慈光阁 66.9 dB。虽然黄山大门处噪声水平略有下降，但景区内几个主要运行站点的交通噪声均超过 3 类标准值，接近 4 类标准值。噪声水平以云谷寺为最高，黄山大门和温泉稍低，慈光阁最低。云谷寺交通噪声水平高可能与云谷寺站点空间较大、停靠车辆较多有关。慈光阁站点空间相对较小，能停靠的车辆有限，且附近植被状况较好，对噪声减轻有一定作用。总体来看，随游客的增加及车流量的增大，黄山风景区交通噪声有所上升，已属于轻度噪声污染。

三、研究结论

(1) 自 1997 年来，由于加强了对景区噪声的管理，黄山风景区声环境有所改善，但声环境状况不容乐观。目前，游客集中的部分地段，如云谷寺、玉屏楼、光明顶和西海等地段噪声均已超过标准值，已经产生了一定的噪声污染。其他地段近年的监测值大部分已接近标准限值。

(2) 随客流量增加，交通噪声有所上升，车辆集中的云谷寺、黄山大门、温泉和慈光阁均已超过 3 类标准值，已造成声环境的轻度污染。

(3) 黄山风景区的噪声主要来自机动车和游客，因此噪声污染主要集中在游客集中的热门景点、宾馆附近及主要的交通站点。

第七节　旅游活动对九华山风景区大型土壤动物群落影响研究

国内学者对九华山土壤动物研究相对较多，主要集中在对九华山土壤动物的种类构成、季节分布、山地垂直分布特征等，以及对土壤动物中的蜘蛛、甲虫等的分布与特征研究。这些研究主要是从自然环境的角度说明土壤动物的分布特征及其变化规律。作为一个全国知名的旅游胜地，九华山的土壤动物分布除受到自然环境因素的影响外，还与旅游活动的量和强度有关系，但目前尚没有见到相关的研究。大型土壤动物对旅游区各种影响的反应比较敏感，对其进行研究可以深入了解自然景区生态环境受到旅游活动的影响程度和旅游活动对自然生态系统的作用过程。本研究以实地土壤动物采样调查为基础、以受人类旅游活动影响较大的大型土壤动物为研究对象，从旅游生态学的研究视角揭示旅游活动与大型土壤动物之间的相互关系，探索九华山旅游活动对土壤动物影响的规律。为景区的建设规划和生态保护提供指导，同时也丰富了旅游生态学研究的内涵。

一、样带(方)设计与数据处理

1. 取样和鉴定

在九华山风景区的主要旅游步道边缘设置样带，调查游憩活动对大型土壤动物群落的影响。选择了坡度相差较小、坡向大致相同、分布在 6 条主要石质台阶游道上的 8 条样带(表 6 - 32)，同一游道的样带相隔大约为 100 m，即通慧禅寺—回香阁两条样带(编号：JH - GH - 01、JH - GH - 02)、祇园寺—百岁宫两条(编号：JH - QB - 01、JH - QB - 02)、百岁宫—回香阁 1 条(编号：JH - HB - 01)、回香阁—月身宝殿 1 条(编号：JH - HR - 01)、中闵园—回香阁 1 条(编号：JH - MH - 01)、叉路口—小天台 1 条(编号：JH - CXT - 01)。在每条样带内按距旅游步道距离的不同，分别设计了距游道 1 m、2 m、3 m 和 4 m 的 4 个不同的样方(分别对应 01、02、03、04 样方编号)，分别进行取样。在每个样方中建立 1 m×1 m 的土壤动物取样样方，每个样方中按照枯枝落叶层(A0 层)、0～5 cm(A 层)、6～10 cm(B 层)、11～15 cm(C 层)、16～20 cm(D 层)分五层，每层按面积 30 cm×30 cm 取土。

表 6 - 32　大型土壤动物各采样带的地理环境

样带编号	经纬位置	海拔高度/m	植物覆盖率 01、02、03、04 样方	坡度/(°)	坡向/(°)	游道宽度/m	游道长度/m	游客量比例/%
JH - GH - 01	117°4.045′E, 30°28.577′N	687	3%、11%、18%、38%	32	SE60	1.7	800	23.1
JH - GH - 02	30°28.546′N, 117°48.043′E	719	4%、12%、20%、35%	32	NE0			
JH - QB - 01	30°29.043′N, 117°48.031′E	644	0%、16%、39%、68%	29	SW75	1.72	1 100	45.8
JH - QB - 02	30°29.058′N, 117°48.100′E	673	6%、14%、19%、42%	27	SW42			
JH - HB - 01	30°28.586′N, 117°48.138′E	785	0%、18%、46%、52%	33	SW22	1.7	1 500	35.6

续表

样带编号	经纬位置	海拔高度/m	植物覆盖率 01、02、03、04 样方	坡度/(°)	坡向/(°)	游道宽度/m	游道长度/m	游客量比例/%
JH-HR-01	30°28.547′N, 117°47.933′E	726	0%、13%、20%、47%	31	SW85	1.7	2 300	27.3
JH-MH-01	30°28.466′N, 117°48.209′E	647	6%、12%、34%、41%	17	NE55	1.5	1 500	18.2
JH-CXT-01	30°28.459′N, 117°47.498′E	752	12%、17%、28%、37%	33	NE60	1.5	800	5.8

对取得的土样采用手拣法和网筛法进行分拣，得到大型土壤动物，用 70%的酒精杀死其并固定后带回室内鉴定，鉴定方法按照清木纯一郎和尹文英的《中国土壤动物检索图鉴》进行分类的大类别（纲、目）分类方法。

2. 数据处理

数据处理采取土壤动物的多样性指数、优势度、均匀度、表层聚集度等进行。土壤动物群落结构多样性指标的测定采用公式如下。

Shannon-Wiener 多样性指数：

$$H' = -\sum_{i=1}^{s} p_i \ln p_i$$

Pielou 均匀度指数：

$$E = H'/\ln s$$

Simpson 优势度指数：

$$C = \sum_{i=1}^{s} p_i^2$$

式中，p_i 指 i 类群在群落中的个体比例，即 $p_i = n_i/N$，n_i 为样区内第 i 个类群的个体数量；N 为样区内所有类群的个体数量；s 为样区内类群的数目。

表层聚集度指数＝土壤表层 5 cm 以上（A＋A0 层）的土壤动物个体（类群）总数/取样方的总体土壤动物个体（类群）数。

数据处理在 Microsoft Excel 2003 和 SPSS 13.0 软件上进行。

二、结果与分析

1. 群落组成与数量

2008 年 10 月 17～26 日，对 8 条样带的 32 个样方进行采样，共获得 144 个土壤样品和 29 个枯枝落叶层样品；分拣样品共获得大型土壤动物 2 076 头，隶属于 3 门 8 纲 27 个类群(表 6 - 33)。其中，膜翅目、鞘翅目和蜘蛛目为优势类群(个体捕获量占总体的 10%以上)，它们占个体总数的 56.50%；近孔寡毛目、后孔寡毛目、倍足类、等足类、潮虫目、盲蛛目、地蜈蚣目、石蜈蚣目、综合类、双翅目、蜚蠊目等 12 个类群为常见类群(个体捕获量占总体的 1%～10%)，占总体捕获量的 38.87%；其余 12 个类群个体捕获量都在 1%以下，为少见类群，占总体捕获量的 4.62%。优势类群和常见类群共 15 类，占总体捕获量的 95.38%(表 6 - 34)，它们构成了九华山风景区大型土壤动物群落的主体，对大型土壤动物的群落特征起着决定性作用。

表 6 - 33　九华山风景区所捕获大型土壤动物分类表

门	纲	目或类群
Ⅰ软体动物门(Mollusca)	腹足纲(Gastropoda)	中腹足目(Mesogastropoda)
Ⅱ环节动物门(Annelida)	寡毛纲(Oligochaeta)	后孔寡毛目(Oligochaeta plesiopora)、近孔寡毛目(Oligochaeta opisthopora)
Ⅲ节肢动物门(Arthropoda)	甲壳纲(Crustacea)	潮虫目(Pillbug)、端足目(Amphipoda)、等足目(Isopoda)
	蛛形纲(Arachnida)	拟蝎目(Psendoseorpionide)、蜘蛛目(Araneida)、盲蛛目
	倍足纲(Diplopoda)	倍足类(Diplopoda)
	唇足纲(Chilopoda)	石蜈蚣目(Lithobiomorpha)、地蜈蚣目(Geophilomorpha)、大蜈蚣目(Scolopendromorpha)
	综合纲(Symphyla)	综合类(Symphyla)
	昆虫纲(Insecta)	双尾目(Diplura)、双翅目(Diptera)、鞘翅目(Coleoptera)、缨翅目(Thysanoptera)、膜翅目(Hymenoptera)、半翅目(Hemiptera)、鳞翅目(Lepidoptera)、同翅目(Homoptera)、石柄目(Microcoryphia)、蜚蠊目(Blattodea)、直翅目(Orthopteroidae)、等翅目(Isoptera)、革翅目(Dermaptera)

表 6 - 34　九华山风景区捕获的大型土壤动物类群、数量

	九华山取样方编号(省略前边的 JH -)								总计	频度/%	多度
	GH-01	GH-02	MH-01	CXT-01	HB-01	HR-01	QB-01	QB-02			
膜翅目	126	83	155	93	102	58	34	20	671	32.32	+++
鞘翅目	45	16	29	41	33	30	29	48	271	13.05	+++
蜘蛛目	44	27	23	22	37	17	35	26	231	11.13	+++
近孔寡毛目	3	4	4	21	18	9	44	31	134	6.45	++
综合类	35	17	14	12	21	13	11	10	133	6.41	++
盲蛛目	12	2	4	16	29	7	6	16	92	4.43	++
潮虫目	21	6	13	5	6	1	14	12	78	3.76	++

续表

	九华山取样方编号(省略前边的 JH-)								总计	频度/%	多度
	GH-01	GH-02	MH-01	CXT-01	HB-01	HR-01	QB-01	QB-02			
双翅目	9	4	2	9	11	3	18	14	70	3.37	++
等翅目	1	1	38					19	59	2.84	++
石蜈蚣目	7		6	2	16	6	13	7	57	2.75	++
后孔寡毛目	7	1	3	10	2	18	3	7	51	2.46	++
地蜈蚣目	4		11	3	10		9	10	47	2.26	++
倍足类	16	2	4	2	4		3	2	33	1.59	++
等足目	10	6	3				2	10	31	1.49	++
蜚蠊目			4		12	1	5		22	1.06	++
双尾目	2		3	1	6	1		2	15	0.72	+
同翅目	5	6					3	1	15	0.72	+
拟蝎目	2	2	3	3	2	1		1	14	0.67	+
革翅目	5	1				4	1	1	12	0.58	+
鳞翅目			6			2	1	2	11	0.53	+
中腹足目	4						3	2	9	0.43	+
半翅目	4	1							5	0.24	+
直翅目	3							2	5	0.24	+
大蜈蚣目	1						2		3	0.14	+
缨翅目	1	2					1		4	0.19	+
端足目		2							2	0.10	+
石柄目	1								1	0.05	+
总　计	368	183	325	240	309	171	237	243	2 076	100	

注：由于有些频度数据进行过舍入修约，所以频度的各项数字之和不完全等于总计数字。

不同旅游道路上捕获的大型土壤动物群落存在差异。从表 6-34 和表 6-35 中可以看出，JH-GH-01 样带捕获的大型土壤动物类群为 24 类，数量为 368 头，JH-GH-02 样带捕获的大型土壤动物类群为 18 类，数量为 183 头，可见在 JH-GH 两条样带捕获的大型土壤动物总类群为 25 类；JH-MH-01 样带捕获的大型土壤动物类群为 18 类、325 头；JH-CXT-01 样带捕获了 14 类、240 头；JH-HB-01 样带捕获了 15 类、309 头；JH-HR-01 样带共捕获了 16 类、171 头；JH-QB 两条样带共捕获 24 类，其中，JH-QB-01 样带为 20 类、237 头，JH-QB-02 样带为 21 类、243 头。捕获的类群与游道的样带数有一定的关系，样带为两个的游道上捕获的大型土壤动物类群数最多，说明选择的样地越多，出现大型土壤动物类群的机会越多；捕获数量的分布则没有呈现明显的规律，说明大型土壤动物类群的总体分布是由各游道所处的自然地理环境因素决定的，与旅游活动的强度、频度等关系不大。

表 6-35 九华山各样带捕获的大型土壤动物的类群、数量

样方号	A0		A		B		C		D		数量总和
	类群	数量	类群	数量	类群	数量	类群	数量	类群	数量	
JH-GH-01-01	2	5	4	13	5	23	4	9	2	4	54
JH-GH-01-02	5	17	7	42	4	27	3	10	2	2	98
JH-GH-01-03	12	69	8	20	4	8	4	8	3	7	112
JH-GH-01-04	14	55	9	30	5	12	3	5	2	2	104
JH-GH-02-01	2	4	4	5	3	8	3	4	2	3	24
JH-GH-02-02	4	10	6	13	3	5	2	3	1	2	33
JH-GH-02-03	7	19	8	29	5	12	2	5	1	1	66
JH-GH-02-04	8	19	10	27	4	8	3	6	0	0	60
JH-MH-01-01	2	5	8	15	4	18	3	12	2	5	55
JH-MH-01-02	2	6	7	48	3	26	4	6	1	2	88
JH-MH-01-03	4	28	8	35	4	17	5	8	3	6	94
JH-MH-01-04	8	25	11	34	6	22	2	6	1	1	88
JH-CXT-01-01	3	4	6	15	7	14	5	8	3	6	47
JH-CXT-01-02	4	12	7	21	8	13	4	8	2	5	59
JH-CXT-01-03	3	18	6	24	3	21	3	5	1	1	69
JH-CXT-01-04	6	14	6	37	4	5	3	6	2	3	65
JH-HB-01-01	0	0	2	3	2	5	2	2	2	2	12
JH-HB-01-02	5	17	7	32	3	21	3	8	1	3	81
JH-HB-01-03	10	43	12	41	5	13	6	8	5	7	112
JH-HB-01-04	6	30	9	50	6	12	5	8	2	4	104
JH-HR-01-01	0	0	2	7	4	7	3	4	3	3	21
JH-HR-01-02	4	9	5	12	3	7	2	3	1	1	32
JH-HR-01-03	7	14	6	15	4	7	3	4	2	3	43
JH-HR-01-04	10	46	5	13	5	8	4	4	3	4	75
JH-QB-01-01	0	0	3	4	4	5	2	3	1	1	13
JH-QB-01-02	9	14	12	28	7	14	4	7	3	5	68
JH-QB-01-03	10	25	11	26	8	21	6	8	1	3	83
JH-QB-01-04	9	32	9	21	6	13	3	5	2	2	73
JH-QB-02-01	3	4	6	8	6	14	3	5	1	1	32
JH-QB-02-02	5	13	6	16	4	7	4	6	3	3	45
JH-QB-02-03	7	28	9	24	5	16	4	5	2	3	76
JH-QB-02-04	9	34	8	31	6	12	6	9	2	4	90

注：AO、A、B、C、D 为土层。

2. 旅游活动对大型土壤动物水平分布的影响

本次调查主要集中在旅游道路两侧,旅游道路和两侧之间有一定的坡度(表6-32),旅游活动的影响也是从旅游道路两侧逐渐减弱。8个样带经过调查和统计,可以看出,由接近游道的样带向远离道路的样方上所捕获的大型土壤动物在数量上和种类上都存在一定的差异(表6-35),其中,捕获的大型土壤动物在数量上,接近游道的01样方与其他3个样方差异显著($p<0.05$),01与03、04样方差异极显著($p<0.01$),而02、03和04样方虽然存在差异,但差异不显著(SPSS 13 one-way AN0VA,LSD检验)。4个样方中,00、02、03样方捕获的大型土壤动物的数量递增明显,而04样方多数样带中所捕获的数量略低于03样方,但都高于01、02样方。在种类分布上,同一样带的01、02、03、04样方虽然也呈现一定的递增趋势,但相互之间的差异只有01样方与其他样方差异显著外,其他样方之间的差异均不显著,而种类差异较小。

用Shannon-Wiener多样性指数(H')、Pielou均匀度指数(E)、Simpson优势度指数(C)分析每个样带大型土壤动物水平分布的多样性(图6-42和图6-43),得出每个样带不同距离样方的多样性指数、均匀度指数和优势度指数,可以反映出土壤动物类群结构的水平变化特征。从图中能够看出,H'大都由近游道的01样方向远离游道的04样方呈上升趋势,但在JH-QB、JH-MH、JH-HB、JH-HR四条游道上的04样方H'指数值要低于03样方,呈下降趋势,这与04样方所在地点的地形特征有一定的相关性。H'在JH-CXT游道上呈现相反的趋势,即由01~04样方多样性指数在下降,说明此样带上的旅游活动量较少,在近游道处,适当的人类旅游活动形成中度干扰,致使大型土壤动物的种类和数量增加,从而使其

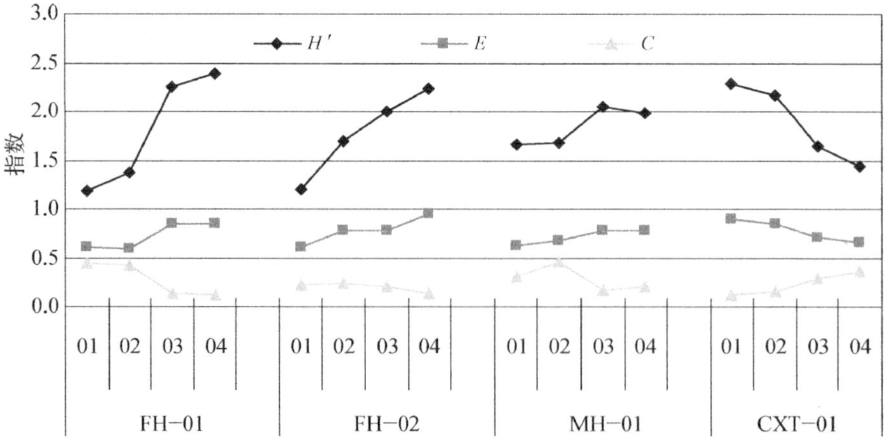

图6-42 FH-01、FH-02、MH-01、CXT-01样带大型土壤动物群落多样性

H'为Shannon-Wiener多样性指数、E为Pielou均匀度指数、C为Simpson优势度指数。

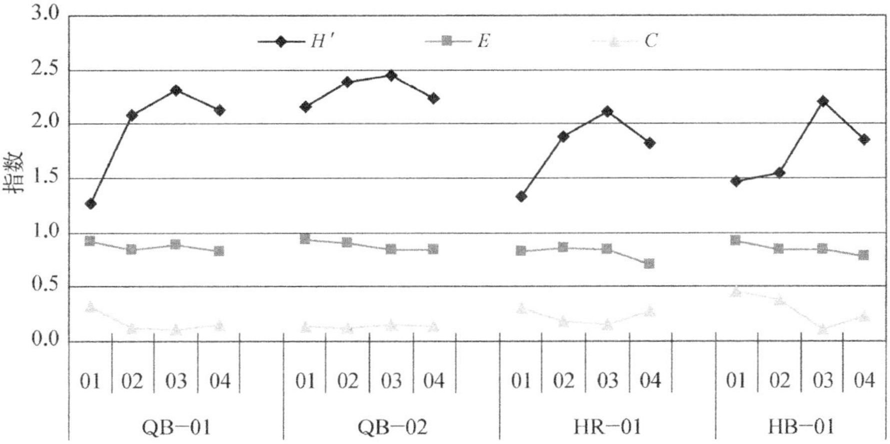

图 6-43　QB-01、QB-02、HR-01、HB-01 样带大型土壤动物群落多样性
H′为 Shannon-Wiener 多样性指数、E 为 Pielou 均匀度指数、C 为 Simpson 优势度指数。

多样性升高，而远离游道的样方的地形等因素的影响使得其土壤动物的多样性下降。

对 6 条不同样带的大型土壤动物 E 的分析可以看出，E 在 JH-FH、JH-MH 两条游道上由近游道向远离游道呈现上升趋势，在 JH-QB、JH-HB、JH-HR 游道上呈现较小幅度的下降趋势，但差异较小，在 JH-CXT 游道上由近游道向远离游道的方向则呈现明显的下降趋势。对大型土壤动物 C 的分析可以发现，在 JH-FH、JH-MH、JH-QB、JH-HB、JH-HR 5 条调查的游道样带上，大型土壤动物的优势度均表现出从近游道的 01 样方向 04 样方下降的趋势，只在个别样带的 04 样方出现上升，出现上升的样方其变化与 H′在 04 样方的下降趋势大致相似，而 JH-CXT 游道的样带上 C 呈现上升的规律，说明在少量旅游活动干扰的情况下，远离游道的样方土壤动物的 H′下降、E 下降、C 升高。

在 6 条不同游道上，对捕获的大型土壤动物群落水平分布与游道的旅游活动量进行相关性分析。对 JH-QB 和 JH-GH 游道的相同位置样方进行算术加权平均，得出两条游道的 01、02、03 和 04 样方的平均捕获量，与其他 4 条游道一起与各自的旅游活动量进行 Pearson 相关性检验，结果见表 6-36。对表 6-36 分析可以看出，距离游道不同的样方，大型动物的捕获量与游道的游客量之间呈现不同的相关性，各游道的 01、02 样方与游客量之间呈现负相关关系，其中，01 样方与游客量呈负相关关系，且差异显著（$p<0.05$），说明旅游活动量越大，01 样方的大型土壤动物捕获量越少，反之则越多；02 样方虽然也与游客量呈现出负相关，但相关关系较小，且不显著；03 样方和 04 样方与游客量之间则呈现正相关关系，并且越远离游道，其正相关程度越大，但都不显著（$p>0.05$）。这说明旅游活动致使大型土壤动物在水平分布上向远离游道的方向迁移，旅游活动量越大，则迁移的数量越大。

表 6-36　游客量与大型土壤动物捕获量的相关性(N=6)

	与大型土壤动物捕获量的 Pearson 相关性(Sig.1-tailed)			
	各游道 01 样方	各游道 02 样方	各游道 03 样方	各游道 04 样方
各游道游客量比例	0.774(0.035)	0.087(0.435)	0.195(0.355)	0.536(0.137)

3. 旅游活动对大型土壤动物垂直分布的影响

由表层垂直向下对土壤动物进行采样，捕获的大型土壤动物群落的种类与数量在垂直方向上呈现一定的规律性。使每个样方的 A0、A 所捕获的土壤动物的种类和数量与总体种类和数量进行比较，得出每条样带不同样方的种类集聚度和数量集聚度(图 6-44 和图 6-45)。从图 6-45 中可以看出，种类集聚度和数量集聚度都呈现同样的递增规律。距离游道越近的样方，其种类和数量的表层集聚度越低。其中，各样带的 01 样方数量表层集聚度都在 40%以下，种类表层集聚度多在 40%以上，仅有 JH-QB 游道的两条样带在 40%以下，在 JH-CXT 游道上，由于旅游活动强度较小，其种类集聚度高达 61.5 %，而 04 样方的种类集聚度低于所有其他取样样带，说明旅游活动量较小的游道的取样样带，大型土壤动物由近游道向远离游道方向表层集聚增加的趋势相对较缓。而在旅游活动量较大的游道，受旅游活动影响强烈，大型土壤动物的表层集聚现象在近游道样方较低，而越远离游道表层集聚现象越明显，集聚度也越高。

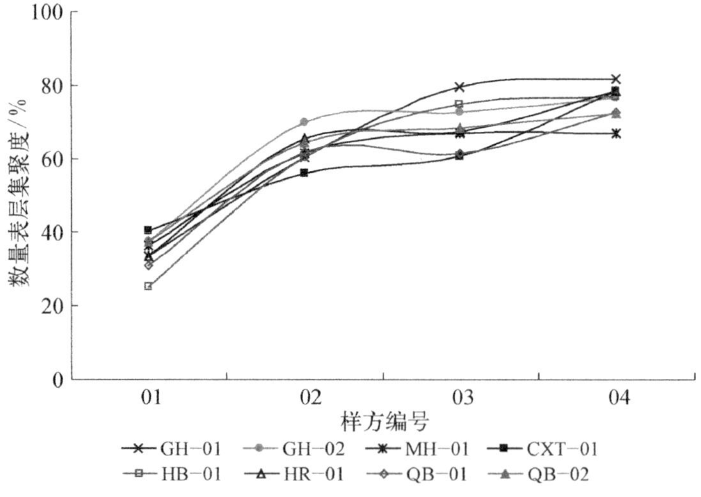

图 6-44　大型土壤动物群落数量表层集聚度

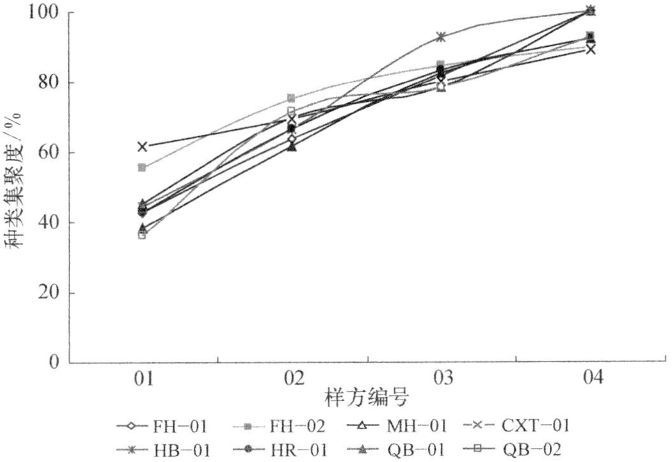

图 6-45　大型土壤动物群落种类表层集聚度

三、结论与讨论

旅游活动对大型土壤动物的研究相对较少，作者于 2007 年、2008 年分别对赭山风景区和九华山风景区大型土壤动物进行调查，对结果进行分析比较（游憩活动对赭山风景区大型土壤动物群落的影响）。对照赭山城市生态型旅游区与九华山风景名胜区两种不同类型旅游景区的大型土壤动物的研究，可以发现，两景区所处的自然环境因素、旅游活动因素等差异对大型土壤动物的影响，既有一些相同的规律，也存在一定的差异。

1）旅游活动对大型土壤动物水平分布的影响

旅游景区的大型土壤动物受到人类旅游活动的影响研究还处于探讨之中，前面通过对赭山风景区的调查研究，发现其和九华山的研究结果有相一致的变化规律。水平分布在数量和群落组成的类群上均呈现一定的规律，即表现为由近游道向远离游道的方向递增，其变化程度与旅游活动强度之间呈现一定的正相关（详见第八章的表 8-7）。水平分布的 H'、E 和 C 也与赭山的研究样带呈现相类似的规律，即由近游道向远离游道呈现 H' 上升、E 上升和 C 下降的规律，其波动的规律性也大多相同，并且其变化幅度也与旅游活动量的多少呈现出一定相关性。只是九华山各样带的 04 样方变化略有不同，主要因为远离游道旅游活动的影响程度明显减弱，此样方受自然环境影响的程度增大，是由地形坡度的变化引起的。在山地旅游景区，坡度变化往往会导致动物生存的土壤环境发生变化，坡度增加会引起土壤中的水分、腐殖质等含量减少而不利于土壤动物生存。而在 JH-CXT 游道的调查研究中发现，大型土壤动物的多样性、均匀度和优势度则与所有调查的样方呈现相反的规律，由此可以说明，在旅游活动量相对较小的区域，中度干扰会使大型土壤动物种类、数量增加，使近游道向远离游道方向的大型土壤动物分布的 H' 上升、E 下降、C 上升。

此外，赭山风景区大型土壤动物水平分布表现出一定的边缘效应，但在九华山案例研究中表现不明显，究其原因可能是：① 赭山风景区海拔高度较低，都在40 m左右的高度、旅游活动量相对较大，导致 01 样方的植被覆盖率几乎为 0，而内部样方植被覆盖率逐渐上升，04 样方几乎都在 90%以上；而九华山海拔高度多在600 m以上，且 01 样方中大多均有一定的植被覆盖率，不同样方之间的差异不是特别大(表 6－32)。② 在赭山风景区的植被组成中，特别是内部样方，主要是由单一的人工物种组成，可能造成土壤动物的分布受到影响；九华山风景区则多为自然植被，各类组成相对丰富。③ 赭山风景区面积小，游憩活动量大；而九华山旅游活动总人次与赭山相似，但旅游区的面积较大，每条游道的相对旅游活动影响量相对于赭山要少得多。

对九华山旅游活动量与各游道的不同样方捕获量之间进行相关性分析，可以看出，01、02 样方的捕获量与旅游活动呈现负相关性，而 03、04 样方则表现为正相关性(表 6－36)，说明旅游活动对大型土壤动物水平分布的影响上由游道边向内部，其影响逐渐减弱。受影响最大的是 01 样方，因为 01 样方就在游道边，受旅游活动的直接影响强度最大，导致土壤硬度增加、水分和土壤孔隙度减少、腐殖质和有机物质减少等，致使大型土壤动物受到影响的程度较大。远离游道受旅游活动的直接影响在下降，土壤的各种理化性质变异程度逐渐减小，可能出现大型土壤动物的迁移，从而导致旅游活动量与远离游道的样方大型土壤动物分布呈现正相关的趋势。

2) 旅游活动对大型土壤动物垂直分布的影响

从赭山和九华山两类风景区所捕获的大型土壤动物类群上来看，两地处于同样的自然地理区域(北亚热带)，动物类群的分布大致相同。但由于自然环境和人工环境的差异，也存在一定的变化，表现在不同类群多度上存在一定的差异。同时，在捕获的数量上差异显著，赭山由于海拔低、土壤等的自然环境因素相对较好，三条样带的捕获量几乎与九华山 8 条样带的捕获量相似(表 8－7 和表 6－36)。由此可以说明，大型土壤动物的分布在数量上受到海拔的影响比较明显，分布呈现一定的垂直地带性规律。当然仅凭借两个景区的比较来说明其具有垂直地带性分布规律的论证还不完全。在同一个风景区内做垂直分布的调查，由于受到旅游环境因素、旅游道路设置、旅游流量等多方面的影响，做相同的比较还较为困难。此外，土壤动物的分布复杂多变，既有自然环境的因素、土壤动物本身的生存特征的影响，更多的则是人为因素加入到自然因素中其变化更加复杂。旅游景区大型土壤动物与海拔高度之间的分布规律性有待于进一步研究。

多数学者对大型土壤动物的垂直分布做过相关研究，得出相类似的垂直分布规律，即大型土壤动物在垂直分布上具有表层集聚现象。多数研究中没有对土壤动物的垂直分布(表层集聚现象)进行位置比较。在赭山和九华山两个景区内，大型土壤动物的类群和数量分布都呈现明显的向表层集聚的现象，并且相同样带内的类群和数量表层集聚度都呈现由近游道向远离游道方向递增的规律，说明在近游道，样方表层的大型土壤动物受到旅游活动的影响相对较大，土壤动物的分布向下位移，越远离游道，旅游活动影响越弱，表层集聚分布的规律越明显。在比较类群和数量表层集聚度变化上，发现类群表层集聚度比数量表层集聚度高，说明越远离游道的样方，旅游活动影响越弱，多种类群的大型土壤动物都具有向表层集聚的趋势，从而使表层集聚度增大。

3）旅游景区内的大型土壤动物群落分布也受到环境因素的影响

在两种类型的风景区内设计相同的采样、调查条件，得出自然环境因素对大型土壤动物分布的影响也相对较大，04 样方由于受旅游活动的影响相对很小，自然环境影响因素成为这个区域的主导影响因素。由于样带内存在坡度的变化，相对较大坡度的 04 样方的 H'、E 和 C 等指标都较 03 样方有变化，表现为 H' 下降、C 提高、E 下降(图 6－22 和图 6－23)。对大型土壤动物的影响主要集中在距离游道的 2 m 内，这种变化趋势与刘儒渊、石强等在旅游区对土壤受到旅游活动影响主要集中在 2～3 m 内的研究规律大致相同，因为在此范围内，土壤受到旅游活动的影响强烈，引起土壤的孔隙度、水分、有机物和无机盐等一系列的变化，这些变化必然影响大型土壤动物的存在和分布，说明大型土壤动物受到旅游活动的影响而产生的变化与土壤受到的影响的范围和程度是一致的。而在距离游道相对较远的区域，受到旅游活动直接和间接的践踏会明显减少，对土壤的理化性质影响的程度也减弱，自然微环境因素往往构成对土壤动物群落影响的主体。

第八节　九华山风景区线性游道固体废弃物影响研究

废弃物是人类的伴生物，也是旅游业的副产品。旅游废弃物是伴随着旅游业的产生开始出现的，旅游业发展的早期由于旅游规模小，产生的废弃物较少，对环境影响不明显，没有引起太多的关注。随着旅游产业规模的不断扩大，旅游者人次和旅游活动范围也不断扩展，大量的旅游废弃物引起旅游景区环境的恶化和美感度下降，也引起了旅游管理者和研究者的极大关注。对旅游废弃物的研究伴随着旅游环境问题的出现而出现，目前对旅游废弃物的研究，特别是对固体废弃物的研究，已在全世界广泛地展开，研究范围涉及各种类型的旅游风景区、自然保护区、荒野游憩地等区域。

我国旅游废弃物的研究相对比较滞后，相关的研究刚刚起步，但旅游环境问题已经引起了旅游、环境及相关管理部门的高度重视。对于旅游废弃物的研究，大多重视旅游区产生的各种生活垃圾的收集和处理等，而对旅游景区内线性游道两侧的固体废弃物环境影响问题研究相对较少。国外已有研究者对山岳景区线性游道固体废弃物的生态影响进行了研究，如 Jagdish C. Kuniyal 研究了喜马拉雅山南坡印度边的登山探险旅游产生的废弃物对自然环境的影响，大量丢弃的各种废弃物引起了这些生态脆弱地区的冰川融化、部分植物和动物的灭绝、空气污染、景观视觉上的破坏和对当地人生活的影响。山岳型风景区大多为生态环境脆弱区，线性游道是连接景点(区)的重要步行通道，为了使山岳型风景区的可进入性增大，线性游道里程长、通达性较好，穿越了山岳景区的大部分生态环境脆弱区。旅游开发和旅游者随意丢弃的固体废弃物大量出现在线性游道两侧，不仅造成旅游者在登山过程中的视觉污染，而且对山岳型风景区的环境质量影响较大。本节在九华山风景区内对主要步行游道设置调查样方，研究线性游道两侧固体废弃物对旅游环境的影响，为旅游固体废弃物研究提供相应的研究案例，为风景区管理环境卫生提供帮助。

一、研究区域概况

九华山风景区(30°24′～30°40′N，117°43′～118°8′E)位于安徽省青阳县西南境，南北长约 40 km、东西宽约 30 km，总面积为 1 200 km^2。1978 年国家设九华山为风景名胜区(14 km^2)，1988 年住房和城乡建设部将九华山风景区规划保护范围扩展到 120 km^2，保护区面积为 173.85 km^2。九华山自然植被保存完整森林覆盖率达 76.25%，有着丰富的动植物资源，已知的植物物种有 1 800 多种、动物 287 种。气候条件既有北亚热带湿润季风气候的特征，又受海拔高度、地形影响而形成阴、凉、湿的小气候。九华山风景名胜区内气候凉爽，夏凉冬温，年平均气温为 16.1℃，年温差不大。年平均降水量为 1 526.5 mm，相对湿度为 50%。九华山风景区是中国佛教四大名山之一，以佛教文化和奇丽的自然景观为特色，是旅游观赏和开展科学文化活动的国家第一批分布的 44 个重点风景名胜区之一、国家 5A 级风景名胜区、中国自然和文化双遗产地。近年来，接待旅游者的人数不断增加，2006 年接待旅游者 135 万人次、2007 年为 212.29 多万人次，2008 年为 272.35 万人次。

九华山环境卫处近几年的资料和现场调查资料表明，目前九华山风景区垃圾日产量为 12 t，其中，天台、闵园两景区 2 t，九华街景区 10 t，旅游旺季游客高峰时可达 15 t。九华山风景区常住人口 3 327 人，暂驻人口 1 025 人，尚有相当数量的居民、旅社、餐馆、商店以煤为燃料，尤其是冬春季节，常住人口人均日产垃圾

1.1 kg，日产垃圾总量为 4.8 t；游客人均日产垃圾 0.45 kg，日产垃圾总量为 7.2 t，每位游客的日产垃圾山上与山下分配量为 0.09 kg 和 0.36 kg。景区内垃圾在组成上可以分为有机物类、无机物类和其他，其中以有机灰为主体（表 6－37），固体废弃物在分布上以九华街垃圾产生量大，分布范围广，呈面状分布；九华街到天台登山步道沿线垃圾产生量较小，沿途呈线状分布；寺庙、餐馆、小卖部等处垃圾产生量较多，呈点状分布，相对集中[①]。九华山风景区的管理部门已经强化了对垃圾的处置、处理，共修建垃圾池 89 座、垃圾房 18 座和垃圾处理场两座。而这些垃圾设施全部集中于点状区域，而对于线路较长的登山步道，几乎没有相应的垃圾收集设施，致使沿途垃圾随意丢弃的现象较为普遍，本节主要针对线性游道上两侧对自然环境和旅游者的视觉感受影响较大的旅游固体废弃物进行取样调查研究，提示其分布规律。

表 6－37　九华山旅游废弃物组成

	有机物/%				无机物/%						其他
	食品垃圾	纸类	植物类	纺织类	香	柴灰	玻璃	金属	塑料	砖瓦污土	
天　台	9.02	13.40	23.31	微	2.10	4.39	6.23	3.21	33.52	2.42	
拜经台	10.52	12.68	18.83	微	2.35	7.30	5.60	7.48	4.01	31.10	0.22
通慧寺	14.42	3.70	19.22	微	1.98	5.0	4.80	5.81	3.61	37.50	3.96
九华街	13.31	3.07	15.58	微	1.21	1.0	6.15	3.25	3.81	52.42	0.21

资料来源：九华山风景名胜区环境保护规划研究报告，2006.

二、研究方法

沿九华山 6 条主要步行游道附近设置了 21 条样带（图 6－46 和表 6－38）。每条样带设立 4 个与游道相垂直的连续样方，每个样方大小为 1 m×1 m；每条样带之间的间距不小于 100 m。因为是山区型游道，超过 4 m 后多数地方坡度较大，由于安全的原因旅游者上下不便，旅游固体废弃物一般不会出现。6 条取样游道都是由石板铺成的台阶型游道，每条样带的自然环境的背景值包括海拔高度、游道名称、长度、游道宽度，并测算了游客量比例（表 6－38）。游客量的比例是依据以前的研究成果、九华山风景区管理委员会和安徽旅游资讯网提供的数据，以及本次调查过程中不同游道的现时统计数据，对以上获得的数据进行综合并与九华山总体游客量相比得出的。并记录每个样方所发现的固体废弃物的种类和数量。

① 资料来源：九华山风景名胜区环境保护规划研究报告，2006.

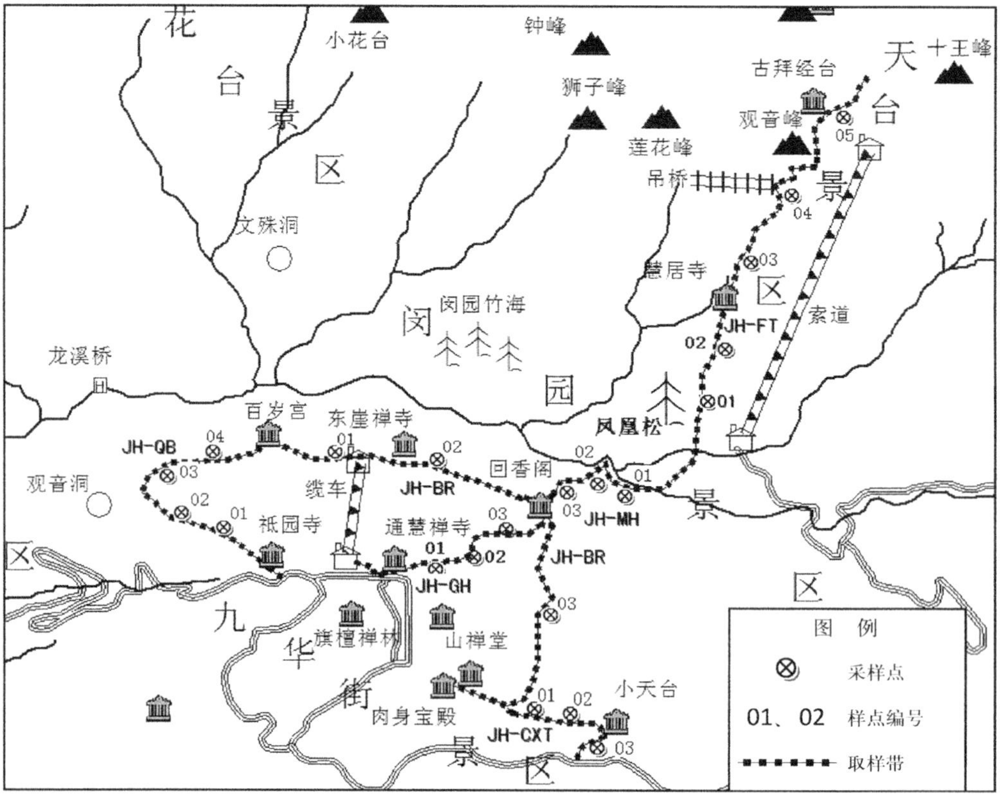

图 6-46 九华山风景区取样游道和取样带位置示意图

表 6-38 九华山各调查样带的地理环境及固体废弃物的种类和数量

样带编号	海拔/m	固体废弃物		所属游道	游道宽度/m	游道长度/m	游客量比例/%
		种类	数量				
JH-GH-01	656	5	15	公安局—回香阁	1.7	800	23.1
JH-GH-02	687	5	12				
JH-GH-03	719	9	24				
JH-QB-01	631	16	64	祇园寺—百岁宫	1.72	1 100	45.8
JH-QB-02	645	9	40				
JH-QB-03	684	10	41				
JH-QB-04	729	16	44				
JH-BR-01	801	6	13	百岁宫—肉身殿	1.7	3 800	38.3
JH-BR-02	744	1	1				
JH-BR-03	726	6	8				

续表

样带编号	海拔/m	固体废弃物		所属游道	游道宽度/m	游道长度/m	游客量比例/%
		种类	数量				
JH-FT-01	727	13	28	凤凰松—天台	1.9	3 500	62.4
JH-FT-02	751	13	22				
JH-FT-03	889	11	13				
JH-FT-04	937	10	13				
JH-FT-05	1 040	13	44				
JH-MH-01	620	0	0	闵园—回香阁	1.5	1 500	18.2
JH-MH-02	647	13	26				
JH-MH-03	652	1	3				
JH-CXT-01	724	9	21	叉路口—小天台	1.5	800	5.8
JH-CXT-02	734	2	3				
JH-CXT-03	752	3	5				

2008 年 10 月 16～25 日对九华山风景区进行了实地调查。每个样方进行两次调查，调查分别在上午 9:00～11:00 和下午 3:00～5:00 各一次，然后平均计算出每个样方所获得固体废弃物的种类和数量（本节中均使用每个样方固体废弃物的平均种类和数量值进行统计、分析），对 21 条样带 84 个样方进行调查、记录，分析受到旅游活动影响的线性游道固体废弃物的种类和分布特征等，得出旅游活动对九华山风景区线性游道固体废弃物影响的总体态势，并提出改善固体废弃物影响的对策和建议。

对调查所获得的数据用 EXCEL 2003 进行统计、分析处理，并利用 SPSS 13 进行相关性分析检验。

三、结果与分析

(一) 旅游固体废弃物的种类特征

在对九华山全长约 11 500 m 的 6 条主要登山游道 21 条取样样带的调查中，发现大多数样方中存在旅游固体废弃物，84 个被调查样方中有废弃物的样方数达 62 个，占调查总样方的 73.8%；所有调查样方共发现固体废弃物的数量为 440 件。对调查所发现的主要固体废弃物进行分类，主要种类有：各种有壳类废弃物，包括瓜子、花生、开心果、荔枝、板栗、鸡蛋壳、皮蛋壳等；塑料类废弃物，包括塑料盖、塑料纸、塑料皮、塑料管等；玻璃类废弃物，包括碎片、玻璃制品、瓷瓶等；烟蒂类废弃物、果皮类废弃物，包括橘子皮、玉米棒、甘蔗等；废纸类废弃物，包括糖果纸、卫生纸、书报废纸、烟纸等;金属类废弃物,包括铁丝、易拉罐、金属瓶盖等;建筑类废弃物,包括碎石块、旧砖瓦等;还包括纺织类、线绳类、电池等废弃物。其中,以食物类残渣为主体(包括果壳、果皮、鸡蛋等各类食物包装等)的固体废弃物占总发现量的51.2%;烟蒂(问题特别严重,存在于各个样方中,多与其他废弃物共存,既有新近丢弃的,也有较长时间以前丢弃的)占21.4%;塑料类(属于食品、旅游用品等的包装类较多)和废纸(包装和卫生纸较多)占18.8% ,金属类及其他占9.6%。调查发现的固体废弃物多为旅游者在登山途中产生的生活垃圾,由于登山途中缺少垃圾放置点等设施,旅游者登山过程中的生活废弃物直接扔在游道两侧。此外,山上旅游设施的维修、旅游道路建设等也在游道两侧留下一些建筑垃圾,如金属类和建筑废弃物等。

(二) 旅游固体废弃物的空间分布

对不同位置样方的废弃物统计分析发现,在样方分布上有固体废弃物的,01样方有16个、02样方有15个、03样方有17个、04样方有14个,分别占四类样方的76.19%、71.43%、80.95%和66.67%,说明所调查的大多数样方存在旅游固体废弃物;分布在01样方中的固体废弃物有110件、02样方有133件、03样方有117件、04样方有80件,从单体调查样方来看,各位置样方的单体固体废弃物的发现数量差距不大,只在02样方分布略多;在游客量相对较多的祇园寺—百岁宫(JH-QB)游道的4个样带的01、02、03、04样方固体废弃物依次为23件、58件、57件、51件,这条游道的所有样方都发现有固体废弃存在,但分布规律不明显,因为此游道有一定的清扫工作,所以01样方的固体废弃物相对较少;凤凰松—天台(JH-FT)游道5个样带的01、02、03、04样方依次为53件、40件、19件、8件,所有样方都发现有固体废弃物存在,在分布上呈现距游道距离越近分布越多的规律,因为此游道较长,是九华山风景区最为陡峭的登山道路,清扫工作可能不及时,因而01~04游道的固体废弃物数量逐渐减少。对其他游道上没有的固体废弃物的样方进行分析,发现多是因为所处位置旅游活动量相对较少或者所处的位置便于清扫等。

把各调查样带所获得的固体废弃物种类、数量与样带高度进行Pearson相关性分析(表6-39),发现固体废弃物的种类、数量分布与样带高度呈相关性,但相关性不显著,特别是固体废弃物的数量与样带高度的相关性值极低,说明海拔在1 000 m以下的九华山登山游道,游客丢弃的固体废弃物受高度的影响不明显,具有随意性。

表6-39 各样带固体废弃物的种类、数量与样带高度的Pearson相关性($N=21$)

	各样带固体废弃物种类的Pearson相关性(Sig. (1-tailed))	各样带固体废弃物数量的Pearson相关性(Sig. (1-tailed))
各样带高度	0.240(0.148)	0.007(0.487)

(三) 旅游固体废弃物与旅游活动量之间的相关性分析

用 SPSS 13 的 Pearson 相关性分析模块对各游道所发现的旅游固体废弃物的种类和数量与各游道游客量比例进行分析(表 6-40)。可以看出,在各游道 01、02、03、04 样方中发现的固体废弃物种类与游客量比例呈正相关,但相关性不显著,相关性的值变化不大,说明旅游固体废弃物的种类分布没有规律。各游道 01、02、03、04 样方发现的固体废弃物数量的平均值与游客量比例的 Pearson 相关性也呈正相关,相关性不显著,由近游道的 01 样方向远离游道的 04 样方,其相关性值越来越小,说明固体废弃物的数量变化越接近游道,相关性越大,旅游者往往把固体废弃物直接扔在游道的附近,相关性不显著,这可能因为环卫工人的局部清扫而产生的影响。

表 6-40　各游道相同距离样方固体废弃物种类、数量与游客量之间的 Pearson 相关性($N=6$)

	各游道相同距离样方固体废弃物种类的 Pearson 相关性 (Sig. (1-tailed))				各游道相同距离样方固体废弃物种类数量平均 Pearson 相关性(Sig. (1-tailed))				
	01	02	03	04	01	02	03	04	样带数量平均
各游道游客量比例	0.586 (0.111)	0.67 (0.073)	0.505 (0.153)	0.561 (0.123)	0.675 (0.071)	0.694 (0.063)	0.524 (0.143)	0.288 (0.29)	0.367 (0.237)

四、结论与建议

(一) 研究结论

通过对九华山风景区 6 条主要登山游道的 21 条样带 84 个样方的调查、统计,共发现有固体废弃物的样方为 62 个,占调查样方数的 73.8%;固体废弃物的总数量为 440 件,种类多达 38 种,以生活废弃物为主,其次为建筑废弃物。固体废弃物在线性游道上呈现种类多、分布广泛的特点。

线性游道的固体废弃物在空间分布上总体规律不明显,但在旅游活动量较多、海拔不高的游道上,固体废弃物受到环卫工人的清扫,近游道的固体废弃物相对较少,距离游道 2～3 m 固体废弃物分布相对较多;在旅游活动量大、海拔相对较高的游道上,因清扫困难,固体废弃物由近游道向远离游道的方向逐渐减少;没有固体废弃物的样方主要分布在易清扫的近游道 01 样方和游客量较少的远离游道的样方。线性游道各样带固体废弃物的种类和数量分布与样带高度的 pearson 相关分析,呈不显著的正相关,说明在海拔较低的风景区,旅游者丢弃固体废弃物与高度关系不大,具有随意性和不确定性。

对固体废弃物分布与各游道游客量比例进行的 Pearson 相关分析可以发现，固体废弃物种类和数量分布与游道游客量正相关，但相关性不显著，说明固体废弃物分布在不同位置受到的环卫工人清扫程度不同，导致与游客量比例的相关性不显著。

(二) 对策与建议

根据国外环境研究专家对各类固体废弃物的解体时间所做的推算，玻璃瓶在任何时候都不能分解，塑料瓶需 450 年，易拉罐需 200～250 年，普通马口铁罐头盒需 100 年，经油漆粉刷的木板需 13 年，帆布制品需 1 年，绳索需 3～14 个月，棉织物需 1～5 个月，废纸屑需 15 天。而有机垃圾较易腐烂，含有病原体。尤其在夏季，正是旅游的旺季，有机垃圾在高温、湿润的环境下加快腐烂，其产生的臭气严重影响周边的环境。通过调查发现，在九华山的线性游道上存在着固体废弃物对环境的严重影响问题。大量废弃物在接近游道的样方内，直接造成了景观视觉上的污染；也会对景区内土壤的理化性质产生影响，进而影响植被环境；大量的烟头还可能会引起森林火灾等，这些都对景区生态系统产生了一定的负面影响。线性游道上大量固体废弃物也会使宗教名山的神圣形象大大受损，降低了在旅游者心目中的位置，从而影响旅游业的发展。

九华山管理部门要进一步重视游道固体废弃物管理工作，以减少对著名旅游风景区环境的影响。近年来，九华山风景区管理部门虽然强化了对垃圾的处置、处理，共修建垃圾池 89 座、垃圾房 18 座和垃圾处理场两座，并配备了一个 109 人的环境卫生管理大队，承担着九华山风景区环境卫生清扫保洁工作①。对产生大量固体废弃物的九华街、寺庙、闵园、柯村等固体废弃物集中区域进行了有效管理，大大减少了固体废弃物的问题。但是对登山的线性游道固体废弃物的收集、清运等工作存在严重不足，既有客观上的清理难度，也存在主观上的认识不足，致使固体废弃物对环境的影响问题依然存在。游客在登山过程中感受到的固体废弃物现象比较严重，环境视觉影响较大。要使线性游道的固体垃圾污染环境和影响景观的现状得到彻底治理，必须加大对线性游道上固体废弃物的管理力度，提高管理人员的素质和意识，制定切实可行的固体废弃物管理措施。建议做到，一是加大宣传和教育的力度，从源头上减少旅游者的废弃物排放量，通过媒体、宣传标志、管理人员直接教育等方式宣传九华山旅游环境保护政策、措施和手段，对旅游者进行引导和教育，从而减少旅游者固体废弃物的直接丢弃；二是要在主要登山游道每间隔 100 m左右设置废弃物收集设施，设施要求做到与环境相协调，又有明显标识，容易辨认；三是要贯彻每天及时清扫、收集、运输下山的旅游废弃物管理制度，确保游道

① 资料来源：九华山管委会卫生管理大队，2009 年.

上没有固体废弃物影响景区视觉；四是要提高环卫人员的职业素养，明确责任分工，调研分析主要固体废弃物的排放时间，有针对性地进行环境卫生宣传，及时收集清理固体废弃物；五是要对景区施工单位建立固体废弃物考核制度，完善谁产生谁负责的管理制度；六是要风景区各管理单位负责本单位管理范围内的环境卫生宣传、负责管理区域内的环境卫生，并建立适当的奖惩制度，保护九华山风景名胜区的环境质量。

第七章　湿地型风景区旅游生态学研究实践

第一节　湿地与生态旅游

湿地是地球上有着多功能、富有生物多样性的生态系统，是人类重要的生存环境之一，很多湿地被列为自然保护区，是人类旅游的重要区域。由于湿地本身生态环境的脆弱性，旅游活动对其干扰明显，也成为旅游生态学研究关注的重点之一。本章以太平湖国家湿地公园为研究案例地，研究人类旅游干扰下的草本植物区系的多样性变化及土壤酶活性和大型土壤动物的分布影响。探索其变化特征及规律，丰富旅游生态学的研究实践。

湿地占地球表面6%的面积，却为近20%的物种提供了栖息繁殖地，誉为“地球之肾”“生命之源”“人类文明发源地”和“物种基因库”，是自然界最富于生物多样性的生态景观，以及人类最重要的生存环境之一，它与森林、海洋一起并称为全球三大生态系统。湿地在气候调节、蓄洪防旱、水源供给、污染消纳、促淤造陆、环境美化、生物多样性保护、区域生态平衡保持等方面具有重要价值和独特功能。《千年生态系统评估》指出，湿地所具有的供给功能、调节功能、支持功能和文化功能，都与国家生态安全和区域经济及社会的可持续发展紧密相关，支撑着人类社会的健康发展。湿地是一种重要的国土和自然资源，与人类的生存、繁衍和发展息息相关，湿地是孕育和传承人类文明的重要载体，尼罗河孕育了古埃及文明，印度河流域孕育了古印度文明，幼发拉底河孕育了古巴比伦文明，黄河孕育了华夏文明，爱琴海孕育了古希腊文明。

一、湿地

目前，湿地的概念还没有标准的定义，但学术界倾向于接受的是1971年在伊朗拉姆萨尔(Ramsar)会议上通过的《关于特别是作为水禽栖息地的国际重要湿地公约》(Convention on Wetlands of International Importance Especially as Waterfowl Habitat，简称《湿地公约》)中所规定的湿地定义，即湿地是指不论其为天然的还是人工的、长久的或暂时的沼泽地、湿草原、泥炭地或水域地带，带有静止或流动，或为淡水、半咸水、咸水，包括低潮时不超过 6 m 的水域。该定义边界清楚，范围广，在湿地管理中具有较好的操作性，也是加入湿地公约国所接受的定义。常见的沼泽、泥炭地、湿草甸、湖泊、河流、滞蓄洪区、河口三角洲、滩涂、水库、池塘、水稻田及低潮时水深浅于 6 m 的海域等均可视为湿地。

但是，自 20 世纪以来，随着世界人口的爆炸式增长、工业化进程的加剧及人类对湿地认识的片面性，世界范围内的围湖造田、围海造地、滩涂开垦、泥沙淤积、海岸侵蚀、湿地排污、湿地生物资源过度利用等使得湿地遭受到越来越多的破坏和不合理的开发利用，湿地面临着严峻的挑战，湿地面积急剧萎缩、生物多样性大幅降低、环境质量不断恶化、自然特性不断丧失、生态价值不断下降。湿地不断被蚕食乃至丧失，湿地生态系统服务功能严重退化，而湿地生态系统的脆弱性使得湿地一旦丧失则不可弥补，严重损害了湿地社区和个人的健康福祉，并进而严重影响了世界各国经济和社会的发展，如果不采取强有力的保护措施，人类的生存环境将受到严重的破坏。

没有健康的湿地，就没有健康的人类，在这种情况下，人类逐步意识到湿地保护的重要性和迫切性，而保护湿地、保护生态也是保护人类和谐共存的家园。目前，世界上许多国家已经将湿地保护作为环境保护的重点内容，许多有效的湿地保护措施被采用推广，世界范围的湿地保护体系也逐步形成。

二、湿地生态旅游

由于湿地在美学、教育、文化、宗教、民俗、音乐等方面具有独特功能，因此其在生态旅游发展中的地位极其重要。例如，美国的大沼泽、秘鲁的喀喀湖、澳大利亚的大堡礁等湿地旅游已成为当地重要的经济活动，湿地观鸟游、湿地植物观赏、河口瀑布观赏和湿地教育游等生态旅游在发达国家和地区已非常普及。目前，国内许多湿地也被开辟为旅游目的地，如黑龙江省扎龙自然保护区建有标本馆和观鹤楼吸引大量游客前往，杭州西溪国家湿地公园自 2005 年 5 月 1 日开园到 2006 年年初，接待的游客和访客多达 50 多万人次。良好的湿地生态旅游产品可使游客在湿地旅游活动中接受环境教育和文化熏陶，能更好地提高广大游客的湿地保护意识，有助于推动湿地的可持续保护与利用。

湿地生态旅游研究的发展受湿地和生态旅游两个学科研究进程的影响。自 1983 年生态旅游概念首次提出至今，湿地一直出现在生态旅游研究中。Christopoulou 等曾提出发展生态旅游应首先发展湿地生态旅游，因为湿地最富于生物多样性和文化多样性，具有最好的环境教育功能和社区参与功能。湿地生态旅游追求旅游经济与湿地保护的协调发展，逐渐引起许多国家政府、国际组织和湿地周边社区的关注，但湿地生态旅游研究滞后于业界的期望值，表现为生态旅游研究热、湿地生态旅游研究冷的现象。其主要原因在于作为近几年新出现的研究领域，湿地生态旅游自身的研究内容很不完善，还处于初步发展阶段，且湿地生态旅游研究是生态学和旅游学等多学科研究的集中体现，存在问题较多，目前还没有形成完整的研究体系。为此，需要对国内外湿地生态旅游相关研究理论和实践进行总结，从研究进程、内容和方法等方面论述湿地生态旅游的研究进展，并对湿地生态旅游未来研究进行展望。

三、湿地生态旅游与环境影响研究

（一）国外的湿地生态旅游研究

国外学者对发展湿地生态旅游与环境影响方面的研究主要集中在尺度和广度比较大的宏观研究上。Wall 对全球变化与湿地旅游关系的研究表明，滨海湿地旅游业会受到海平面上升的影响，而内陆湿地旅游业则会受到水位下降的影响。Duim 等通过研究地中海沿岸蓬勃发展的旅游业指出，旅游使湿地环境遭到破坏，会引起生境减少、污染、大量消耗水、噪声或视觉污染等，目前在湿地保护与可持续性旅游发展之间寻找平衡是充满挑战性的。不良的湿地旅游规划将造成湿地退化，目前主要用环境、土壤和生物多样性等特征作为湿地退化的参考指标。Baldwin 对安提瓜西印度群岛因发展旅游而导致的湿地退化和海岸侵蚀进行了研究，指出当地的旅游业使湿地环境遭到了严重破坏，反过来，这种破坏又制约了湿地生态旅游的发展。在热带和亚热带地区，海洋与海岸带旅游开发导致红树林生态和河口湾生态破坏严重，这在澳大利亚、夏威夷、斐济和瓦努阿图等国家和地区尤为突出。

（二）国内湿地生态旅游与环境影响研究

国内湿地的退化和水质污染现象十分严重，表现为湿地功能下降、生物多样性遭到破坏、景观结构破碎化、湿地面积减少和生境退化等。在一些重点湿地旅游区，由于不限制客流量，湿地生态环境遭到了直接或间接的破坏，而湿地生态环境的破坏反过来又影响旅游业发展，如滇池、洱海、太湖等风景名胜区水体富营养化严重，已严重影响当地旅游业的发展。国内湿地生态旅游的环境影响研究主要集中在旅游对湿地边缘环境的影响、湿地旅游环境承载力、湿地生态旅游环境指标体系构建等方面，针对案例地的研究取得了良好效果，但重复研究较多、研究手段单一，研究深度和广度还有待提高。国内湿地生态旅游刚刚兴起，成功的湿地生态旅游产品不多，应多借鉴国外湿地生态旅游发展的过程和管理思路，加强湿地生态旅游理论和实证研究，以先进的技术和方法为保障，实现湿地生态旅游的可持续发展。

在湿地生态旅游对湿地生态因子影响的研究中，王金亮等(2004)分析了云南碧塔海湿地旅游活动的时空分布特点及其对湿地土壤物理性质和植物的影响，结果表明，越靠近旅游线路、旅游活动时间越长，旅游活动对土壤性质和植物的影响越大。罗姗等(2008)分析了云南香格里拉市纳帕海湿地无序旅游活动对湿地土壤环境造成的破坏后发现，湿地土壤退化严重导致植被覆盖率和植被类型多样性降低，湿地生态环境处于恶性循环当中。陈卫等(2007)对北京湿地生物多样性进行的研究表明，旅游开发的无序化对北京湿地生物多样性构成了严重威胁。陆林(2007)对国内外海岛旅游研究进行了评述，指出旅游开发对海岛区域水体、海岸线、地表水文特征和土壤植被等自然环境都产生了巨大影响。

在湿地生态旅游环境容量和承载力的研究中，陈久和等(2006)对杭州西溪国家湿地公园的生态环境容量进行了研究，探讨了城市边缘湿地生态环境保护和可持续利用的有效途径。宋春玲等(2008)对宁夏银川阅海公园的旅游环境承载力进行了研究，提出发展湿地旅游业应以保护为主、开发为辅，在开发过程中必须进行旅游环境承载力的计算。

在湿地生态旅游对环境的综合影响方面，刘娜等(2007)对若尔盖湿地旅游开发的环境影响及其对策进行了研究，指出多年粗放的旅游开发方式对原本脆弱的若尔盖湿地生态环境造成了严重的污染和破坏，影响了若尔盖湿地旅游业的可持续发展，并从价值观、旅游发展规划、旅游开发模式及管理机制四个方面提出解决对策。在湿地生态旅游的生态补偿研究方面，章锦河等(2005)提出了旅游生态足迹的概念与计算方法，并以九寨沟湿地旅游为例，构建了基于旅游生态足迹效率的自然保护区居民生态补偿标准的测度模型。

第二节　太平湖国家湿地公园生态保育区草本植物区系及其在不同干扰下的多样性动态

植物既是湿地的重要组成部分，也是湿地生态系统稳定和可持续发展的基础，专题研究湿地公园内草本植物区系及其在不同干扰类型下的多样性动态少见报道。本节在构建湿地公园研究体系的基础上，对太平湖国家湿地公园生态保育区不同干扰类型下的典型河口湿地草本植物进行了样方调查，分析了不同干扰对太平湖国家湿地公园生态保育区河口湿地草本植物多样性的影响，结合不同干扰类型下所在样地微环境的变化，提出了太平湖国家湿地公园生态保育区修复和建设的若干建议，为太平湖国家湿地公园的生态管理提供参考。研究方法上尝试采用常规野外调查和分析方法在太平湖国家湿地公园生态系统研究中予以应用，旨在推动太平湖国家湿地公园生态系统专题研究的开展，丰富太平湖国家湿地公园专题研究的理论和方法，充实和完善太平湖国家湿地公园研究体系。

一、研究区域自然概况

太平湖国家湿地公园是国家重要湿地之一，位于安徽省黄山市黄山区境内，誉为“黄山情侣”、“东方日内瓦湖”，由上游麻川河、蒲溪河等六条河流汇入，在保证了太平湖主要湖面常年水位不变的基础上，也形成了类型多样、风景绝佳的湿地景观，每年约有两万只鹭鸟，近万只雁鸭在此栖息，越冬水禽总数达 4 万余只，湖区整体于 2007 年被批准为国家湿地公园试点建设。公园内河溪纵横、水草丰茂，具有浓郁的江南水乡风光，拥有优美的湿地自然景观和深厚的徽文化积淀，具备开展湿地生态旅游的良好条件。但该公园生态环境本底值匮乏，相关研究尚未见报道，该公园在建设中为避免对生态保育区的生态环境造成破坏，目前一些生态旅游项目还处于调研阶段，但已吸引了部分游客前往游憩。

太平湖国家湿地公园生态保育区位于湿地公园的西南部(图 7－1)，为太平湖的上游区域，佘溪河、清溪河、王村河三条河流分别从本区西南部、南部汇入太平湖。这里荟萃了太平湖湿地的精华，保留了包括入河口滩涂、草本沼泽等多种类型的典型湿地景观，是鸟类主要的栖息地。地理坐标为 30°16′～30°20′N，117°55′～117 °58′E，面积约为 10.24 km^2，属亚热带湿润季风气候，四季分明，雨量充沛，日照充足，年平均气温为 15.5℃，极端最高气温为 40.3℃，极端最低气温为－13.5℃。年平均降水量为 1 253.9 mm，土壤主要为黄棕壤。目前，太平湖国家湿地公园生态保育区基本保持了原生态的景观特点，具有调蓄防洪、维护生物多样性、调节气候、提供水资源、渔业生产等多种功能，是当地区域经济可持续发展的根本保证。它也因其自然资源丰富、区位条件良好而具有很高的保护和科研价值。目前，该公园生态保育区湿地虽禁止人为活动，但生态系统还是受到了当地农业、畜牧业、渔业和相关旅游等活动的干扰。

二、研究方法

(一) 草本植物调查方法

2009 年 7 月为植物最佳生长季节，深入太平湖国家湿地公园生态保育区进行湿地植物调查，因太平湖水位较深，水生植物匮乏，水中仅部分区段岸边可见菱(*Trapa bispinosa*)、金鱼藻(*Ceratophyllum demersum*)、菹草(*Potamogeton crispus*)等零星分布，滩地偶见乔木和灌木，故只对河口滩地草本植物进行调查研

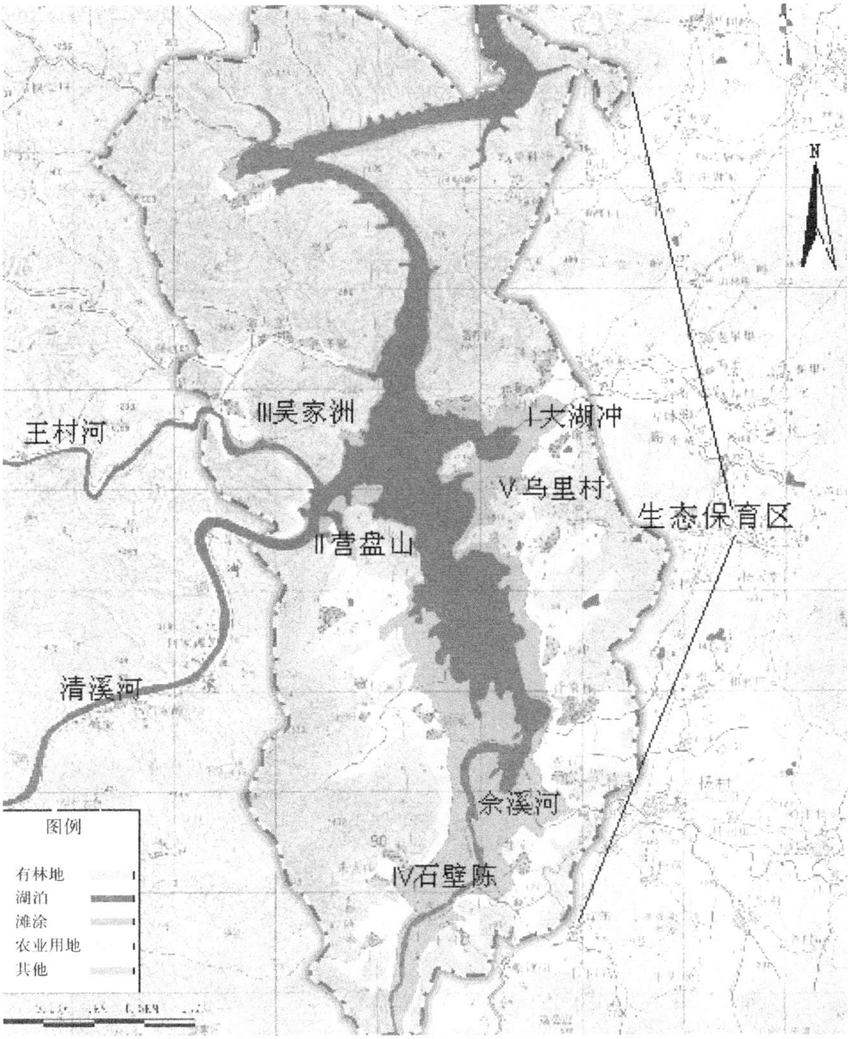

图 7－1　太平湖国家湿地公园生态保育区采样点示意图(后附彩图)

究,高度低于 50 cm 的灌木乔木统一按草本统计。考虑到不同干扰类型和环境梯度,选取 5 个样地,分别为大湖冲、营盘山、吴家洲、石壁陈和乌里村,各样地基本状况见表 7－1 和图 7－1,群落类型采取优势种命名的原则。参照吴统贵等(2008)对滩涂湿地取样的方法,根据河口滩地具体环境和岸线情况,在每个样地靠近河口岸线的草本群落内平行于岸线设置 6 条 300 m 样线,间隔 100 m(靠近岸线的两条间隔 50 m),在每条样线上间隔 25 m 设置 1 m×1 m 的样方,共 360 个样方,调查内容包括草本植物的种类、数量、盖度、多度和平均高度等,同时测定记录各样地的生境因子(包括地势、土壤类型等)。

表 7－1　各样地基本概况

样地序号	样地名	人类活动状况	群落类型
Ⅰ	大湖冲	农业	狗牙根＋双穗雀稗＋水蜈蚣群落 *Cynodon dactylon* + *Paspalum paspaloides* + *Kyllinga brevifolia comm*
Ⅱ	营盘山	游憩活动	狗牙根＋知风草＋苍耳群落 *Cynodon dactylon* + *Eragrostis ferruginea* + *Xanthium sibiricum comm*
Ⅲ	吴家洲	无人区	狗牙根＋半边莲群落 *Cynodon dactylon* + *Lobelia chinensis comm*
Ⅳ	石壁陈	放牧	苍耳＋狗牙根＋水蜈蚣群落 *Xanthium sibiricum* + *Cynodon dactylon* + *Kyllinga brevifolia comm*
Ⅴ	乌里村	渔业	狗牙根＋蓼子草群落 *Cynodon dactylon* + *Polygonum criopolitanum comm*

注：以下各表样地序号不变。

（二）区系分析和群落学研究方法

植物分类、鉴定及生态类型划分以《安徽植物志》《中国湿地植物》为标准。区系成分分析以《中国种子植物属的分布区类型》为依据，参照潘云芬等（2008）的草本植物区系研究方法进行分析。

（三）草本植物多样性指标的测定方法

参考方精云等、娄彦景等、刘琪等、吴统贵的物种多样性的测度方法，对样地草本植物多样性的测定采用以下指数和方法。

1. 草本植物重要值Ⅳ

$$\text{重要值(Ⅳ)} = (\text{相对高度} + \text{相对盖度} + \text{相对密度})/3$$

2. 丰富度指数 S 以样地中的物种数表示

3. Shannon－Wiener 多样性指数（H'）

$$H' = -\sum_{i=1}^{s} P_i \ln p_i \quad P_i \text{ 为物种 } i \text{ 的重要值}$$

4. Simpson 多样性指数（DS）

$$\mathrm{DS} = 1 - \sum_{i=1}^{s} P_i^2 \quad P_i \text{ 同上}$$

5. Pielou 均匀度指数（JP）

$$\mathrm{JP} = H'/\ln S$$

H'为 Shannon－Wiener 多样性指数；S 为样地中的物种数。

6. 样地间的 β 多样性指数选用 Jaccard 相似性系数：

$$Cs=\frac{c}{a+b-c}$$

式中，Cs 为样地间相似性系数；a、b 分别为两样地所含物种数；c 为样地共有物种数。

三、结果与分析

（一）草本植被基本概况及区系分析

1. 基本特征

根据本次群落调查和初步统计，太平湖国家湿地公园生态保育区河口湿地共有草本植物 25 科 56 属 68 种（表 7－2），其中双子叶植物 6 科 29 种，单子叶植物 17 科 37 种，蕨类植物 2 科 2 种。太平湖国家湿地公园有中国特有植物长萼鸡眼草（*Kummerowia stipulacea*）、鸡眼草（*Kummerowia striata*）、石胡荽（*Centipeda minima*）和慈姑（*Sagittaria trifolia*），且全为野生种，属于国家二级保护植物的有野大豆（*Glycine soja*）。狗牙根（*Cynodon dactylon*）、苍耳（*Xanthium sibiricum*）、水蜈蚣（*Kyllinga brevifolia*）、半边莲（*Lobelia chinensis*）和丁香蓼（*Ludwigia prostrata*）为 5 个样地共有种，其中，狗牙根、水蜈蚣、苍耳为主要优势种。由于太平湖水库建设时间短，太平湖国家湿地公园生态保育区受复杂多变的水动力环境和独特的地貌类型影响，野生植被区系简单，植被演替还处在初始阶段，其中，优势种狗牙根、苍耳均为陆生植物，在物种组成上以耐湿草本植被为主，如丁香蓼（*Ludwigia prostrata*）、半边莲、蓼子草（*Polygonum criopolitanum*）、华东藨草（*Scirpus karuizawensis*）和水蜈蚣（*Kyllinga brevifolia*）等。水生植物偶见，有芦苇（*Phragmites australis*）、香蒲（*Typha orientalis*）、水葱（*Scirpus validus*）、水毛花（*Scirpus triangulatus*）和慈姑等，数量相对较为匮乏。

表 7－2　太平湖国家湿地公园生态保育区草本植物所属科类型

序　号	科　　名	种　数	所占百分比/%
1	禾本科 Gramineae	14	20.6
2	莎草科 Cyperaceae	11	16.2
3	菊科 Compositae	10	14.7
4	豆科 Leguminosae	5	7.4
5	大戟科 Euphorbiaceae	3	4.4

续表

序 号	科 名	种 数	所占百分比/%
6	蓼科 Polygonaceae	3	4.4
7	报春花科 Primulaceae	2	2.9
8	石竹科 Caryophyllaceae	2	2.9
9	玄参科 Scrophulariaceae	2	2.9
10	唇形科 Lamiaceae	1	1.5
11	酢浆草科 Oxalidaceae	1	1.5
12	灯芯草科 Juncaceae	1	1.5
13	防己科 Menispermaceae	1	1.5
14	海金沙科 Lygodiaceae	1	1.5
15	桔梗科 Campanulaceae	1	1.5
16	柳叶菜科 Onagraceae	1	1.5
17	木贼科 Equisetaceae	1	1.5
18	蔷薇科 Rosaceae	1	1.5
19	伞形科 Umbelliferae	1	1.5
20	藤黄科 Guttiferae	1	1.5
21	苋科 Amaranthaceae	1	1.5
22	香蒲科 Typhaceae	1	1.5
23	旋花科 Convolvulaceae	1	1.5
24	雨久花科 Pontederiaceae	1	1.5
25	泽泻科 Alismataceae	1	1.5

2. 科的分析

含 9 种以上的科有 3 科(35 种),占总科数(种数)的 12%(51.5%),含 3～5 个种的有 3 科(11 种),占总科数(种数)的 12%(16.2%)。太平湖国家湿地公园生态保育区滩地草本植被含 3 种以上的仅有 6 科(46 种),占总科数(种数)的 24%(67.7%)。其中,禾本科(Gramineae)、莎草科(Cyperaceae)和菊科(Compositae)的物种为草本群落的建群种和优势种,表明该区域草本植被区系中优势科明显。含 2 种和含 1 种的小科有 19 科(22 种),占总科数(种数)的 64%(32.4%),少种科和单种科较多。

3. 属的区系分析

分析湿地草本植物的区系组成对湿地保护,特别是水资源的保护及湿地鸟类多样性保护和研究具有重要的意义,也可为受损湿地植物恢复提供可靠的依据。太平湖国家湿地公园生态保育区草本植物共 56 个属,分布区类型有 10 个,世界分布的有 19 属 27 种(表 7-3),主要有蔗草属、莎草属等。热带分布的有 23 属 25 种(表 7-3),主要有雀稗属、狗牙根属等。温带分布的有 11 属 12 种,主要有稗属。中国特有植物 3 属 4 种(表 7-3)。从整体上看,以世界分布属(33.9%)和泛热带分布属(32.1%)最多,说明该区草本植物大多具备世界广布和热带亲缘,其次为北温带分布类型(10.7%),大的分布类型与潘云芬等(2008)对安徽升金湖国家级自然保护区湿地草本植物区系研究一致,但在温带和热带属的比例上,与潘云芬等(2008)的研究结果不同。本节总体上温带属和热带属比例分别为 19.7% 和 41.1%。热带属远高于温带属的比例,而潘云芬等研究的比例为 38.7% 和 34.1%,温带属高于热带属,这表明本地区具有明显的亚热带、温带特征,但以亚热带为主,向温带的过渡性没有升金湖国家级自然保护区明显。与升金湖国家级自然保护区类似,该区长期受相对稳定的亚热带气候影响,保留的全部是单种属(47属)和寡种(2～5 种)属(9 属),说明本区系历史悠久,起源古老。其与升金湖国家级自然保护区草本植物区系的地带性差异有待于进一步研究,开展此研究对太平湖国家湿地公园生态系统的动态研究具有重要意义。

表 7-3　太平湖国家湿地公园生态保育区河口湿地草本植物区系

分布区类型	物种数	百分比/%	属　数	百分比/%
世界分布	27	39.7	19	33.9
泛热带分布	20	29.4	18	32.1
旧世界热带分布	1	1.5	1	1.8
热带亚洲至热带大洋洲分布	2	2.9	2	3.6
热带亚洲至热带非洲分布	2	2.9	2	3.6
北温带分布	7	10.3	6	10.7
东亚和北美间断分布	2	2.9	2	3.6
旧世界温带分布	2	2.9	2	3.6
温带亚洲分布	1	1.5	1	1.8
中国特有分布	4	5.9	3	5.4
合　计	68	100	56	100

(二) 不同干扰类型对五样地草本植物多样性的影响

不同干扰类型下的样地中,主要物种的重要值有所变化。通过对 5 个样地的草本植物多样性指数进行分析发现,不同干扰下的样地草本植物多样性指数差别较大,各样地的多样性指数基本上和物种丰富度指数趋势一致,但石壁陈和乌里村的草本植物 Pielou 均匀度指数未体现这一变化趋势。

1. 吴家洲湿地草本植物多样性

吴家洲湿地为无人干扰区域(图版 1-D),可视为原生湿地,在雨季常被暂时性淹没,湿地植物群落为狗牙根+半边莲群落,狗牙根为绝对优势种,其重要值为 0.572 5,在 5 个样地中为最高值(表 7-4),草本植物类型少,相对于其他 4 个样地(表 7-4),Shannon-Wiener 多样性指数处于中间数值,主要种的 Simpson 优势度相对不明显，物种均匀度不高，显示该地段草本植物处于演替阶段，未形成相对稳定的群落。

表 7-4 5个样地中重要值排前6位的植物种

Ⅰ	Ⅱ	Ⅲ	Ⅳ	Ⅴ
狗牙根 *Cynodon dactylon* 0.224 5	狗牙根 *Cynodon dactylon* 0.304 5	狗牙根 *Cynodon dactylon* 0.572 5	苍耳 *Xanthium sibiricum* 0.440 2	狗牙根 *Cynodon dactylon* 0.245
双穗雀稗 *Paspalum paspaloides* 0.075 6	知风草 *Eragrostis ferruginea* 0.044 5	半边莲 *Lobelia chinensis* 0.102 4	狗牙根 *Cynodon dactylon* 0.104 2	蓼子草 *Polygonum criopolitanum* 0.234 1
水蜈蚣 *Kyllinga brevifolia* 0.072 1	苍耳 *Xanthium sibiricum* 0.041 4	水蜈蚣 *Kyllinga brevifolia* 0.042 1	水蜈蚣 *Kyllinga brevifolia* 0.061 1	双穗雀稗 *Paspalum paspaloides* 0.076 2
半边莲 *Lobelia chinensis* 0.042 5	半边莲 *Lobelia chinensis* 0.032 5	苍耳 *Xanthium sibiricum* 0.035 6	水毛花 *Scirpus triangulates* 0.035 1	水蜈蚣 *Kyllinga brevifolia* 0.073 2
扁穗莎草 *Cyperus compressus* 0.040 1	雀稗 *Paspalum thunbergii* 0.024 5	灯心草 *Juncus effuses* 0.035 3	丁香蓼 *Ludwigia prostrate* 0.031 2	水毛花 *Scirpus triangulates* 0.072 1
丁香蓼 *Ludwigia prostrate* 0.035 6	石胡荽 *Centipeda minima* 0.024 3	斑地锦 *Euphorbia maculate* 0.023	水葱 *Scirpus validus* 0.029 1	稗 *Echinochloa crusgali* 0.052 3

2. 农业对大湖冲湿地草本植物多样性的影响

大湖冲河口湿地为农田退耕区（图版1-A），外围至今有大面积农田，受农业干扰较大，农田杂草向河口湿地演替推进，群落类型为狗牙根+双穗雀稗+水蜈蚣群落，狗牙根的重要值为0.224 5，为5个样地中最小的（表7-4）。双穗雀稗和水蜈蚣等农田杂草所占重要值较高，分别为0.075 6和0.072 1（表7-4），分析显示，大湖冲湿地草本植物的丰富度指数 S 及 α 多样性指数均为5个样地中最高的（图7-2），野外调查结合查询当地资料发现，大湖冲河口湿地由于退耕还田时间较长（28年），草本植物演替时间久远，农田杂草类型多样，所占比例较大，优势度明显，分布相对均匀，故相关 α 多样性指数均较高，整体上，大湖冲湿地受到的农业干扰时间长，草本植物群落演替趋缓。

虽然太平湖主要湖段的湖水检测显示达到国家一级水体标准，但农业的发展及周围村落生活污水的排放，造成了大湖冲局部水体受到污染，本次调查发现部分水段出现蓝藻(图版 1－B),在一定程度上破坏了景观协调性,在生态保育区发现蓝藻影响了太平湖国家湿地公园形象,为防止大湖冲区段水质进一步恶化,需加强对该区段的水质进行监测与调控,未来应加以重点整治和恢复。

3. 游憩对营盘山滩地草本植物多样性的影响

营盘山为湿地公园生态保育区景色最佳观测地段,虽然湿地公园生态保育区禁止游览,但自 2007 年太平湖被批准为国家湿地公园试点建设以来,囿于湿地公园建设的滞后和相关政策法规执行的不力,目前营盘山为游客游憩集中地,旅游废弃物、篝火场地和不符合生态要求的临时休憩设施等对营盘山的湿地环境造成了一定的冲击,据湿地公园管理部门提供的数据,目前营盘山周末和黄金周等节假日游客量约 25 人/天,平时约 10 人/天,整体上还处于轻微游憩阶段。

营盘山的湿地群落为狗牙根＋知风草＋苍耳群落,狗牙根的重要值为 0.304 5(表 7－4),调查中发现,随着距游径距离的增加,样方内植物总盖度增加,但植物丰富度、均匀度、伴人植物数量相反,这与张桂萍等对历山的旅游干扰亚高山草甸研究结果一致。整体上物种丰富度指数和 α 多样性指数相对于吴家洲湿地有所升高,知风草(*Eragrostis ferruginea*)等伴人草本优势度较高,该区域无明确的景观观测区域和明确的游径,游人活动分散,物种均匀度相对于吴家洲高,显示旅游活动已经对该区域的草本植物多样性动态产生了较大影响,尤其是近期修建的临时水泥游憩设施(图版 1－C)严重影响了湿地的原生态景观。

4. 过度放牧对石壁陈滩地草本植物多样性的影响

相对于无人干扰区——吴家洲,石壁陈的物种丰富度指数较低,仅调查到草本植物 17 种,Shannon－Wiener 多样性指数和 Simpson 多样性指数最低,物种均匀度指数也较低。石壁陈湿地位于河口湿地上游区域,原属于水草丰茂区域,是当地农民放牧的重要区域,在湿地区域进行适量牛羊等家畜放牧,增加了湿地生态保育区的生物多样性美感,营造了一种人与自然和谐共存的景观效果。但近几年,随着放牧强度的加大,该区域草本植物动态变化较大,狗牙根、白茅等适口性较好的草本,在放牧胁迫下虽然具有一定补偿能力,但随着放牧强度的增加,牧草类草本生物多样性骤减,放牧对植物种群的影响最终都将反映在植物的构件和种群结构上,植物对适度放牧具备一定的再生恢复能力,但超过了一定限度,植物将大幅度减少,不再具备恢复能力。调查中发现,目前石壁陈苍耳取代狗牙根成为群落优势种,虽然苍耳重要值较大,但狗牙根的重要值与其他 4 个样地相比,减少幅度较大,仅为大湖冲的 46.4%(大湖冲狗牙根重要值为 5 个样地中第 4)、吴家洲的 18.2%(吴家洲狗牙根重要值为 5 个样地中第 1),因为家畜不食苍耳,而苍耳与一年生植物竞争激烈,狗牙根因被家畜严重啃食而失去了与苍耳的竞争优势,另外,苍耳可长期忍受盐碱及频繁的水涝环境,造成石壁陈苍耳泛滥成灾,不仅影响了植物景观

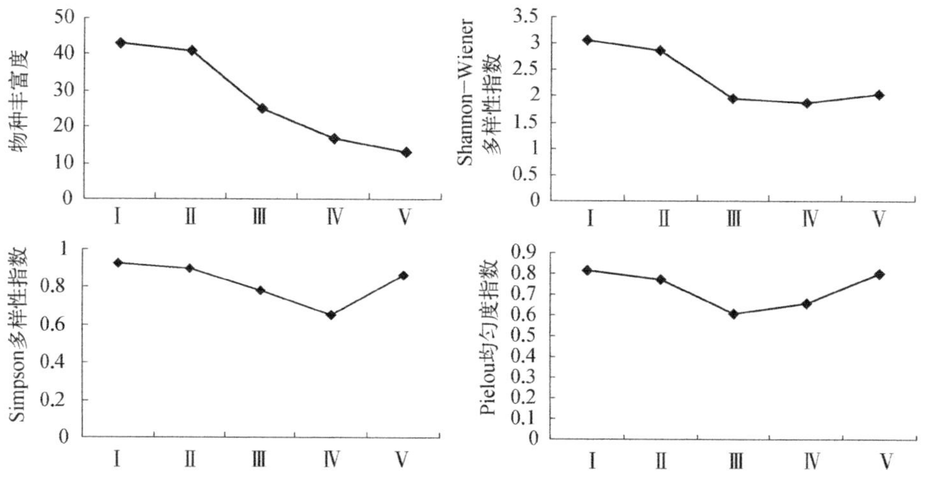

图 7－2　5 个样地的草本植物 α 多样性指数

多样性，也降低了当地居民放牧的效率，形成了恶性循环，很多居民已另择他地进行放牧。苍耳全身均可作为中药材，建议对石壁陈滩涂湿地的苍耳及时采取人工刈除，变废为宝，加强社区参与治理，以增加湿地生物多样性。

表 7－5　样地间的 β 多样性指数

Plots	Ⅰ	Ⅱ	Ⅲ	Ⅳ	Ⅴ
Ⅰ	1	0.312 5	0.193 0	0.224 5	0.217 4
Ⅱ		1	0.294 1	0.137 3	0.2
Ⅲ			1	0.448 3	0.266 7
Ⅳ				1	0.428 6
Ⅴ					1

5. 渔业对乌里村滩地草本植物多样性的影响

乌里村湿地为太平湖上游较大的水湾滩地，形成的大面积水域是进行渔业活动的良好场所，围网捕鱼和网箱养育是当地居民重要的经济来源，渔业活动和对湿地的践踏使得乌里村滩地植物多样性和总盖度较小（图版 1－F），这与朱伟等对长江淡水潮汐湿地围网捕鱼对植物多样性影响的研究结果一致。在乌里村仅调查到草本植物 13 种，Shannon－Wiener 多样性指数偏低（5 个样地排第 4），Simpson 多样性指数排第 3，虽然乌里村草本植物丰富度不高，狗牙根、蓼子草、双穗雀稗（Paspalum paspaloides）、水蜈蚣和水毛花几个物种耐践踏，在群落中的重要值均较高，故物种 Simpson 多样性指数相对较高，渔业活动区域的偶然性较大，对滩地草本植物的破坏未出现大面积集中区域，物种在群落中的分布相对均匀，故 Pielou 均匀度指数较大。

通过对样地间 β 多样性(表 7－5)分析发现,β 多样性数值最高前两位为吴家洲与石壁陈间(0.448 3)和石壁陈与乌里村间(0.428 6)。石壁陈与吴家洲间的草本植物群落相似性系数较大主要是因为两地共有种较多,两样地除具有 5 样地共有的 5 个种之外,还共有 8 个种,共有种占石壁陈草本植物种的 76.5%,占吴家洲的 52%。同样,石壁陈与乌里村间的草本植物群落相似性系数较大,也因为两样地除具有 5 样地共有的 5 个种之外,还共有 5 个种,共有种占石壁陈草本植物种的 58.9%,占乌里村草本植物的 76.9%。放牧干扰地石壁陈和游憩干扰地营盘山间的 β 多样性最小,这两样地除具有 5 样地共有的 5 个种之外,还仅共有 2 个种,共有种虽占石壁陈的 41.2%,但仅占营盘山的 17.1%。同样,营盘山和乌里村共有草本种 4 种,共有种占乌里村的 69.2%,仅占营盘山的 22.0%。β 多样性是对物种沿着环境梯度替代过程的一种度量。可见,不同干扰类型已经对河口滩地的环境造成了影响,其具体环境指标影响还有待于进一步研究。

四、结论

通过对太平湖国家湿地公园生态保育区河口湿地草本植物在不同干扰类型下的动态进行研究发现,在不同干扰下河口湿地草本植物多样性动态变化较大,在适度干扰下样地物种丰富度指数升高,相关多样性指数显示草本植物演替趋于多样化。而过度干扰下的样地物种丰富度指数降低较为明显,相关多样性指数显示草本植物演替受到干扰,这与杨殿林(2006)等的研究结果一致,支持 Connell 的中度干扰理论(intermediate disturbance hypothesis),即对资源和环境的中度干扰能增加环境的物种多样性,而超过一定阈值的干扰又会降低物种多样性。太平湖国家湿地公园生态保育区河口湿地部分样地的植物多样性已经遭到破坏,严重影响了太平湖国家湿地公园生态保育区的生物多样性景观和微生态系统。据此得到以下结论。

(1) 太平湖国家湿地公园河口湿地水源来自山上流下来的雨水,贫营养化,滩地草本植物多样性低,植物区系简单,植物群落演替还处于初始阶段,湿地植物区系简单,水生植物匮乏,湿地植物景观多样性不明显。

(2) 各类活动已经对太平湖国家湿地公园生态保育区草本植物多样性造成强烈干扰。不符合生态要求的游憩设施破坏了太平湖国家湿地公园生态保育区的自然环境和景观美感,大湖冲湿地水域受人类活动干扰出现蓝藻,严重影响了国家湿地公园的形象。

(3) 太平湖国家湿地公园生态保育区禁止人类活动,该公园建设两年来,未能很好地执行建设标准,建设缓慢,太平湖国家湿地公园管理部门对社区居民参与太平湖国家湿地公园建设无相关政策措施,使得农业、渔业和畜牧业的无节制发展破坏了太平湖国家湿地公园的生态环境。

(4) 太平湖国家湿地公园本是开展生态旅游的最佳场所，在太平湖国家湿地公园开展良好的生态教育直接影响太平湖国家湿地公园建设的良性运行，对游客开展生态教育干预具有实际意义和应用价值，但目前，太平湖国家湿地公园生态保育区的建设和相关配套措施未体现这些要求；游憩活动已经对生态保育区湿地植物多样性动态产生了影响，不符生态要求的水泥等游憩设施不仅破坏了湿地景观，还未体现国家湿地公园的生态旅游标准。

维护湿地生态系统平衡和湿地功能，保护湿地生物多样性是前提，太平湖国家湿地公园生态保育区部分区段的草本植物多样性已遭到人类活动的影响甚至破坏。太平湖国家湿地公园生态保育区的生物多样性保护应以湿地资源的可持续利用为根本出发点，坚持“保护优先、科学修复、适度开发、合理利用”的方针；太平湖国家湿地公园应逐步禁止生态保育区的人为活动，要让居民了解太平湖国家湿地公园建设的意义，了解无节制的农业、渔业和畜牧业对湿地公园生态系统造成的影响。贯彻生态旅游的理念，同时强调社区参与，充分考虑沿湖居民的利益，创造多种形式的社区参与途径，改变居民经济来源方式，使沿湖居民在湿地生态旅游的开展中得到实惠。除了防止周边生活污水排放到生态保育区，还要控制农业污水、工业污水、水上交通污染等对生态保育区水环境造成影响。

太平湖的旅游开发还处于初级阶段，但不少项目的建设已经对生态环境造成了一定的破坏。虽然《国家湿地公园建设规范》和《城市湿地公园规划设计导则》规定在太平湖国家湿地公园生态保育区不能进行游憩活动和相关人类活动，但目前国内大部分湿地公园的生态保育区未达到这一要求，受到不同程度的游憩和相关人类活动的干扰。排除干扰，使生态保育区名副其实是目前湿地公园建设一个重要问题。未来生态保育区范围应逐步严禁开展旅游活动，并禁止游人进入；外围区域可适当设置一些观测站点和科研设施；严禁破坏湿地植物、土壤等自然资源的建设项目和活动；禁止机动车辆进入；在本区内建设湿地研究中心，引进先进的技术和一些专业人才，形成比较完善的湿地研究、保护和监测体系。鉴于该区域水生植物匮乏，应建设多类型湿地园，引入湿生植物和水生植物，充分发挥湿生和水生植物的自净能力。提倡优先选用当地乡土物种，慎重选用外来物种。

第三节　旅游活动对太平湖国家湿地公园土壤酶活性和大型土壤动物分布的影响

土壤酶既是土壤的重要组成部分，又是土壤生物过程的主要调节者，更是湿地生态系统稳定和可持续发展的基础，土壤酶的分解作用参与并控制着湿地土壤中包括生物化学过程在内的自然界物质循环过程；酶活性的高低直接影响着物质转化循环的速率，进而影响到土壤为植物提供营养的能力。土壤酶活性与土壤质量的很多理化指标是相联系的，尤其与土壤肥力及土壤环境状况显著相关。研究旅游活动对土壤酶活性的影响，能揭示旅游活动对生态旅游景区土壤发育的影响，可以为制定合理的措施保护景区生态平衡与生物多样性提供依据。近年来，土壤动物作为土壤质量评价体系中的重要指示生物，其研究提升到了新的高度。随着生态科学研究的日趋深入，土壤动物在生态系统中的作用也越来越显得重要，土壤动物对环境变化的敏感性可以作为旅游活动影响的一个重要指标。

目前，关于土壤酶活性的研究主要集中在土壤酶活性状况与营养元素、土壤理化性质和微生物的关系等方面，而专题研究太平湖国家湿地公园内土壤酶活性及其与大型土壤动物分布相关性的研究则少见报道。对太平湖国家湿地公园两大功能区（大湖亲水运动游览区和湿地生态保育区）不同旅游干扰强度下的土壤酶活性及大型土壤动物分布情况进行了取样调查，以常规土壤指标和分析方法在湿地公园生态系统研究中尝试运用，并进一步探讨了这些指标间的关系，本节是构建的太平湖国家湿地公园研究体系在太平湖国家湿地公园土壤微生态系统的实证应用研究，旨在进一步认识和了解不同旅游干扰强度下的太平湖国家湿地公园土壤健康状况，为太平湖国家湿地公园土壤的生态系统修复及生态管理提供参考，同时可以丰富和完善所构建的太平湖国家湿地公园研究体系。

一、研究区域自然概况

太平湖区整体于 2007 年被批准为国家湿地公园试点建设，国家林业局调查规划设计院和黄山市黄山区人民政府对其功能区进行了规划（图版 2 和表7－6）。但该公园生态环境本底值匮乏，相关研究尚未见报道。该公园的大湖亲水运动游览区为国家 4A 级风景名胜区，旅游开发较早，旅游干扰强度较大；该公园湿地生态保育区位于太平湖上游区域，为湿地公园获批后规划的区域，未曾进行过旅游开发活动，原生态环境保存良好。目前，为避免对生态保育区的生态环境造成破坏，生态保育区的很多项目还处于调研阶段，但也吸引了部分游客前往游憩。

表 7－6　太平湖国家湿地公园各功能区“资源特色-产品定位”关系表

功能区	资源特色	产品定位
湿地生态保育区	典型的河口湿地和草本沼泽湿地景观，大部分属于严格保护的“核心区”	科普教育产品
		生态旅游产品
湿地科普教育区	主要景观资源有回驴岭、骆驼山、茶儿垄、西峰庵。保留着特色突出的湿地景观和田园风光，溪流、滩涂与农田、村落、低矮山丘交相辉映，自然状况良好	科普教育产品
		湿地观光休闲产品

续表

功能区	资源特色	产品定位
大湖亲水运动休闲区	主要景观资源包括太平湖、陵阳山、恐龙岛。位于太平湖湖面最宽、湖水最深处，视野开阔，拥有丰富的优质水资源	亲水运动类产品
九曲湾历史与民俗文化体验区	主要景观资源有八卦岛、猴岛—鹿岛、蛇岛、龙窑寨、连心岛、燕崖岩林、瑶珑洞、凤凰山、平龙山、河西、阳春、众家山遗址等。本区水域蜿蜒曲折，湖湾港汊参差错落，视觉变化明显，湖两岸分布着众多自然景观和人文景点	文化体验类产品
主题生态岛观光休闲区	主要景观资源有黄金群岛、小三峡、樵家神仙洞，以及八甲、梅家、舒家、黄荆等自然村落。错落分布的自然村落和散落湖面的数十个岛屿形成了本区的核心吸引力，田园风光与自然美景的和谐共生诠释了"天人合一"的美好境界	主题观光休闲类产品

资料来源：黄山区林业局，2007.

二、研究方法

（一）野外采样方法

2009 年 7 月在湿地公园进行野外取样调查，考虑到不同旅游干扰强度和干扰类型，选取样地 4 个，分别为白鹭洲、猴岛、营盘山和吴家洲，各样地基本状况见表7－7和图版 3。游道附近为旅游干扰影响最强烈的地带，已有研究均显示，大型土壤动物具有明显的表聚效应，而旅游活动对土壤酶和土壤动物的影响也主要集中在土壤的表层，为避免重复研究，本实验仅调查距表层 10 cm 深度以上的土壤层。在每个样地沿垂直游道方向拉样带，在每条样带内按距游道距离的不同，分别设计距离游道1 m、2 m、3 m 和 6 m 的 1 m×1 m 的不同样方，每个样方内按照面积 30 cm×30 cm 小样方取 10 cm 深土壤层进行大型土壤动物调查。同时，另取样方内的土用自封袋当日带回，置于 4℃冰箱中备用；在各样地游道左右随机设置 5 个重复样带进行调查取样；吴家洲由于无游道，采用随机取同数样的方法，进行大型土壤动物调查和土样分析，同时观测记录各样地地表植被分布、水文条件等相关指标。对取得的大型动物土样采用手拣法进行分检得到大型土壤动物，用 70％的酒精杀死固定后带回实验室鉴定，

表 7－7　各样地基本概况

样地序号	样地名	干扰类型	所属区域
Ⅰ	吴家洲	无人区	生态保育区
Ⅱ	营盘山	轻微游憩活动	生态保育区
Ⅲ	猴　岛	中度旅游开发	运动游览区
Ⅳ	白鹭洲	重度旅游开发	运动游览区

注：本章以下各图、表样地序号不变。

按照尹文英等(1998)的《中国土壤动物检索图鉴》对大类别(纲、目)进行分类。

(二) 实验室分析方法

参照关松荫等的方法,测定土样的土壤有机质含量和酶活性。

土壤有机质测定方法：重铬酸钾氧化—外加热法(重铬酸钾容量法)。

土壤酶活性测定方法如下。

过氧化氢酶(H_2O_2)(容量法)：采用物质的量浓度为 0. 1 mol/L 的 $KMnO_4$ 滴定法,以 1 g 土壤培养 20 min 后消耗的物质的量浓度为 0. 1 mol/L 的 $KMnO_4$ 的体积表示。

蔗糖酶(滴定法)：以 1 g 土壤 37℃下培养 24 h 后,所消耗的物质的量浓度为 0. 1 mol/L 的 $Na_2S_2O_3$ 的体积表示。

脲酶(比色法)：采用苯酚钠比色法测定,以培养 24 h 后 1 g 土壤中 NH_3 - N 的质量表示。

酸性磷酸酶(比色法)：以 1 g 土壤 37℃下培养 12 h 后,所消耗的酚的质量(折算为 100 g 土中 P_2O_5 的质量)表示。上述实验各设两个重复。

(三) 数据分析方法

采用下述公式计算大型土壤动物群落各指标。

Shannon - Wiener 多样性指数

$$H' = -\sum_{i=1}^{s} P_i \ln P_i$$

Pielou 均匀度指数

$$J = H'/\ln S$$

Simpson 优势度指数

$$D = \sum_{i=1}^{s} P_i^2$$

群落复杂性指数

$$C_j = H'_j \times r_j = H'_{j\max} \times e_j \times r_j$$

式中,P_i 指 i 类群在群落中的个体比例, 即 $P_i = n_i/N$, n_i 为该样地内第 i 个类群的个体数量;N 为样地内所有类群的个体数量;S 为样地内类群的数目。H'_j、$H'_{j\max}$ 和 e_j 分别为群落 j 的 Shannon - Weiner 多样性指数、最大多样性和均匀度;r_j 为校正系数,代表群落间相对丰度对群落 j 复杂性的影响,由下式求得

$$r_j = A_j/\bar{A},\ A_j = (1/S_j)\sum_{i=1}^{s}(N_{ij}/N_i)$$

式中，N_{ij}为群落j中类群i的个体数；N_i为所有群落中类群i的总个体数（$N_i = \sum_{j=1}^{n}(N_{ij})$）；$S_j$为群落$j$的类群数；$S$为各群落的总类群数；$A_j$为群落$j$中各类群群落间相对丰度（$N_{ij}/N_i$）的平均值（即群落$j$的个体丰盛度）；$\bar{A}$为各群落的平均个体丰盛度，$\bar{A}=(1/n)\sum_{j=1}^{n}A_j$。

应用SPSS 13.0分析软件和Excel 2003对调查及测试数据进行多重分析处理。

三、结果与讨论

（一）不同旅游干扰强度下的土壤有机质和土壤酶活性

土壤有机质可为植物直接提供养分，也可改善土壤物理性状，是维持土壤酶活性的基础，在本节中，土壤有机质作为土壤基本参数被监测作为对照，以便更好地探讨各种酶活性受到旅游干扰的影响程度。研究表明，不同旅游干扰强度均对太平湖国家湿地公园土壤有机质含量造成了影响（表7－8），在4个样地，随着旅游干扰强度增大，距离游道相同距离的样方内，土壤有机质含量均为吴家洲>营盘山>猴岛>白鹭洲，表现出随着旅游强度增大，土壤有机质含量减少的趋势，这主要是因为游客对游道附近的踩踏使植被减少，土壤失去了自然植被的保护，有机质归还量大大减少，再加上水分含量低，有机质氧化分解强烈而减少。

根据全国土壤养分分级指标标准，旅游干扰造成白鹭洲距离游道1 m和2 m的土壤有机质含量呈现出极缺状况；猴岛距离游道1 m的土壤有机质含量也为极缺，距离游道2 m的土壤有机质含量为较缺。可见旅游干扰已经对白鹭洲和猴岛的土壤造成了破坏，这种破坏随着旅游强度的加大而加重。

表7－8 各样地土壤有机质含量及其养分分级

距游道距离/m	Ⅰ		Ⅱ		Ⅲ		Ⅳ	
	值/(g/kg)	养分分级	值/(g/kg)	养分分级	值/(g/kg)	养分分级	值/(g/kg)	养分分级
1	4.13	6	9.63	5	27.88	3	45.4	1
2	5.5	6	15.13	4	37.88	2		
3	20.64	3	35.2	2	39.3	2		
6	34.39	2	37.6	2	42.65	1		

注：1级为丰富，土壤有机质含量>40.02 g/kg；2级为较丰富，土壤有机质含量为30.0～40.0 g/kg；3级为中等，土壤有机质含量为20.0～30.0g/kg；4级为较缺，土壤有机质含量为10.0～20.0 g/kg；5级为缺，土壤有机质含量为6.0～10.0 g/kg；6级为极缺，土壤有机质含量<6.0 g/kg。

4个样地不同样方内4种酶的活性指标变化呈现出与土壤有机质变化相似的规律(图7-3),随着旅游强度增大,各种酶的活性逐步降低,但降低的程度有所不同。蔗糖酶广泛存在于土壤中,参与湿地土壤中碳水化合物的转化,为植物和微生物提供可利用的营养物质,它是表征土壤生物学活性的一个重要的酶;白鹭洲距离游道1 m、2 m、3 m、6 m样方内的土壤蔗糖酶活性分别为对照样地吴家洲的0.03%、3.98%、59.76%和71.72%,在白鹭洲样地,距离游道1 m、2 m、3 m的土壤蔗糖酶是距离游道6 m土壤蔗糖酶活性的0.04%、5.56%、83.33%。同样,猴岛和营盘山也呈现出随着距离游道越近,土壤蔗糖酶活性逐渐降低的规律。与对照组吴家洲相比,在蔗糖酶活性最低的3个样地距离游道的1 m处,白鹭洲较对照组吴家洲减少了99.97%,猴岛减少了88.05%,营盘山减少了28.28%。

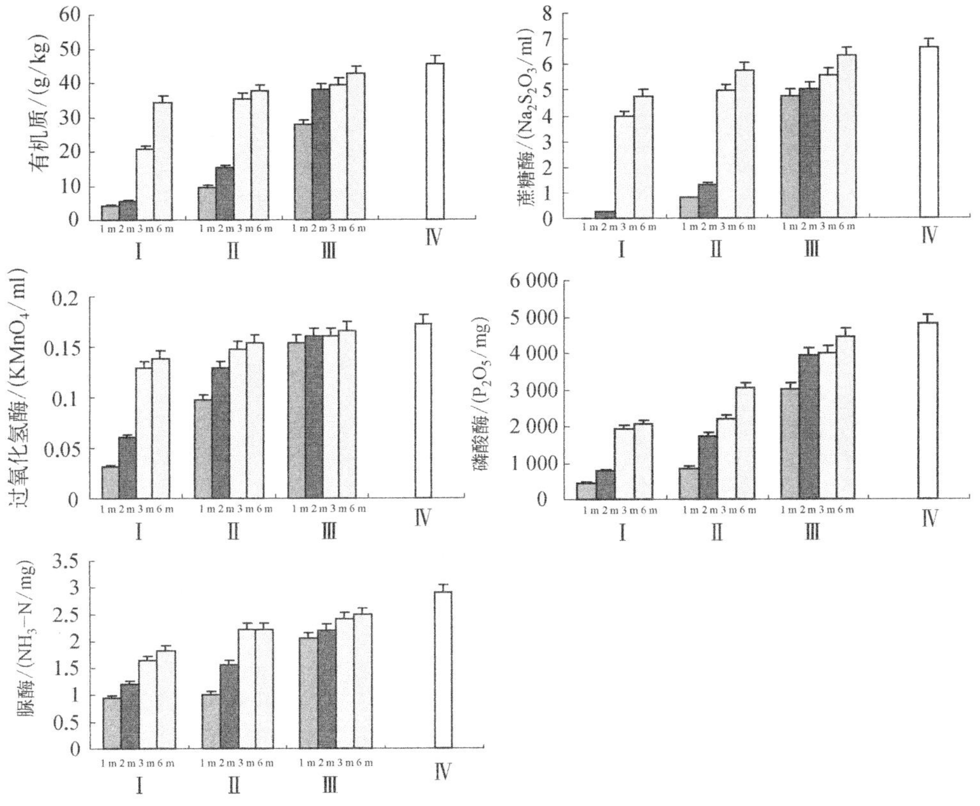

图7-3　不同样地土壤有机质含量和土壤酶活性

过氧化氢酶在微生物代谢过程中起重要作用,能促进过氧化氢对土壤中各种化合物的氧化和腐殖质的形成,能够分解生物代谢过程中产生的有害过氧化氢。研究表明,过氧化氢酶活性随着旅游强度的增大而逐渐降低,这也验证了其与有机质积累程度的表征关系。在3个样地,过氧化氢酶活性最低的距离游道的1 m处,白鹭洲的过氧化氢酶活性较对照组吴家洲降低了 81.51%，猴岛降低了 43.42%，营盘山降低了 10.84%，降低的幅度小于蔗糖酶。土壤中的过氧化氢酶主要源于细菌、真菌及植物根系的分泌物，旅游践踏使土壤植被覆盖度减小，进而引起植物根系分泌物减少，这可能是过氧化氢酶活性降低的主要原因，已有研究表明，旅游践踏会导致土壤细菌和真菌减少，同样会引起过氧化氢酶活性降低。

土壤磷酸酶是催化土壤中磷酸单酯和磷酸二酯水解的酶，当酶促作用发生时能将有机磷水解为无机磷酸，其活性反映土壤供应有效磷的潜在能力，其大小主要与土壤有机质含量有关，可以表征土壤的肥力状况。植物根系分泌物和土壤中的微生物是磷酸酶的主要来源。土壤磷酸酶的活性随着旅游强度的增大而降低。在 3 个样地受影响最大的距离游道的 1 m 处，白鹭洲的土壤磷酸酶活性较对照组吴家洲降低了 67.66%，猴岛降低了 64.98%，营盘山降低了 29.17%，降低的幅度小于蔗糖酶活性。土壤磷酸酶活性随旅游强度的增大而降低主要是因为旅游干扰使得土壤植被覆盖度减少，植被根系分泌物和土壤微生物随之减少，使土壤磷酸酶失去了主要来源。

土壤脲酶是土壤中氮素转化的关键酶，能分解有机物，促进其水解生成氨和 CO_2，其中，氨是植被氮素营养的直接来源，该酶活性的高低表征了土壤氮素营养状况。研究表明，土壤磷酸酶活性随着旅游强度的增大而降低。在 3 个样地受影响最大的距离游道的 1 m 处，白鹭洲的土壤脲酶活性较对照组吴家洲降低了 90.81%，猴岛降低了 82.1%，营盘山降低了 37.15%，降低的幅度大于磷酸酶活性和过氧化氢酶活性，但小于蔗糖酶活性。脲酶主要存在于高等植物、真菌和细菌中，与过氧化氢酶一样，旅游干扰地段的高等植物、土壤真菌和细菌的减少会引起脲酶活性降低。

与传统的土壤常规指标有机质含量相比，土壤酶活性能更好地反映湿地土壤的生物活性，4 种酶的活性随着旅游干扰强度的增大逐渐降低，这主要是由于旅游践踏导致土壤有机质投入减少，进而土壤分解微生物的强度减弱、酶活性降低。反过来，土壤分解微生物的强度减弱和土壤酶活性降低也使得植物生存的环境更加恶劣，形成恶性循环。而由旅游践踏造成的土壤板结会导致土壤硝化作用增强，植被覆盖度减少，进而引起土壤腐殖质等营养成分减少，加剧土壤污染和环境的破坏。4 个酶的活性均能表征土壤营养和生物活性状况，相比较而言，土壤蔗糖酶和土壤脲酶在受到旅游干扰后变化更显著，据此，可将土壤蔗糖酶和土壤脲酶作为该湿地公园土壤环境质量的指示酶。

(二) 不同旅游干扰强度下的大型土壤动物分布

1. 土壤动物组成及数量

在 4 个样地的土壤中共捕获得大型土壤动物 1 439 只，隶属 3 门 9 纲 20 目(表

7-9)。由表7-9可见，膜翅目、蜘蛛目、鞘翅目和双翅目为优势类群，这4个类群的大型土壤动物占全部大型土壤动物数量的68.39%；近孔寡毛目、石蜈蚣目、综合类、直翅目、蜚蠊目、中腹足目、同翅目、等翅目、倍足类和盲蛛目10个类群为常见类群，占大型土壤动物数量的26.97%，优势类群和常见类群共占大型土壤动物的95.36%，构成了大型土壤动物的主体，对大型土壤动物群落特征起着决定性作用，其余为稀有类群。

表7-9　太平湖国家湿地公园大型土壤动物组成

门	纲	目或类群
Ⅰ软体动物门 Mollusca	腹足纲 Gastropoda	中腹足目 Mesogastropoda
Ⅱ环节动物门 Annelida	寡毛纲 Oligachaeta	近孔寡毛目 plesiopora、后孔寡毛目 Opisthopora
Ⅲ节肢动物门 Arthropoda	唇足纲 Chilopoda	石蜈蚣目 Lithobiomorpha、地蜈蚣目 Geophilomorpha
	蛛形纲 Arachnoidea	蜘蛛目 Araneida、盲蛛目 Order opiliones
	倍足纲 Diplopoda	倍足类 Diplopoda
	甲壳纲 Crustecea	潮虫目 Pillbug
	弹尾纲 Collembola	弹尾目 Collembola
	综合纲 Symphyla	综合类 Symphyla
	昆虫纲 Insecta	蜚蠊目 Blattaria、同翅目 Homoptera、双尾目 Diplura、双翅目 Diptera、鞘翅目 Coleoptera、等翅目 Isoptera、膜翅目 Hymenoptera、石柄目 Microcoryphia、直翅目 Orthoptera

在4个调查样地中，大型土壤动物类群差别不大，4个样地的类群数分别为白鹭洲(18)、猴岛(19)、营盘山(20)和吴家洲(20)，这主要是因为4个样地的自然环境基本一致，大型土壤动物生存的整体环境差异小。而各样地的大型土壤动物数量有较大差异(表7-10)，分别为白鹭洲(349)、猴岛(375)、营盘山(532)和吴家洲(732；因样方数为其他样地的1/4，为比较根据原数183调整)，主要是由4个样地受到的旅游干扰强度不同造成的，白鹭洲现有太平湖运动游览区游船码头，为游人进行水上运动和到湖中岛屿游览必经之处，旅游干扰强度在几个样地中最大；猴岛为湖中一岛屿，只有部分游客前往游憩，旅游干扰强度为中等；营盘山为太平湖国家湿地公园核心区；虽然太平湖国家湿地公园核心区禁止游憩和人类常规活动，但目前该湿地公园处于初步建设期，硬软件建设及管理相对滞后，营盘山为游客游憩集中地，旅游废弃物、篝火场地和不符合生态要求的临时休憩设施等对营盘山湿地环境造成了一定的冲击，根据湿地公园管理部门提供的数据，目前营盘山周末和黄金周等节假日游客量约25人/天，平时约10人/天，整体上还处于轻微游憩阶段。

调查中发现，近期修建的临时水泥游憩设施严重影响了湿地原生态景观，水泥用做湿地核心区的建筑材料违反了《国家湿地公园建设规范》中的生态选材原

表 7-10　太平湖国家湿地公园捕获大型土壤动物统计表

	样地													总计	频度/%	多度
	Ⅰ				Ⅱ				Ⅲ				Ⅳ			
	1 m	2 m	3 m	6 m	1 m	2 m	3 m	6 m	1 m	2 m	3 m	6 m				
膜翅目 Hymenoptera	5	25	25	24	16	27	26	26	24	35	34	36	57	360	25. 02	+++
蜘蛛目 Araneida	13	19	18	15	8	20	20	21	19	19	22	20	28	242	16. 82	+++
鞘翅目 Coleoptera	4	13	19	19	10	14	15	13	17	19	20	20	17	200	13. 9	+++
双翅目 Diptera	10	13	13	12	8	13	12	14	15	18	17	18	19	182	12. 65	+++
近孔寡毛目 plesiopora	5	9	9	10	7	8	8	7	11	11	14	11	13	123	8. 55	++
石蜈蚣目 Lithobiomorpha	5	6	8	4	3	4	5	4	6	6	4	5	5	65	4. 52	++
综合类 Symphyla	3	3	2	4	4	5	3	6	6	6	8	7	7	64	4. 45	++
直翅目 Orthoptera			2		3	4				4	4	4	5	26	1. 81	++
蜚蠊目 Blattaria	1	2			2		1	3		4	4		5	22	1. 53	++
中腹足目 Mesogastropoda			1			1			1	5	4	5	5	22	1. 53	++
同翅目 Homoptera	1		3			4		3	3	2	1	1	1	19	1. 32	++
盲蛛目 Order opiliones		2	2	1	1	2	3		2			1	3	17	1. 18	++
等翅目 Isoptera		1		3			3		3	1	2	1	1	15	1. 04	++
倍足类 Diplopoda			1	2		1	2	3	1	3			2	15	1. 04	++
后孔寡毛目 Opisthopora	1		3							1	2	3	3	13	0. 9	+
双尾目 Diplura	1		3				3		3			2	1	13	0. 9	+
地蜈蚣目 Geophilomorpha						2			2	2	1	2	2	11	0. 76	+
潮虫目 Pillbug					1					3		2	4	10	0. 69	+
石柄目 Microcoryphia			2				2					3	3	10	0. 69	+
弹尾目 Collembola		2			3	1					2		2	10	0. 69	+
总　计	49	95	111	94	66	106	103	100	113	139	139	141	183	1 439	100	

注：+++为优势类群 Dominant Order(类群个体数总个体数 10%以上)；++为常见类群 Frequent Order(类群个体数总个体数 1%～10%)；+为稀有类群 Rare Order(类群个体数总个体数 0. 1%～1%)。

则，损害了湿地公园的生态形象，应引起有关管理部门的注意。而吴家洲为无人干扰区，土壤肥沃，土壤大型动物丰富。

2. 旅游活动对大型土壤动物群落水平分布的影响

调查发现，在各样地的同一样带中，在距离游道不同距离的样方中捕获的大型土壤动物数量不同，在旅游干扰强度比较大的白鹭洲，距离游道不同距离样方内捕获的大型土壤动物分别为 1 m(49 个)、2 m(95 个)、3 m(111 个)、4 m(94 个)，距离游道 1 m 的样方捕获的大型土壤动物明显小于其他样方，实地调查发现，白鹭洲因旅游开发强度大，游人较多，游道边没有防护设施，游人对游道边的践踏程度很大，践踏部分土壤板结，植被较少。同样，猴岛与银盘山距离游道 1 m 的样方捕获的大型土壤动物均相对较少，整体上，3 个受旅游干扰的样地均是距离游道越近，土壤大型动物捕获量越少，但在白鹭洲的距离游道 3 m 处和猴岛的距离游道 2 m 处均出现了个体数量为样带中最高的情况，这可能是因为这两个样点受到的旅游干扰相对较小，而产生了边缘效应，这与晋秀龙等对赭山风景区的研究结果一致，但两样地边缘效应产生的样点不同，这可能是因为由旅游强度不同造成的边缘效应随着旅游强度的增加向远离游道的方向移动。营盘山样带没有出现边缘效应，可见，边缘效应仅出现在适度干扰区域。

每个样点土壤动物分布的多样性指数显示如图 7－4 所示。在前 3 个样地中，大型土壤动物的 Shannon－Wiener 多样性指数未体现与上述大型土壤动物水平数量分布相一致的特征，尤其在猴岛样地，大型土壤动物 Shannon－Wiener 多样性指数向远离游道的方向一直减少，这主要是因为在白鹭洲和猴岛，旅游干扰造成只有耐践踏的土壤动物生存，受到践踏的样点土壤动物整体均匀度较大，另外，土壤动物群落在分类时分类单位常常较大，不同类群生态功能各异，彼此之间的关系复杂

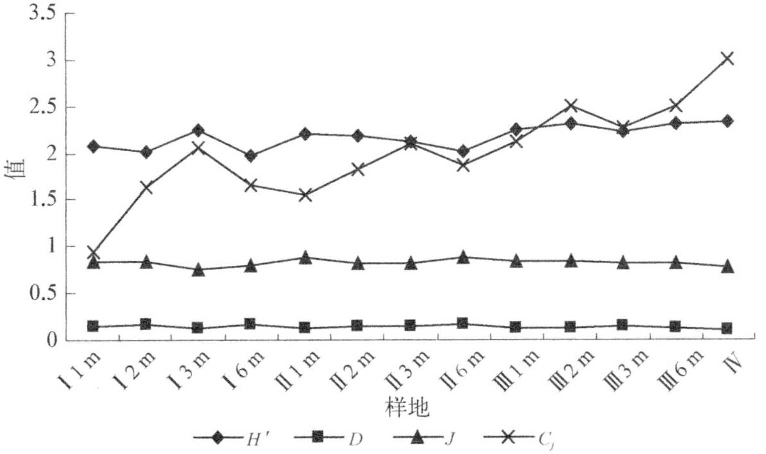

图 7－4　不同样地内大型土壤动物的多样性

多样，因此，不同类群的个体数量往往存在巨大差异，使群落多样性与均匀度显著相关，造成那些组成简单、各类群数量较低的群落的 Shannon - Wiener 值可能更高。而群落复杂性指数在 3 个样地均显示距离游道 1 m 的多样性指数偏低的情况，整体上能较好地解释和表征大型土壤动物的群落多样性。由于群落复杂性指数 C_j 能修正不同群落个体数量对多样性的影响，克服了传统的 Shannon - Wiener 多样性指数表征的不足，其可以作为旅游干扰下小生境物种多样性研究的一个较好参数。

3. 不同旅游干扰强度下的土壤各指标相关性

本实验分别研究了不同旅游干扰强度下土壤酶活性和大型土壤动物的分布情况，而通过对所有调查样方内土壤酶活性和大型土壤动物群落各指标进行相关性分析（表 7 - 11）发现，作为土壤基本营养状况指标的有机质含量指标与 4 个酶的活性及大型动物群落复杂性指数呈高度正相关关系（$r>0.8$），与大型土壤动物的 Shannon - Wiener 多样性指数呈低度相关关系（$0.5>r>0.3$，$P=0.187>0.05$）。大型动物群落复杂性指数与土壤有机质的高度正相关再次验证了大型动物群落复杂性指数分析土壤动物群落多样性的优越性，同样，大型动物群落复杂性指数较 Shannon - Wiener 多样性指数与 4 种土壤酶活性的相关性更大（表 5），可见，在调查土壤环境状况时，也可用大型土壤动物的复杂性指数进行表征；而 Pielou 均匀度指数及 Simpson 优势度指数与土壤有机质、土壤酶活性和土壤动物多样性指数呈负相关，这与上面对大型土壤动物受到践踏的样点土壤动物整体均匀度较大、优势度较大造成的多形性指数反而小是同样原因。土壤大型动物具有的边缘效应在几个样地的土壤有机质含量和土壤酶活性指标中没有出现，究其原因，边缘效应是出现在中度干扰下的小生境，这个小生境只是表现出物种多样性升高的变化，而适应这种多样性变化的土壤有机质和土壤酶活性并没有显著升高，这可能是因为土壤有机质和土壤酶活性指标与土壤植被等生物量的相关性大于其与大型土壤动物多样性的相关性。

表 7 - 11　土壤几个指标间相关性系数

	有机质含量	蔗糖酶	过氧化氢酶	脲酶	磷酸酶	H'	D	J	C_j
有机质含量	1								
蔗糖酶	0.98	1							
过氧化氢酶	0.81	0.82	1						
脲酶	0.96	0.95	0.80	1					
磷酸酶	0.92	0.90	0.71	0.95	1				
H'	0.39	0.40	0.31	0.49	0.64	1			
D	−0.38	−0.40	−0.28	−0.49	−0.60	−0.93	1		
J	−0.34	−0.38	−0.59	−0.37	−0.32	−0.28	0.30	1	
C_j	0.81	0.80	0.77	0.89	0.91	0.74	−0.73	−0.44	1

四、结论

通过对太平湖国家湿地公园不同功能区和不同旅游干扰强度下的土壤酶和大型土壤动物进行采样调查与分析，得出土壤酶活性和土壤动物分布受到旅游干扰的影响具有明显的水平分布规律，即靠近游道边的样点土壤酶活性、土壤动物多样性最小，反之增大，即旅游干扰强度越大，土壤酶和土壤动物多样性越小，但适度干扰区域出现边缘效应，即适度干扰区域出现土壤动物多样性升高的情况，且随着旅游干扰强度增大，边缘效应在远离游道的方向出现。据此得出如下结论。

（1）土壤酶能表征旅游干扰下的土壤环境状况，建议用蔗糖酶和脲酶两个酶的活性作为该公园土壤环境监测指标。4 种酶与土壤有机质和大型土壤动物的复杂性指数均具有正相关关系，但蔗糖酶和脲酶活性与土壤有机质及大型土壤动物的复杂性指数相关性更显著，在湿地公园土壤环境监测中，可将这两种酶的活性作为一种新的土壤监测指标。

（2）土壤动物复杂性指数比 Shannon－Wiener 多样性指数能更好地表征大型土壤动物多样性，并且土壤动物复杂性指数与土壤有机质含量及 4 个酶活性均具有高度相关性，故土壤动物复杂性指数也可用来表征土壤环境状况。本实验尝试采用复杂性指数分析表征不同旅游干扰强度下的土壤大型动物群落特征，较好地解释了不同干扰下大型土壤动物的多样性，校正了传统多样性测度方法造成的误差，可作为太平湖国家湿地公园等旅游区在旅游干扰下的土壤大型动物多样性的一个监测指标。

（3）旅游干扰已经破坏了太平湖国家湿地公园的土壤生态系统，尤其在重度旅游开发的白鹭洲，游道边的土壤有机质含量出现了极缺，进而对植被生存环境的破坏形成了恶性循环，作为开展生态旅游和环境保护教育的重要基地，太平湖国家湿地公园自身的生态环境的好坏决定着生态旅游和环境保护教育的效果，太平湖国家湿地公园应对受损的土壤生态系统进行及时的生态修复，为克服旅游干扰对游道周围土壤造成的破坏，可通过在游道边设置围栏等限制游客的活动范围，加强对游客的宣传教育力度，引导游客参与到生态旅游和文明旅游中。

（4）太平湖国家湿地公园核心区也出现了轻微游憩和非生态材质的水泥观台等建筑设施，违背了太平湖国家湿地公园建设的宗旨，破坏了太平湖国家湿地公园的生态旅游形象。该公园自 2007 年建设以来，囿于项目建设的滞后和管理的不善，核心区出现了游憩活动，游客在核心区河口滩地上进行游憩、野营和篝火晚会等活动，随之带来了大面积植被破坏和垃圾散布；建设进程的缓慢和盲目低品位的开发也导致了太平湖国家湿地公园核心区未能受到很好的保护，生态理念未能很好地贯彻。当前，该公园必须杜绝太平湖国家湿地公园核心区的游憩活动，并对遭受破坏的植被和土壤进行适度修复，拆除非生态材料的水泥观台等游憩设施。

第八章　城市公园旅游生态研究实践

随着我国经济的快速发展，城乡居民的生活水平不断提高，旅游和户外游憩逐渐成为人们生活的重要组成部分。城市公园已成为城市中使用最频繁的户外游憩地。城市公园，特别是具有一定植被覆盖的生态型公园，其植被丰富、空气清新，成为人们游憩休闲、户外锻炼身体的理想场所。它也是外来旅游者的旅游休闲的良好去处，还是城市中的绿色组成部分，能给身心疲惫、工作节奏快的城市居民带来身体上和精神上的双重放松。正因为如此，大量的游憩活动者以步行方式在生态型公园内活动会产生一系列的生态环境影响。有些学者对徒步旅行者产生的游憩影响进行了相关的研究，研究主要集中在践踏对生态环境的影响方面，如导致植被覆盖下降，土壤的压实、侵蚀，景观的破坏等。为了评估这类游憩活动影响，选取相关的指标，如践踏会导致路径的宽度变化、路面的损坏、根系暴露、新路径、路面损坏等；并对相应的指数进行量化计算，如植被多样性、覆盖率，土壤硬度、侵蚀率等，生物干扰、入侵系数，以及频度、优势度、环度、联结度、网络有效性等一系列指标，用这些指标和指数来确定游憩活动对游憩路径产生的生态影响。

赭山城市生态公园的游憩活动对生态环境的影响研究是以游憩践踏、游憩刻划和大型土壤动物等几个方面分别探讨其对赭山城市公园生态环境系统的影响。这为城市生态型公园的管理提供理论和实践上的指导，从而减少相应的生态影响，使城市公园保持最佳的环境状况，满足人们的户外游憩需求。

第一节　赭山城市公园概况

赭山城市公园所在的芜湖市是安徽省省辖市，全市面积为 3 317 km^2，人口为 215 万，其中，市区人口为 100.5 万，1877 年起逐渐成为全国四大米市之一，由于位置优越、商业鼎盛，历史上曾誉为“皖之中坚”“长江巨埠”。位于芜湖市城市中心的赭山风景区（图 8－1），户外游憩活动人数众多，2003 年游憩人次为 171.1 万人次，其中赭山公园 120.9 万人次；2004 年达 195.5 万人次，其中赭山公园 127.3 万人次；2005 年达 226.7 万人次，其中赭山公园 156.2 万人次①；2006 年达 140.71 万人

① 资料来源：芜湖赭山风景区 2006 年申报国家 4A 级景区汇报材料。

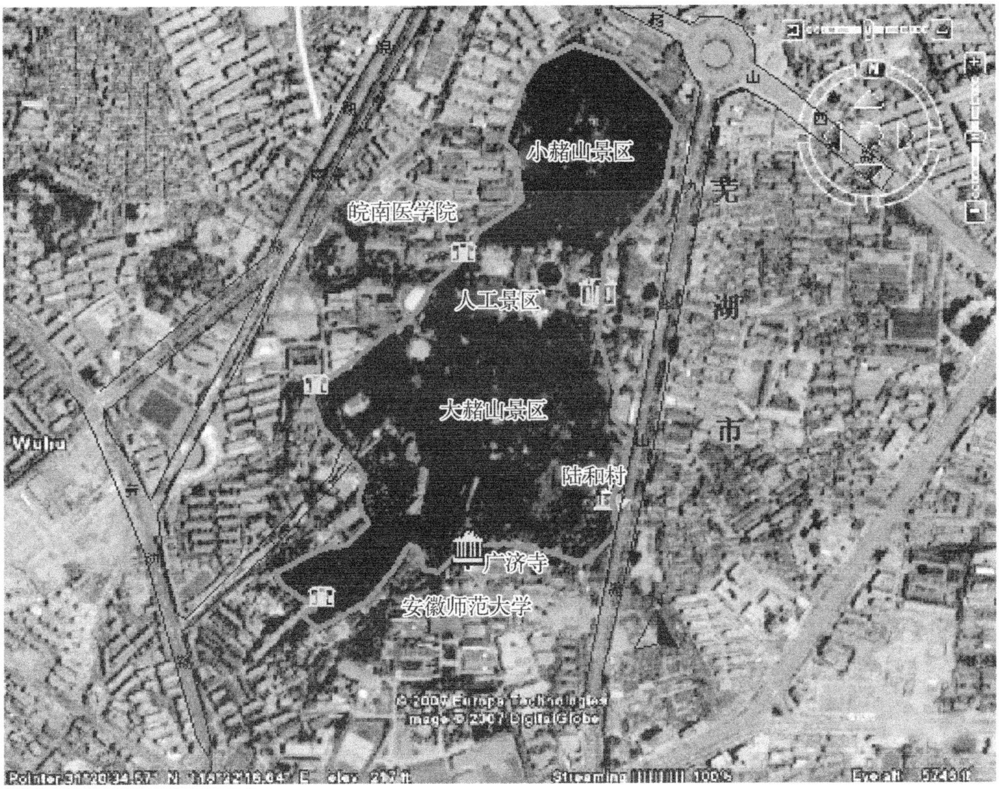

图 8-1　赭山风景区遥感影像图

次;2007 年达 216.70 万人次①。

赭山风景区(图 8-1)位于风景秀丽的江城——芜湖市的城市中心区,2006 年经国家旅游管理局批准为国家 4A 级风景名胜区。赭山风景区由赭山城市公园(包括大小赭山、广济寺)和陆和村茶艺博物馆组成,“赭塔晴岚”为芜湖八景之首。赭山兀立于芜湖市中心的西北角,周长为 4.5 km,总面积为 47.87 hm^2,有大小两座山峰,其中大赭山海拔为 84.8 m,小赭山海拔为 67.9 m,年均温约 16℃,年降水量为1 169.8 mm。赭山共有植物种类 220 种,较名贵的有银杏、香樟、檀树、枫树等近十万棵,草坪41 000 m^2,风景林 10 400 m^2。赭山气候宜人,风景秀丽,满山树木葱茏,芳草萋萋,因山石呈赭色而得名。游憩影响研究主要集中在赭山公园的大、小赭山范围内进行,是赭山户外游憩活动的主要集中区,游道类型多、践踏影响广泛。

① 资料来源:安徽省旅游局 2006 年、2007 年重点景区旅游接待情况排名表。

第二节　赭山城市公园游憩活动践踏的生态影响研究

游憩践踏是学术界研究旅游活动过程对环境影响的一个重要领域，国外对游憩景区的践踏影响研究较多。Hartley 在美国蒙大拿州冰河国家公园（Glacier National Park）研究践踏对植物开花的影响；Singer 对 Mt.Rainier 国家公园的羽扇豆（*Lupinus lepious*）和钟铃花（*Penstemon procerus*）两种植物的成熟果实数量研究表明，所有受到游憩践踏影响的样区，植物结实量均少于对照区；样区内两种植物均以 7 月中旬（第一次花序盛开）受到冲击的效果最明显，说明发生践踏的时间是关键因素；Frissell、Cole 和 Marion 等研究游道上层树木的根系常因践踏而易受伤害，会降低根系的吸收能力，也使树木抗风能力减弱；Marshell 等的研究表明，践踏使土壤板结，通透性大大降低，导致种子发芽时幼芽和幼根的伸展受到抑制，幼苗被踩死，影响其成活等。

目前，我国对旅游践踏影响的研究较少，程占红、石强、冯学钢等对旅游风景区进行过相关的研究，而对户外游憩量较大、与人们日常生活息息相关的城市生态公园的旅游践踏影响几乎没有进行过研究。

一、研究方法

（一）评价因素选取

赭山践踏影响调查选取了践踏引起的植物根暴露（植物根系暴露出来的总长度在 0.02 m 以上）、路面变宽、游憩践踏的新路径（相对于公园主要道路，路宽小于 0.8 m 的游人践踏而成的小径）和部分道路的路面损坏等作为评价因素，根据评价因素选择了评价指标，并建立相应的评价指标体系。践踏影响程度指标选用了不同游道路面产生植物根暴露、路面变宽、多路径和路面损坏四种问题的频度、宽度和长度来表示，反映出不同游道受践踏影响的受损状况。

（二）践踏影响程度评价指标

对评价因素的评价选取了影响频度、影响宽度和影响长度三类评价指标。路面变宽：影响的频度（F_{tw}=影响出现次数/游道长度）；游道变宽延升的长度比（L_{tw}=影响长度/游道长度）；游道变宽的宽度（W_{tw}=影响点宽度/游道长度）。多路径：影响出现的频度（F_{mt}=影响出现次数/游道长度）；延升的长度比（L_{mt}=影响的长度/游道长度）。根暴露：频度（F_{re}=根暴露次数/游道长度）；根暴露的长度比(L_{re}=暴露根的长度/游道的长度)。路面损坏：出现频度 F_{td}=问题出现次数/游道长度;游道损伤长度比 L_{td}=问题长度/游道长度。

评价不同类型的游道出现影响的频度、长度、宽度分别用如下公式来表述。

影响频度 F：$F=F_{tw}+F_{mt}+F_{re}+F_{td}$ (F_{tw}为游道变宽的影响频度;F_{mt}为多游径影响出现的频度;F_{re}为根暴露的频度;F_{td}为路面损伤出现频度)。

长度比 L：$L=L_{tw}+L_{mt}+L_{re}+L_{td}$ (L_{tw}为游道变宽延升的长度比;L_{mt}为多游径延升的长度比;L_{re}为根暴露的长度比;L_{td}为游道损伤长度比)。

宽度比 W：$W=W_{tw}$ (W_{tw}为游道变宽的宽度)。

(三) 数据收集

2007 年 4 月 12～15 日，对赭山风景区游憩践踏影响进行了全面调查，共选取了不同类型步行游道 19 条，包括水泥步道、石板步道和土质步道(表 8-1)，步道总长度为 3 123 m，占赭山公园总游径长度的近 70%，宽度为 0.8～2.6 m，涵盖了几乎所有的游览步道。对由游憩践踏引起的根暴露次数和长度、路面变宽的次数与变宽的长度和宽度、多路径次数和长度、路面损坏的次数四类状况进行了详细的记录(表 8-2)。

表 8-1 赭山风景区旅游步道特征表

游道编号	路长/m	路宽/m	路面特征	游道编号	路长/m	路宽/m	路面特征
ZS-1-1	300	2.3	水泥	ZS-2-5	100	0.9	土质
ZS-1-2	300	1.8	水泥	ZS-2-6	55	0.8	土质
ZS-1-3	200	1.8	水泥	ZS-2-7	10	0.9	土质
ZS-1-4	200	1.6	水泥	ZS-3-1	110	1.2	石板
ZS-1-5	600	1.8	水泥	ZS-3-2	23	2.6	石板
ZS-1-6	170	1.6	水泥	ZS-3-3	30	1.2	石板
ZS-2-1	330	0.9	土质	ZS-3-4	150	1.8	石板
ZS-2-2	130	1.2	土质	ZS-3-5	80	1.8	石板
ZS-2-3	38	1.1	土质	ZS-3-6	250	1.8	石板
ZS-2-4	47	1.0	土质				

表 8-2 三种类型游道游憩活动影响统计表

路面类型	路面总长度/m	根暴露		多路径		路面变宽			路面损坏	
		次数	平均长度/cm	次数	多路径总长度/m	次数	平均增宽/m	平均增宽长度/m	次数	损伤总长度/m
水泥路面	1 770	104	45.92	91	1 249.2	43	0.69	3.43		
石板路面	643	66	47.13	41	450	22	0.78	2.29	18	14.5
土质路面	710	365	47.52	47	502.7				35	42.1
总　计	3 123	535		179	2 201.9	65			53	

二、结果与分析

(一) 践踏影响频度

通过对记录数据的整理分析(表 8-3 和图 8-2),可以看出不同路面践踏产生的影响的程度是不同的,通过对影响的频度、长度、宽度等计算,得出水泥路面影响的频度为根暴露 0.06 次/m、多路径 0.05 次/m、路面变宽 0.02 次/m(水泥路面损坏发生极少,没有统计意义);石板路面影响的频度分别为根暴露 0.10 次/m、多路径 0.06 次/m、路面变宽 0.03 次/m、路面损坏 0.027 次/m;土质路面影响的频度分别为根暴露 0.51 次/m、多路径 0.07 次/m、路面损坏 0.049 次/m(土质路面变宽无法具体统计)。由此可见,根暴露影响的频度为土质路面>石板路面>水泥路面;多路径影响的频度为土质路面>石板路面>水泥路面;路面变宽影响的频度为石板路面>水泥路面;路面损坏影响的频度为石板路面>土质路面。

表 8-3 践踏影响分析表

路面类型	路面总长度/m	根暴露		多路径		路面变宽			路面损坏	
		频度/(次/m)	总长度/路长	频度/(次/m)	总长度/路长	频度/(次/m)	总长度/路长	变宽宽度/路宽	频度(次/m)	总长度/路长
水泥路面	1 770	0.06	2.70	0.05	0.706	0.02	0.083	0.38		
石板路面	643	0.10	4.84	0.06	0.700	0.03	0.071	0.45	0.027	0.023
土质路面	710	0.51	24.43	0.07	0.708				0.049	0.059

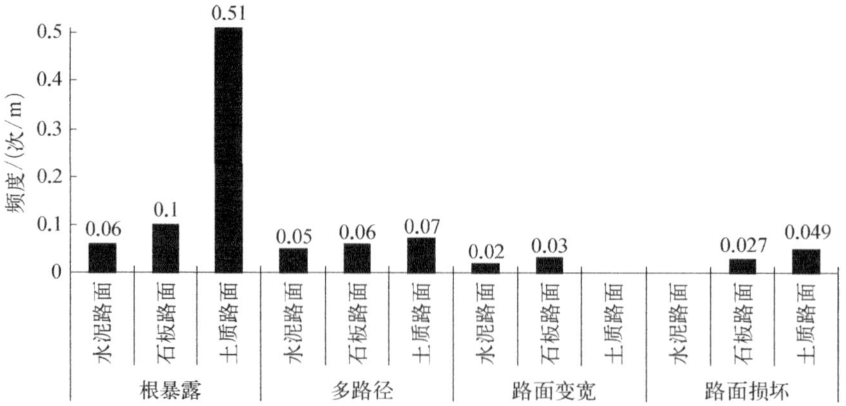

图 8-2 不同路面不影响类型的频度图

从频度上看(频度 $F = F_{tw} + F_{mt} + F_{re} + F_{td}$):水泥路面受影响的总频度 $F_{水泥} = 0.02 + 0.05 + 0.06 + 0 = 0.13$;石板路面受影响的总频度 $F_{石板} = 0.03 + 0.06 + 0.10 + 0.027 = 0.217$;土质路面受影响的总频度 $F_{土质} = 0 + 0.07 + 0.51 + 0.049 = 0.629$,可

以看出，所有游憩路径中，水泥步道的践踏影响的频度相对最小，其次是石板步道，而土质步道受到的伤害最大。

(二) 践踏影响宽度

游憩践踏使路面变宽主要集中在水泥路面和石板路面，对土质路面无法进行相应的统计。调查发现，水泥路面平均变宽为 0.69 m、石板路面平均变宽为 0.78 m，用平均变宽的幅度除以各自路面的平均宽度(W_{tw})，得出水泥路面变宽比为 0.38、石板路面为 0.45，石板路面变宽程度明显大于水泥路面。

(三) 践踏问题长度

践踏影响的长度与总长度的比值统计中发现，对根暴露的长度、多路径的长度和路面变宽的长度分别和所调查路面的长度进行对比，得出所调查路面践踏的不同类型影响的长度比，用来分析践踏影响的程度。从图 8-3、图 8-4、图8-5、图 8-6 中可以得出，根暴露长度比为土质路面>石板路面>水泥路面；多路径长度比相差不大；路面变宽长度比为水泥路面>石板路面；路面损伤长度比为石板路面>土质路面。

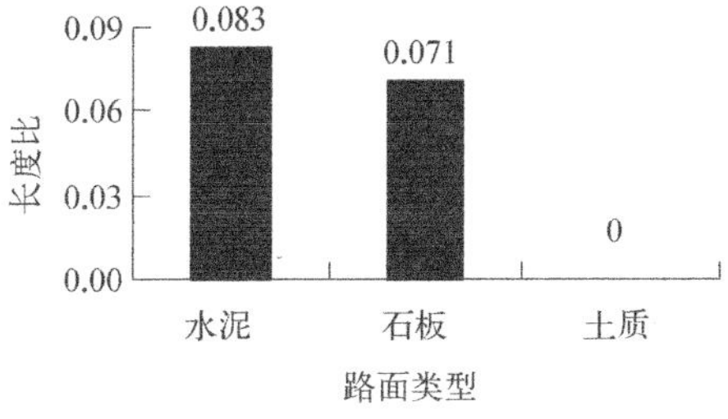

图 8-3　路面变宽长度比

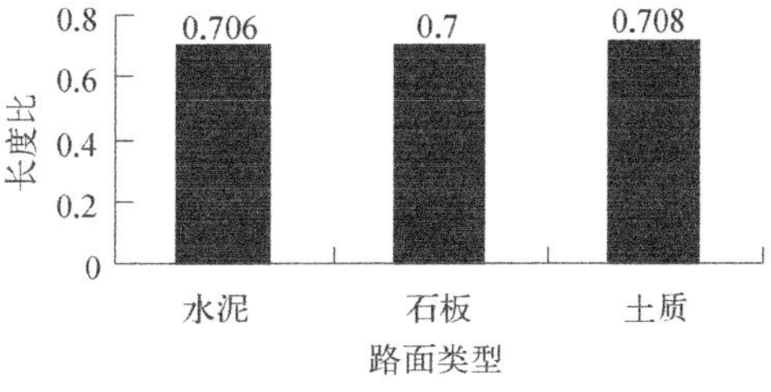

图 8-4　多路径长度比

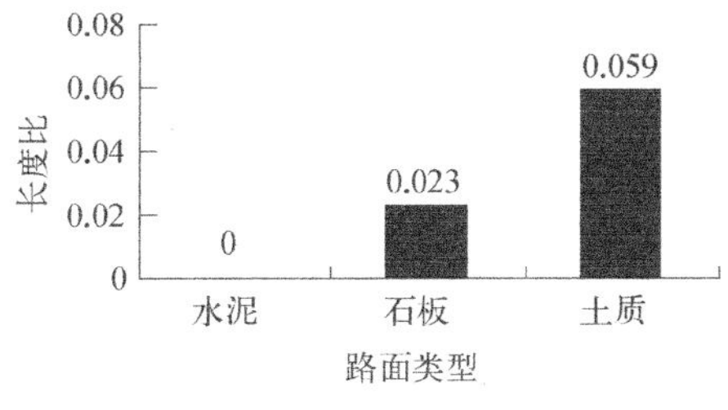

图 8-5　路面损伤长度比

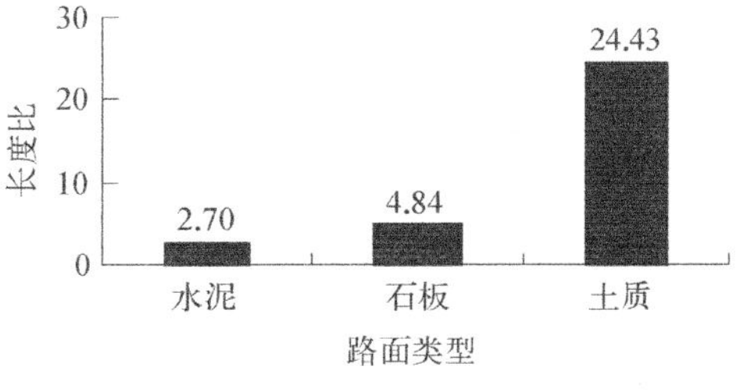

图 8-6　根暴露长度比

从游道的总长度比上看(长度比 $L = L_{tw} + L_{mt} + L_{re} + L_{td}$)：水泥路面受影响的总长度比为 $L_{水泥} = 0.083 + 0.706 + 2.70 + 0 = 3.489$；石板路面受影响的总长度比为 $L_{石板} = 0.071 + 0.70 + 4.84 + 0.023 = 5.634$；土质路面受影响的总长度比为 $L_{土质} =$

$0+0.708+24.43+0.059=25.197$。可以看出，所有游憩路径中，水泥步道的践踏影响问题的总长度比相对最小，其次是石板路面，而土质路面受到的伤害最大。

三、结论与讨论

(一) 结论

赭山城市公园2006年被确定为国家4A级风景区，近几年取消门票，使户外游憩活动量增长迅速，年游憩量达到百万人次以上，游憩活动对赭山公园的生态环境影响也越来越大。在对赭山城市公园的游憩活动影响的根暴露、多路径、路面变宽和路面损伤的分析中，得出不同游道受到的游憩影响是不相同的，其中，根暴露多发生在土质游道路面，水泥游道次之，而石板游道受到的影响最小；多路径发生在水泥游道上最多，土质游道次之，石板游道最少；路面变宽是水泥游道大于石板游道；路面损伤是土质游道大于石板游道。

对不同类型游道的游憩践踏影响用出现问题总频度、长度比和宽度比来分析。总频度：$F_{水泥}=0.13<F_{石板}=0.217<F_{土质}=0.629$，得出三类游憩路径中，土质路面受影响的频度最大，石板路面次之，水泥步道受影响的频度最小；根据总长度比 $L_{水泥}=3.489<L_{石板}=5.004<L_{土质}=25.197$ 得出，水泥步道践踏影响问题的总长度比相对最小，其次是石板路面，土质路面受到的伤害最大；宽度比为 $W_{水泥}=0.38<W_{石板}=0.45$，石板路面变宽程度大于水泥路面。

综上所述，在赭山城市公园游憩践踏的影响中，土质路面游道受到践踏影响的程度最大，石板路面游道次之，水泥路面相对最小。通过分析可以看出，大量的户外游憩践踏导致土质路面的植物根暴露较多，路面损坏严重，路面变宽虽然无法统计，但其实际影响是相当大的；而石板和水泥路面由于质地相对较硬，对于践踏影响所受到的伤害相对要小一些，其中水泥路面受到的伤害更小。石板、水泥路面是人工铺设的，作为公园内的主要道路来布局，其相对间距大，导致了这两类路面周围人工踩踏出的路径相对较多，使公园生态景观的破碎性增大。

(二) 讨论

城市生态型公园既是城市环境美化、空气净化的重要基地，又是城市居民休闲、游憩活动的主要场所。因此，要加强对城市生态型公园道路系统建设研究，建立合理的道路体系，并加强管理和维护，适应不断扩大的城市游憩需求，减少践踏对公园生态环境的影响，使城市生态公园能够发挥最大的生态、环境效应，同时也能最大化地满足城市居民休闲、游憩的需要。

生态型城市公园的游憩践踏影响是由践踏过程对路面、土壤的影响，到对植被、动物等的影响，进而会影响整个公园的生态系统。这导致城市公园的植被破坏、水质下降、环境恶化等一系列环境问题，从而降低了城市生态型公园的休闲、娱乐氛围。城市生态型公园的生态系统不同于自然环境系统，是受到人为控制和影响最直接和强烈的旅游生态系统。人为的干预性强，从公园布局，到树种、草坪植物的选用都有很强的主观因素。一旦有损害生态系统行为的发生，就会有大规模的人类干预。其投入相对较高，应研究城市生态型公园生态系统结构的变化遵循旅游活动对生态系统影响的规律，减少管理成本，使城市公园的生态环境呈现健康发展，从而有利于居民的休闲、游憩。

第三节　赭山城市公园游憩活动刻划对植物的影响研究

随着旅游业的发展，旅游活动对生态环境的负面影响扩大，旅游生态影响研究也在不断地深入。从最初的野外观察分析植被、土壤、动物等受到的影响，逐步扩展到对植被生理、生态、土壤的各种理化性质，大气、水和微生物等的影响；从对野地公园、自然保护区等纯自然地区扩展到对各种类型的旅游区的研究；从表面现象的研究扩展到本质特征、管理对策等的研究。不难看出，这些影响大多是在旅游活动过程中，游憩者和旅游者非主观故意行为而造成的旅游后果，是旅游经济活动蓬勃发展的负面产物。旅游刻划行为则是旅游者和游憩者的一种主观故意的行为，是旅游者和游憩者在其旅游活动过程中，对景区(点)或游憩场所引起的强烈内心活动而产生的一种表达行为。这种行为完全是由内心支配而表现出来的，往往忽视其对景区(点)和自然生态环境的影响。旅游刻划的主要对象，一类是令人震撼的人文旅游场所，如长城、故宫等旅游建筑，它产生出令游客内心激荡的气氛而使游客出现一种自觉或不自觉的冲动行为，由于这种行为对景区(点)造成的影响巨大而被旅游管理部门和文物部门，进而被大多数人(包括旅游者)所摒弃；另一类刻划的对象是植物(乔木)，在乔木上刻划，其一是旅游者对所看到的旅游景观的壮大、震撼无处表达而刻于树上，其二是被周围的自然景观所折服，或是由此时的情景产生的某种联想所表现出的不得不刻划的心理冲动。在现实的旅游过程中，人们对在人文景观上的刻划行为产生的破坏性影响已有充分认识，已经成为人人皆知的一种基本旅游行为规范，出现的越来越少。树木上的刻划则时常发生，而对此研究则相对较少，赭山风景区游憩刻划研究正是在这样的背景下，对处于城市中心区的赭山风景区(城市生态型公园)(图 8－1 和图 8－7)进行了游憩刻划的全面调查研究，旨在唤起人们保护以植被为主要休闲景观的城市公园生态环境的意识，明确刻划对植被的影响和破坏，为城市生态型公园的生态环境保护提出合理化建议。

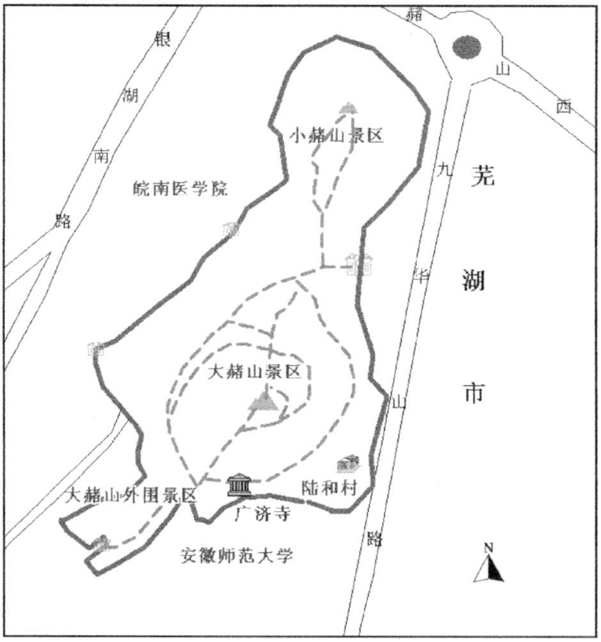

图 8-7　赭山风景区分区示意图

一、研究方法

对赭山城市公园植被的刻划研究是在对被刻划植物全面调查的基础上进行的。本次调查主要涉及以下与刻划相关的内容：刻划的植物类型、被刻划植物和道路之间的距离，刻划发生的高度、宽度、深度、刻划内容、刻痕的位置、刻划时间、刻划树木的光滑程度等相关指标的统计和调查。

刻划频度表示单位距离刻划的树木数量，刻划频度＝被刻划树木棵数/道路长度；刻划强度用刻痕长度、宽度、深度和刻痕笔画来表示。2007 年 4 月 16～18 日，在赭山城市公园进行了 4 人、3 天的调查，把调研区域分成大赭山、小赭山、西部大赭山环绕区域 3 个区域(图 8-7)，并按照水泥路面、石板路面、泥质路面三种类型的步道进行了全面调查，共调查步道 20 条，其中，水泥步道 6 条、石板步道 6 条和土质步道 8 条，总长度为 3 029 m，约占公园内总路径的 70%，统计被刻划树木 409 棵(表 8-4)。

表 8-4　赭山风景区调查游道及被刻划树木数

游道编号	长度/m	宽度/m	路面类型	总棵数	刻划频度/(棵/m)
ZS1	300	2.3	水泥	42	0.14
ZS2	50	0.9	土质	8	0.16

续表

游道编号	长度/m	宽度/m	路面类型	总棵数	刻划频度/(棵/m)
ZS3	280	0.9	土质	16	0.06
ZS4	300	1.8	水泥	35	0.35
ZS5	200	1.8	水泥	2	0.01
ZS6	200	1.8	水泥	46	0.23
ZS7	100	0.9	土质	39	0.39
ZS8	110	1.2	石板	49	0.45
ZS9	110	2.0	石板	33	0.30
ZS10	130	1.2	土质	34	0.26
ZS11	23	2.6	石板	17	0.74
ZS12	30	1.2	石板	13	0.43
ZS13	38	1.1	土质	12	0.32
ZS14	47	1.0	土质	8	0.17
ZS15	56	0.9	土质	15	0.27
ZS16	600	1.8	水泥	26	0.04
ZS17	150	1.8	石板	7	0.05
ZS18	55	0.8	土质	5	0.09
ZS19	170	1.6	水泥	1	0.01
ZS20	80	1.8	石板	1	0.01
总　计	3 029			409	0.14

二、结果与分析

(一) 主要刻划植物

赭山地处亚热带中部，植被主要是亚热带人工次生林，根据芜湖市赭山风景区管理委员会的统计，赭山风景区主要植物有 39 科，57 属，220 种①。在调查的 20 条不同路径中，被刻划的植物有 14 种，共计 409 棵，主要是梧桐（*Firmiana platanifolia*）、女贞（*Ligustrum lucidum*）、喜树（*Camptotheca acuminata*）、榆树（*Ulmus pumila*）、香樟（*Chnnamomum camphora*）、油茶（*Camellia oleifera*）、朴树（*Celtis sinensis*）、香椿（*Toona sinensis*）等（图 8－8）。被刻划的植物胸径为 3～37 cm，平均胸径为 16.2 cm；树高为 3～15 m，平均树高 8.0 m；统计刻划的游道总长度为 3 029 m，平均刻划频度为 0.14 棵/m。其中，以梧桐的刻划最多，梧桐属于梧桐科梧桐属的落

① 2006 年赭山风景区申报国家 4A 级风景区材料。

叶乔木，其树皮绿色、平滑、叶心形，是良好的行道树和庭园绿化树种，树形挺拔、表皮层薄，刻划易见木质部分；其次为女贞，属于木樨科常绿乔木，树冠卵形，树皮灰绿色，平滑不开裂。通过调查可知，梧桐是赭山风景区内最能吸引游憩者刻划的植物；从刻划本身来说，青桐树皮易刻划，刻划内容清晰、显著。由此可见，游憩者刻划的树木与其易刻程度、树皮颜色、光滑程度和刻划后留下痕迹的清晰程度有关。

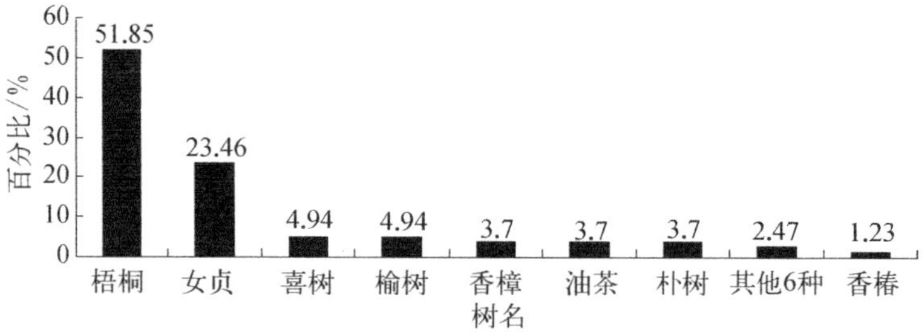

图 8-8　被刻划树木统计图

(二) 刻划的时间特征分析

从调查的409棵被刻划的植物来看，刻划的时间分布大致从20世纪70年代开始一直持续到2007年，刻划的时间跨度近40年。刻划的时代分布上以20世纪70年代最多、80年代最低、90年代到21世纪有明显增加的趋势(图8-9)。从刻划分布上看，20世纪70～80年代的刻划主要集中在西部外环区域，占该区域调查刻划的近72%，说明在该时代游憩刻划者主要集中在赭山风景区的外部边缘，当时的社会经济条件相对落后，进行游憩活动的主要是一些青年学生；到20世纪80年代，外围可刻划的树木相对减少，造成这一时段的刻划量相对较少(时间的统计是根据被刻划树木上刻写的时间，未做相关的刻划时间的专业鉴定)。而20世纪90年代和21世纪的刻划主要集中在赭山风景区的大赭山主峰及其周边相对较高区域，说明一是外围可刻的树木已减少，二是人们在刻划时开始注意其他游憩者的反应，从而使刻划者愿意去相对内部的区域。但从总体的刻划时间上来看，5年前的刻划占总调查刻划量的86.8%，而近5年来的刻划量占28.6%(总和大于100%

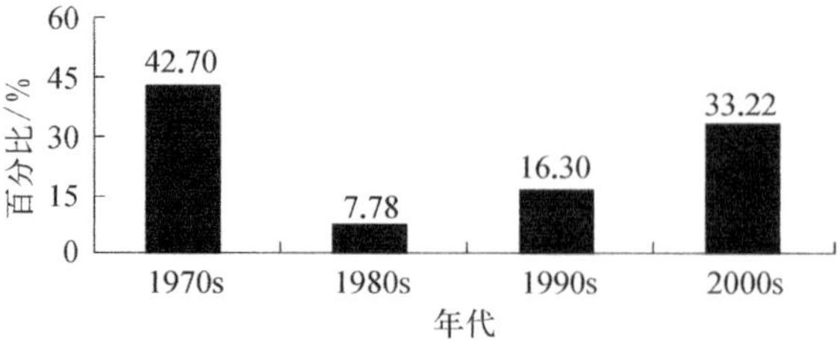

图 8-9　树木刻划时间分布图

的原因是，一部分被调查的树木中既有5年前的刻划，也有近5年来的刻划）。

（三）刻划的空间分布特征

在赭山风景区刻划调查中，对被刻划的树木与游道的距离及与游道出口的距离做了详细的统计。被刻划树木距离游道边缘的分布范围为0～13 m，平均距离为1.4 m；距离道路进、出口的距离为0.5～15 m，平均距离为7 m。这说明游憩刻划主要集中在距离游道较近的区域进行，这在外围区域的刻划植物中尤为明显，而在赭山风景区的大赭山，近期刻划则距离路面相对要远一些；距离游道进、出口的距离相对较远说明刻划者一般不是带着刻划目的进行游憩活动，而是受到环境影响而产生的冲动行为。另外，路口是游人相对较多的地方，刻划本身容易引起别人的注意也是其中一个重要原因。

从赭山游憩刻划空间分布上（表8－5）能明显地看出，刻划主要发生在大赭山及其外围的区域范围内，而在小赭山刻划仅零星存在，主要因为大赭山及其周边地区是赭山风景区的主体部分，是游憩活动的核心区，游人较多，刻划发生的机会也较多；小赭山范围小，能提供游憩的场所少，游人相对较少。容易被刻划的主要树种青桐等也主要分布在大赭山及其周边地区；刻划者一般具有年轻的年龄特征，而大赭山及其周边地区与两所高等院校（安徽师范大学和皖南医学院）相邻，青年学生多，产生的游憩活动也相对较多，易产生刻划行为。

表8－5　赭山风景区游憩刻划的3个区域

区　　域	大赭山外围	大　赭　山	小　赭　山
调查刻划游道数量/条	5	12	3
平均每条游道上的刻划量/（棵/条）	25.4	22.9	2.3
平均刻划频度/（棵/m）	0.15	0.3	0.037

（四）刻痕的痕迹特征分析

对赭山风景区内植被上刻划的刻痕调查发现，刻痕距地面的最低高度范围为10～158 cm，平均最低刻痕高度为85 cm，大多数刻痕的高度在一个正常身高的人刻划的最佳位置。以刻痕的长度×宽度代表所刻划的面积，在调查的409棵被刻划的树木中，刻痕长度最长为320 cm，最大刻痕宽度为100 cm，平均刻痕面积的长度×宽度为88.5 cm×27.8 cm。根据石强在张家界风景区所做的刻划位置的设计，把被刻划树木的刻划位置分成正面、背面和侧面（图8－10），在调查中，赭山风景区的树木刻痕的平均位置在正面的占94.2%，背面占32.7%，侧面占44.6%（由于被刻划的树木往往不是一面被刻划，而是多面，所以统计总值大于100%），可以看出，赭山风景区的刻划主要集中在正面。对每棵被刻划的树单笔刻痕的最大宽度和最大深度进行了测量，得出单笔刻痕的最大宽度为 2～50 mm，平均为 16.15 mm；最大刻痕深度为 0.5～7 mm，平均为 2.07 mm。对被调查的刻划植物上的刻划笔画数进行统计，按照小于 50 画、50～100 画和大于 100 画三个等级进行划分，得出赭山风景区刻划的笔画在 50 画以下的占 50.8%、50～100 画的有 18.2%、大于 100 画的占 23%。单笔刻痕的最大宽度、深度和刻划笔画反映了刻划的程度，同时也反映了对植物的伤害程度。从以上几个方面来看，赭山风景区的刻划量相对较大，对植被的伤害程度也较大。

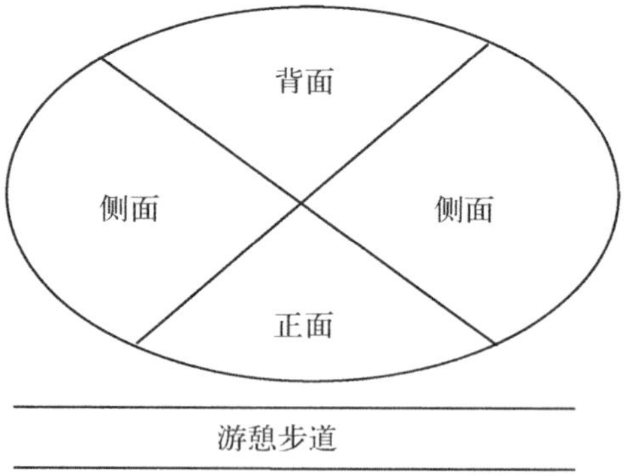

图 8-10　刻划位置示意图

(五) 刻划的主要内容分析

刻划内容的调查主要按照姓名、时间、留念、爱情宣言和其他 5 个方面来统计(图 8-11)。从中可以看出，在刻划内容上，姓名最多，占所有刻划的 84.35%，说明绝大多数刻划者希望把自己的名字留在植物上，这也反映了我国传统思想"人过留名"在其中所起到的作用。在众多姓名刻划中发现，有三分之一以上是男女姓名刻在一起，表明年轻男女之间的爱情希望通过这种形式来表达，或者是对自己喜欢的人进行表达的一种形式。刻划时间也是一种形式的见证，见证到此的时间、彼此的爱情等，刻划也相对较多。留念则反映了来此地的游憩者可能并不是长期生活

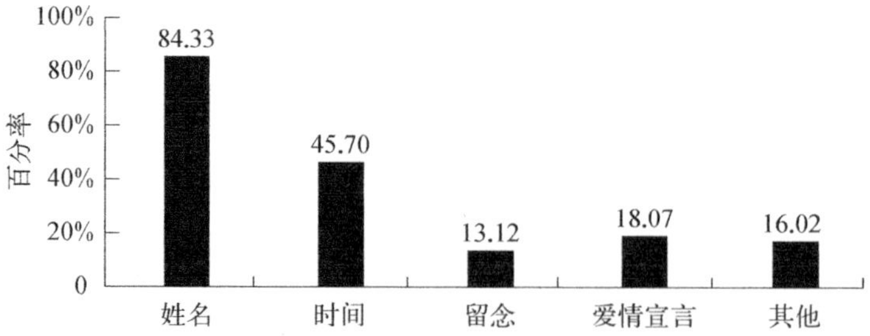

图 8-11　刻划内容比重图

在此城市，大多可能为外地来此读书的大学生或者外地的旅游者。爱情宣言则是用最直白的语言刻于树木上，比较多的是“某某某我爱你”和心形的图案，是年轻男女希望通过刻划于树木上来对自己爱情的一种宣誓行为。其他刻划内容大多表示出游憩者当时的一种随意行为，没有固定的形式和内容，可以说大多为即兴之作。姓名、时间、到此一游、爱情宣言等也可反映出所处的时代特征和当时的社会文化丰富程度等。年轻人是社会文化生活的主体体现者，通过赭山风景区的刻划内容，反映出在20世纪70～80年代，当时的社会文化生活缺乏，导致了大量的此类刻划行为的发生。从近五年的刻划量明显少于以前，而同期游憩的人次却在迅猛增加，表明了芜湖市乃至整个中国的社会文化、娱乐生活的丰富性，使得本来刻划在树上的表达形式逐渐被一些新方式所取代，从而城市公园的刻划量在减少。

三、结论与讨论

(一) 结论

通过对赭山风景区的大、小赭山和大赭山外围的3个区域20条游憩步道409棵被刻划的树木的调查，得出赭山风景区户外游憩刻划具有如下特征。

刻划的树木主要为树皮光滑、易刻划、刻划后痕迹清楚的植物，赭山的主要刻划植物是青桐，其次是女贞，其他被刻划的植物还有12种。

刻划从20世纪70年代一直持续到现在，不同时代刻划所在的区位有差异，早期的刻划集中在大赭山的外围区域，近5年的刻划集中在大赭山区。刻划在空间分布上，主要集中在距离游憩步道平均距离为1.4 m的区域；在空间分布上与路面类型关系不大，而与区域位置相关联，主要集中在大赭山及其外围区；刻划多数集中在道路的中部地段。

刻痕的长度、宽度和深度都较大，每棵被刻划的树的刻痕位置94.2%正对着路面，刻划对植物的损害程度也较大。

所有调查道路上刻划的平均频度为0.14棵/m，刻划的频度较大，反映了赭山风景区游憩的强度大，游憩者的刻划行为频繁。

刻划的内容多为男女姓名、时间、留念、爱情宣言等，其中姓名占84.33%，是刻划的主体。50.08%是刻痕笔画在50画以下，23%是100画以上，刻划量相对较多。

(二) 讨论

对赭山风景区的游憩刻划研究主要还在一些统计量和游憩活动分析上，刻划对生态环境的影响仅停留在公园的环境和视觉美观上，还只是一个浅显的旅游生态学研究游憩活动对植物影响的方法，没有上升到刻划对植物内部生理特性的研究上，对于引起游憩管理者的重视等所做的研究还不够。

旅游和游憩刻划在我国多数旅游景区、休闲游憩场所的植物上大量存在，目前对此研究尚少，研究的深度不够可能是一个主要原因，另外还存一些研究方法、模式上的不足。本节旨在唤醒人们，特别是旅游景区的管理者和相关的科研部门，来重视保护以植被为主要休闲景观的旅游和游憩风景区的生态环境的意识，明确刻划对植被的影响和破坏，从而重视对旅游和游憩刻划的管理力度。公园管理部门应采取以下措施，以防止类似事件再度发生，从而营造出一个更加美好舒适的城市内公园的游憩环境。

1）完善相应制度加强管理

作为国家 4A 级旅游风景区和市民重要的户外活动空间，应该加大对公园的管理力度，制定和完善相应的规章制度。对目前已经有的公园林木管理制度，应该加强监督和检查，以确保其执行。建立对公园环境管理的分析评价制度，使景区保持良好的生态环境系统，成为轻松、舒适的游憩活动场所。

2）强化对游憩者的教育

以生态旅游规范的教育方式来加强对公园游憩者的教育，使户外游憩者明白，保护风景区的生态质量、爱护风景区环境的重要性。可以通过设立标志牌、宣传画、游憩手册等多种形式来教育游憩者。

3）运用技术手段来保护植物

可以采用防止虫害的方式对一些容易被刻划的植物进行涂石灰水，一来可以起到防治虫害，二来可以避免被刻划；对一些已经被大量刻划的植物要进行相应的技术处理，以减轻对其进一步伤害。同时，在选择绿化树种的时候可以尽量选择一些树皮粗糙、质地较硬的不容易被刻划的树种，确保公园环境优美、清新宜人。

第四节　赭山城市公园游憩活动对大型土壤动物群落的影响研究

对土壤动物的研究已经有 150 多年的历史。土壤动物是生活在土壤表层动物的总称，由于类群、数量相对较多，对环境变化较为敏感，通常土壤动物的个体数量、群落的结构组成等用来作为土壤环境变化的主要指示物，多用于农业和森林生态系统中。目前，对土壤动物的研究主要集中在对某一区域环境条件下土壤动物类群的组成结构和多样性、土壤动物对土壤环境污染的监控研究等方面，用于对旅游生态环境影响的研究还不多见。土壤动物对环境变化具有敏感性，这可以作为旅游活动影响的一个重要指标。

目前,旅游对生态环境的影响研究多集中在植被、动物、大气、土壤、水环境等方面。对植被的影响表现在植被的破坏、植物覆盖度的下降、植物多样性的变化、外来种的入侵影响等;对土壤的影响表现为践踏压实、有机质含量下降、水土流失等理化性质的变化等;对动物的影响表现在对动物的惊吓、干扰其产卵和生长发育等;对水环境和大气的影响主要表现在旅游活动过程中产生的有毒有害物质进入大气、水体中而产生的大气和水体污染等。在对土壤的影响中,很少研究旅游和游憩活动对土壤动物产生的影响。风景区内旅游活动的干扰,特别是旅游者的践踏,会造成土壤有机物质减少,土壤机械组成的孔隙度、容重、密度等的变化,易产生水土流失等,也使生活在土壤表层的土壤动物生存条件发生变化,但对土壤动物的数量和类群究竟会产生什么样的影响,目前未见相关的研究报道。在赭山城市型生态公园探讨大型土壤动物受游憩活动影响而出现的数量、类群结构组成等方面的变化,可以拓展旅游生态学的研究视野,为城市生态公园的环境保护和游览道路建设等提供一些有益的帮助。

一、研究方法

对赭山风景区大型土壤动物研究取样设置了 3 条样带,样带分别位于户外游憩活动最多的大赭山的南面、东面和西面(北面因坡度较大,土层较薄,无法进行取样),坡向相同,3 个样带的海拔高度在 46 m 左右,是赭山风景区游憩活动对自然生态环境影响强烈的地带,分别属于水泥游道、台阶游道和泥质游道三种不同类型游憩游步行道的附近(表 8 - 6 为样带自然状况)。

表 8 - 6　三条样带的自然特征表

项　目	水泥游道				台阶游道				泥质游道			
	ZS - 01				ZS - 02				ZS - 03			
	01	02	03	04	01	02	03	04	01	02	03	04
植被覆盖率/%	0	20	90	98	0	15	65	90	0	10	35	60
枯叶落叶层厚度/cm	0	1	1.5	3	0	3	4	3.5	0	2	2.5	3
坡度	9°		35°		12°		30°		10°		18°	
平均海拔高度/m	47.5				45.2				46.4			
样带中心经纬度	118°22.309′E,31°20.441′N				118°22.276′E,31°20.493′N				118°22.148′E,31°20.426′N			

(一) 取样和鉴定

游憩活动对土壤动物的影响调查选择在赭山风景区数量最多的水泥游道、台阶游道和泥质游道三种不同的游憩步行道边上进行，选择了坡向相同、坡度相差较小的 3 条样带，在每条样带内按距游道距离的不同，分别设计了距游道 1 m、2 m、3 m 和 6 m 四个不同的样方（分别用 01、02、03 和 04 表示）进行取样，在每个样方中建立 1 m×1 m 的土壤动物取样样方，每个样方中按照枯枝落叶层（A0 层）、0～5 cm（A 层）、5～10 cm（B 层）、10～15 cm（C 层）、15～20 cm（D 层）分五层，每层按面积 30 cm×30 cm 取土。

对取得的土样，采用手拣法和网筛法进行分拣得到大型土壤动物，用 70%的酒精杀死固定后带回室内鉴定。然后按照清木纯一郎的分类法和尹文英的《中国土壤动物检索图鉴》对大类别（纲、目）进行分类。

（二）数据处理

数据处理采取大型土壤动物的多样性指数、优势度、均匀度、表层聚集度等进行。相关公式如下。

Shannon - Wiener 多样性指数：

$$H' = -\sum_{i=1}^{s} P_i \ln P_i$$

Pielou 均匀度指数：

$$E = H'/\ln S$$

Simpson 优势度指数：

$$C = \sum_{i=1}^{s} P_i^2$$

式中，P_i 指 i 类群在群落中的个体比例，即 $P_i = n_i/N$，n_i 为样区内第 i 个类群的个体数量，N 为样区内所有类群的个体数量；S 为样区内类群的数目。

表层聚集度指数＝在土壤表层 5 cm 以上（A＋A0 层）的大型土壤动物个体（类群）总数/取样方的总体大型土壤动物个体（类群）数。

数据处理采用的软件是 Microsoft Excel 2003 和 SPSS 13.0。

二、结果与分析

（一）群落组成与数量

2007 年 5 月 8 ～20 日对 3 条样带的 12 个样方进行采样，共获得 48 个土壤样品和 9 个枯枝落叶层样品。用手拣法和网筛法分拣样品，共获得大型土壤动物 2 039 头，隶属于 3 门 8 纲 22 个类群（表 8 - 7）。其中，近孔寡毛目、膜翅目和倍足

表 8－7　赭山风景区所捕获的大型土壤动物统计表

群　落	样方位置												总计	频度/%	多度
	ZS－01				ZS－02				ZS－03						
	01	02	03	04	01	02	03	04	01	02	03	04			
近孔寡毛目 plesiopora	23	28	15	9	5	22	17	9	29	119	95	84	455	22.31	+++
膜翅目 Hymenoptera	6	15	19	14	49	19	33	74	2	19	24	17	291	14.27	+++
倍足类 Diplopoda		11	9	15	2	45	27	18	3	23	31	32	216	10.59	+++
后孔寡毛目 opisthopora	13	13	17		6	18	5	4	8	30	20	33	167	8.19	++
鞘翅目 Coleoptera		7	35	22	3	16	19	21	1	9	2	15	150	7.36	++
等足目 Isopoda	8	56	11			24	17				25		141	6.92	++
潮虫目 Pillbug		8	8	4		25	38	12		6	4	4	109	5.35	++
半翅目 Hemiptera			2	15		3	6			46	15	21	108	5.30	++
地蜈蚣目 Geophilomorpha	2		6	1	3	9	9	17	5	17	15	14	98	4.81	++
中腹足目 Mesogastropoda	3		2	6		7	11	11	1	10	6	25	82	4.02	++
综合类 Symphyla	2	3	8	1		15	12	3	1	1	4	5	55	2.70	++
蜘蛛目 Araneida		4	3	8	6	2	5	9	2		2	6	47	2.31	++
双尾目 Diplura	2	1			2	9	1	2	3				20	0.98	+
鳞翅目 Lepidoptera	3	6	3			1		1	2		2	2	20	0.98	+
石蜈蚣目 Lithobiomorpha		5		6		4	4	1					20	0.98	+
大蜈蚣目 Scolopendromorpha						2	6	2			2	1	13	0.64	+
端足目 Amphipoda		3	10										13	0.64	+
石柄目 Microcoryphia						7	4						11	0.54	+
同翅目 Homoptera				1				1		6		1	9	0.44	+
双翅目 Diptera							1	1			2	1	5	0.25	+
拟蝎目 Psendoseorpionide										2		3	5	0.25	+
缨翅目 Thysanoptera				1				1		1		1	4	0.20	+
总　计	62	160	148	103	76	228	215	187	57	289	249	265	2 039	100	

类为优势类群(个体捕获量占总量的10%以上),占总捕获量的47.18%;后孔寡毛目、鞘翅目、等足类、潮虫目、半翅目、地蜈蚣、中腹足目、综合类、蜘蛛目9个类群为常见类群(个体捕获量占总量的1%~10%),占总捕获量的46.93%;其余10个类群个体捕获量都在1%以下,为少见类群,占总捕获量的5.89%。优势类群和常见类群共12类,占总体捕获量的94.11%,构成芜湖赭山风景区大型土壤动物群落的主体,对大型土壤动物的群落特征起着决定性作用。

不同类型游憩道路的调查样带中,大型土壤动物类群数差异不大,类群数依次为:台阶游道(20)、泥质游道(19)、水泥游道(18),所选择的样带海拔高度基本一致,植被分布、地形坡度等自然条件差异较小,从而导致每条游道附近的大型土壤动物类群数差异小。个体数目差异较大表现为:泥质游道(860头)>台阶游道(706头)>水泥游道(473头),主要是由不同类型游道上的游憩量(游憩量是通过对户外游憩人次的调查统计后得出的平均值)差异引起的,赭山风景区实验所在样带的水泥游道的游憩量(约占赭山风景区总游憩量的74%)大于台阶游道(约占总游憩量的58%)大于泥质游道(约占总游憩量的38%)。城市公园内游道的建设与游憩活动量呈正相关,游憩量越大的路面修建的越坚固,为水泥路面;其次为台阶路面;游憩量最少的仍然保持为泥质路面。

(二)游憩活动对大型土壤动物群落水平分布的影响

同一样带内每个样方受到的游憩活动影响的程度存在差异,从而导致捕获的大型土壤动物也存在差异。由表8-7和表8-8可以看出,距离游道最近的01样

表8-8 3个样带各样方内大型土壤动物类群、数量表

土层	项目	水泥游道				台阶游道				泥质游道			
		ZS-01				ZS-02				ZS-03			
		01	02	03	04	01	02	03	04	01	02	03	04
A0	类群	0	2	3	3	0	8	7	6	0	3	3	8
	数量	0	5	6	9	0	41	19	22	0	9	8	48
A	类群	5	9	10	11	4	10	12	13	6	9	11	13
	数量	22	91	90	62	31	101	126	108	27	169	155	151
B	类群	6	8	9	9	5	13	13	11	7	11	9	7
	数量	19	32	23	17	21	42	37	34	16	50	53	39
C	类群	3	7	8	7	8	11	10	9	8	8	7	8
	数量	14	23	16	11	16	29	21	13	10	44	23	22
D	类群	6	5	5	3	6	8	8	7	3	5	5	2
	数量	7	9	13	4	8	15	12	10	4	17	10	5

方所获得的大型土壤动物种类和数量最少，分别为 62 头、76 头和 57 头，类群数为 9、8 和 11，都明显少于后面的 3 个样方，说明在 01 样方内游憩活动量最大，对大型土壤动物的影响也最大，只有那些耐踩踏、适应板结土壤能力强的动物才能生存在这样的区域。后 3 个样方上大型土壤动物都出现了 02 样方的个体数量和类群明显多于 03 和 04 样方，而植被覆盖率却少于后两个样方的情况。究其原因可能是，02 样方距离游道 1～2 m，游憩的直接践踏可能性小，有一定的植被覆盖(表 8－7)，所处于边缘区域会产生一定的植被边缘效应，使植被种类较多，从而导致了大型土壤动物分布的种类和数量增加。04 样方远离游道，植被覆盖度较高，ZS－01、ZS－02 两样带的大型土壤动物个体数量和类群相对于 02、03 样方位置要少一点，可能是由 04 样方所处位置的地形坡度变化较大而产生的微地形差异造成的。

用 Shannon－Wiener 多样性指数、Pielou 均匀度指数、Simpson 优势度指数分析每个样方大型土壤动物分布的多样性(图 8－12)，得出每个样带的不同距离样方的多样性指数、均匀度指数和优势度指数，可以反映出大型土壤动物类群结构的水平变化特征，从图 8－13 中的各样带的大型土壤动物多样性指数变化曲线可以看出，近游道 3 个样带的 01 样方多样性指数最低，向远离游道的样方的方向逐渐增加，在 04 样方时又略有下降(ZS－03 样带因 04 样方坡度变化较小而没有下降)；3 个样带的 01 样方大型土壤动物的优势度指数较大，而均匀度指数较低，说明能够适应高游憩影响的大型土壤动物种类贫乏，适应能力强的土壤动物才能生存、集聚；多样性指数、均匀度指数和优势度指数反映出游憩活动对大型土壤动物分布的影响与距离有相关性，在 04 样方略有变化是因为地形坡度有所变化。

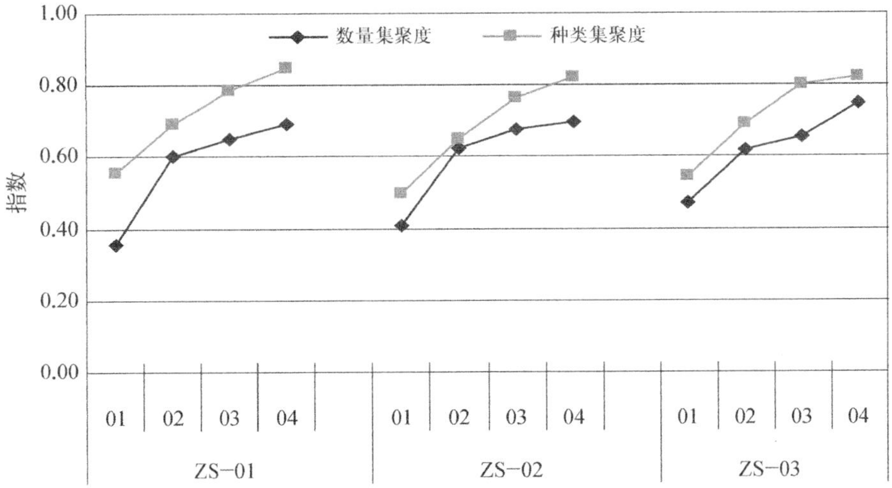

图 8－12　ZS－01、ZS－02、ZS－03 样带大型土壤动物群落多样性

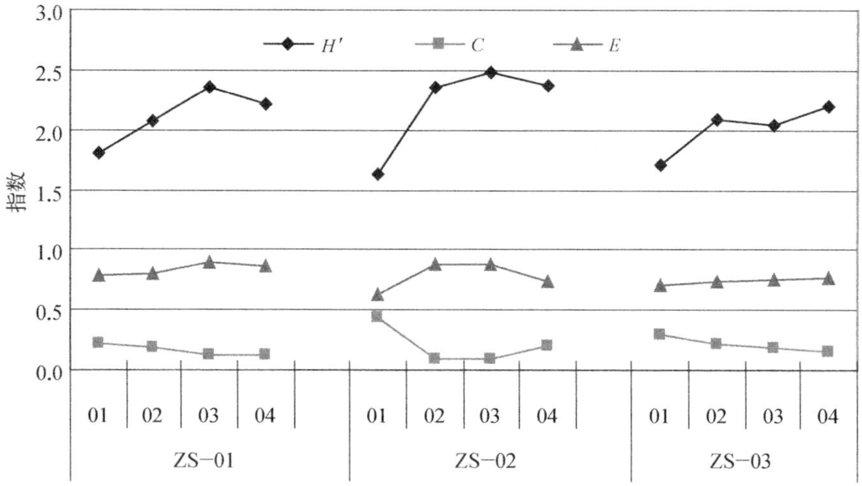

图 8-13　ZS-01、ZS-02、ZS-03 样带大型土壤动物群落种类、数量集聚度

(三) 游憩活动对土壤动物垂直分布的影响

大型土壤动物的垂直分布具有相同的规律——向表层集聚的特征，表层集聚现象主要是由大型土壤动物生存对土壤内的空气、水分、空隙度等基本要素的需求决定的。对赭山大型土壤动物的调查研究也发现了相同的表层聚集的规律，水泥游道、台阶游道和泥质游道的 3 个样带的个体数量表层聚集度分别为 60.25%、63.46%和 65.93%，平均集聚度为 63.76%，种类表层聚集度都在 75%以上，表明在三种不同游道的样带内，大型土壤动物分布的个体数量、种类都具有明显向表层聚集的现象。越向土壤深层，大型土壤动物的数量和种类都越少；在 15～20 cm 的 D 层，大型土壤动物极少(表 8-8)。

通过对所捕获的大型土壤动物的分层研究，得出大型土壤动物个体数量表层聚集度和种类表层聚集度(图 8-13)。在 3 个样带的 12 个样方中，有 9 个内部的样方个体数量和种类的表层集聚度都在 60%以上，并且类群和数量集聚度的值呈现出一定的相关性(图 8-13)。在靠近三种游道边缘的 01 样方，其表层集聚度的值都相对较小，与大型土壤动物表层集聚度高的现象不相符。其主要原因是 3 个样带的接近游道的 01 样方受到户外游憩活动的影响量最大，游憩者自觉或不自觉地对该样方产生游憩踩踏，使表层土壤板结、水气状况下降等，从而导致表层大型土壤动物的生存环境受到影响，大多数大型土壤动物不能在这样的区域生存，只有少数具有耐踩踏、喜贫瘠、能适应板结土壤的大型土壤动物能够生存下来。此外，在近游道的样方的土壤中，缺失枯枝落叶层，导致 A 层土壤的有机养分相对较少，土壤的结构、性能相对较差，这样也会对 A 层的大型土壤动物的分布产生不利影响。

三、结论与讨论

按照对大型土壤动物研究通用的选点、取样、分拣、储存、分类等方法，在赭山风景区的三种游道附近进行了大型土壤动物研究，共捕获大型土壤动物 2 039 头，隶属于 3 门 8 纲 22 个类群，其大型土壤动物群落结构、组成与同纬度带人工次生林植被条件下的大型土壤动物群落具有很高的相似性，为研究游憩活动对赭山风景区大型土壤动物群落结构的影响提供了基础。

（一）游憩活动对大型土壤动物群落的影响有明显水平分布的规律

通过对赭山风景区三类不同游道附近的大型土壤动物的采样调查与种类、数量的统计分析可以得出，大型土壤动物分布受到游憩活动的影响具有明显的水平分布递增规律，即靠近游道边的样方大型土壤动物的类群、数量少，反之多。用 Shannon - Wiener 多样性指数、Pielou 均匀度指数、Simpson 优势度指数分析每个样方大型土壤动物分布的多样性也反映了这样的分布规律。赭山风景区的三条游道样带中，泥质游道数量 860 头、台阶游道数量 706 头、水泥游道数量 473 头。表现为游憩量越大，其所获得的大型土壤动物的数量越少。此外，在研究中发现，大型土壤动物受到游憩活动影响的范围大多在近游道的区域，越接近游道影响越明显，随着距游道距离增大，游憩活动对大型土壤动物的影响也明显减弱。

（二）大型土壤动物群落分布存在边缘效应

边缘效应是指在两个或多个不同性质的生态系统（或其他系统）交互作用处，由某些生态因子（物质、能量、信息、时机或地域）或系统属性的差异和协同作用而引起系统某些组分及行为（如种群密度、生产力和多样性等）不同于系统内部的变化，这种现象称为边缘效应。游道附近和风景区内部林区之间存在两类不同的景观交错带，受到不同生境的相互干扰作用往往导致地表植物种类、数量的分布增多，呈现出边缘效应，即在人类活动强烈的近游道区域和人类活动较少的风景区内部区域之间存在一个边缘过渡区域，这个区域内的植物种类、数量分布相对较多。在对赭山土壤动物的研究中，发现存在类似的边缘效应的过渡区域编号为 02 的样方，所捕获的大型土壤动物的类群和数量明显增加，既明显多于 01 样方，又多于 03 样方和 04 样方（表 8 - 8），在样区内呈现出种类和个体数量的最大值（表 8 - 7）。多样性指数、均匀度指数和优势度指数也有类似的变化（图 8 - 11）。通过对该样方的分析得出，此样方的植被覆盖率一般为 10%～20%，有枯枝落叶层的存在，没有或很少直接受到游憩践踏的影响，土壤质地疏松，植被的多样性比内部样方复杂，这些也可能是大型土壤动物分布较多的重要原因。

(三) 大型土壤动物群落表层聚集现象明显

大型土壤动物多数类群在土壤中的分布具有向表层聚集的现象,在许多关于大型土壤动物的研究中已经得到验证。在游憩活动对赭山风景区大型土壤动物的研究中,这种表层集聚的现象也同样明显存在于各个样方和样带中。但是不同于单纯的大型土壤动物的研究,在游憩活动这个重要影响因素下,大型土壤动物的种类和个体数量的表层集聚度呈现出从近游道的样方向内部,其表层集聚度在升高,也就是说,各个样带的01样方的集聚度最低,都在60%以下(图8-12),向远离游道方向不断升高,最高达85%,表明游憩活动过程中产生的践踏、噪声、随手丢弃的垃圾污染物等对大型土壤动物的表层聚集度产生了明显的影响。相关的影响机理还有待于随后的跟进研究。通过对所有样方进行对比研究,发现游憩活动对大型土壤动物的垂直影响范围仅在15 cm以内比较明显,并且这种影响同游憩量的大小成正比,游憩量越大,影响的深度也越大,反之影响的深度会越小。

(四) 微地形环境对大型土壤动物群落的分布也会产生影响

在赭山风景区游憩活动对大型土壤动物影响的研究中,取样方采用大致相同的海拔高度和坡度、坡向,以减少微地形、地貌对研究的干扰(表8-7)。但是,由于赭山风景区内取样条件的限制,第4个取样方的坡度稍偏大,研究中发现了ZS-01、ZS-02样带的04样方,由于受到不同地形坡度的影响,大型土壤动物的类群、数量相对于02、03两个样方呈现出微小的下降趋势,而ZS-03样带由于坡度相对较小(只有8°),则没有这样的变化规律。由此可见,大型土壤动物类群和数量受局部微地形、地貌的影响呈现出一定的复杂性。这也给研究游憩活动对大型土壤动物群落的影响带来了难度。

通过赭山风景区实地采样分析研究发现,游憩活动量的大小对大型土壤动物群落数量和多样性的影响存在差别,游憩活动通过对大型土壤动物群落影响进而影响到景区土壤环境,并对景区的自然生态系统产生一定的负面影响。为了减少游憩活动对大型土壤动物的影响,旅游景区通常采用减少对旅游步道两侧地面游憩践踏的方式,通过控制进出景区的游憩密度、建立架空道路和生态旅游步道等形式来实现。赭山风景区应加强对游憩活动的管理,通过减少对步道两侧地面的践踏、建立生态旅游步道等形式,减少对大型土壤动物及生态环境的影响,使赭山风景区保持最佳的游憩环境。此外,游憩活动对大型动物群落影响的机理性研究目前尚处于探索阶段,相应的减小影响的技术和方法也还有待于进一步研究和拓展。

第九章　旅游生态影响的微观研究实践

旅游生态学研究从国内外来看大多是中宏观尺度上的研究，对微观尺度的研究相对较少。在微观尺度研究中，又集中在旅游活动产生的对土壤中的氮、磷、钾及有机质、微量元素的影响。对土壤中活性物质土壤酶、微生物的研究尚不多见。谭周进等(2005,2006)对张家界风景区的土壤微生物和酶活性进行了研究。本书在太平湖湿地公园也做了土壤酶的探索研究，其他尚不多见。本章以土壤根际微生物丛枝菌根真菌受大量旅游活动干扰影响而产生变化入手，探索黄山风景区丛枝菌根真菌受旅游干扰的规律，丰富旅游生态学的研究实践。

第一节　旅游活动对植物丛枝菌根真菌影响的研究概况

一、旅游活动对菌根真菌影响的研究

综合多年来的研究资料表明，生态学者历来十分重视旅游地地上部分植被及动物的生态调查与扰动研究，而忽视了地下部分微生物的存在与其生态学功能。关于旅游地土壤微生物，尤其是根际微生物对环境变化的生态学效应的理论研究十分缺乏，严重制约着旅游生态学研究的理论拓展。

作为链接植物—土壤的关键通道，菌根真菌具有重要的生态功能，是土壤物质循环的调节者，参与土壤有机质分解、土壤养分转化和腐殖质形成等过程。菌根真菌的生命活动过程与植物、土壤生态功能密切相关，真菌与植物的共生体——菌根是地上与地下营养物和代谢物交换的枢纽，它们协调着生物体物质与能量的转入和产出，使生物体不断适应环境变化带来的土壤营养物数量和质量的变化，菌根的这种协调作用是通过菌根共生体和真菌群落在环境适应的过程中不断发生变化来实现的。因此，菌根真菌是生态系统功能的敏感指标，能够较早地指示生态环境和生态系统功能的变化。

旅游活动对旅游地生态系统造成的影响是深远的，并且是不可避免的，如何对旅游地进行生物资源与生物多样性保护是解决环境保护与利用之间的矛盾，并实现可持续发展的重大难题。菌根真菌多样性及其对旅游扰动的响应作为体现旅游

地生物多样性与生态平衡的一个方面，具有重要的研究价值，这一研究领域应引起研究者的高度重视。

二、丛枝菌根真菌在黄山旅游生态系统中的重要性

黄山国家森林公园地处中亚热带北缘，植被垂直分带明显，生物群落原始结构完整，生态系统在山岳风景区中具有较强代表性。黄山是天然的生物资源宝库，现已记录的高等植物有 1 805 种，其中，国家三级以上的保护植物 21 种，首次在黄山发现或以黄山命名的植物有 28 种。黄山分布的野生脊椎动物种类多达 429 种，其中，28 种为国家级一、二级保护动物。尽管土壤微生物是黄山重要的生物资源，也是旅游生态系统的重要组成部分，但因其微小性和隐秘性，人们对黄山土壤微生物的资源状况一直知之甚少。

对国家公园或自然保护区的土壤真菌研究是生物多样性保护不可或缺的重要工作，作为对植物—土壤圈层贡献最大的一类内生菌根真菌，有关丛枝菌根真菌多样性的研究引起了国际上众多学者的高度关注。Turrini 和 Giovannetti(2012)对目前报道的 32 个国家 96 个国家公园或自然保护区的丛枝菌根真菌多样性研究进行了统计，共报道了 232 种丛枝菌根真菌，作者的研究工作也在报道之内(图9－1)。统计分析表明，大部分保护地丛枝菌根真菌多样性研究位于美洲、欧洲某些地区和澳大利亚，主要因为那里有大量研究这类有益共生体的实验室，而亚洲保护地丛枝菌根真菌多样性的研究相对较少或不被国外所知。因此，对黄山国家森林公园 AM 真菌进行研究具有十分重要的意义，有利于生物多样性保护和生物资源可持续发展。

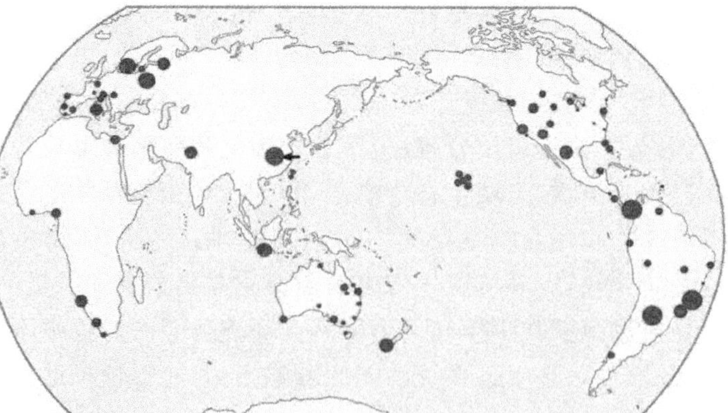

图 9－1　世界范围内自然保护区 AM 真菌的分布图(Turrini and Giovannetti,2012)

箭头所指为本书黄山风景区 AM 真菌多样性研究工作；圆点大小表示 AM 真菌物种数量。

从枝菌根(arbuscular mycorrhizae,AM)是分布最广泛的一类菌根,绝大多数陆地植物都与菌根真菌形成互惠共生体。近年来,因其在生态系统可持续发展、农林业生产及生物联合修复重金属和有机污染土壤等方面的突出作用而备受关注。AM真菌通过菌丝扩大植物根系的吸收范围,增加植物对水分的吸收,提高植物对土壤中营养元素的利用,特别是磷的利用,增强植物对干旱、盐碱、酸性土壤、病虫害等不良生境的抵抗能力。由AM真菌产生的球囊霉素相关土壤蛋白(glomalin-related soil protein,GRSP)可以改善土壤结构,维持土壤碳平衡,固定土壤中的重金属。此外,AM真菌与植物之间无严格的选择专一性,在不受干扰的生态系统中,定居于某一株植物的AM真菌通过其菌丝的扩展和孢子的扩散继续侵染其他植物,在根系之间形成庞大的菌丝网(hyphal network),营养物质和碳水化合物通过菌丝网在同种或不同种植物间进行传递,因此,AM真菌与植物形成的共生关系是陆生生态系统中不可忽视的重要关系。

同时,AM真菌在生态系统变化中具有指示作用,因其宿主广泛、环境敏感度高,在生态系统遭受干扰或破坏时,它们往往比其他生物更易作出环境响应。研究表明,人为干扰会影响土壤中AM真菌繁殖体(菌丝和孢子)的密度,从而明显降低AM真菌在植物根系中的侵染程度和定殖状况,而且受干扰越严重,破坏AM真菌繁殖体的可能性越大,系统的恢复也就需要更长的时间。而当植物群落中的优势种或建群种丧失与AM真菌的共生能力时,则会引起生态系统的重大变化。因此,菌根群落的动态变化在一定程度上反映了生态系统的环境变化,通过研究菌根群落可以间接了解生态系统的健康状况。目前,有关人为干扰对AM真菌的影响效应研究包括砍伐、火烧、耕作和放牧等干扰因子,而关于旅游干扰对AM真菌的影响效应研究报道很少。作为一类环境指示微生物,研究AM真菌在旅游地土壤及植物体内的分布状况和动态变化,有助于更加深入地认识旅游干扰对生态系统的影响程度。这意味着AM真菌作为一类重要的根际微生物,由于其与植物体的密切关系,旅游扰动对土壤微生物群落的影响很可能在AM真菌上得到优先反映。通过研究AM真菌群落的动态变化,在一定程度上可以反映旅游扰动对生态系统长期产生的环境影响,间接了解生态系统的健康状况。

黄山植物资源丰富,植物群落对AM真菌具有普遍的依赖性,AM真菌与宿主植物在长期协同进化过程中,相互适应、相互依赖,形成了协调的共生关系,促进了黄山生物多样性的发展和生态系统的稳定。由于黄山植被垂直分带明显,沿海拔由低向高依次可以划分为次生林、常绿阔叶林、常绿-落叶阔叶混交林、落叶阔叶林、落叶矮林灌丛和山地草甸,海拔梯度变化所带来的植被类型变化及其他环境因子共同影响AM真菌的生态分布,这为研究旅游地AM真菌在不同垂直空间尺度上对旅游扰动的响应提供了非常重要的启示。

第二节　黄山风景区旅游活动对丛枝菌根真菌的扰动影响

一、研究背景与研究目的

我国是一个多山的国家，山地丘陵约占国土总面积的43%。山岳风景区因为地貌复杂多变、风景秀丽宜人而具有较高的旅游价值，成为旅游者的理想首选之地。大多数山岳风景区位于自然资源丰富、生物多样性高的自然保护区和森林公园，动植物资源丰富，因此，也是科学研究的理想场所。然而，山岳型风景区生态环境脆弱，随着旅游人数连年攀升及旅游基础设施开发力度加大，由此引发的环境保护与利用之间的矛盾十分突出，山岳风景区资源环境破坏越来越严重，自然资源保护的压力越来越大。

黄山风景区生态系统在山岳风景区中具有较强的代表性，其植被和土壤垂直分带明显，原生生态系统保存完整。由于旅游开发早、强度大，长期的旅游活动已给黄山风景区带来明显的生态影响。目前，关于黄山风景区生态系统的旅游扰动研究较少，研究对象主要为土壤、植被和空气质量等。黄山风景区旅游干扰对土壤影响效应明显，不同区域旅游扰动对土壤影响的效应各异，游览利用程度越高的区域，其影响效应与旅游扰动的相关性越强。巩劼等通过对黄山风景区主要游览线路两侧植物群落及其土壤进行调查发现，旅游扰动对灌木层和草本层的影响明显，灌木层盖度及草本层物种多样性随扰动强度增大而明显减少。凌琪和王晏平(2008)通过在夏季对典型景点进行空气微生物检测，表明空气微生物浓度和分布受到游客活动、动植物等因素的影响。

AM真菌可以与陆地上绝大多数植物形成互惠共生体，在陆生生态系统中发挥着不可估量的重要作用。通过与植物的根形成共生结构(根内菌丝、丛枝、泡囊、菌丝圈等)，AM真菌加强了植物体对土壤中C、N、P等营养成分的吸收，进而提高植物的生产量。van der Heijden等认为，AM真菌是植物不可或缺的伴侣，大多数植物体内如果缺乏AM真菌则不能存活，而AM真菌功能的发挥也受到宿主种类和土壤因子的影响。AM真菌主要通过在土壤中产生庞大菌丝网络和孢子进行繁殖，提高它们对环境的适应能力。除此之外，AM真菌通过影响植物生产量、物种组成和多样性水平进而影响植物群落。与此同时，AM真菌对土壤物理环境也产生了影响。它们产生的土壤菌丝体可以增加土壤稳定性，形成稳定的土壤团聚体(soil aggregates)，并能够产生一种耐热糖蛋白——球囊霉素(GRSP)，构成土壤中重要的碳源。GRSP可以作为AM真菌生长的指示剂，指示AM真菌的生存情况及土壤的生态状况。

AM真菌是生态系统中的一类重要指示真菌，因其宿主范围广、环境敏感度高，在生态系统遭受干扰或破坏时，它们往往比其他生物更易作出环境响应，因此，在生态系统扰动研究中对AM真菌的关注度越来越高。旅游活动对自然生态系统的扰动主要反映在植被与土壤层面，而且会间接影响土壤菌根真菌群落。Lekberg等通过分析丹麦西兰岛北岸长叶车前根部AM真菌的rDNA大亚基序列，发现AM真菌群落对环境扰动显现出较强的耐受力和弹性适应(resilience)，扰动后真菌能够快速重新定殖于宿主植物体内，使得AM真菌群落结构没有因为扰动而发生显著改变。自然生态系统的扰动是普遍发生的，只要环境扰动对生物体的扰动影响不超过生物体对扰动的耐受力，生物体则可以再生出一定数量的个体，并逐渐得到恢复。Zhang等在对都江堰森林生态系统AM真菌进行多样性研究时发现，次生林的AM真菌多样性显著低于天然林，但乔木砍伐没有显著影响AM真菌的孢子密度和物种丰富度，对AM真菌物种组成影响较小。但是长期过度扰动可能对AM真菌造成难以恢复的破坏影响。Waltert等在研究旅游扰动对瑞士巴塞尔附近山毛榉林的影响时发现，旅游扰动使得山毛榉幼苗和菌根共生体消失。Su和Guo在研究放牧对内蒙古干旱草原的影响时发现，长期过度放牧显著影响了生态系统中地上植被盖度和地下AM真菌多样性，AM真菌孢子密度和物种丰富度因放牧的影响而明显下降。

旅游对生态系统的扰动主要来自两个方面，一方面是旅游活动中旅游者的行为，另一方面是旅游区旅游设施的建设。旅游者的行为对风景区内植物—土壤圈层的影响主要表现为践踏、采摘、刻划及旅游垃圾堆放等干扰作用。旅游者对步道旁区域的践踏是黄山风景区旅游活动扰动最主要的方式。步道是连接黄山风景区内各景点的步行道，除少数地段(如北海、光明顶)和险要地段建有少量护栏外，大多数地段的步道与周围环境没有分隔，使得步道两旁成为游客旅游扰动的主要区域。多年来，虽然黄山风景区旅游设施建设被严格控制，但随着旅游业的发展，旧的旅游线路已不能满足日益膨胀的旅游需求，一些新的旅游线路近年来逐步开发建成，如钓桥景区是黄山风景区保存最完整的区域，景区内保存有较为原始的亚热带森林生态系统。2009年以前因为交通不便，由此进山的游客很少，近年来已新建成一条西海景区大型观光缆车线路，连接西大门至钓桥庵景区的原有土质步道也拓宽改造为一条长4 km宽6 m的双车道柏油公路。

研究旅游扰动需要考虑当地旅游地理环境、植被分布状况、游客人数及扰动方式等多方面因素对当地生态系统的影响，以生物多样性保护与生态系统可持续发展为主要原则，依据学科特点科学设计研究方案。本研究主要通过海拔垂直方向(热门线路游客的游览活动)和水平方向(旅游开发程度不同)两个不同空间水平来研究旅游扰动对AM真菌的生态影响，检测植物根部的菌根共生体、土壤菌丝量、土壤孢子密度、GRSP等在扰动过程中的变化情况，分析AM真菌变化与植被状况、土壤因子及扰动特点之间的相互关系，研究AM真菌对山岳旅游扰动的响应，在一定程度上反映旅游扰动对黄山生态系统产生的环境影响，揭示生态系统的健康状况。

二、研究区域概况

（一）自然地理概况

黄山风景区核心景区面积为 160.6 km^2，地处 118°01′～118°17′E，30°01′～30°18′N，海拔高程为 440～1 864.8 m。黄山风景区地处亚热带季风气候带，年平均气温为 8℃，夏季平均温度为 25℃，冬季平均温度在 0℃以上，四季平均温度差 20℃左右，年平均湿度为 70%，年均降水量为 2 395 mm，常年有雾霭，由于山高谷深，气候呈垂直变化，同时由于北坡和南坡受阳光辐射差大，局部地形对其气候起主导作用。黄山以花岗岩峰林地貌为特色，景区群峰林立，海拔千米以上的名峰有 88 座，其中，莲花峰、天都峰和光明顶为三大主峰。黄山因其海拔高度和复杂的地形地貌，植被垂直分带明显，沿海拔由低向高依次可以划分为次生林、常绿阔叶林、常绿-落叶阔叶混交林、落叶阔叶林、落叶矮林灌丛和山地草甸，植被覆盖率为 93%。黄山土壤也呈垂直地带性分布，海拔 900 m 以下为山地黄壤，海拔 900～1 600 m 为山地黄棕壤，海拔 1 600～1 840 m 的山顶平台区域有呈块状分布、面积不大的高山草甸土。

（二）旅游活动概况

黄山风景区为中国十大风景名胜区中唯一的山岳风景区。黄山以其壮丽的景色——生长在花岗岩上的奇松和浮现在云海中的怪石而著称，展现了独特的自然美景它是自然与文化元素的完美结合，自古以来吸引着国内外大量游客来黄山观光旅游。自 20 世纪 70 年代以来，黄山风景区旅游发展迅速，游客数量逐年增加。来自黄山风景区管理委员会的统计数据表明，1979 年游客数量仅为 28 万人次，而 2006 年增至 181.2 万人次，2010 年更是突破了 250 万人次。旅游人数迅速增长和旅游基础设施建设对黄山旅游环境产生的压力日益明显。研究表明，旅游扰动已给黄山生态系统的“植被—土壤”圈层带来了明显的负面影响。

因为旅游开发程度和交通便捷程度不同，黄山风景区各条旅游线路的客流量有很大差别。目前，黄山风景区有 4 条主要的上山路线，与之对应的有 4 条索道。其中，由南大门温泉出发，慈光阁—玉屏楼、云谷寺—白鹅岭两条索道对应的为热门游览线路（俗称前山和后山），山上几处热门景点玉屏楼—天海—光明顶—北海—白鹅岭串联在一起，并连接这两处索道，约 98%的游客沿此线路游览。黄山北大门因为交通不及南大门便捷，经太平索道上山的游客较少。2013 年前，因为西海大峡谷索道还未建成，由西大门经钓桥庵上山的游客极少，周围生境保存完好，为较为原始的森林生态系统。

三、研究方法

(一) 实验设计及样地参数

1. 研究样点

黄山风景区内的旅游活动主要发生在沿垂直梯度的主要热门徒步登山路线、大门进出口及索道换乘站附近。本节研究区域设置在黄山风景区客流量最大的登山路线上及进入黄山的几个主要大门附近，从海拔垂直方向和水平方向两个不同空间水平设计研究样点(图 9－2 和图 9－3)。前者沿徒步登山路线(温泉→云谷寺→云谷步道→北海→光明顶)，选择海拔不同的 6 种植被类型(次生林、常绿阔叶林、常绿-落叶阔叶混交林、落叶阔叶林、落叶矮林灌丛、高山草甸)生境样地(表 9－1 和表 9－2)。后者样点选择在黄山 4 个入山口附近(慈光阁、云谷寺、松谷庵、钓桥庵)，4 个样点海拔差异不大，植被类型均为常绿阔叶林(表 9－1 和表 9－2)。

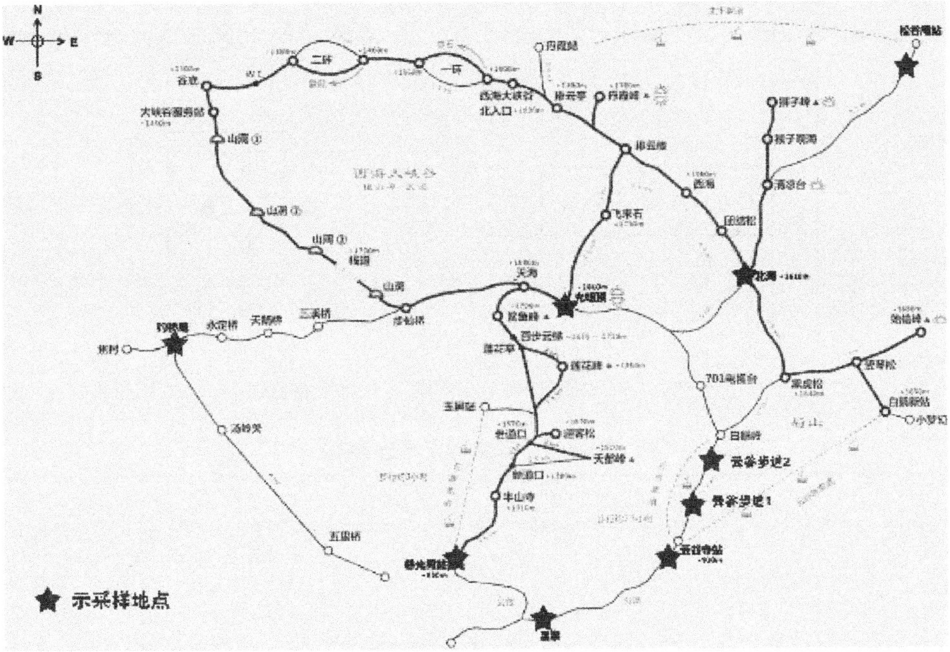

图 9－2　研究样点分布示意图

2. 采样方法

旅游践踏扰动对植物群落的影响主要在距离步道 15 m 的范围内。根据这个特点，在步道附近选择生境样地，根据距离步道远近设计 4 个 5 m×5 m 小样方(图

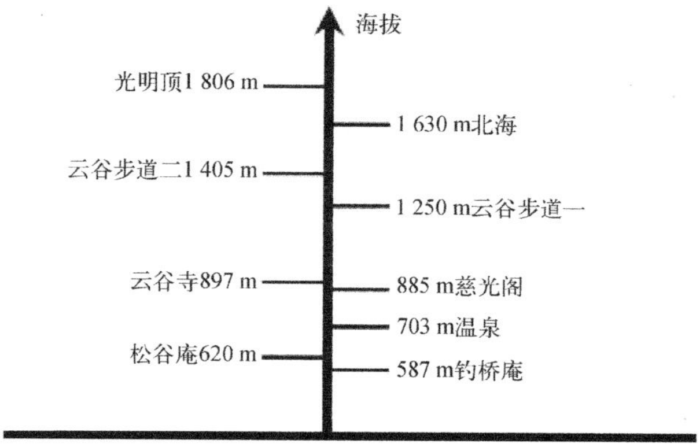

图 9－3　研究样点垂直海拔示意图

9－4)，采集样方内优势植物的根样(每个样点选择三种优势植物，每个小样方重复采样)，带回实验室处理，研究 AM 真菌侵染率。同时，应用五点取样法，采集样方内植被的根际土壤，研究 AM 菌丝量和球囊霉素相关土壤蛋白(GRSP)含量的影响，测定土壤有机质、N、P、K 等营养成分及 pH，分析步道周围生境中 AM 真菌受人为扰动影响程度和影响范围及与环境因子之间的相互关系，评价 AM 真菌对旅游扰动的响应。

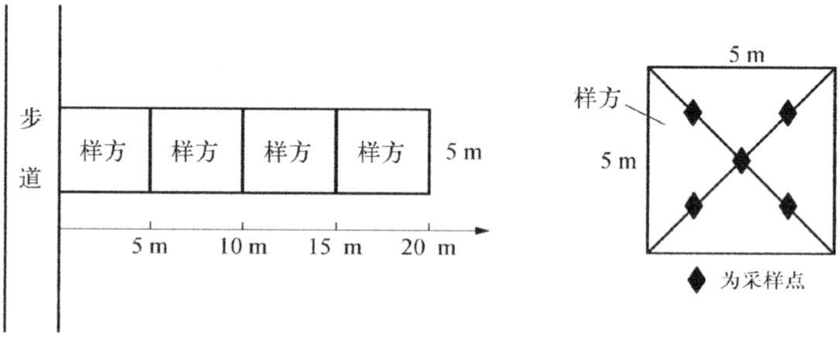

图 9－4　研究样方设置图及五点采样法

表 9－1　研究样点地理参数

样 点	植被类型	海拔/m	东 经	北 纬	土壤类型	坡 度	坡 向
温泉	次生林	703	118°10′01.7″	30°06′17.5″	山地黄壤	5°	由南向北
云谷寺	常绿阔叶林	897	118°11′15.6″	30°07′09.7″	山地黄壤	15°	由西偏东
云谷步道一	常绿-落叶阔叶混交林	1 250	118°10′36.0″	30°07′50.1″	山地暗黄棕壤	45°	由东向西
云谷步道二	落叶阔叶林	1 405	118°10′18.1″	30°08′06.6″	山地暗黄棕壤	40°	由北向南
北海	落叶矮林灌丛	1 630	118°09′50.1″	30°08′38.0″	山地暗黄棕壤	0°	平地
光明顶	山地草甸	1 806	118°09′45.5″	30°08′05.5″	高山草甸土	35°	由南向北
慈光阁	常绿阔叶林	885	118°10′06.2″	30°06′35.5″	山地黄壤	10°	由东向西
松谷庵	常绿阔叶林	620	118°09′39.7″	30°10′22.2″	山地黄壤	15°	由西向东
钓桥庵	常绿阔叶林	587	118°07′30.4″	30°08′02.6″	山地黄壤	5°	由北向南

表 9－2　研究样地植被状况

样点	乔木			灌木			草本		
	盖度/%	平均高度/m	主要种	盖度/%	平均高度/m	主要种	盖度/%	平均高度/m	主要种
温泉	70	9	枫香(Liquidambar formosana) 糙叶树(Aphananthe aspera) 细叶青冈(Cyclobalanopsis myrsinaefolia)	20	1.5	糙叶树(Aphananthe aspera) 细叶青冈(Cyclobalanopsis gracilis) 青钱柳(Cyclocarya paliurus) 醉鱼草(Buddleja lindleyana)	35	0.3	牛膝(Achyranthes bidentata)* 三脉紫菀(Aster ageratoides)* 尖叶长柄山蚂蝗(Podocarpium podocarpum var. oxyphyllum)* 求米草(Oplismenus undulatifolius)
云谷寺	80	6.5	甜槠(Castanopsis eyrei)* 小叶青冈(Cyclobalanopsis myrsinifolia)* 山矾(Symplocos sumuntia) 四川山矾(Symplocos setchuensis)	15	1.5	马银花(Rhododendron ovatum) 格药柃(Eurya muricata) 紫金牛(Ardisia japonica) 硃砂根(Ardisia crenata)*	5	0.15	黄鹌菜(Youngia japonica) 淡竹叶(Lophatherum gracile) 铁灯兔儿风(Ainsliaea macroclinidioides) 蛇莓(Duchesnea indica)
云谷步道一	75	7	小叶青冈(Cyclobalanopsis graciliss) 豹皮樟(Litsea coreana var. sinensis) 小叶白辛树(Pterostyrax corymbosus) 短柄枹(Quercus glandulifera var. brevipetiolata)	35	1.7	野珠兰(Stephanandra chinensis)* 棣棠花(Kerria japonica)* 格药柃(Eurya muricata) 中国绣球(Hydrangea chinensis)*	15	0.4	阔鳞鳞毛蕨(Dryopteris championii) 太平莓(Rubus pacificus) 蛇莓(Duchesnea indica) 紫花堇菜(Viola grypoceras)
云谷步道二	70	8	鸡爪槭(Acer palmatum) 四照花(Dendrobenthamia japonica var. chinensis) 山乌桕(Sapium discolor) 灯台树(Cornus controversa)	55	1.4	中国绣球(Hydrangea chinensis) 野珠兰(Stephanandra chinensis) 棣棠花(Kerria japonica)* 盾叶莓(Rubus peltatus)	20	0.3	野菊(Dendranthema indicum)* 三脉紫菀(Aster ageratoides)* 三叉耳蕨(Polystichum tripteron) 求米草(Oplismenus undulatifolius)
北海	25	4.5	黄山栎(Quercus stewardii) 茅栗(Castanea seguinii) 四照花(Dendrobenthamia japonica var. chinensis) 三桠乌药(Lindera obtusiloba)	55	2	映山红(Rhododendron simsii)* 华箬竹(Sasamorpa sinica)* 蜡瓣花(Corylopsis sinensis) 白檀(Symplocos paniculata) 山莓(Rubus corchorifolius)*	5	0.2	蛇莓(Duchesnea indica) 一枝黄花(Solildago decurrens) 林荫千里光(Senecio nemorensis)

续表

样点	乔木			灌木			草本		
	盖度/%	平均高度/m	主要种	盖度/%	平均高度/m	主要种	盖度/%	平均高度/m	主要种
光明顶				15	2.5	黄山杜鹃(*Rhododendron maculiferum* subsp. *anhweiense*) 三桠乌药(*Lindera obtusiloba*) 白檀(*Symplocos paniculata*) 圆锥绣球(*Hydrangea paniculata*)	30	0.4	龙须草(*Baeothryon subcapitatum*)* 湖北野青茅(*Deyeuxia hupehensis*) 野古草(*Arundinella anomala*)* 一枝黄花(*Solidago decurrens*)*
慈光阁	70	8	青冈栎(*Cyclobalanopsis glauca*) 细叶青冈(*Cyclobalanopsis myrsinaefolia*) 小叶青冈(*Cyclobalanopsis graciliss*) 树参(*Dendropanax dentiger*)	20	1.5	杨梅叶蚊母树(*Distylium myricoides*) 甜槠(*Castanopsis eyrei*) 格药柃(*Eurya muricata*) 硃砂根(*Ardisia crenata*)*	35	0.3	求米草(*Oplismenus undulatifolius*)* 禾叶土麦冬(*Liriope graminifolia*) 络石(*Trachelospermum jasminoides*)* 淡竹叶(*Lophatherum gracile*)
松谷庵	75	6.5	青冈栎(*Cyclobalanopsis glauca*) 老鼠矢(*Symplocos stellaris*) 小叶青冈(*Cyclobalanopsis graciliss*) 细叶香桂(*Cinnamomum subavenium*)	10	1	乌药(*Lindera aggregata*) 硃砂根(*Ardisia crenata*) 红茴香(*Illicium henryi*) 紫金牛(*Ardisia japonica*)*	15	0.15	小赤车(*Pellionia minima*) 巴东过路黄(*Lysimachia patungensis*)* 淡竹叶(*Lophatherum gracile*)* 日本蛇根草(*Ophiorrhiza japonica*)
钓桥庵	70	6	青冈栎(*Cyclobalanopsis glauca*)* 甜槠(*Castanopsis eyrei*) 豹皮樟(*Litsea coreana var. sinensis*) 冬青(*Ilex purpurea*)	20	1.5	格药柃(*Eurya muricata*) 硃砂根(*Ardisia crenata*) 马银花(*Rhododendron ovatum*) 石斑木(*Raphiolepis inidca*)*	15	0.25	禾叶土麦冬(*Liriope graminifolia*) 络石(*Trachelospermum jasminoides*)* 求米草(*Oplismenus undulatifolius*) 狗脊蕨(*Woodwardia japonica*)

注：* 为采集了根样的植物。

(二) 样品处理及实验分析

1. 根样处理及 AM 侵染分析

将采集到的植物根样用 1/2 FAA 进行固定，置于 4℃冰箱内冷藏保存。根样用碱解离—酸性品红染色法进行处理并制成封片，于 OLYMPUS - BX51 光学显微镜下观察 AM 真菌在各种植物根系上的侵染情况，并估算侵染率。

在调查植物的丛枝菌根状况时，根据植物根皮组织中是否存在丛枝或泡囊作为 AM 真菌定殖的判别标准，在所检查的根样中，只要有一小段检查到丛枝或泡囊，则认为这种植物具有 AM，记为"＋"；如果只检查到菌丝，而没有发现丛枝或泡囊结构，则不确定有无 AM 的形成，记为"±"；如果菌丝、丛枝、泡囊都没有检查到，则认为其无 AM，记为"－"。对于具有丛枝菌根的根样，同时统计各根样的侵染强度，若 75%以上根段感染 AM 真菌，则表示深度感染，记为"＋＋＋"；25%～75%为中度感染，记为"＋＋"；25%以下为轻度感染，记为"＋"。

2. 土样处理及菌丝量、孢子密度和 GRSP 分析

1）菌丝量

将湿土分为两份，一份做含水量测定，另一份置于 4℃冰箱内冷藏保存，直接进行菌丝量测定，样品在 2 周内处理完。具体做法为：取湿土 5g 均匀置于烧杯中，过 60～240 目筛子至无碎片杂屑(4～5 次)，过滤物移至培养皿中，用曲利苯蓝染色 30 分钟，再过 240 目筛子，并洗到 9 cm 滤纸上过滤，在显微镜下观察菌丝数(50 个视野)。用以下公式计算：

$$\text{菌丝量}=\frac{\pi\times\text{菌丝数}\times\dfrac{\text{培养皿面积}}{2\times\text{视野直径}\times\text{视野总数}}}{\text{干土重}}$$

$$=38.39\times\frac{\text{菌丝数}}{\text{干土重}}$$

2）孢子密度

将采集的土样做自然风干处理，风干后置于 4℃冰箱内冷藏保存。土样自然风干后，采用湿筛沉淀法收集 AM 真菌孢子和孢子果，于体视镜下进行孢子计数，孢子果或丛生孢子按照 1 个孢子计算。样品在 2 个月内处理完。

3）GRSP

使用 Wright 和 Upadhyaya 以及 Wright 和 Jawson 描述的方法提取总 GRSP。具体的方法为：从土壤样本中取 1 g 土放入 8 ml 物质的量浓度为 50 nmol/L 的柠檬酸钠溶液中(使用 HCl 调整 pH 至 8.0)。样品在高压灭菌锅中处理 60 min(121℃，0.11 MPa)，然后超速离心 3 min(10 000 g)以去除土壤颗粒。以上操作重

复三次(在进灭菌锅之前需再次调整 pH 至 8.0),直至提取液清澈或呈亮黄色。应用考马斯亮蓝法,使用牛血清蛋白制作考马斯亮蓝标准曲线,然后测定球囊霉素含量。

(三) 统计方法

单因素 ANOVA 分析、LSD 比较、F 检验及 AM 真菌与土壤因子的 Pearson 相关分析和通径分析均在 SPSS 17.0 软件中进行。

四、结果与分析

(一) 不同海拔垂直梯度旅游扰动对 AM 真菌的生态影响

1. AM 真菌侵染率

表 9-3 中,在不同海拔垂直梯度的 6 个样点共采集了 16 种优势植物的根样(每个样点采集 3 种植物,累计 18 种次植物,其中三脉紫菀在温泉和云谷步道两个样点重复采样,棣棠花在云谷步道一和云谷步道二重复采样)。根样通过染色和光学显微镜检测发现,除牛膝(*Achyranthes bidentata*)的 AM 真菌侵染率极低(0.25%),未发现典型的 AM 结构,不能确定其是否与 AM 真菌形成共生以外,在其余 15 种植物的根皮层细胞中均观察到丛枝或泡囊结构,为典型的菌根植物。不同植物的 AM 真菌侵染率不同,菌丝、丛枝、泡囊和菌丝圈侵染强度也不同,其中,中国绣球(*Hydrangea chinensis*)的 AM 真菌侵染率最高(64.33%),野菊(*Dendranthema indicum*)次之(50%),牛膝最低。将不同样地同种植物的 AM 真菌侵染率做 F 检验分析,结果显示三脉紫菀(*Aster ageratoides*)和棣棠花(*Kerria japonica*)在不同样地的 AM 侵染率均无显著性差异($P>0.05$)。

通过单因素 ANOVA 分别对 6 个样地距离步道远近不同的小样方中 AM 真菌的定殖状况进行分析及 LSD 比较,结果表明,不同种植物的 AM 真菌定殖状况受扰动程度和扰动范围不同(图 9-5)。

温泉样地海拔 703 m,植被类型为次生林,样地位于"人字瀑"景点内,客流量大,对周围生态系统的扰动较为强烈,样地内采集的三种草本植物 AM 真菌均未达到深度侵染,人为扰动对尖叶长柄山蚂蝗(*Podocarpium podocarpum* var. *oxyphyllum*)和三脉紫菀(*Aster ageratoides*)的 AM 定殖有明显影响。尖叶长柄山蚂蝗在距步道较近的 0~5 m 和 5~10 m 处,AM 真菌侵染率较低(15.33%,12.67%),两处侵染率差异不显著($P>0.05$),而距离步道较远的 10~15 m 和 15~20 m 处的侵染率达到中度侵染(26.67%,35.67%),这两处的侵染率差异也不显著($P>0.05$),但与距离步道较近两处的侵染率有极显著性差异($P<0.01$),这说明影响尖叶长柄山蚂蝗的 AM 真菌侵染率的主要扰动范围在距离步道 10 m

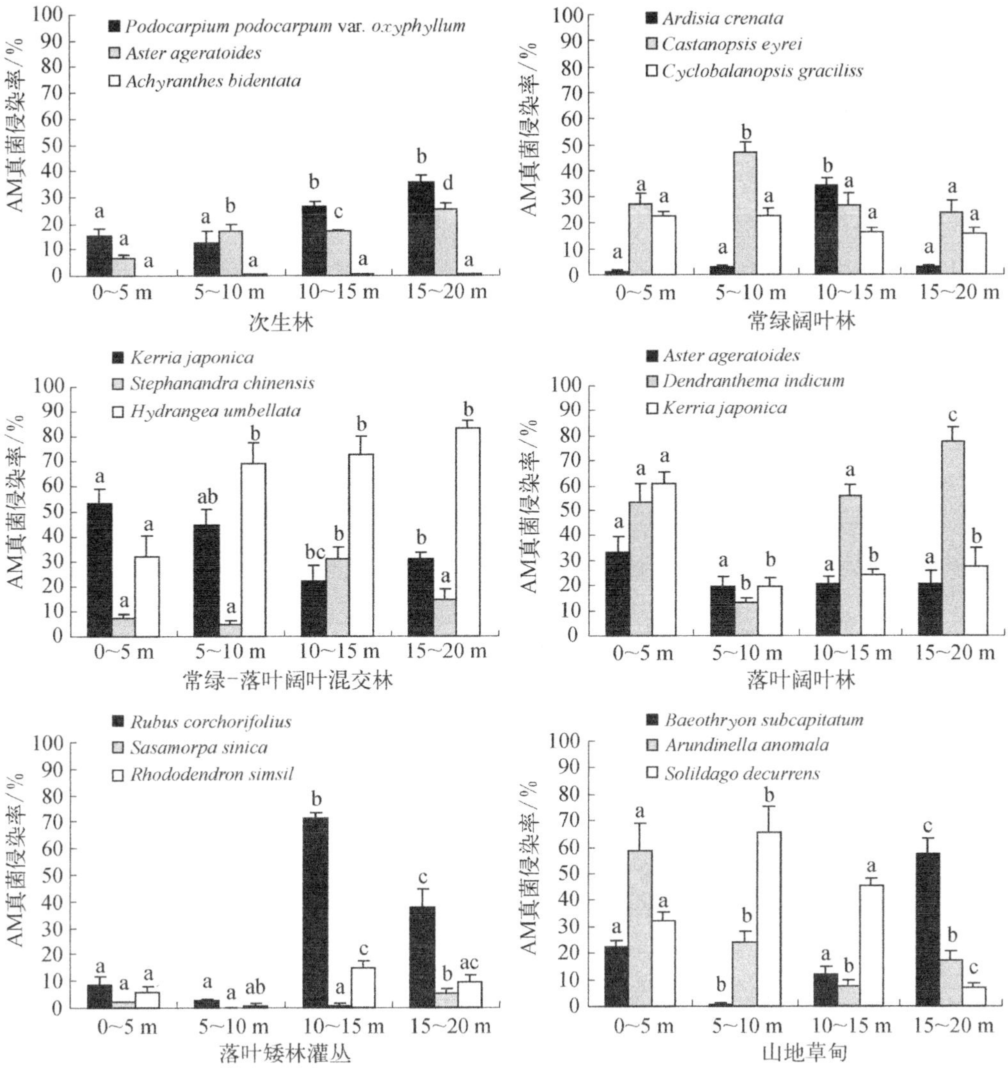

图 9-5　垂直梯度 6 种植被类型 AM 真菌在不同扰动距离的侵染率变化

以内。三脉紫菀的 AM 侵染率在距离步道远近不同的 4 个样方间均有显著性差异，其中，距离步道最近的 0～5 m 处侵染率最低(6.67%)，在距离步道最远的 15～20 m 处侵染率最高(25.33%)，达到中度侵染，这表明距离步道 5 m 以内对 AM 真菌定殖三脉紫菀的扰动性最强，随着离步道距离增加，扰动性逐渐减小。从苋科植物牛膝(*Achyranthes bidentata*)的 12 个根部样本中均未检测出典型的 AM 结构(丛枝、泡囊和菌丝圈)，只有少量菌丝存在于皮层中，因此 AM 真菌不易侵染牛膝，低侵染率主要与苋科植物不易形成菌根有关。

云谷寺样地海拔 897 m，植被类型为常绿阔叶林，此地因位于索道起点站附近，常年客流量很大，对周围生态系统的扰动较大，样地三种植物的 AM 真菌也均未达到深度侵染。硃砂根（*Ardisia crenata*）在距离步道较近的 0～5 m 和 5～10 m 处感染率极低（1.33%，2.67%），而在 10～15 m 处达到中度侵染（34%），且与10 m 内两样方的侵染率均有显著性差异（$P<0.01$），这说明距步道 10 m 范围内人为扰动对硃砂根的影响较大。甜槠（*Castanopsis eyrei*）与小叶青冈（*Cyclobalanopsis graciliss*）的 AM 真菌侵染状况相似，通过检测根样 AM 真菌定殖状况，侵染率稳定在 12%～55%。小叶青冈在所有 4 个样方间均无显著性差异（$P>0.05$），这说明 AM 真菌对甜槠和小叶青冈这类壳斗科大型乔木的定殖是相对稳定的，人为扰动对其影响也较弱。

由云谷寺沿步道徒步向上 353 m（垂直高度）到达云谷步道一号样地，植被类型为常绿-落叶阔叶混交林，此地没有设置游览景点，客流量因索道疏流而大幅减少，步道主要为徒步上下山的游客使用，因此对周围生态系统的人为扰动强度较温泉和云谷寺样地低。中国绣球（*Hydrangea Chinensis*）在距离步道 5 m 处的 AM 真菌侵染率最低（32%），与 5 m 以外的侵染率存在极显著差异（$P<0.01$），而 5 m 以外区域的 AM 真菌侵染率差异不显著（$P>0.05$），且菌根定殖达到中度（69%）和深度（73%、83%）侵染水平，这说明 AM 真菌定殖中国绣球主要受距步道 5 m 内的扰动影响。人为扰动对样地中棣棠花（*Kerria japonica*）和野珠兰（*Stephanandra chinensis*）的 AM 定殖影响力较弱。棣棠花的 AM 侵染率在距步道较近的 5 m 之内为 53.33%，达到中度侵染水平，野珠兰在 10～15 m 处的 AM 真菌侵染率最高（30.67%）。

从云谷步道一号样地出发，沿步道徒步向上垂直高度 150 m 为云谷步道二号样地所在位点，样地植被类型为落叶阔叶林，客流与云谷步道一号样地一致，人为扰动影响较小。三脉紫菀（*Aster ageratoides*）为多年生菊科植物，环境适应力强，在 4 个样方间的 AM 侵染率差异不显著（$P>0.05$），这与温泉样地的实验结果相反，且三脉紫菀的 AM 总侵染率（23.5%）也高于温泉样地（16.33%），说明云谷步道周边 AM 真菌定殖状况较好，受人为扰动影响较小。从扰动程度和扰动范围来看，温泉＞云谷步道二号样地。该样地中灌木棣棠花（*Kerria japonica*）的 AM 真菌定殖状况与云谷步道一号样地较为相似，人为扰动对其影响不如草本植物明显，在距步道较近的 5 m 之内为 60.67%，达到中度侵染水平。

北海样地位于黄山北海景区内（海拔 1 630 m），景区为约 1 316 hm^2 的高山开阔区域，植被类型为落叶矮林灌丛。山莓（*Rubus corchorifolius*）在 10～15 m 样方中的平均侵染率达到 71%，达到深度侵染，说明 AM 真菌易与山莓形成共生体。山莓的 AM 定殖状况也受人为扰动影响较大，其主要扰动范围位于距离步道 10 m 以内，此区域的 AM 侵染率较低（<8.67%），与 10 m 以外区域的 AM 侵染率有极显著性差异（$P<0.01$）。这说明山莓作为一种易与 AM 真菌形成共生体的植物，

其菌根定殖容易受到人为扰动的影响。华箬竹（*Sasa sinica*）和映山红（*Rhododendron simsii*）的 AM 侵染率总体不高，这与植物本身的特性有关。华箬竹的肉质须根较少，而映山红作为杜鹃花科植物，主要为欧石楠类菌根，受 AM 真菌侵染影响小，但两种植物在距离步道 10 m 和 15 m 外，AM 真菌侵染率都有显著提高（$P<0.05$）。

光明顶位于海拔 1 860 m 的山顶，样地选择在步道边一开阔地，样地土层稀薄，植物密度稀疏，种类稀少，主要以种类单调的草本植物为主，偶见灌木，植被类型为高山草甸。龙须草（*Baeothryon subcapitatum*）是样地中的优势草本植物，AM 真菌侵染率距离步道 15 m 内较低，单个样本侵染率均低于 25%，为轻度侵染，而 15～20 m 处的 AM 真菌平均侵染率为 57.33%，最高为 68%，达到中度侵染水平，且与 15 m 内样地的侵染率存在极显著性差异（$P<0.01$）。人为扰动对优势种龙须草的 AM 真菌侵染影响作用强，作用范围广，可显著影响至距离步道 15 m 处。

2. 土壤菌丝量

在不同海拔垂直梯度的 6 种植被类型样地中共采集了 24 个样方的土壤样本，利用曲利苯蓝染色并显微分析，结果表明，落叶阔叶林的土壤菌丝量最高，平均含量达到 162.52 mm/g，落叶矮林灌丛最低，菌丝平均含量为 99.82 mm/g。通过单因素 ANOVA 分别对 6 种植被类型的菌丝量进行分析及 LSD 比较，结果表明，6 地间土壤菌丝量均无显著性差异（$P>0.05$），说明土壤中的菌丝受海拔和植被类型影响不明显（图 9-6）。

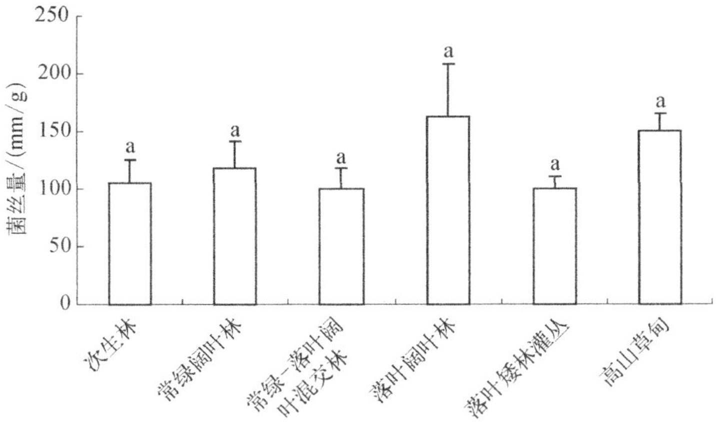

图 9-6　垂直梯度 6 种植被类型菌丝量比较

分别对不同海拔垂直梯度的 6 种植被类型的土壤菌丝量进行扰动范围分析，通过单因素 ANOVA 对步道周围不同扰动范围内的菌丝量进行 LSD 比较，结果表明（图 9-7），除常绿-落叶阔叶混交林样地外，大多数样地距步道 5 m 范围内的土

表 9－3　垂直梯度 6 种植被类型 AM 真菌侵染植物状况

植物中文名	拉　丁　名	科　名	拉丁科名	菌丝	丛枝	泡囊	菌丝圈	黑隔菌丝	总侵染率/%	样地
尖叶长柄山蚂蝗	*Podocarpium podocarpum* var. *oxyphyllum*	豆科	Leguminosae	＋	＋	＋	－	＋	22.58±5.31	温泉
三脉紫菀	*Aster ageratoides*	菊科	Asteraceae	＋	＋	＋	＋	＋＋＋	16.33±3.82	
牛膝	*Achyranthes bidentata*	苋科	Amaranthaceae	＋	±	±	－	－	0.25±0.08	
硃砂根	*Ardisia crenata*	紫金牛科	Myrsinaceae	＋	－	＋	－	＋	10.17±7.95	云谷寺
甜槠	*Castanopsis eyrei*	壳斗科	Fagaceae	＋	＋	＋	－	－	31.17±5.34	
小叶青冈	*Cyclobalanopsis myrsinifolia*	壳斗科	Fagaceae	＋	＋	－	－	＋	19.17±2.03	
棣棠花	*Kerria japonica*	蔷薇科	Rosaceae	＋＋	＋	＋	－	＋＋＋	37.67±7.01	云谷步道一
野珠兰	*Stephanandra chinensis*	蔷薇科	Rosaceae	＋	－	＋	＋	＋＋	14.33±5.84	
中国绣球	*Hydrangea chinensis*	虎耳草科	Saxifragaceae	＋＋	＋＋	＋	－	＋＋	64.33±11.18	
三脉紫菀	*Aster ageratoides*	菊科	Asteraceae	＋	＋	＋	＋	＋＋＋	23.50±3.29	云谷步道二
野菊	*Dendranthema indicum*	菊科	Asteraceae	＋＋	＋	＋	－	＋＋＋	50.00±13.35	
棣棠花	*Kerria japonica*	蔷薇科	Rosaceae	＋＋	＋	＋	＋	－	32.83±9.42	
山莓	*Rubus corchorifolius*	蔷薇科	Rosaceae	＋＋	＋	＋＋	－	＋＋	30.17±15.74	北海
华箬竹	*Sasamorpa sinica*	禾本科	Poaceae	＋	＋	－	－	－	2.00±1.19	
映山红	*Rhododendron simsii*	杜鹃花科	Ericaceae	＋	－	－	＋	＋	7.67±2.94	
龙须草	*Baeothryon subcapitatum*	灯芯草科	Juncaceae	＋	＋	－	－	－	23.17±12.24	光明顶
野古草	*Arundinella anomala*	禾本科	Poaceae	＋＋	＋	＋	＋	＋	26.83±11.15	
一枝黄花	*Solildago decurrens*	菊科	Asteraceae	＋＋	＋	－	－	－	37.33±12.30	

壤菌丝量最低，说明距步道 5 m 范围内的植被和土壤受人为扰动最为强烈，使得土壤菌丝量大量减少。但不同植被类型的土壤菌丝量的扰动范围不同，在次生林、常绿阔叶林、落叶矮林灌丛和高山草甸 4 种植被类型样地中，距步道 5 m 内样方中的菌丝量与 5 m 以外的 3 个样方中的菌丝量存在显著性差异，其中，次生林和落叶矮林灌丛 5 m 内与 5 m 外 3 个样方的菌丝量均为极显著性差异（$P<0.01$），说明在这两种植被类型中，距步道 5 m 范围内人为扰动对土壤菌丝量的影响比在其他植被类型中更为强烈。在落叶阔叶林样地中，5～10 m 范围内也受到强烈的人为扰动，此处的菌丝平均含量很低（94.7 mm/g），与 5 m 内菌丝平均含量（74.22 mm/g）无显著性差异（$P>0.05$），这两个样方的菌丝量与距步道较远的 10～15 m 和 15～20 m 两个样方的菌丝量均存在极显著差异（$P<0.01$），人为扰动对落叶阔叶林土壤菌丝量的扰动已扩展到距步道 10 m。常绿-落叶阔叶混交林的土壤菌丝量较其他植被类型低，人为扰动对此处土壤菌丝量的影响不明显。

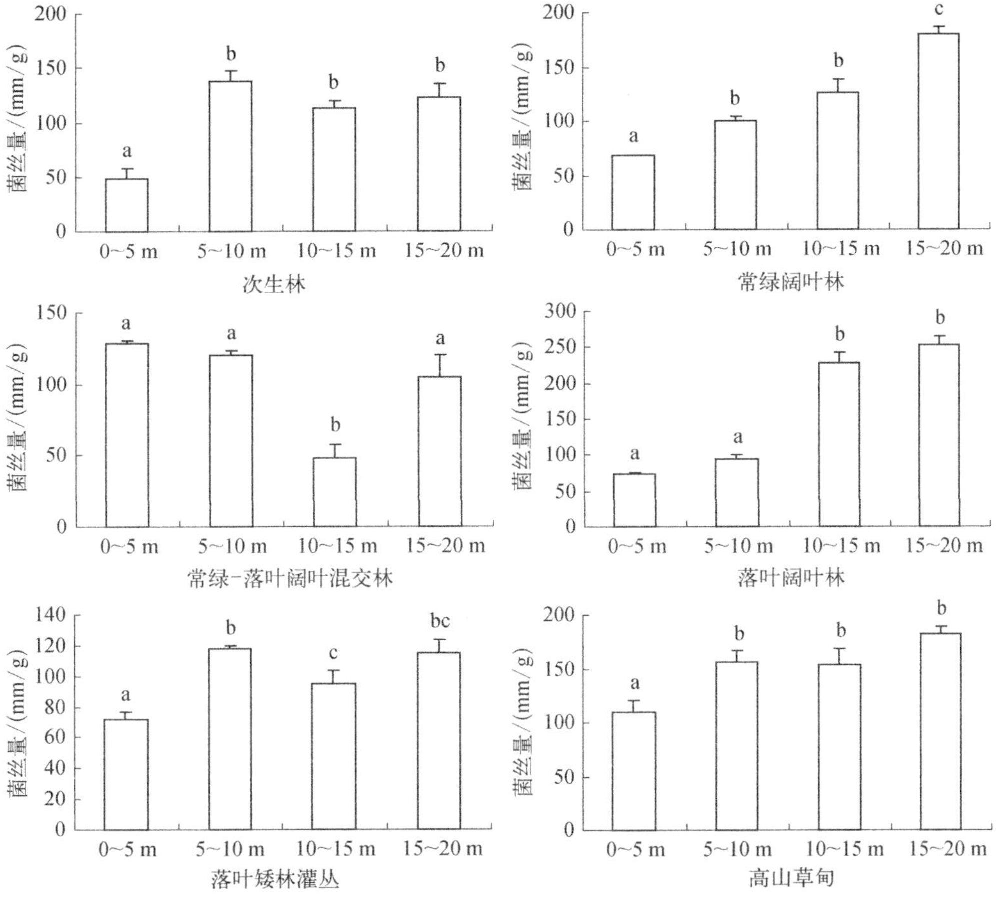

图 9-7　垂直梯度 6 种植被类型不同扰动距离的土壤菌丝量变化

3. AM 真菌孢子密度

在不同海拔垂直梯度的 6 种植被类型样地中共采集了 24 个样方的土壤样本，利用湿筛沉淀法分离土样中的 AM 真菌孢子，并进行显微检测。结果表明，落叶矮林灌丛的 AM 孢子密度最高，平均含量达到 788.75 个/100 g，高山草甸最低，孢子密度平均含量为 117.5 个/100 g。通过单因素 ANOVA 分别对 6 种植被类型的 AM 孢子密度进行 LSD 比较分析，结果表明(图 9-8)，常绿阔叶林和落叶矮林灌丛的平均孢子密度明显高于其他 4 种植被类型，其中，落叶矮林灌丛的孢子密度与高山草甸及次生林两种植被类型的孢子密度存在极显著差异($P<0.01$)，而常绿阔叶林与落叶矮林灌丛之间的孢子密度差异不显著($P>0.05$)。

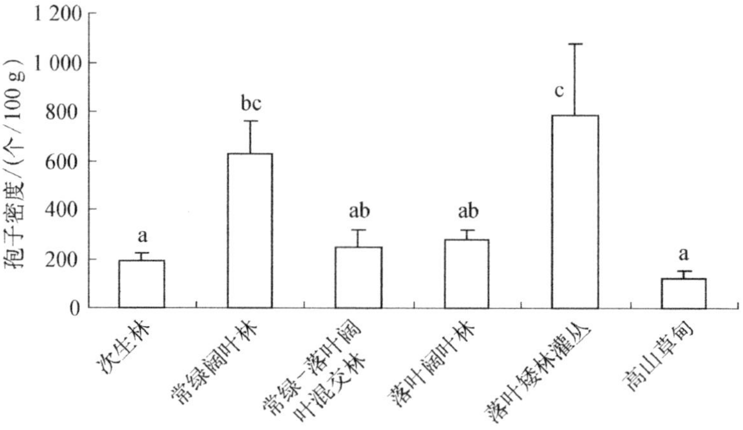

图 9-8　垂直梯度 6 种植被类型孢子密度比较

分别对不同海拔垂直梯度的 6 种植被类型的 AM 孢子密度进行扰动范围分析，通过单因素 ANOVA 对步道周围不同扰动范围内的菌丝量进行 LSD 比较，结果表明(图 9-9)，大多数样地距步道 5 m 范围内的土壤孢子密度最低，说明距步道 5 m 范围内的植被和土壤受人为扰动最为强烈，使得土壤中 AM 孢子大量减少。但不同植被类型孢子密度的扰动范围不同。海拔相对低的 4 种植被类型基本上呈现出随步道旁距离增加而孢子密度增加的趋势，次生林的这种趋势最为明显，孢子密度与步道旁距离呈现极显著正相关($R=0.704$，$P<0.01$)，而且次生林孢子密度很低(平均为 190 个/100g)，这说明旅游对温泉次生林 AM 孢子的扰动很强，影响范围很大，扰动范围可能扩大至距游道 15 m 外。常绿阔叶林样地中，距步道 15 m 内 3 个样方的平均孢子密度(530 个/100 g、445 个/100 g、525 个/100 g)明显比 15～20 m 样方(1 020 个/100 g)低，且均有极显著性差异($P<0.01$)，而 15 m 内 3 个样方间的孢子密度差异不显著($P>0.05$)，这说明旅游对常绿阔叶林土壤中

AM孢子的扰动范围为15 m，对15 m外的AM孢子扰动相对较弱。常绿-落叶阔叶混交林样地中，距步道10 m内两个样方的平均孢子密度(115个/100 g、140个/100 g)比10 m外两个样方(355个/100 g、385个/100 g)明显偏低，且均有极显著性差异($P<0.01$)，而10 m内两个样方间及10 m外两个样方间的孢子密度差异不显著($P>0.05$)，这说明旅游对常绿-落叶阔叶混交林土壤中AM孢子的扰动范围为距步道10 m，对15 m外的AM孢子扰动相对较弱。落叶阔叶林AM孢子密度与步道旁距离呈极显著正相关性($R=0.704, P<0.01$)，说明AM孢子密度随步道旁距离增加而增加的趋势很明显，这与次生林是一致的。虽然落叶矮林灌丛和山地草甸的总孢子密度差异极显著($P<0.01$)，但是两地AM孢子受人为扰动的规律有相似之处，距步道5 m内的孢子密度相对较低，且与5 m外3个样方的孢子密度均有极显著性差异($P<0.01$)，说明旅游对落叶矮林灌丛和山地草甸土壤中

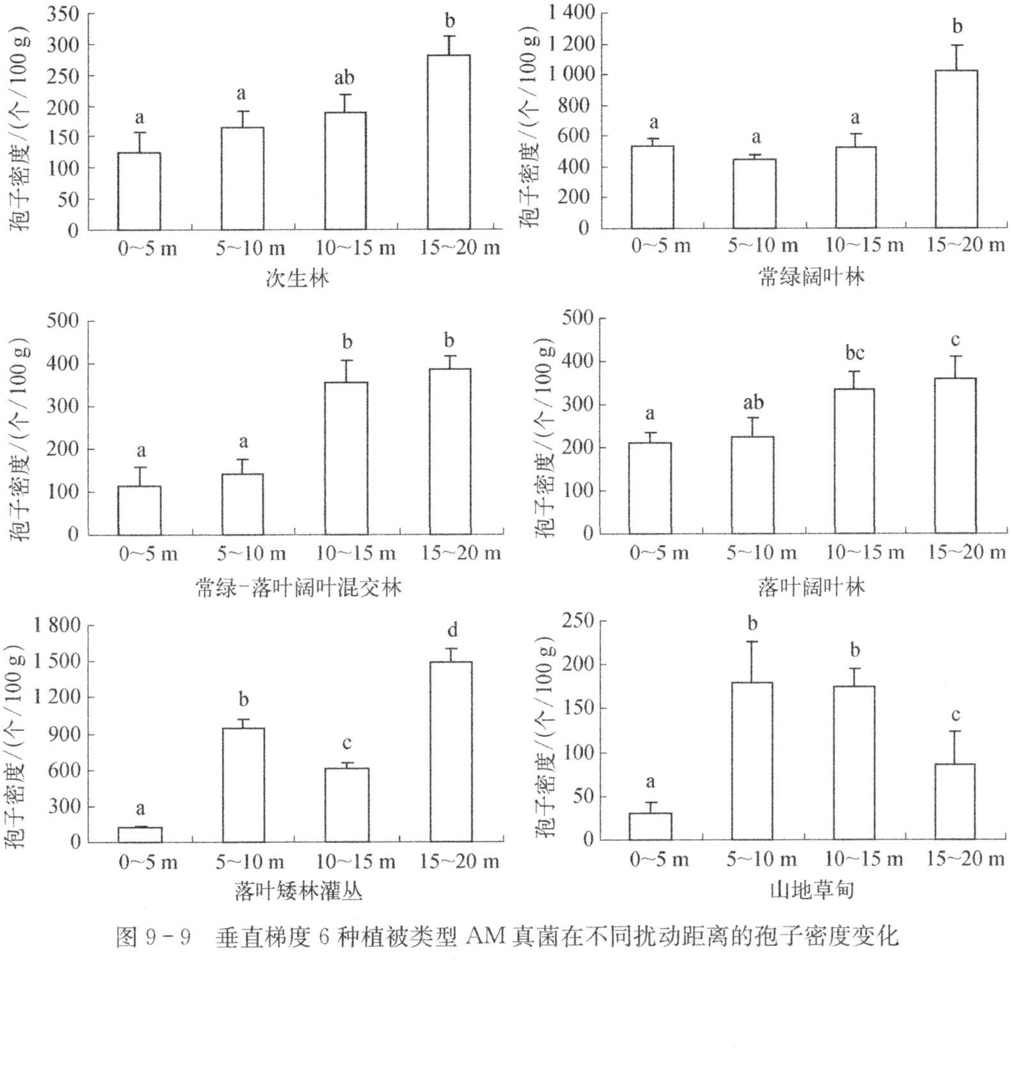

图9-9　垂直梯度6种植被类型AM真菌在不同扰动距离的孢子密度变化

AM 真菌孢子的主要扰动距离为步道 5 m 内。

4. 球囊霉素

在不同海拔垂直梯度的 6 种植被类型样地中共采集了 24 个样方的土壤样本，利用柠檬酸钠法提取总球囊霉素(TG－GRSP)，并用考马斯亮蓝法测定 TG－GRSP。结果表明，常绿阔叶林的 GRSP 含量最高(平均 4.22 mg/g)，次生林次之(平均 4.06 mg/g)，常绿-落叶阔叶混交林(平均 1.88 mg/g)最低。通过单因素 ANOVA 分别对 6 种植被类型的 GRSP 含量进行分析和 LSD 比较，结果表明(图 9－10)，次生林和常绿阔叶林两地的 GRSP 含量明显高于其他 4 种植被类型，且与常绿-落叶阔叶混交林、落叶阔叶林及山地草甸的 GRSP 含量存在极显著差异($P<0.01$)。

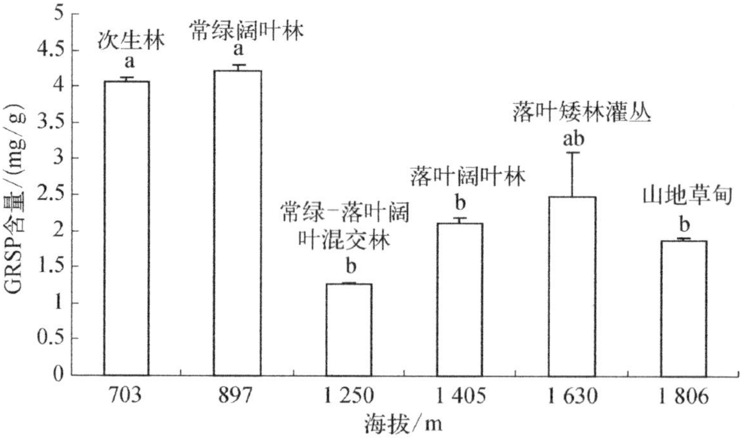

图 9－10　垂直梯度 6 种植被类型球囊霉素比较

分别对不同海拔垂直梯度的 6 种植被类型的 GRSP 含量进行扰动范围分析，对步道周围不同扰动范围内的 GRSP 含量进行 LSD 比较，结果表明(图 9－11)，除山地草甸外，大多数样地距步道 5 m 范围内的土壤孢子密度最低，且与 5 m 外样方内 GRSP 含量均存在显著性差异，这种差异在次生林、常绿阔叶林和落叶矮林灌丛 3 个样地中为极显著($P<0.01$)，山地草甸 0～5 m 样方内 GRSP 含量与 5～10 m 和 10～15 m 两样方的 GRSP 含量也存在显著性差异($P<0.01$)。这说明距步道 5 m 范围内的 GRSP 受人为扰动最为强烈，使得土壤中 GRSP 含量大幅下降。常绿阔叶林和落叶矮林灌丛两样地中，5～10 m 样方内 GRSP 含量明显低于 10 m 外两个样方($P<0.01$)，且 10 m 外两个样方间无显著性差异($P>0.05$)，这说明旅游对常绿阔叶林和落叶矮林灌丛 GRSP 的扰动可扩展至距步道 10 m 处。

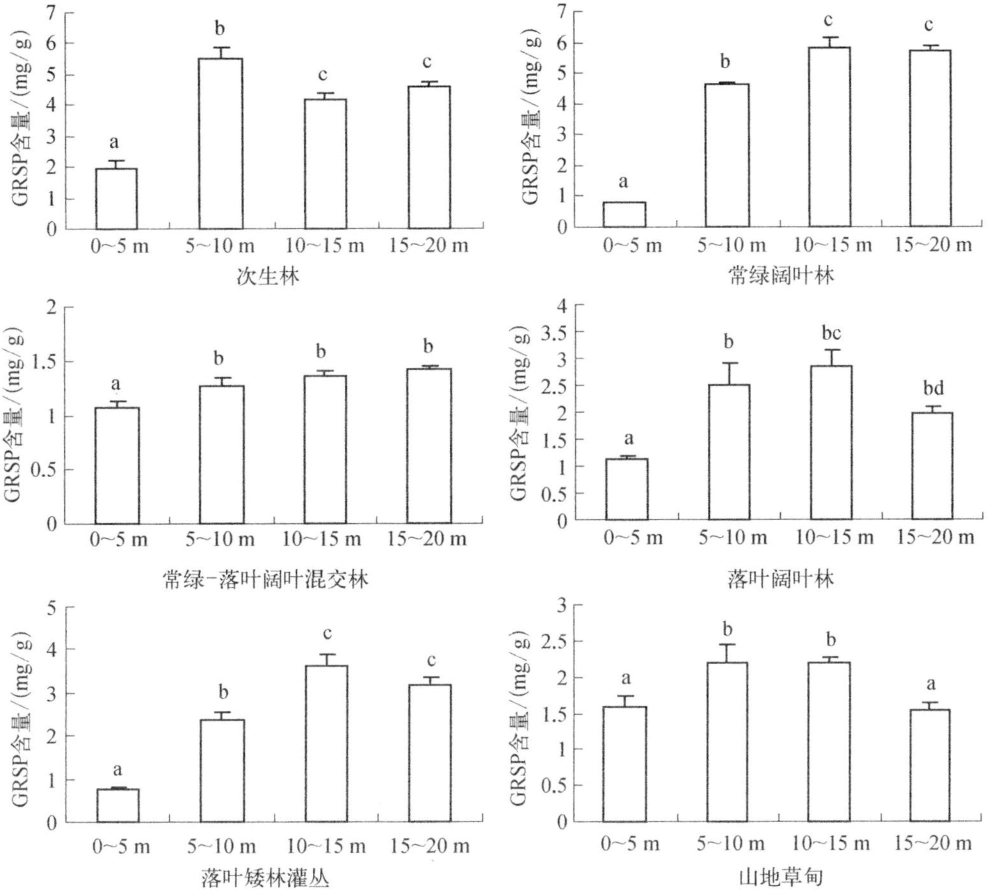

图 9-11　垂直梯度 6 种植被类型 AM 真菌在不同扰动距离的 GRSP 变化

(二) 不同水平空间人为扰动对 AM 真菌的生态影响

1. AM 真菌侵染率

如表 9-4 所示,在水平相似海拔 4 个样点共采集了 10 种优势种植物的根样(每个样点采集 3 种植物,累计 12 种次植物,其中硃砂根在云谷寺和慈光阁点重复采样,络石在慈光阁和钓桥庵重复采样)。根样通过染色和光学显微镜检测发现,10 种植物均可被 AM 真菌不同程度侵染。

不同植物的 AM 真菌侵染率不同,菌丝、丛枝、泡囊和菌丝圈侵染强度也各异,其中,巴东过路黄(*Lysimachia patungensis*)的 AM 真菌平均侵染率最高,达到 91.83%,络石(*Trachelospermum jasminoides*)次之(84.67%),云谷寺样地硃砂根(*Ardisia crenata*)最低(10.17%)。将慈光阁和云谷寺两样地硃砂根的根样侵染率作 F 检验分析,结果显示两地 *A. crenata* 的菌根真菌侵染率存在极显著差异

表 9-4 水平空间不同样地的 AM 侵染植物情况

植物中文名	拉丁名	科名	拉丁科名	菌丝	丛枝	泡囊	菌丝圈	黑隔菌丝	总侵染率/%	样地
络石	*Trachelospermum jasminoides*	夹竹桃科	Apocynaceae	++	+	+	+	++	68.50±15.27	
求米草	*Oplismenus undulatifolius*	禾本科	Poaceae	++	+	+	+	+++	61.17±13.08	慈光阁
硃砂根	*Ardisia crenata*	紫金牛科	Myrsinaceae	++	-	+	-	++	38.00±16.32	
硃砂根	*Ardisia crenata*	紫金牛科	Myrsinaceae	+	-	+	-	+	10.17±7.95	
甜槠	*Castanopsis eyrei*	壳斗科	Fagaceae	++	+	+	-	-	31.17±5.34	云谷寺
小叶青冈	*Cyclobalanopsis graciliss*	壳斗科	Fagaceae	+	+	-	-	+	19.17±2.03	
紫金牛	*Ardisia japonica*	紫金牛科	Myrsinaceae	++	-	+	-	-	39.67±14.72	
淡竹叶	*Lophatherum gracile*	禾本科	Poaceae	++	-	+	-	-	47.33±17.80	松谷庵
巴东过路黄	*Lysimachia patungensis*	报春花科	Primulaceae	+++	+	+	+	+	91.83±2.77	
青冈栎	*Cyclobalanopsis glauca*	壳斗科	Fagaceae	+	+	+	+	+	23.33±6.48	
络石	*Trachelospermum jasminoides*	夹竹桃科	Apocynaceae	+++	+	+	+	++	84.67±10.22	钓桥庵
石斑木	*Raphiolepis inidca*	蔷薇科	Rosaceae	++	-	+	+	+++	46.67±6.82	

($P<0.01$),慈光阁样地硃砂根平均侵染率显著高于云谷寺样地,这说明旅游对两地常绿阔叶林 AM 真菌的扰动影响不同,人为扰动对云谷寺常绿阔叶林 AM 真菌定殖的影响更为强烈。

通过单因素 ANOVA 分别对 4 个样地距离步道远近不同的小样方中 AM 真菌的定殖状况进行 LSD 比较分析,结果表明,AM 真菌侵染率在距步道远近不同的样方中差异程度不同(图 9－12)。络石极易与 AM 真菌形成共生,根样侵染率最高可达 96.67%,人为扰动对络石侵染率具有规律性影响。将不同样地络石的 AM 真菌侵染率作 F 检验分析,结果显示,络石在钓桥庵和慈光阁两样地间的 AM 侵染率无显著性差异($P>0.05$),这表明 AM 真菌在相同海拔异地的定殖状况是稳定的。而且旅游对其侵染率扰动的影响两地也具有相似性,距离步道 5 m 内侵染率最低(平均为 54%),与其他 3 个样方内侵染率均存在极显著差异($P<0.01$),这说明距步道 5 m 范围内是络石的 AM 定殖受扰动最为强烈的区域。但是在慈光阁样地中,5～10 m 样方内络石的侵染率与 10 m 外仍有极显著性差异,而钓桥庵无显著差异且侵染率高于慈光阁。因此,从扰动程度和扰动范围来看,云谷寺>慈光阁>钓桥庵。松谷庵样地三种植物的 AM 侵染率均比较高,其中淡竹叶(*Lophatherum Gracile*)在 0～5 m 样方的侵染率最低,与距步道较远的 3 个样方

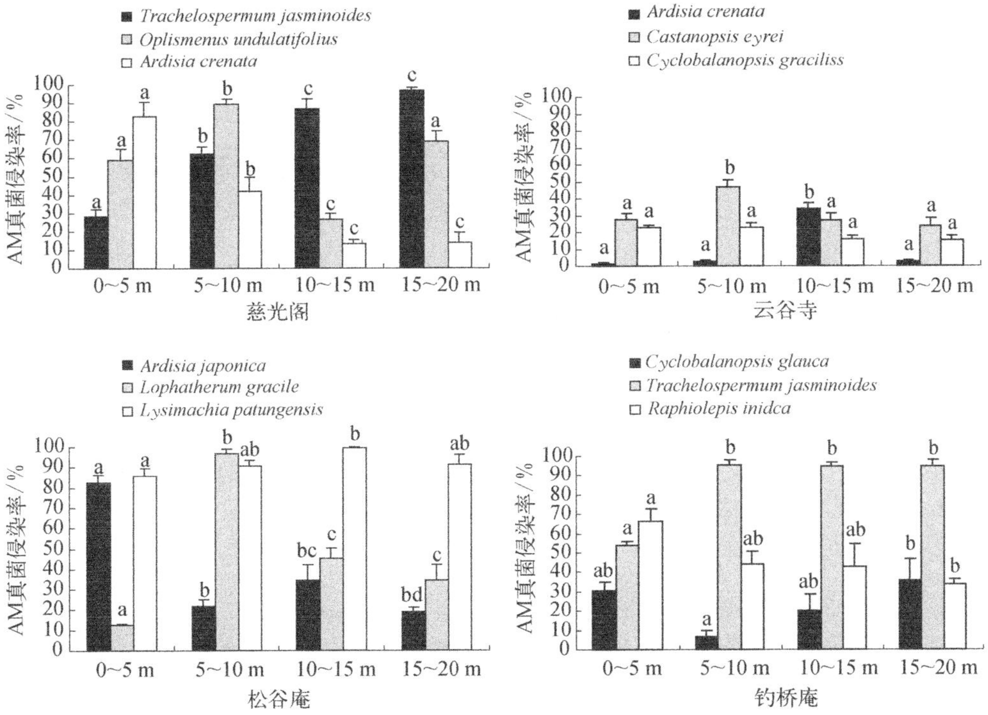

图 9－12　水平空间不同扰动范围 AM 侵染率变化

有极显著差异（$P<0.01$），而且淡竹叶在 5～10 m 样方的侵染率达到 96.67%，这说明人为对淡竹叶菌根定殖的扰动范围仅为距步道 5 m 内。

2. 土壤菌丝量

从相似海拔常绿阔叶林的 4 个样点（慈光阁、云谷寺、松谷庵、钓桥庵）共采集了 16 个样方的土壤样本，利用曲利苯蓝染色并显微分析，结果表明，慈光阁样地最高，平均含量达到 175.31 mm/g，云谷寺样地最低，菌丝平均含量为 118.36 mm/g，通过单因素 ANOVA 分别对 6 种植被类型的菌丝量进行分析及 LSD 比较，结果表明（图 9－13），4 地间土壤菌丝量均无显著性差异（$P>0.05$）。

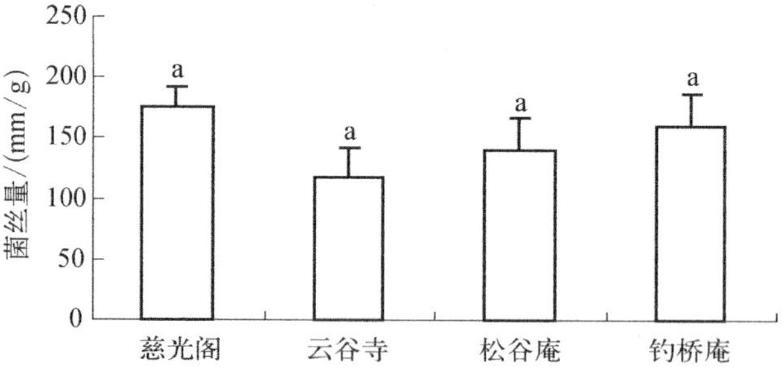

图 9－13　水平空间不同样地菌丝量比较

分别对 4 地土壤菌丝量进行扰动范围分析，通过单因素 ANOVA 对步道周围不同扰动范围内的菌丝量进行 LSD 比较，结果表明（图 9－14），松谷庵、钓桥庵和云谷寺 3 个样地中，0～5 m 样方内菌丝量含量最低（74.22 mm/g、81.9 mm/g、69.1 mm/g），与 5 m 外样方均存在显著性差异（$P<0.05$），说明距步道 5 m 范围内的土壤菌丝受人为扰动最为强烈，使得土壤菌丝含量大量减少。但 4 地土壤菌丝量的扰动范围不同。松谷庵、钓桥庵 5～10 m 样方菌丝量较 10 m 外样方低，也有显著性差异（$P<0.05$），而 10～15 m 与 15～20 m 样方无显著性差异（$P>0.05$），说明两地土壤菌丝含量受人为扰动的范围为距步道 10 m 内。慈光阁样地土壤菌丝量受人为扰动影响不明显。云谷寺样地 5～10 m、10～15 m 样方菌丝量与 15～20 m 样方差异极显著（$P<0.01$），结合云谷寺样地总菌丝量在 4 地中最低，表明云谷寺样地土壤菌丝受人为扰动影响最为明显，扰动范围可扩展至距步道 15 m。从扰动程度和扰动范围来看，云谷寺>松谷庵>钓桥庵>慈光阁。

3. AM 真菌孢子密度

从相似海拔常绿阔叶林的 4 个样点（慈光阁、云谷寺、松谷庵、钓桥庵）共采集了 16 个样方的土壤样本，利用湿筛沉淀法分离土样中的 AM 真菌孢子，并进行显微检测。结果表明，钓桥庵样地的 AM 孢子密度最高，平均含量达到 2 573.35 个/100 g，云谷寺样地最低，孢子密度平均含量为 630 个/100 g。通过单因素 ANOVA

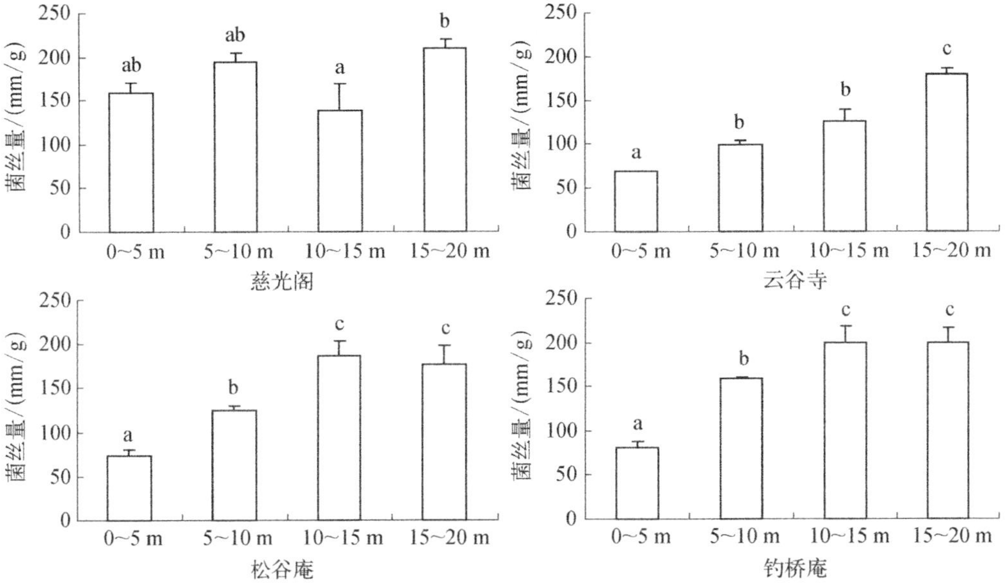

图 9-14　水平空间不同扰动距离的土壤菌丝量变化

分别对 4 地的 AM 孢子密度进行 LSD 比较分析，结果表明，钓桥庵样地的孢子密度明显高于其他 3 地，其中与云谷寺和松谷庵样地存在极显著性差异($P<0.01$)，与慈光阁差异显著($P<0.05$)。慈光阁样地的孢子密度虽不及钓桥庵高，但明显高于云谷寺样地，存在极显著差异($P<0.01$)，而与松谷庵差异不显著($P>0.05$)(图 9-15)。

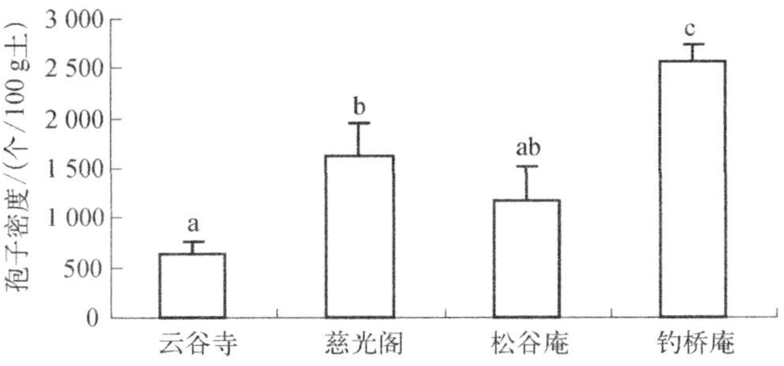

图 9-15　水平空间不同样地孢子密度比较

分别对 4 个样点的 AM 孢子密度进行扰动范围分析，通过单因素 ANOVA 对步道旁不同扰动范围内的菌丝量进行 LSD 比较，结果表明(图 9-16)，旅游对 4 个样地的扰动程度和范围不同。慈光阁和松谷庵两地 0～5 m 孢子密度显著低于 5 m 外的样方($P<0.01$)，说明距步道 5 m 范围内的植被和土壤受人为扰动最为强烈，使得土壤中 AM 孢子大量减少，但两地 5～10 m 样方的孢子密度与 10～

15 m 比较仍有显著性差异，其中，在松谷庵样地中差异极显著（$P<0.01$），而 10 m 外两样地的差异不显著，这说明慈光阁和松谷庵两样地距步道 5～10 m 内仍有明显人为扰动影响，扰动范围为距步道 10 m 内。云谷寺距步道 15 m 内的孢子密度都很低，且与 15～20 m 样地存在极显著性差异，这说明旅游对云谷寺土壤 AM 孢子的扰动范围为距步道 15 m。虽然钓桥庵样地土壤 AM 孢子密度很高，但距步道 5 m 范围内也受到扰动，0～5 m 样方孢子密度低于 5～10 m 样方，且差异极显著（$P<0.01$）。因此，从 AM 孢子密度的扰动程度和范围来看，云谷寺＞松谷庵＞慈光阁＞钓桥庵。

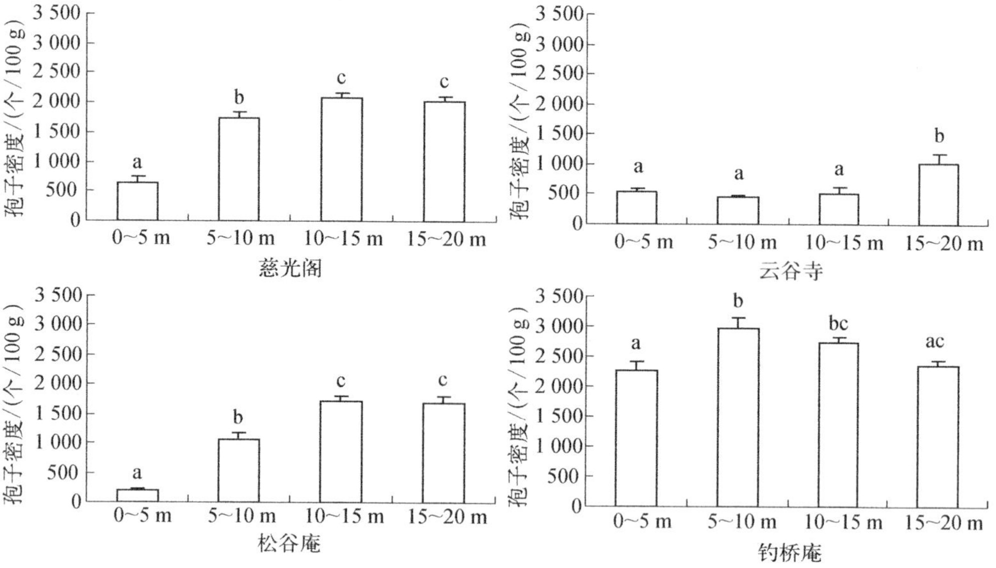

图 9－16　水平空间不同扰动距离的土壤菌丝量变化

4. 球囊霉素

从相似海拔常绿阔叶林的 4 个样点（慈光阁、云谷寺、松谷庵、钓桥庵）共采集了 16 个样方的土壤样本，利用柠檬酸钠法提取总球囊霉素（TG－GRSP），并用考马斯亮蓝法测定 TG－GRSP。结果表明，钓桥庵样地的 GRSP 含量（24.41 mg/g）明显高于慈光阁（4.65 mg/g）、云谷寺（4.22 mg/g）和松谷庵（4.55 mg/g）三地。通过单因素 ANOVA 分别对 4 个样地的 GRSP 含量进行分析和 LSD 比较，结果表明，钓桥庵样地的 GRSP 含量与其他三地间均存在极显著差异（$P<0.01$），而其他三地间无显著性差异（$P>0.05$）（图 9－17）。

分别对 4 个样点的 GRSP 含量进行扰动范围分析，通过对步道周围不同扰动范围内的 GRSP 含量进行 LSD 比较，结果表明（图 9－18），4 个样地土壤中的 GRSP 都呈现出不同程度的扰动。距步道 5 m 内是 AM 孢子受扰动最强烈的区

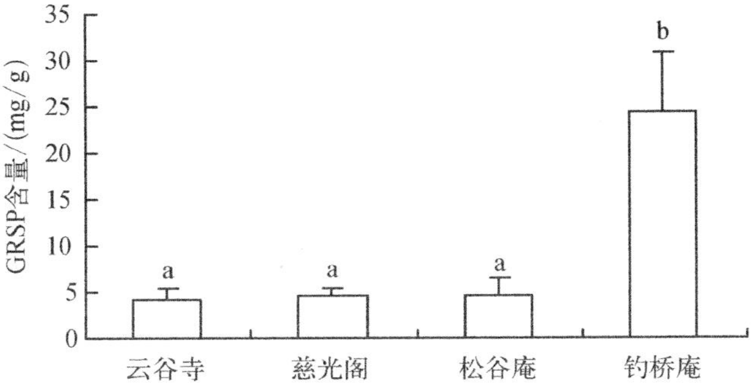

图 9-17　水平空间不同样地 GRSP 比较

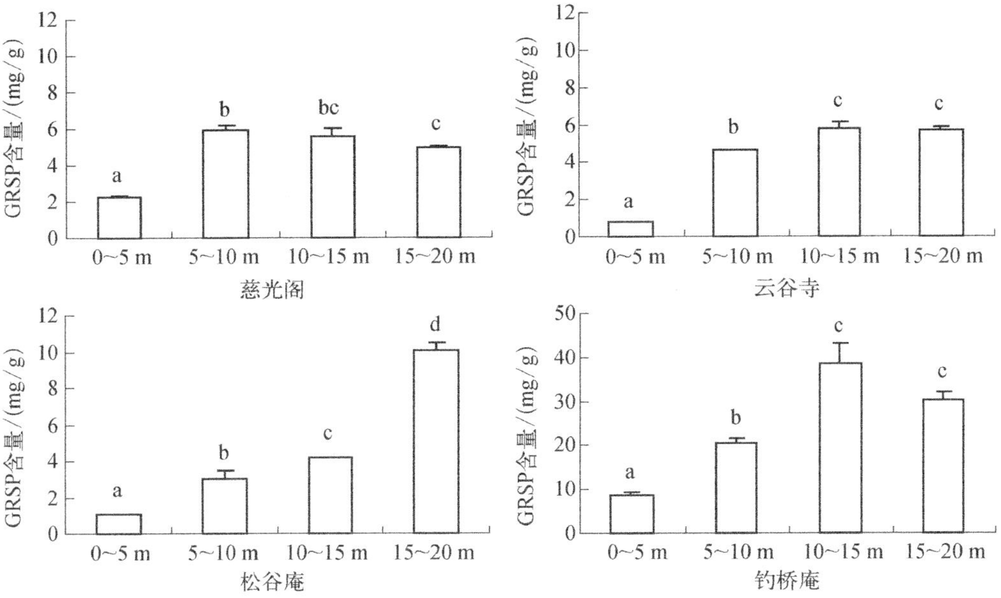

图 9-18　水平空间不同扰动距离的 GRSP 变化

域，4 个样地的 0～5 m 样方的孢子密度最低，且与 5 m 外 3 个样方间均存在极显著性差异($P<0.01$，白云庵 $P<0.05$)。云谷寺 5～10 m 样方的孢子密度低于 10～15 m 样方，差异极显著($P<0.01$)，而 10 m 外样方间无显著性差异，这说明在云谷寺样地中，距步道 5～10 m 范围内的 AM 孢子也受到明显扰动。松谷庵样地的 AM 孢子受扰动的范围可能更广，因为 AM 孢子数随距步道距离增加而增加，呈极显著正相关($R=0.93$，$P<0.01$)，且 5～10 m 与 10～15 m 样地间孢子密度存在显著性差异($P<0.05$)，10～15 m 与 15～20 m 样地间差异极显著($P<0.01$)。因此，从土壤 AM 孢子受扰动的程度和范围来看，松谷庵＞云谷寺＞慈光阁＞白云庵。

(三) AM 真菌与土壤因子的关系

由表 9－5、表 9－6 可见，AM 真菌菌丝侵染率与孢子密度呈极显著正相关，与土壤有机质、全 K 及菌丝量呈显著正相关；土壤菌丝量与全 N 呈极显著正相关，与土壤有机质、菌丝侵染率、孢子密度和 GRSP 呈显著正相关，与 pH 呈显著负相关。AM 真菌孢子密度与土壤有机质、菌丝侵染率和 GRSP 呈极显著正相关，与全 N 和菌丝量呈显著正相关，与 pH 呈显著负相关；GRSP 与土壤有机质和孢子密度呈极显著正相关，与全 N、全 K 和菌丝量呈显著正相关。

表 9－5　采样地点土壤因子参数

样　地	pH	有机质	全 P	全 K	全 N
温　泉	5.64±0.20	4.37±0.25	1.94±0.21	16.79±0.95	3.15±0.23
云谷寺	5.43±0.95	8.56±1.65	1.32±0.09	18.09±0.95	4.71±0.84
云谷步道一	5.39±0.51	10.90±1.19	1.48±0.15	17.82±0.23	4.97±0.67
云谷步道二	5.64±0.42	10.62±0.69	2.14±0.22	15.80±1.45	7.73±0.99
北　海	4.00±0.11	15.66±2.97	1.51±0.09	13.96±2.44	6.15±1.18
光明顶	4.36±0.06	13.38±1.10	1.30±0.19	17.27±0.83	5.44±0.44
慈光阁	4.69±0.20	19.15±2.50	1.39±0.05	16.06±0.57	6.99±0.93
松谷庵	4.86±0.51	8.84±1.81	0.88±0.08	19.21±0.89	3.83±0.63
钓桥庵	4.36±0.12	17.14±2.74	2.00±0.11	14.15±0.83	7.26±1.08

表 9－6　AM 真菌与土壤因子相关性

	pH	有机质	全 P	全 K	全 N	GRSP	菌丝侵染率	孢子密度	菌丝量
菌丝侵染率	−0.099	0.390*	−0.214	0.074*	0.220	0.304	1	0.504**	0.349*
菌丝量	−0.374*	0.417*	0.135	−0.181	0.592**	0.382*	0.349*	0.394*	1
孢子密度	−0.422*	0.577**	0.075	−0.376	0.430*	0.732**	0.504**	1	0.394*
GRSP	−0.292	0.438**	0.212	−0.385*	0.401*	1	0.304	0.732**	0.382*

注：* $P<0.05$，** $P<0.01$。

由表 9－7 可见，土壤因子对 AM 真菌菌丝侵染率的相对重要性表现为土壤有机质>全 K>全 N>pH>全 P。其中，有机质、全 K、全 N 和 pH 的直接影响系数大于间接影响系数之和，说明它们主要通过直接作用影响菌丝侵染率；全 P 的间接影响系数之和大于直接影响系数，说明全 P 通过全 N 间接影响 AM 真菌对植物的侵染。

表 9-7　菌丝侵染率与土壤因子的通径系数

土壤因子	直接影响系数	间接影响系数					
		pH	有机质	全P	全K	全N	总和
pH	0.188		−0.311	−0.035	0.149	−0.090	−0.288
有机质	0.570	−0.102		−0.012	−0.219	0.155	−0.179
全P	−0.258	0.026	0.026		−0.083	0.076	0.044
全K	0.388	0.072	−0.322	0.055		−0.120	−0.315
全N	0.196	−0.087	0.449	−0.100	−0.238		0.025

由表 9-8 可知，土壤因子对菌丝量的贡献表现为全 N>全 K>全 P>pH>有机质。其中，全 N 和全 K 的直接影响系数大于间接影响系数之和，说明它们主要通过直接作用影响土壤菌丝量；而全 P、pH 和有机质的间接影响系数之和大于直接影响系数，说明全 P 通过全 N 影响土壤菌丝量，pH 通过有机质影响菌丝量，而有机质则通过全 N 间接影响菌丝量。

表 9-8　菌丝量与土壤因子的通径系数

土壤因子	直接影响系数	间接影响系数					
		pH	有机质	全P	全K	全N	总和
pH	−0.170		0.130	−0.018	0.112	−0.428	−0.204
有机质	−0.239	0.093		−0.006	−0.165	0.734	0.656
全P	−0.129	−0.023	−0.011		−0.062	0.360	0.264
全K	0.292	−0.065	0.135	0.028		−0.571	−0.473
全N	0.931	0.078	−0.188	−0.050	−0.179		−0.339

由表 9-9 可见，土壤因子对 AM 真菌孢子密度的重要性表现为有机质>全 P>全 K>pH>全 N。其中有机质、全 P 和全 K 的直接影响系数大于间接影响系数之和，说明有机质、全 P 和全 K 主要通过直接影响作用于孢子密度；而 pH 和全 N 的间接影响系数之和大于直接影响系数，说明 pH 通过全 N 的间接作用影响孢子密度，全 N 则通过有机质的间接作用影响孢子密度。

表 9-9　孢子密度与土壤因子的通径系数

土壤因子	直接影响系数	间接影响系数					
		pH	有机质	全P	全K	全N	总和
pH	−0.192		−0.343	0.021	−0.028	0.120	−0.230
有机质	0.630	0.105		0.007	0.041	−0.205	−0.053
全P	0.157	−0.026	0.028		0.015	−0.101	−0.083
全K	−0.072	−0.074	−0.356	−0.034		0.159	−0.303
全N	−0.260	0.088	0.497	0.061	0.044		0.690

由表 9-10 可知,土壤因子对 GRSP 的贡献表现为有机质>全 P>pH>全N>全 K。其中有机质、全 P 和 pH 的直接影响系数大于间接影响系数之和,说明它们主要通过直接作用影响 GRSP;而全 N 和全 K 的间接影响系数之和大于直接影响系数,说明全 N 通过有机质的间接作用影响 GRSP,而全 K 则通过全 N 而间接影响 GRSP。

表 9-10 GRSP 与土壤因子的通径系数

土壤因子	直接影响系数	间接影响系数					
		pH	有机质	全 P	全 K	全 N	总和
pH	−0.119		−0.214	0.032	−0.062	0.070	−0.173
有机质	0.392	0.065		0.011	0.091	−0.121	0.046
全 P	0.235	−0.016	0.018		0.034	−0.059	−0.023
全 K	−0.161	−0.046	−0.221	−0.050		0.094	−0.223
全 N	−0.153	0.055	0.309	0.091	0.099		0.554

五、讨论

AM 真菌的共生宿主范围很广,除了苋科、十字花科、灯芯草科、壳斗科等植物中不能或不宜与 AM 真菌共生外,大多数科的植物都可以形成丛枝菌根。本书对黄山风景区 6 种植被类型的 12 科 23 种植物的 AM 定殖状况进行了研究,除了在苋科植物牛膝中没有发现典型的 AM 共生结构,其他 22 种植物均为典型的菌根植物。一些被认为不宜形成菌根的植物,如在龙须草(灯芯草科)、甜槠、小叶青冈、青冈栎(壳斗科)中也发现了典型的 AM 共生结构,而且在一些样本中侵染率较高,如甜槠在一些样本中的侵染率为 55%,达到中度侵染水平。

旅游活动已在一定程度上对黄山风景区自然生态系统中的 AM 真菌产生了负面影响。旅游扰动使 AM 真菌定殖率、土壤菌丝量、孢子密度、GRSP 含量发生改变,距步道越近,人为扰动相对越大,AM 真菌定殖率、土壤菌丝量、孢子密度、GRSP 含量相对越低,其中,距步道 5 m 内是旅游扰动最强烈的区域,在一些扰动影响大的区域,扰动范围可能扩展至距步道 10 m 甚至更远。

在扰动较少的自然生态系统中,植物和 AM 真菌多样性程度高,AM 真菌对植物的定殖相对稳定,尤其一些易受 AM 真菌定殖的植物对环境的适应力较强,在自然生态系统中分布广且与 AM 真菌共生很稳定,如三脉紫菀虽海拔跨度为 702 m,AM 真菌定殖率无显著差异,络石在钓桥庵和慈光阁两样地间的 AM 侵染率也无显著性差异。由于 AM 定殖率高,这些植物中的 AM 真菌在受到周围扰动时往往表现出较为明显的影响,因此可以作为环境扰动指示菌用以揭示扰动对 AM 共生状况的影响。例如,三脉紫菀中的 AM 真菌定殖率扰动在温泉样地和云谷步道二间有很大差别，从扰动程度和范围来看，旅游对温泉 AM 真菌定殖的扰动影响明显高于云谷步道，其原因可能与两地游客驻足时间不同有关。虽然两地客流量都较大，但温泉样地位于“人字瀑”景区内，地势平坦，游客驻足时间长，人为扰动对 AM 真菌定殖影响大，而云谷步道为较陡的石阶，周围景点少，游客驻足时间短，AM 真菌定殖受扰动影响小。络石的 AM 真菌定殖状况在钓桥庵和慈光阁两地受扰动程度和范围也不同，这可能与两地旅游开发早晚有关，慈光阁为开发最早的游览景点之一，生境中 AM 定殖长期受到扰动影响，而钓桥庵开发较晚，游客稀少，因此人为对 AM 定殖的扰动影响较小。

旅游线路海拔变化快是山岳旅游的特点，随海拔变化，植被类型、土壤承载力、气候等均会发生明显改变，因此在研究人为扰动对 AM 真菌的影响时，需要综合考虑植被、土壤、气候等多方面因素对 AM 真菌的影响。本节表明黄山垂直海拔不同生境中的 AM 真菌受扰动程度和范围不同，其成因可能比较复杂。温泉和云谷寺生境中 AM 定殖状况受人为扰动的程度高且范围广，这与两地自然生态系统因长期过度受人为扰动而发生重大改变有关。温泉为次生林植被类型，自然植被在 20 世纪 50～60 年代遭到大规模砍伐，目前有“人字瀑”等著名观光景点，因地势平坦，游客驻足时间长，影响范围广。而云谷寺设有目前景区客流量最大的索道站，站前建有大型停车场和购物街，人为扰动对周围生境的扰动影响也具有破坏性，因此两地 AM 真菌受扰动影响很大，两地尖叶长柄山蚂蝗和碎砂根的 AM 真菌扰动程度高，扰动距离可达 10 m 以上。光明顶生境脆弱，步道周围多为裸露山石，土壤覆盖率低，不适宜植物生长，样地上主要生长着龙须草等种类单调且稀疏的草本植物，扰动对其 AM 真菌侵染影响程度高且范围广，其原因可能需要综合考虑特殊生境和旅游扰动两方面因素。

旅游线路建设程度不同也会明显影响 AM 真菌受扰动的程度，钓桥庵、慈光阁和云谷寺同处于相似海拔的常绿阔叶林带，但从旅游扰动的程度和范围来看，三地 AM 真菌受扰动的强弱明显不同，云谷寺＞慈光阁＞钓桥庵。云谷寺和慈光阁虽然都建有索道站，客流量大，但慈光阁样地 AM 真菌受扰动的影响较小，其原因可能与样地的选择有很大关系。云谷寺索道站前被大型停车场和购物街侵占，无小型步道，云谷寺样地就设在停车场旁，周围植被破坏严重，而慈光阁附近有一道路交叉口，其中一条机动车道通向慈光阁索道站，另一条为较为陡峭的石阶步道，大量客流被分流至索道站，石阶步道主要是徒步下山的游客使用，周围植被保存完整，慈光阁样地就设在步道旁，因此两样地自然生境受破坏程度不一样可能是引起 AM 真菌受扰动影响程度不同的主要原因。钓桥庵样地 AM 真菌受扰动影响程度和范围最小，这可能与钓桥景区开发最晚有关。钓桥景区位于黄山西大门内，为黄山目前保存最为完整的景区，2013 年索道建成前由于交通和配套设施不完善，客流量很小，仅限少数徒步登山的背包客，因此 AM 真菌受扰动影响程度低。

AM 真菌生物体不仅包括与植物共生的菌根结构，土壤中的 AM 真菌孢子和菌丝体也是其重要组成部分，许多研究均表明，生态系统破坏可以使 AM 真菌的孢子数量和菌丝体大量减少。长期扰动破坏了 AM 真菌赖以生存的土壤环境及定殖共生的宿主植物，如践踏使土壤板结，不利于 AM 真菌菌丝体的蔓延和孢子的产生，孢子萌发也会受到影响，践踏还使得地面植物，尤其是小型灌木和草本植物数量下降，减少了 AM 真菌定殖的机会，从而造成大量菌丝体和孢子死亡。实验结果也表明，旅游扰动对黄山风景区 AM 真菌的菌丝量和孢子密度产生了明显影响，扰动程度不同所导致的结果也不同。距步道 5 m 内是土壤中 AM 真菌受人为扰动最为强烈的区域，菌丝量和孢子密度最低。但因样地不同而受扰动影响范围不同，有些地方的扰动可能扩展到 5 m 外的区域。例如，温泉样地 AM 孢子密度受旅游扰动的距离可达距步道 15 m 外，其结果比当地 AM 定殖率、菌丝量和 GRSP 受扰动的范围更大；虽然北海样地 AM 孢子密度扰动范围不如温泉广，但步道近距离扰动的程度很大。

从各样地间进行总菌丝量比较和孢子总密度比较也不难发现，总菌丝量在 9 个样地土壤中是稳定的，而样地间孢子总密度却存在极显著性差异（$P<0.01$），说明 AM 孢子比土壤菌丝对环境变化更敏感，更容易受到扰动。不同样地生态环境和土壤微环境的变化也是引起 AM 真菌空间异质性的原因，所以在比较垂直梯度上 AM 真菌孢子受扰动的影响时，需要综合考虑宿主植物、土壤因子等对 AM 真菌的影响，如落叶矮林灌丛的孢子密度明显高于其他垂直梯度植被类型，其原因可能与宿主植物的土壤浅层根系易菌根化及土壤有机质含量高有关。落叶矮林灌丛中的植物以灌木和草本为主，植物根系浅，菌根共生体大量存在于地表浅层土壤中，其产生的孢子繁殖体数量可能较大。本书的分析还表明，AM 真菌孢子密度与有机质含量关系密切，有机质含量高可以明显促进 AM 真菌产孢数量。落叶矮林灌丛所处海拔高，气温低，有机质分解相对缓慢，因为植被茂密，土壤中残留大量植物残体，有机质含量高。一定范围土壤有机质含量的提高对 AM 真菌生长和菌根发育起到了促进作用。

旅游活动除了影响到 AM 真菌本身，对其分泌的土壤糖蛋白也产生了明显扰动，研究结果表明，所有 9 处景点的 GRSP 均受到了不同程度的扰动影响。距步道 5 m 范围内是 GRSP 都受扰动最强烈的区域，GRSP 含量最低（高山草甸除外），GRSP 在常绿阔叶林和落叶矮林灌丛生境中的扰动范围比其他植被类型可能更大，可影响至距步道 10 m 处。黄山风景区山顶植被类型为高山草甸，生境比较特殊，样地所在的山坡空间范围有限，随着坡度增加，15～20 m 小样方所在区域土壤覆盖极少，主要为大的山石，加上植被稀少，水土极易流失，这可能是与其他生境不同的原因。

GRSP 是 AM 真菌分泌至土壤中的一类稳定性极好、难降解的糖蛋白，在环境中停留时间较长，是维持土壤团粒结构、增加土壤碳源和肥力的重要有机分子。因此，土壤GRSP含量变化可作为环境受长期扰动影响的指标，而环境中稳定的GRSP则指示生态系统保存较为完好，未受到长期过度扰动的影响。本节的9个景点中，钓桥庵的GRSP含量(24.41 mg/g)明显高于其他景点，为其他景点的5～19倍，这说明钓桥庵生态系统和土壤结构保存相对完好，未受到长期过度的人为扰动。而同处于相同植被带的云谷寺、慈光阁和松谷庵3个景区因为旅游开发早，土壤经长期扰动，其结构已发生了明显改变，GRSP下降不利于土壤团粒结构的维持，对土壤结构的稳定性造成影响，进而可影响植物的生长和AM真菌的定殖。

第三节　黄山风景区道路建设对丛枝菌根真菌多样性的扰动影响

一、研究背景与研究目的

黄山风景区以其美轮美奂的景色吸引着来自全世界的游客。经过多年的开发建设，景区内已建成一些成熟的景点和旅游线路。然而风景区内仍有许多绝佳的风景，但因其地势险要而游客稀少。1983年，黄山园林部门曾组织一支6人探险队，对黄山风景区西部的西海深谷进行了全面的考察，初识了这片神秘的地方。2009年，黄山风景区管理局开始对西海深谷景点进行开发建设，并将景点命名为“西海大峡谷”。前往西海大峡谷有两条路线，其一是通过位于山顶的排云亭景点沿山路向西海大峡谷步行，其二是通过位于黄山西侧的钓桥庵景点向西海大峡谷步行。为便于游客前往西海大峡谷景点旅游，黄山风景区管理局将沿焦村镇小岭脚(黄山风景区北门门票房)至钓桥庵的上山步道改造扩建为双车道柏油公路。

小岭脚至白云庵上山路线在2008年前仅为一条上山步道，由于当时该处尚未开发，游客稀少，周围生境保存完好，作者于2007年4月曾对该地进行过一次AM真菌多样性调查采样工作。该地在2008～2010年进行了大规模的道路施工，在原路基础上建成一条平均宽6 m、长4 km的双车道柏油路，周围植被和土壤受破坏严重。作者于2012年对这一线路再次进行AM真菌多样性研究，通过比较工程建设前后AM真菌群落结构的变化，分析AM真菌对旅游工程建设扰动的响应。

二、材料与方法

(一) 研究区域与实验设计

采样点位于黄山风景区西侧的焦村镇。采样沿原路线进行，沿着起点(小岭脚，30°8.951′N，118°6.430′E，海拔388 m)至终点钓桥庵(30°8.059′N，118°7.510′E，海拔 550 m)的公路步行，依照 2007 年 4 月采样时的 42 种植物目录为对照对公路两侧植物的根际土壤进行取样。由于道路开发建设的原因，其中有 5 种植物已不见踪迹，因此此次采样为 37 种植物。

(二) 样品采集及处理

2012 年 4 月，在采样地一共采集了 37 种植物的 37 份根际土壤样品。土壤采集的深度为 5～30 cm，每份样品为 500 g。土样自然风干后，每份土样取 20 g，采用湿筛沉淀法(Koske 和 Walker，1984)收集 AMF 孢子和孢子果，于体视镜下进行计数。具体方法如下。

称取 20 g 土样，放入 250 mL 烧杯中，加水至 120～150 mL，过夜，以便土壤颗粒充分溶解，然后在磁力搅拌器上慢速搅拌，使土粒进一步分散；土壤溶液通过一组 20 目、100 目、140 目、200 目的分样筛(筛孔直径分别为 90 μm、150 μm 和 75 μm)，用自来水反复冲洗，滤去土壤颗粒，洗净后用洗瓶分别将 100 目、140 目、200 目筛面上的筛出物冲洗到 200 mL 小烧杯中，静置后分别将上清液倒入100 mL 量筒中，保留烧瓶底部的筛出物与水约 25 mL；量筒静置约 5 min 后，上清液分别转入 500 mL 梨形分液漏斗中，全部过程重复三次；分液漏斗静置 15 min 后，打开漏斗底部活塞，使土成滴滴下，待漏斗中剩下约 40 mL 时，关闭活塞；将剩余的孢子悬液从上口倒入铺有滤纸的布氏漏斗中进行抽滤，梨形分液漏斗冲洗三次；抽滤后，将滤纸取出放入 9 cm 培养皿中于体视镜下观察，分别对 100 目、140 目、200 目筛面上的孢子进行记数。

(三) 实验方法

AMF 种的鉴定采用以形态特征为依据的鉴定方法，补充组织化学分类法。具体做法如下：将湿筛得到的孢子或孢子果，按大小、形状、颜色等进行初步分类之后，分别用 PVA 试剂(乳酸 10 mL，甘油 1 mL，蒸馏水 10 mL，聚乙烯醇 1.66 g)和 Melzer's 试剂(水合氯醛 100 g，碘化钾 5 g，碘 1.5 g，蒸馏水 100 mL)等量混合 PVA 制成标本，置于 OLYMPUS-BX51 光学显微镜下观察，较大孢子果需切片后再封片。根据孢子果形态特征，孢子的大小、颜色、形状，孢壁结构，孢子在孢子果中的排列方式及孢子的表面饰物，连孢菌丝的数目、颜色、形状、连点直径及与孢子的连接情况等特征，并参照 AM 真菌种的原始发表文献及两个国际公认的 AM 真菌分类学网站，即 http://www.invam.caf.wvu.edu/(INVAM)和 http://www.zor.zut.edu.pl /Glomeromycota/index.html 提供的形态学分类资料及孢子结构图片，进行 AM 真菌形态学分类鉴定。

(四) 统计方法

AM 真菌群落结构通过一些生态学参数进行衡量，包括分离频率(isolation

frequency,IF)、相对多度(relative abundance,RA)、重要值(importance value)、孢子密度(spore density)、物种丰富度(species richness)、香农多样性指数(shannon-Wiener index)、均匀度(eveness)及辛普森指数(Simpson's index)等。

分离频率反映了AM真菌在土壤样品中的分布状况,相对多度反映了AM真菌的产孢能力。在本节中,将分离频率与相对多度的平均值作为重要值来衡量AM真菌属或种的优势程度,即重要值≥20者为优势属或优势种。

通过构建物种积累曲线来验证采集的土壤样品数量是否能够正确反映采样地点AM真菌群落的真实状况。通过Pearson相关分析揭示分离频率与相对多度、孢子密度与物种丰富度之间的相互关系。统计分析通过SPSS 17.0软件进行。

三、结果与分析

道路建设后,在原来采过样的生境中进行了原有植物根际土壤的复采工作,在原有的42种常见植物中,采集到了37种植物,有5种植物佛甲草(*Sedum lineare*)、五叶木通(*Akebia quinata*)、天葵(*Semiaquilegia adoxoides*)、棣棠花(*Kerria japonica*)、蛇根草(*Ophiorrhiza japonica*)未找到。在37种植物的根际土壤样品中共鉴定出8属21种AM真菌,其中,*Acaulospora*属6种、*Claroideoglomus*属2种、*Entrophospora*属1种、*Funneliformis*属2种、*Glomus*属6种、*Racocetra*属1种、*Rhizophagus*属2种、*Septoglomus*属1种(表9-11)。物种丰富度比道路建设前少了4种,即*D. spurcum*、*G. microaggregatum*、*G.* sp. 4和*S.* sp. 1未分离出。物种积累曲线表明,采集的土壤样本数量能够基本反映采样点AM真菌群落状况(图9-19)。

表9-11　AM真菌种类的分离频率、相对多度及重要值

序号	AM真菌种类	孢子数		分离频率/%		相对多度/%		重要值/%	
		之前	之后	之前	之后	之前	之后	之前	之后
	Acaulospora	**520**	**111**	**88.09**	**78.38**	**52.58**	**26.49**	**70.34**	**52.44**
1	*A. denticulata* Sieverding & Toro	21	8	7.14	18.92	2.12	1.91	4.63	10.41
2	*A. laevis* Gerd. &Trappe	2	8	4.76	21.62	0.20	1.91	2.48	11.77
3	*A. mellea* Spain & Schenck	181	53	47.62	13.51	18.30	12.65	32.96	29.30
4	*A. scrobiculata* Trappe	1	3	2.38	5.41	0.10	0.72	1.24	3.06
5	*A. spinosa* Walker & Trappe	38	10	7.14	24.32	3.84	2.39	5.49	13.36
6	*A. tuberculata* Janos & Trappe	277	29	66.67	45.95	28.01	6.92	47.34	10.22
	Claroideoglomus	**31**	**15**	**30.95**	**35.13**	**3.13**	**3.58**	**17.04**	**19.36**
7	*C. claroideum* Schenck & Smith	29	5	26.19	13.51	2.93	1.19	14.56	7.35
8	*C. etunicatum* Becker & Gerd.	2	10	4.76	13.51	0.20	2.39	2.48	7.95

续表

序号	AM 真菌种类	孢子数		分离频率/%		相对多度/%		重要值/%	
		之前	之后	之前	之后	之前	之后	之前	之后
	Diversispora	**17**	/	**11.90**	/	**1.72**	/	**6.81**	/
9	*D. spurcum* Pfeiffer, Walker & Bloss	17	/	11.90	/	1.72	/	6.81	/
	Entrophospora	**1**	**1**	**2.38**	**2.70**	**0.10**	**0.24**	**1.24**	**1.47**
10	*E. infriquens* (Hall) Ames & Schneider	1	1	2.38	2.70	0.10	0.24	1.24	1.47
	Funneliformis	**134**	**21**	**52.38**	**45.95**	**13.55**	**5.01**	**32.97**	**25.48**
11	*F. geosporum* (Nicol. & Gerd.) Walker	53	17	40.48	35.14	5.36	4.06	22.92	19.60
12	*F. verruculosum* Blaszkowski & Tadych	81	4	38.10	10.81	8.19	0.95	23.14	5.88
	Glomus	**225**	**249**	**66.67**	**78.38**	**22.74**	**59.43**	**44.71**	**68.91**
13	*G. macrocarpum* (Tul. & Tul.) Thaxter	12	18	9.52	18.92	1.21	4.30	5.37	11.61
14	*G. microaggregatum* Koske, Gemma & Olexia	15	/	2.38	/	1.52	/	1.95	/
15	*G. monosporum* Gerd. & Trappe	126	55	50.00	35.14	12.74	13.13	31.37	24.13
16	*G. rubiforme* (Gerd. & Trappe) Almeida & Schenck	30	151	16.67	43.24	3.03	36.04	9.85	39.64
17	*G.* sp. 1	20	2	16.67	2.70	2.02	0.48	9.34	1.59
18	*G.* sp. 2	12	3	14.29	5.41	1.21	0.72	7.75	3.06
19	*G.* sp. 3	1	20	2.38	35.14	0.10	4.77	1.24	19.95
20	*G.* sp. 4	9	/	4.76	/	0.91	/	2.84	/
	Racocetra	**22**	**5**	**11.90**	**13.51**	**2.22**	**1.19**	**7.06**	**7.35**
21	*R. verrucosa* (Koske & Walker) Walker & Sanders	22	5	11.90	13.51	2.22	1.19	7.06	7.35
	Rhizophagus	**26**	**10**	**16.67**		**2.63**		**9.65**	
22	*R. aggregatum* (Schenck & Smith) Koske	17	4	7.14	5.41	1.72	0.95	4.43	3.18
23	*R. clarum* Nicol. & Schenck	9	6	11.90	13.51	0.91	1.43	6.41	7.47
	Scutellospora	**11**	/	**11.90**	/	**1.11**	/	**6.51**	/
24	*S.* sp. 1	11	/	11.90	/	1.11	/	6.51	/
	Septoglomus	**2**	**7**	**4.76**	**16.22**	**0.20**	**1.67**	**2.48**	**8.94**
25	*S. constrictum* Trappe	2	7	4.76	16.22	0.20	1.67	2.48	8.94
总计		**989**	**419**			**100**	**100**		

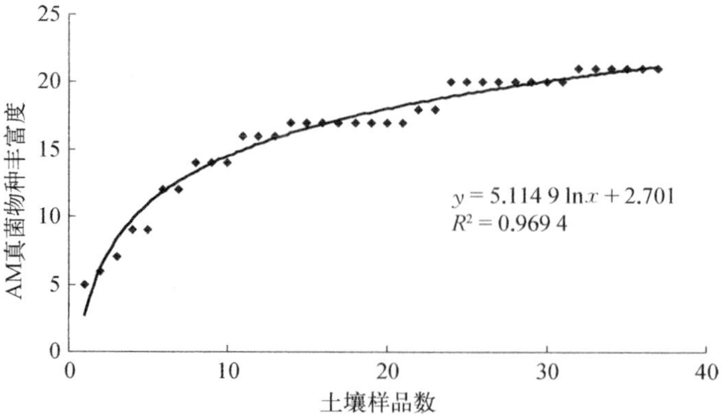

图 9-19　采样地 AM 真菌物种积累曲线

表 9-11 中的重要值表明，*Glomus*（68.91%）、*Acaulospora*（52.44%）和 *Funneliformis*（25.48%）为优势属，与道路建设之前的结果一致。*Acaulospora* 中有 1 种优势种，为 *A. mellea*；球囊霉属中有 2 种优势种，为 *G. monosporum* 和 *G. rubiforme*。优势种相较于道路建设之前（*A. tuberculata*、*A. mellea*、*G. monosporum*、*F. geosporum* 和 *F. verruculosum*）产生了一些变化，少了 *A. tuberculata*、*F. geosporum* 和 *F verruculosum* 3 种，多了 *G. rubiforme* 1 种。相关性分析表明，AM 真菌的相对多度与分离频率呈显著正相关（$r=0.702$，$P<0.001$），说明 AM 真菌的分布状况与产孢能力基本一致，即产孢能力较强的 AM 真菌种类一般分布广泛，产孢能力弱则限制了该种真菌在环境中的扩散（图 9-20）。

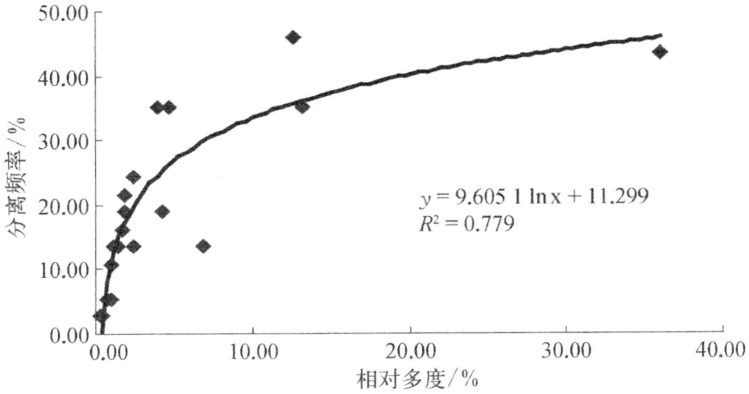

图 9-20 AM 真菌分离频率与相对多度之间的相互关系

表 9-12 显示了 37 种植物根际土壤中 AM 真菌的孢子密度和物种丰富度。孢子密度为每 100 g 土 10～945 个（平均 162.30±28.01 个孢子），物种丰富度为每个样品 1～8 种（平均 4.0±0.3 种）。与道路建设前相比，有 34 种植物的根际土壤中 AM 真菌孢子密度下降，其中，蛇莓（*Duchesnea indica*）的孢子密度减少了多达 3 100 个/100 g，博落回（*Macleaya cordata*）减少了 2 010 个/100 g。37 种植物根际土壤中的 AM 真菌物种丰富度没有明显的下降趋势，但下降幅度比上升幅度明显，其中有 14 种植物下降，13 种植物上升，10 种植物保持不变，如络石（*Trachelospermum jasminoides*）根际土壤中的 AM 真菌种数减少了 5 种，而增加最多的黄鹌菜（*Youngia japonica*）根际土壤中只上升了 3 种。相关分析结果表明，孢子密度与物种丰富度之间呈显著正相关（$r=0.560$，$P<0.001$）（图 9-21）。AM 真菌群落香农多样性指数（H'）和均匀度及辛普森指数（D）比道路建设前均有明显下降（表 9-13）。

表 9 - 12　AM 真菌孢子密度、物种丰富度及分布状况

宿主植物	孢子密度/(个/100 g)		物种丰富度	
	之前	之后	之前	之后
猕猴桃科 Actinidiaceae				
中华猕猴桃 *Actinidia chinensis*	370	398 ↑	4	4
夹竹桃科 Apocynaceae				
络石 *Trachelospermum jasminoides*	960	105 ↓	9	4 ↓
冬青科 Aquifoliaceae				
大叶冬青 *Ilex latifolia*	260	210 ↓	5	7 ↑
五加科 Araliaceae				
棘茎楤木 *Aralia echinocanlis*	45	50 ↑	4	2 ↓
菊科 Asteraceae				
兔儿伞 *Syneilesis aconitifolia*	830	225 ↓	4	4
轮叶泽兰 *Eupatorium japonicum*	1 405	65 ↓	6	6
小飞蓬 *Conyza canadensis*	310	25 ↓	5	2 ↓
鼠曲草 *Gnaphalium affine*	295	100 ↓	3	4 ↑
黄鹌菜 *Youngia japonica*	180	167 ↓	2	5 ↑
小檗科 Berberidaceae				
箭叶淫羊藿 *Epimedium sagittatum*	1 435	50 ↓	6	3 ↓
紫草科 Boraginaceae				
细茎斑种草 *Bothriospermum tenellum*	1 625	10 ↓	5	1 ↓
忍冬科 Caprifoliaceae				
茶荚蒾 *Viburnum setigerum*	1 155	245 ↓	4	4
石竹科 Caryophyllaceae				
球序卷耳 *Cerastium glomeratum*	1 150	355 ↓	6	6
景天科 Crassulaceae				
佛甲草 *Sedum lineare*	1 275	未采样	5	未采样
十字花科 Cruciferae				
碎米荠 *Cardamine hirsuta*	1 020	10 ↓	1	2 ↑
交让木科 Daphniphyllaceae				
交让木 *Daphniphyllum macropodum*	595	45 ↓	3	3
壳斗科 Fagaceae				
青冈栎 *Cyclobalanopsis glauca*	1 280	125 ↓	6	6
短柄枹 *Quercus glandulifera*	325	131 ↓	4	1 ↓
甜槠 *Castanopsis eyrei*	210	155 ↓	4	5 ↑
禾本科 Gramineae				
荩草 *Arthraxon hispidus*	575	50 ↓	2	3 ↑

续表

宿主植物	孢子密度/(个/100 g)		物种丰富度	
	之前	之后	之前	之后
金缕梅科 Hamamelidaceae				
檵木 *Loropetalum chinense*	1 200	50↓	5	2↓
唇形科 Labiatae				
印度黄芩 *Scutellaria indica*	195	70↓	4	4
木通科 Lardizabalaceae				
五叶木通 *Akebia quinata*	240	未采样	2	未采样
豆科 Leguminosae				
云实 *Caesalpinia decapetala*	100	20↓	4	2↓
桑科 Moraceae				
小构树 *Broussonetia kazinoki*	945	110↓	3	5↑
罂粟科 Papaveraceae				
博落回 *Macleaya cordata*	2 375	365↓	5	5
车前草科 Plantaginaceae				
车前 *Plantago asiatica*	1 530	360↓	8	4↓
毛茛科 Ranunculaceae				
天葵 *Semiaquilegia adoxoides*	1 025	未采样	3	未采样
蔷薇科 Rosaceae				
蛇莓 *Duchesnea indica*	3 250	150↓	4	5↑
太平莓 *Rubus pacificus*	1 050	45↓	2	4↑
三花悬钩子 *Rubus trianthus*	140	115↓	3	5↑
石斑木 *Raphiolepis inidca*	965	25↓	5	3↓
棣棠花 *Kerria japonica*	520	未采样	2	未采样
湖北蔷薇 *Rosa henryi*	550	219↓	6	4↓
茜草科 Rubiaceae				
六月雪 *Serissa foetida*	180	175↓	4	5↑
香果树 *Emmenopterys henryi*	185	945↑	4	6↑
蛇根草 *Ophiorrhiza japonica*	2 850	未采样	4	未采样
山矾科 Symplocaceae				
老鼠矢 *Symplocos stellaris*	370	115↓	6	3↓
山茶科 Theaceae				
尖连蕊茶 *Camellia cuspidata*	440	160↓	3	3
毛花连蕊茶 *Camellia fraterna*	425	280↓	5	7↑
榆科 Ulmaceae				
紫弹朴 *Celtis biondii*	455	215↓	3	2↓
堇菜科 Violaceae				
堇菜 *Viola verecunda*	960	65↓	5	3↓
合计	35 250	6 005	25	21

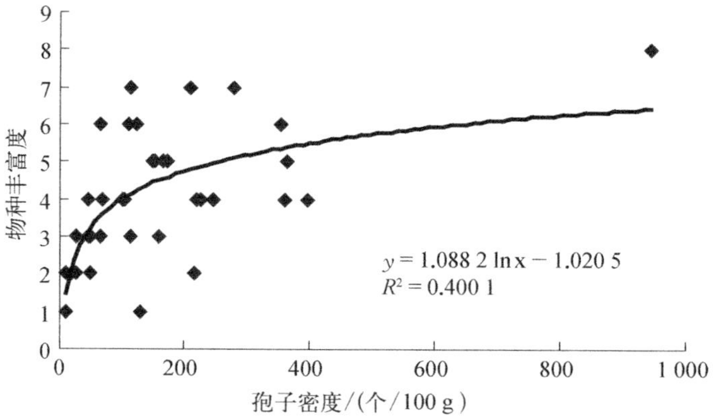

图 9-21　AM 真菌物种丰富度与孢子密度之间的相互关系

表 9-13　黄山风景区小岭脚至钓桥庵沿线 AM 真菌多样性

生 态 参 数	道路建设之前	道路建设之后
香农多样性指数	2.38	1.74↓
均匀度	0.74	0.57↓
辛普森指数	0.86	0.83↓

四、讨论

在环境缺乏外来扰动时，自然生态系统中的种内竞争和种间竞争发挥主要作用，物种占据各自的生态位，最大限度地发挥其生态功能，AM 真菌与植物间的共生关系及 AM 真菌群落结构长期保持平衡和稳定。外来扰动使生态系统中生物的生态功能受到影响，生态系统处于不平衡状态，AM 真菌的群落结构发生变化，在众多决定 AM 真菌群落变化的因素中，扰动历史和植物物种组成及变化是两个比较关键的因素。AM 真菌对短期低强度的扰动适应力很强，群落表现出较强的弹性适应(resilience)，快速恢复到自然水平，因此，对 AM 真菌群落结构不会造成大的影响。但是长期高强度的扰动对生态系统的影响是致命的，对 AM 真菌群落的影响也是严重的，是较难恢复的。

道路建设对周围生境的破坏是彻底的、严重的。道路拓宽施工移除了周围大量植物，使生境中的植物个体数减少，甚至造成种类缺失，这在调查中是十分明显的。在对之前的一些常见种进行复采工作时，寻找很困难，甚至有 5 种植物不见踪迹，因此，道路建设对地面植物的物种组成已造成显著的影响。宿主植物的减少和缺失可能是影响 AM 真菌群落结构变化的关键因素，因为 AM 真菌与宿主植物长期的共生平衡因为扰动而被打破，AM 真菌与宿主共生的机会减少，其产孢能力会随之受到影响。

自然生态系统受到破坏对 AM 真菌的影响的最为直观的表现为，土壤中 AM 真菌孢子数大幅减少。Su 在研究放牧对内蒙古干旱草原 AM 真菌影响时发现，平均孢子密度因长期过度放牧而显著降低。扰动破坏了土壤结构和宿主植物，尤其对表层土的破坏往往是最严重的，而表层土壤是 AM 真菌产生孢子进行繁殖的最适合区域，对表层土的扰动使得 AM 真菌孢子密度显著下降。本章也表明，道路施工过程中的移土及材料堆放最易对周围表层土壤造成较大的扰动，AM 真菌孢子密度因扰动而骤然下降，大部分 AM 真菌种类的孢子活力明显减弱。AM 孢子因为细胞壁厚、难降解，其残体在环境中存在时间较长，在对 AM 孢子进行分离的过程中发现，根际土壤中存在大量孢子残体，而活孢子数量却很低，这表明土壤已受到明显扰动，严重影响了 AM 真菌孢子的萌发，使得孢子密度大幅下降。

道路建设初期对 AM 真菌的扰动主要体现在 AM 孢子数量大幅减少，而生境中的 AM 真菌物种总数减少不明显，即从整个生境来看，AM 真菌的物种组成没有大的变化。AM 真菌宿主范围很广，共生于宿主植物根系中的 AM 真菌可以借助自身庞大的土壤菌丝网络扩展至距离该宿主植物较远的其他宿主植物的根际，因此在生境遭受破坏初期，虽然地面植被破坏严重，地上植被数量和种类明显减少，但绝大多数 AM 真菌种类则可以借助生境中的保留植物存活下来。Lekberg 等(2012)在研究扰动对 AM 真菌群落的影响时发现，群落中的 AM 真菌是随机分布的，那些受扰动后幸存下来的 AM 真菌很快可以再次定殖植物，因此扰动不会对 AM 真菌物种的组成产生重大影响。

本章还发现，虽然 AM 真菌物种组成在扰动前后没有发生根本性改变，但少数 AM 真菌因为扰动可能从环境中消失，这往往是一些分布不广和产孢能力不强的种类。AM 真菌虽然无宿主特定专一性，但植物的复杂性使得宿主植物根际中 AM 真菌群落的构建具有宿主偏好性(preference)，即植物可能影响 AM 真菌群落的组合方式。植物种类和数量在生境遭受破坏时会明显减少，宿主偏好的 AM 真菌群落组合方式也会随之减少，由此一些分布不广泛(分离频率低)和产孢能力弱(相对多度低)的 AM 真菌种类可能因为宿主植物的大幅减少而从生境中消失，而在群落中处于优势的一些 AM 真菌种类，往往抗扰动能力较强。本章也表明，AM 真菌优势种在扰动前后的群落中没有发生根本性变化，只是有些种类的优势度有所下降，但大多数对 AM 真菌群落构成仍起关键作用。

道路建设扰动还使少数 AM 真菌种类的孢子数明显增加，最为明显的是 *G. rubiforme*，在扰动后成为优势种，这可能与 *G. rubiforme* 特殊的孢子果结构有关。*G. rubiforme* 孢子果中孢子排列非常松散，半球状辐射排列的孢子间为较短的菌丝相互连接，土壤受到扰动时，孢子果中的孢子因为菌丝断裂很容易散落开来，在土壤中呈单个小孢子状态。因为仅少数种类 AM 真菌可形成孢子果，而且孢子果中的孢子难以统计，所以在统计孢子密度时一般将一个孢子果按照一个孢子来统计，这可能是造成扰动后 *G. rubiforme* 孢子数明显增加的原因。

自然生态系统具有更高的物种多样性程度，扰动对自然生态系统中的 AM 真菌物种多样性影响较为明显，长期严重的扰动是决定 AM 真菌是否具有长期潜在优势的关键性因素。自然生态系统原有的一些优势种在扰动后降为伴生种，而少数种类，如 *A. mellea* 和 *G. monospora*，在扰动后仍占优势，说明这两类 AM 真菌在自然生态系统中具有长期潜在的优势，对扰动的耐受力较强，在扰动后较容易恢复。因此，不同的 AM 真菌种类对环境扰动的适应能力不同，在研究扰动对自然生态系统 AM 真菌多样性影响时，不仅要关注生物多样性下降和物种减少所构成的生态威胁，同时还应该关注那些在扰动环境中具有高度耐受力的 AM 真菌优势种群，这些优势种群可能对生态环境的修复与重建具有十分重要的意义。

第十章　旅游生态影响的野外实验研究

第一节　野外实验研究概述

野外研究方法是旅游生态学的最重要的研究方法，其包括野外描述研究方法、野外对比研究方法、野外模拟研究方法和野外实验研究方法。大量的旅游生态学研究案例是在野外对旅游干扰影响进行的既成事实调查，通过记录、描述、分析对比来判断影响的状况、程度和规律。也有一些学者尝试在野外进行模拟和实验，以减少微环境对研究的影响，来测试旅游活动对特定的供试影响因素的响应程度，探究其受到不同强度旅游干扰影响所呈现的特征和规律。在琅琊山风景区采用了野外实验研究方法，通过设置相同的环境因素和供试植物，进行有针对性的合理布局，把影响因素尽可能地限制在旅游干扰的活动量上，通过记录，对比实验结果，研究旅游影响的规律性特征。

一、研究概况

旅游和游憩活动作为人们的一种休闲、娱乐生活方式而蓬勃发展，其对生态环境的影响日益受到关注，相应的研究应运而生，并不断深化。游憩活动对生态的影响研究主要集中在植物、动物、土壤（包括土壤动物、微生物等）、水、大气等方面。其中对植物的影响研究最为集中，因此成为旅游生态学研究的热点，包括游憩活动对植被的高度、频度、密度和多度，植被的优势种、建群种、入侵种、物种多样性的影响，以及对植物的生理特征和分子形态的影响等。主要采用野外观察法、样方法、践踏实验方法，以及一些宏观的遥感和景观生态学等研究方法。目前，使用较多的是野外观察法和样方法，大多是针对景区内植被受旅游活动影响的现状，在不同位置设定样方进行观察测定，即“既成事实研究方法”。由于不同位置样方的微观环境存在差异，这些差异往往对样方内的植被种类组成、土壤特性等产生影响，而在研究中这些影响很难从旅游活动干扰中分离出来，因此研究结果的真实性受到质疑。琅琊山植物种子发芽研究目的是尽可能地减少微环境差异对旅游活动影响的干扰，在旅游风景区内设置相同条件的被试对象，以探究游憩活动对植物种子发芽率影响的机理。

采用敏感植物法研究游憩活动对特定的敏感植物生长发育的影响是旅游生态学研究的一种重要方法。它是用敏感植物作为指示植物,分析游憩活动过程中产生的气体、固体废弃物和机械噪声对植物和微环境的影响。目前,采用敏感植物法和种子发育法研究旅游对生态环境的影响还未见相关报道。紫花苜蓿(*Medicago sativa*)是豆科苜蓿属多年生草本植物,是世界上栽培最早、种植最广的饲草,作为敏感植物,可用来探测旅游区大气中 SO_2 等的环境质量变化;白三叶(*Trifolium repens*)是适应性较广的草本植物,对游憩践踏敏感,以观赏为主,多用于道路、广场等地的绿化。两种植物均是本地区适宜种植的植物。在琅琊山风景区以紫花苜蓿和白三叶为研究对象,研究了游憩活动对两种植物种子发芽率的影响,为旅游生态学研究提供一种新的研究途径,也为旅游景区的生态规划、生态管理、保护和合理利用提供科学依据。

二、研究区域

研究地是位于安徽省东部滁州市的琅琊山风景区(32°14′～32°20′N,118°11′～118°20′E),距离南京市 50 km。滁州市是一座历史悠久的古城,紧邻沪、宁、杭长江三角洲城市圈,区位优势明显,境内为著名的江淮丘陵地区,具有典型的丘陵自然景观和众多的人文景观。琅琊山风景区地处北亚热带季风气候,四季分明,年均气温为 15.2℃,年均降水量为 1 027 mm,自然条件优越。琅琊山植物资源丰富,植被覆盖率达 96%,现已经发现各类植物 132 科 925 种,包括名贵中草药 200 余种。琅琊山于 1985 年成立国家级森林公园,1988 年成为国家级风景名胜区,2001 年被国家旅游局授予 4A 级旅游区称号。

实验期间总游憩量是由游憩者数量和机动车数量来确定。2007 年 1～6 月,琅琊山风景区接待游客量 27.96 万人次。由于其紧邻城市市区,又是市民休闲、娱乐、游憩活动的重要场所,实验期间的旅游和游憩人次总量约为 35 万人次,其中包括旅游接待量、按每天有年票市民的 5%计算的市民游憩量(2007 年共办理无限次进山年票 2.19 万张)和春节期间庙会的进山游客数量。进入琅琊山风景区的机动车数量(包括各种小型汽车、摩托车和大型的旅游汽车),通过随机抽样统计得出每天机动车的平均数量约为 150 辆,实验期间进入的机动车总量约为 2 万辆(景区内的非机动车辆主要是自行车,因为是山岳型景区,所以数量较少,影响较弱,本章将其记为游客量)。

第二节 野外实验研究方案

一、实验设计

在琅琊山风景区选取不同等级和不同路面特征组成的旅游路径共 4 级：柏油游道、水泥游道(包括可行驶机动车辆的水泥和石板游道)、台阶游道(包括台阶和小石板游道的步行道路)和泥质游道(泥质步行道路)，涵盖了琅琊山风景区主要游道类型(图 10 - 1)。共设置 22 个实验区，其中 18 个实验区得到有效数据，其余 4 个因人为损坏记录不全，每种类型游道有 4～5 个重复的实验区(表 10 - 1)，从而保证了实验的科学性；游憩量及道路等级按游道类型也分为 4 级(图 10 - 1)：柏油游道是进、出琅琊山风景区的游客和车辆都要经过的路段，通过的车辆和游人最多，游憩活动量最大，游憩量和道路等级为一级；水泥游道与柏油游道相接，是进入各个景区的游道，大型车辆不能通行，只能小型车辆和步行游憩者通行，游憩量稍少于柏油游道，游憩量和道路等级为二级；台阶游道与水泥游道相接，是进入各景

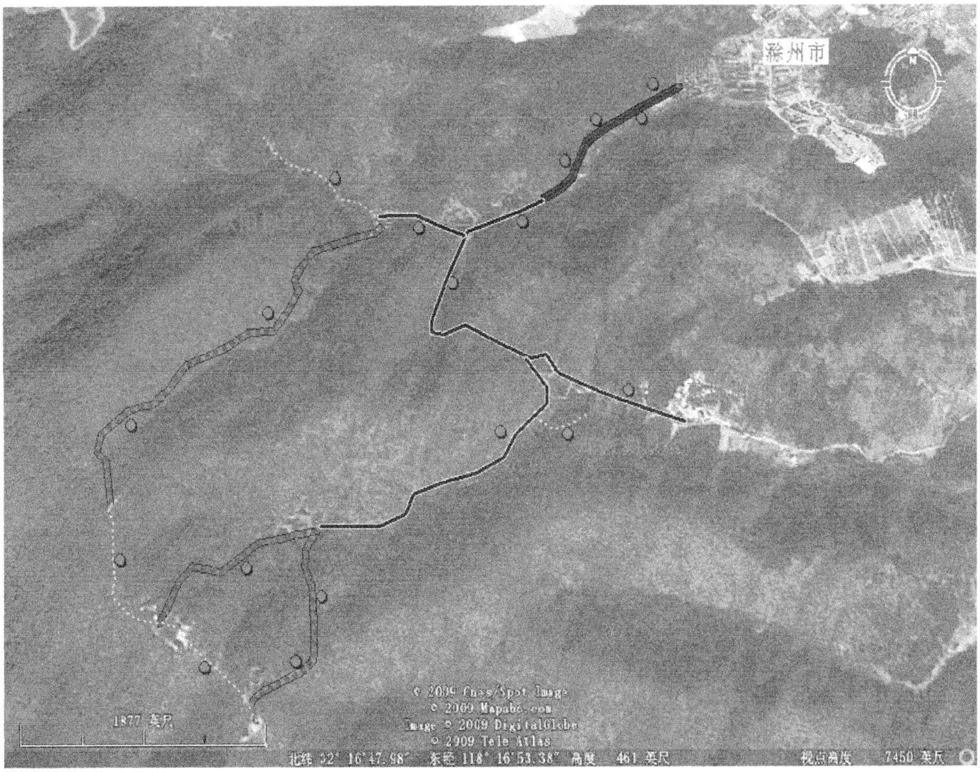

图 10 - 1 琅琊山遥感影像和游道实验区位置示意图

点的步行游道，游憩量和道路等级为三级；泥质游道是指在琅琊山风景区内远离景点，供游人步行游憩的林间道路，游客量相对最少，游憩量和道路等级为四级。游憩量是指旅游和游憩活动总量，包括旅游、游憩总人次和各类机动车辆进出的总量，是在对所有游道抽样统计(抽样统计了正常工作日、节假日和双休日的每条实验游道上的旅游活动量、机动车数量和总游憩量)的基础上得出的近似值，其比例是某条游道的游憩量和琅琊山景区总游憩量之比，然后对设置实验区的每种类型游道的游憩量比例进行平均处理得出每种类型游道的游憩量比例(表 10－1)。

表 10－1　琅琊山景区不同游道类型、实验区数量和游憩量比例

游道类型	实验区数量	游道等级	游憩量比例/%
柏油游道	4	1	100
水泥游道	5	2	79.24
台阶游道	5	3	40.36
泥质游道	4	4	29.88

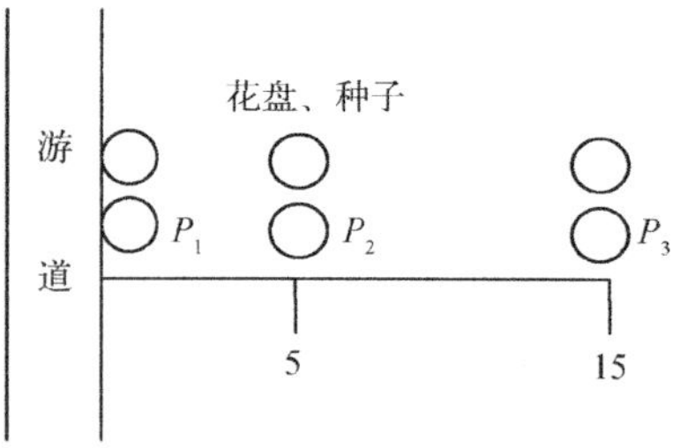

图 10－2　试验区示意图

在不同类型游道的每个实验区内，按照与游道间的距离，以及地形、地貌、植被等特征相似的位置分别设置 3 个实验组，P_1为近距离游道实验组，与游道间的距离为 0～1 m；P_2为中距离游道实验组，与 P_1组间的距离为 5 m；P_3为远距离游道实验组，与 P_1组间的距离在 15 m 左右(图 10－2)。实验组的延伸方向与游道方向相垂直。3 个实验组距离的确定是根据目前研究的游憩践踏等机械影响主要集中在距离游道 5 m 以内，主要影响区域为 1～3 m。由此，P_1实验组受到践踏等机械影响最大，P_2实验组受到的影响可能较小，而 P_3实验组几乎没有践踏的影响。每个实验组由两个口径 25 cm、深度 18 cm 花盆组成，两花盆间相距约 0.5 m。花盆整体埋于地下。全部实验共用花盆 132 个，其中记录有效数据的花盆 108 个，有 24 个花盆因各种原因丢失、破坏而记录不全。108 个记录有效数据的花盆中，紫花苜蓿和白三叶各占 54 个花盆，分布于四种不同类型游道的 18 个实验区内(表10－1)。测算每种游道上的 4～5 个实验区，每个实验区内 3 个实验组的平均坡度，得出柏油游道所有实验区的平均坡度为 8.5°。其中水泥游道为 10.3°；台阶游道为 14.9°；泥质游道为 5.4°。

二、实验材料

实验植物：每个实验组的两个花盆分别种入紫花苜蓿和白三叶种子。实验用种子必须选用外观好、籽粒饱满的种子，每盆种入 80 粒，用少许土将其均匀覆盖，覆盖的厚度小于 0.001 m，于 2006 年 12 月 20 日埋入相应的实验游道和相应的实验区域。

实验用的土壤为黄棕壤，均采自琅琊山绿化园，采集深度为 0～0.20 m，充分拌匀后装入花盆中，土壤的理化性质（表 10－2）由安徽师范大学环境科学学院分析测试中心测定。

表 10－2　实验用土壤的理化性质

容重 /(g/cm³)	有机质 /(g/kg)	K /(g/kg)	P /(g/kg)	N /(g/kg)	pH	含水量 /%
0.81	41.26	28.24	0.71	0.63	5.28	20.26

三、数据收集与处理

于 2007 年 2 月 27 日、3 月 6 日、3 月 13 日、3 月 20 日、4 月 2 日和 4 月 18 日分 6 次统计每个花盆的发芽数，计算其实际发芽率，并统计了每种类型游道相同位置实验组发芽率的平均值。

采用 SPSS 13 软件的 one-way ANOVA 分析模块对每种类型游道的 3 个不同距离实验组植物发芽率进行差异显著性检验，用 T－test 对同一类型游道、相同距离实验组的两种植物种子的发芽率进行显著性检验，运用了 Excel 2003 的数据分析模块对发芽率和游憩量之间的关系进行了相关性和一元线性回归分析。

第三节　游憩活动对实验植物种子发芽率影响分析

对 6 次统计的每种类型游道相同位置实验组的紫花苜蓿和白三叶发芽率分别进行算术平均，得到了不同游道、不同实验位置的紫花苜蓿和白三叶平均发芽率（图 10－3）。

一、琅琊山风景区相同类型游道植物种子发芽率

对相同游道同一植物的 P_1、P_2、P_3 组发芽率数据进行 one-way ANOVA 检验，得出 P_1组和 P_2组之间的差异不显著（$P>0.05$）；P_2组和 P_3组之间，紫花苜蓿在柏油游道和水泥游道上差异显著（$P<0.05$）而白三叶则不显著（$P>0.05$）；P_1组和 P_3组之间，两种植物都表现为差异显著（$P<0.05$）（图 10－3）。由此可见，实验组与游道的距离是植物平均发芽率显著性差异的主要因素。检验结果表现为

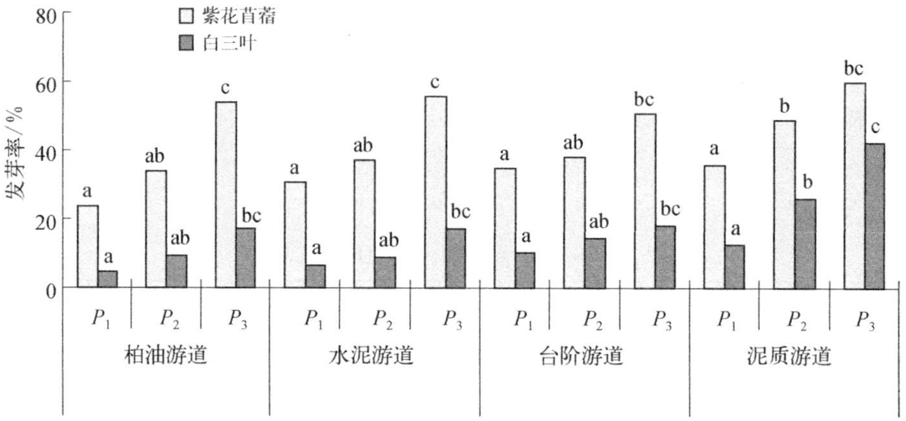

图 10－3　琅琊山景区不同游道各实验组紫花苜蓿和白三叶的平均发芽率

随着与游道距离的增加，两种植物种子发芽率逐渐增大，均呈现出向内部实验组递增的趋势。其中，紫花苜蓿 P_3组的发芽率是 P_1组的两倍左右；而白三叶 P_3组平均发芽率则是 P_1组的 3～4 倍。原因是实验组与游道的距离不同，所受到的旅游和游憩干扰的程度也不同，导致了两种植物种子的统计发芽率产生了变化，距游道越近，游憩活动影响强度越大，对发芽率的影响也就越大。

在 6 次发芽率统计中，不同统计时段的植物种子发芽率也有差异，第 1、2 次统计中，两种植物种子萌发的差异要小于后 4 次统计，仅为平均发芽率差异的 58.3%，表明种子发芽初期，P_1、P_2、P_3 3 个实验组之间的发芽率差异相对小一些，随着天气变暖，旅游和游憩活动量增大，使近游道 P_1组的种子萌发和幼芽受到游憩活动的严重影响，从而导致在后几次统计中，发芽率明显下降。

相同实验位置的两种植物种子的平均发芽率也存在显著差异（$P<0.05$），在四种实验游道上，近游道的 P_1组紫花苜蓿的发芽率要高于白三叶 10%～20%；而 P_2和 P_3组在游憩量较大的柏油游道、水泥游道、台阶游道，差异在 20%以上；在泥质游道上差值也在 15%左右，说明相同的旅游和游憩活动量对白三叶种子发芽的影响程度比紫花苜蓿要大。

二、琅琊山风景区不同类型游道发芽率

通过对各游道的发芽率统计表明，紫花苜蓿在柏油游道、水泥游道、台阶游道和泥质游道实验区的平均发芽率是 37.20%、40.27%、41.28%、48.13%；白三叶是 10.37%、10.92%、14.23%、27.05%。两种植物的发芽率均表现为柏油游道＜水泥游道＜台阶游道＜泥质游道，其中柏油游道和水泥游道实验区的发芽率差异相对较小，是因为这两种游道既受步行游客的影响，也受机动车辆的影响，且游憩

量相对较大；泥质游道和其他三种游道上的平均发芽率相差较大，是因为土质游道受到的旅游和游憩活动量最少，且距离可通车的柏油和水泥游道较远，所以其受到的游憩活动的影响相应较小。此外，两种植物在不同游道相同位置实验组的发芽率也存在差异，白三叶在接近游道的 P_1 组差异明显（$P<0.05$），在 P_2、P_3 组柏油游道、水泥游道、台阶游道差异不明显（$P>0.05$），但与土质游道差异较明显（$P<0.05$），发芽率差值在 20%以上，说明在离游道最远的 15 m 的 P_3 组，旅游和游憩活动仍然对白三叶种子发芽有影响；紫花苜蓿在近游道的 P_1 组差异规律与白三叶相同，P_2 组的差异很小，而 P_3 组几乎没有差异，说明在距离游道 15 m 的位置旅游和游憩活动对紫花苜蓿的种子发芽几乎没有影响。

三、植物种子发芽率与游憩量的相关性

（一）不同游道实验区平均发芽率与游憩量的相关性

对不同旅游和游憩活动量的种子发芽率进行比较，四种类型游道中，柏油游道是游憩者和车辆进、出风景区的必经之路，其游憩量为 100%；水泥游道的游憩量仅次于柏油游道，约占总游憩量的 79.24%；台阶游道和泥质游道游憩量相对较小，分别约占总游憩量的 40.36%、29.88%（表 10－3）。对四种游道两种植物种子的平均发芽率 Y_1、Y_2、Y_3、Y_4 与对应的旅游和游憩活动量 X 进行相关性分析（表 10－3）和一元线性回归分析，得出 Y_1、Y_2、Y_3、Y_4 与对应的 X 之间均呈负线性相关关系（图 10－4）。从表 10－3 中可以看出，不同的旅游和游憩活动量对白三叶和紫花苜蓿平均发芽率的影响是不同的；两种植物种子平均发芽率和近游道 P_1 组的平均发芽率受旅游和游憩活动影响的变化趋势相同，都与旅游和游憩活动量呈线性负相关关系，负相关程度都在 0.8 以上；其中近游道 P_1 组的平均发芽率与相对应旅游和游憩量的负相关程度相对较高，分别达到 0.983 9 和 0.954 2，说明近游道的 P_1 组种子发芽率受旅游和游憩活动影响更显著；白三叶在旅游和游憩活动量相对较小的情况下平均发芽率变化较为明显，差值达 12.82%，而紫花苜蓿则不明显，差值仅为 0.63%。

表 10－3 不同实验游道的游憩量与种子平均发芽率相关性分析

游道类型	旅游和游憩活动量 X/%	白三叶平均发芽率 Y_1/%	白三叶 P_1 组平均发芽率 Y_2/%	苜蓿平均发芽率 Y_3/%	苜蓿 P_1 组平均发芽率 Y_4/%
柏油游道	100	10.37	4.73	37.20	23.54
水泥游道	79.24	10.92	6.29	40.27	30.79
台阶游道	40.36	14.23	10.06	41.28	35.10
泥质游道	29.88	27.05	12.60	48.13	35.73
与 X 的相关性系数		−0.803 7	−0.983 9	−0.864 5	−0.954 2

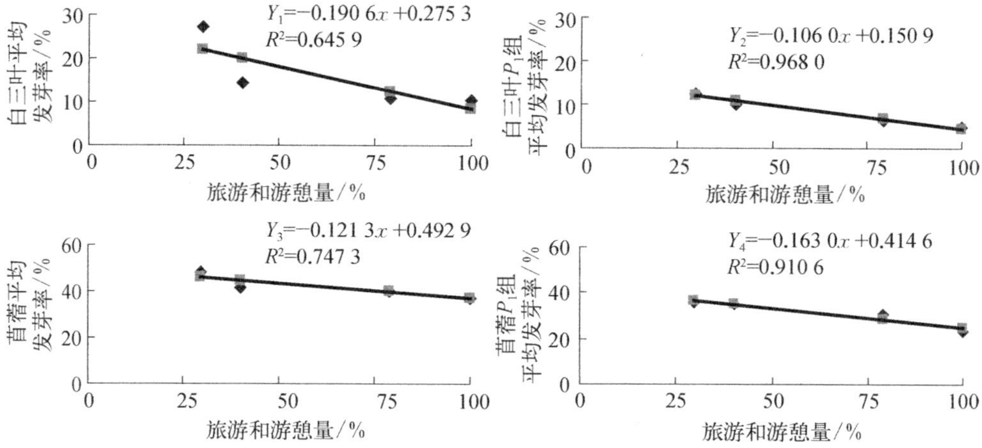

图 10-4 紫花苜蓿、白三叶平均发芽率与游憩量的线性关系图

(二) 相同游道不同实验组平均发芽率与游憩量相关分析

在琅琊山风景区相同游道上，两种实验植物的发芽率都由近游道的 P_1 组向远离游道的 P_2、P_3 组方向递减(图 10-3)，表现出发芽率与距游道的距离呈负相关关系，即越接近游道其发芽率越低，越远离游道则发芽率相对越高。在影响发芽率的自然因素(气温、降水、土壤等)大致相同的条件下，地形高度、坡度等也大致相似，相同游道不同位置的实验组植物种子发芽率具有差异的主要原因可以归结为，与游道距离不同而产生的旅游和游憩活动量的差异会导致微环境变化，与游道距离越近的实验组受到的旅游和游憩活动影响的强度相对越大，微环境的变化也越大，从而对种子发芽的影响也越大，发芽率较低；反之，与游道距离越远，其受到旅游和游憩活动影响的强度相对越小，对种子发芽的影响也越小，发芽率越高。

第四节 游憩活动对实验植物种子发芽率影响研究结论

一、种子发芽率与游憩活动量的相关性

当前对游憩活动所产生的生态影响机理、过程的研究尚处于探索阶段，不能很好地反映影响的本质。大多数相关研究也仅仅是对现象和现状的描述。本实验结果表明，旅游和游憩活动量与两种种子发芽率呈负线性相关关系(表 10-3 和图 10-4)，即旅游和游憩活动量越大，种子的发芽率越低。在琅琊山风景区旅游和游憩活动量越大的游道，旅游和游憩践踏、噪声等机械影响和气体污染物排放等使土壤的结构和理化性质的变化越大，种子的发芽率相对越低。同一类型游道中，距离

游道不同位置的 P_1、P_2、P_3 3 个实验组的发芽率与距游道距离呈现负相关，主要因为：① 在接近游道的 P_1组，旅游活动的影响，特别是各种践踏的机械影响，致使植被覆盖几乎为 0（琅琊山风景区是国家级森林公园，植物覆盖条件较好），阳光照射充足，导致花盆内土壤的含水量降低（实验过程中没有人工浇水，发芽率统计结束后，经检测 P_1实验组花盆内土壤的含水量平均下降了 4.32%，旅游和游憩活动量越大的游道土壤含水量下降得越多），而远离游道的 P_2、P_3实验组含水量变化相对较小，从而会导致发芽率高一些。② 旅游和游憩活动过程对近游道实验花盆的践踏、对种子发芽后幼芽的践踏（践踏主要出现在近游道的实验点，统计践踏的实际发生率占近游道实验点花盆总量的 21.5%）、人为破坏等机械影响会导致统计的发芽率降低。③ 游憩活动过程中的各种自动车辆、人声等噪声（琅琊山环境噪声平均值白天为 47.5 dB，夜间为 42.3 dB，在游憩活动量大的区域可达 60.9 dB），各种污染气体及其他人为活动的影响，也随着远离游道而衰减，也会对种子的发芽率产生一定的影响。④ 在距游道不同距离的实验组，其旅游和游憩活动强度存在差异，越接近游道，活动强度越大，对植被的干扰越大，发芽率越低。此外，由于选择的各种游道上的实验区在地形上相似，坡度变化相对较小（都小于 15°），而琅琊山风景区海拔又相对较低，因此每个实验区中的 3 个实验组受到地形高度和坡度的影响较小，影响种子发芽率的主要因素是旅游活动强度。不同类型游道旅游和游憩活动量大小的差异，也导致了同种植物发芽率明显不同，游憩活动量越大的游道，产生的践踏、噪声等机械影响及旅游活动的其他干扰也越多。

虽然在琅琊山的实验中得出旅游和游憩活动量与种子发芽率之间呈负线性相关关系，但是这种负相关的对应关系尚难以精确量化，特别是距离与影响强度的对应关系还难以确定，其影响的具体内部机理也还有待于进一步研究。旅游风景区的旅游活动影响大致可分为：游憩活动过程的机械影响（包括有意识和无意识的影响）；自动车辆的噪声等的影响；旅游和游憩活动导致微环境的变化；旅游服务、接待设施等对原生环境的影响；等等。究竟哪种影响是主要影响因素，或者是共同作用的结果，以及游憩量如何统一量化等，也还有待于随后的跟进研究。

二、相同的游憩活动量对不同植物种子发芽率的影响

实验结果表明，两种植物种子在相同位置实验组的平均发芽率差异显著（$P<0.05$），且差值都在 20%以上；同一类型游道、相同实验位置上的两植物发芽率均呈显著性差异（$P<0.05$），差值在 20%左右。这说明相同的游憩活动量对紫花苜蓿和白三叶两种植物的种子发芽率影响程度明显不同（图 10－3），白三叶发芽率受影响的程度相对更大。不同植物在长期生存进化过程中形成了其对外界环境的不同适应能力，致使不同植物种子在发芽期间对外界环境影响的反应产生差异。所

以，相同的旅游和游憩活动量对不同植物种子发芽的影响程度和强度也会有所不同，从而导致种子的发芽率存在差异。由此可见，对旅游景区实验敏感的植物的选择也是影响实验结果准确性的又一个关键性因素，目前对敏感植物的确定还仅限于对空气污染、践踏敏感的植物等，琅琊山研究中所用的紫花苜蓿和白三叶也是按照这种方式选出的，根据其对旅游和游憩活动影响的反应进行监测，结果表现出一定的准确性。那么，是否可以找到对旅游和游憩活动影响更为敏感的植物，对旅游活动造成的大气成分与土壤水分变化、践踏影响以及微环境变化等都有响应的植物，且这些影响更容易监测；或者对旅游活动造成的某个方面的生态影响具有显著的指示作用，从而推进旅游生态环境影响研究的深入进行。

此外，在风景名胜区内研究旅游和游憩活动对植物种子发芽率的影响，是旅游和游憩活动对植物影响研究的一部分，可以进一步拓展到植物生长发育的幼苗期、花期、果实期等各阶段研究中。目前，旅游活动对植物影响的研究大多为描述性研究，机理性研究还相对缺乏。因此，进一步加强旅游和游憩活动对植物影响的机理研究是旅游生态学研究的重要任务之一，也是解决旅游对生态环境影响问题的关键所在。

参 考 文 献

安徽植物志编委会.1986.安徽植物志[M].合肥：安徽科学技术出版社.

安娜.2006.三类旅游容量研究方法[J].旅游学刊,(6)：83-90.

蔡晓.2002.生态系统生态学[M].北京：科学出版社：30-31,39.

曹辉.2007.城市旅游生态足迹测评以福建省福州市为例.资源科学[J].29(6)：98-105.

曹新向.2006.基于生态足迹分析的旅游地生态安全评价研究：以开封市为例[J].中国人口·资源与环境,16(2)：70-75.

陈安泽,卢云亭.1991.旅游地学概论[M].北京：北京大学出版社：214-216.

陈飙,杨桂华.2004.旅游者践踏对生态旅游景区土壤影响定量研究——以香格里拉碧塔海生态旅游景区为例[J].地理科学,24(3)：372-376.

陈传康,李吕文,等.1982.北京环境污染对汉白玉石雕腐蚀影响的调查研究[J].中国环境科学,(6)：7-13.

陈戈.2001.旅游活动对水土流失的影响[J].水土保持研究,8(2)：84-87.

陈金华,刘慧媛.2007.刍议湿地旅游资源分类与应用[J].湿地科学与管理,32：48-51.

陈利顶,傅伯杰.2000.干扰的类型、特征及其生态学意义[J].生态学报,20(4)：581-586.

陈利顶,徐建英,傅伯杰,等.2004.斑块边缘效应的定量评价及其生态学意义[J].生态学报,24(9)：1827-1832.

陈梦.2003.对生态系统及生物多样性等理论问题的探讨[J].南京林业大学学报(自然科学版),27(5)：30-34.

陈能汪,张潇尹,卢晓梅.2008.基于GIS的生态系统服务直接利用价值评估方法[J].中国环境科学,28(7)：661-666.

陈卫,胡东,付必谦.2007.北京湿地生物多样性研究[M].北京：科学出版社：67-72.

陈应发.1996.费用支出法：一种实用的森林游憩价值评估方法[J].生态经济,(3)：27-30.

陈钟镇,蒋宗豪.1990.黄山风景区主要生态环境问题的研究[J].环境保护科学,16(4)：74-77.

程乾,吴秀菊.2006.杭州西溪国家湿地公园1993年以来景观演变及其驱动力分析[J].应用生态学报,17(9)：1677-1682.

程占红,张金屯,上官铁梁,等.2002.芦芽山自然保护区旅游开发与植被环境的关系Ⅱ.植被环境质量分[J].生态学报,22(10)：1765-1773.

程占红,张金屯.2000.天龙山旅游开发对植被子的影响.地理科学,20(2)：144-147.

程占红,张金屯.2002.生态旅游区不同距离带上植物群落的结构对比[J].应用与环境生物学报,8(1)：8-13.

程占红,张金屯.2003.不同距离带上旅游植被景观的特征差异[J].山地学报,21(6)：647-652.

崔凤军,杨德福.1997.旅游开发活动对城市生态环境的影响——泰安市实证分析湿地科学与管理[J].城市环境与城市生态,(4):28-31.

崔凤军.1999.山岳型风景旅游区生态负荷与环境建设研究——泰山实证分析[J].应用生态学报,10(5):623-626.

但新球,熊智平,吴后建,等.2008.江西东江源国家湿地公园的湿地保护技术与措施设计[J].湿地科学与管理,(4):3:17-20.

董雪旺.2003.旅游地生态安全评价研究:以五大连池风景名胜区为例[J].哈尔滨师范大学自然科学学报,19(6):100-105.

方精云,沈泽昊,唐志尧,等.2004.中国山地植物物种多样性调查计划及若干技术规范[J].生物多样性,12:5-9.

冯学钢,包浩生.1999.旅游活动对风景区地被植物——土壤环境影响的初步研究[J].自然资源学报,14(1):75-78.

冯志舟.2006.云南的环境监测植物[J].云南林业,27(4):23.

傅必谦,陈卫,董晓晖,等.2002.北京松山四种大型土壤动物群落组成和结构[J].生态学报,22:215-223.

傅伯杰,陈利项,马克明,等.2001.景观生态学原理及应用[M].北京:科学出版社:70-72.

傅伯杰.1995.黄土区农业景观空间格局分析[J].生态学报,15(2):113-120.

高贤明,马克平,陈灵芝,等.2003.旅游对北京东灵山亚高山草甸物种多样性影响的初步研究[J].生物多样性,10(2):189-195.

高小红,王一谋,杨国靖.2004.基于RS与GIS的榆林地区景观格局动态变化研究[J].水土保持学报,18(1):168-171.

戈峰.2008.现代生态学[M].2版.北京:科学出版社:342-343.

葛宝明,程宏毅,郑祥,等.2005.浙江金华不同城市绿地大型土壤动物群落结构多样性[J].生物多样性,13(3):197-203.

葛宝明,孔军苗,程宏毅,等.2005.不同利用方式土地秋季大型土壤动物群落结构[J].动物学研究,26(3):272-278.

宫兆宁,宫辉力,赵文吉.2007.北京湿地生态演变研究——以北京野鸭湖湿地自然保护区为例[M].北京:中国环境科学出版社:10-12.

巩劼,陆林,晋秀龙,等.2009.黄山风景区旅游干扰对植物群落及其土壤性质的影响[J].生态学报,29(5):2239-2251.

巩劼,陆林.2007.旅游环境影响研究进展[J].自然资源学报,22(4):545-556.

巩劼,陆林.2007.旅游环境影响研究进展与启示[J].自然资源学报,22(4):545-556.

管东生,丁键,王林.2002.旅游和环境污染对广州城市公园森林植物和土壤的影响[J].中国环境科学,20(3):277-280.

郭晖.2006.旅游景区垃圾收集清运探究[J].环境与可持续发展,(4):10-11.

郭绍霞,张玉刚,李敏,等.2007.我国洛阳与菏泽牡丹主栽园区AM真菌多样性研究[J].生物多样性,15:425-431.

侯碧清.2004.“3S”技术在株洲园林地理信息系统中的应用研究[J].中国园林,(5):61-65.

胡嘉琪,梁师文.1996.黄山植物[M].上海：复旦大学出版社：62.
黄宝宏,邹运鼎,毕守东,等.2009.稀土金属对梅园主要土壤动物群落结构组成的影响[J].环境科学学报,29(9)：1849-1857.
黄成林.2001.山岳风景区生态环境问题[J].山地学报,19(1)：53-58.
黄山土壤编委会.1998.黄山土壤[M].合肥：中国科学技术大学出版社：119.
黄震方,陈志钢,袁林旺.2004.我国区域旅游环境研究综述[J].地理与地理信息科学,20(3)：99-104.
蒋高明.1989.城市中的伴人植物[J].植物学通报,6(2)：116-120.
蒋文举,朱联锡,李静,等.1996.旅游对峨眉山生态环境的影响及保护对策[J].环境科学,17(3)：49-53.
蒋依依,王仰麟,成升魁,等.2008.旅游景观生态系统理论[J].生态学报,28(4)：1786-1793.
蒋依依.2006.基于旅游生态足迹模型的旅游区可持续发展度量以云南省丽江纳西族自治县为例[J].地理研究,25(6)：1134-1142.
蒋智林,刘万学,万方浩,等.2008.紫茎泽兰与非洲狗尾草单、混种群落土壤酶活性和土壤养分的比较[J].植物生态学报,32(4)：900-907.
蒋宗豪.1996.黄山风景区旅游容量及相关环境问题研究[J].农村生态经济,(2)：9-11.
晋秀龙,陆林,巩劼,等.2008.芜湖赭山风景区植物游憩刻划研究[J].安徽师范大学学报(自然科学),(4)：386-390.
晋秀龙,陆林,巩劼,等.2009.游憩活动对赭山风景区大型土壤动物群落的影响[J].自然资源学报,24(4)：691-699.
晋秀龙,陆林.2008.旅游生态学研究方法评述[J].生态学报,28(5)：2343-2356.
晋秀龙,陆林.2009.旅游废弃物研究进展与启示[J].地理研究,28(6)：1693-1703.
晋秀龙,陆林.2009.旅游生态学研究体系[J].生态学报,29(2)：898-909.
九华山志编纂委会.1990.九华山志[M].合肥：黄山书社出版：8,19-20.
郎惠卿,赵魁义,陈克林.1999.中国湿地植物[M].北京：科学出版社.
李喜先.2005.科学系统论(第二版)[M].2 版.北京：科学出版社：112-116.
李祥,王心源,胡玮,等.2006.基于 GIS 的安庆武昌湖湿地景观格局演变研究[J].中国水土保持,(5)：44-46.
李贞,保继刚,覃朝锋.1998.旅游开发对丹霞山植被的影响研究[J].地理学报,53(6)：554-561.
梁宇,郭良栋,马克平.2002.菌根真菌在生态系统中的作用[J].植物生态学报,26(6)：739-745.
廖晓静.2003.旅游的社会教育功能与可持续旅游的互动性分析[J].郑州大学学报(哲学社会科学版),36(6)：133-136.
林育真.2005.生态学[M].北京：科学出版社：342.
林育真,刘登义,付荣恕.2004.生态学[M].北京：科学出版社：154-155.
林越英.1999.旅游环境保护[M].北京：旅游教育出版社：36-38.
凌琪,王晏平.2008.黄山风景区夏季空气微生物分布特征初步研究[J].微生物学通报,35(9)：1379-1384.
刘秉升.1994.风景名胜区资源保护以及保护与旅游开发的矛盾与对策——以黄山风景区为例

[J].旅游学刊,(6):39-43.
刘春艳,李文军,叶文虎.2001.自然保护区旅游的非污染生态影响评价[J].中国环境科学,21(5):399-403.
刘汉洪,彭旺元.1991.衡山旅游公害及其防治对策[J].旅游学刊,6(1):35-38.
刘红玉,吕宪国,张世奎.2003.湿地景观变化过程与累积环境效应研究进展[J].地理科学进展,22(1):60-70.
刘鸿雁,崔海亭,张金海,等.1998.旅游开发对东灵山亚高山草甸的影响[J].生态学杂志,17(3):63-66.
刘年丰.2005.生态容量及环境价值损失评价[M].北京:化学工业出版社:57-64.
刘儒渊,曾家琳.2006.登山步道游憩冲击之长期监测——以玉山国家公园塔塔加步道为例.资源科学,28(3):120-127.
刘儒渊.1992.游客践踏对塔塔加地区植群冲击之研究[R].台大实验林研究报告,6(4):45-61.
刘儒渊.1993.践踏对玉山步道沿线高山植群冲击之研究[R].台大实验林研究报告,7(3):58-70.
刘儒渊.1993.游憩对八通关地区植群冲击之研究[R].台大实验林研究报告(季刊),7(1):1-32.
刘儒渊.1997.户外游憩对自然植被的影响[J].中华林学季刊,29:35-58.
刘儒渊.2000.塔塔加地区步道土壤冲蚀及其监测之研究(二)[R].台大实验林研究报告,14(4):207-214.
刘润进,陈应龙.2007.菌根学[M].北京:科学出版社:3-5.
刘润进,焦惠,李岩,等.2009.丛枝菌根真菌物种多样性研究进展[J].应用生态学报,20(9):2301-2307.
刘晓冰,保继刚.1996.旅游开发的环境影响研究进展[J].地理研究,15(4):92-99.
娄彦景,赵魁义,马克平.2007.洪河自然保护区典型湿地植物群落组成及物种多样性梯度变化[J].生态学报,27(9):3883-3891.
卢涛,马克平,倪红伟,等.2008.三江平原不同强度干扰下湿地植物群落的物种组成和多样性变化[J].生态学报,28(5):1893-1900.
陆海,李升峰,窦贻俭.2006.循环型旅游景区规划研究——以南京中山陵园风景区为例[J].环境保护科学,32(5):49-51.
陆林,巩劼,晋秀龙.2011.旅游干扰对黄山风景区土壤的影响[J].地理研究,30(2):209-223.
陆林.1996.旅游的区域环境效应研究——安徽黄山市实证分析[J].中国环境科学,16(6):418-420.
路有成,王宗英.1994.九华山土壤动物的垂直分布[J].地理研究,13(2):74-81.
吕君,刘丽梅,陈田.2008.典型草原地区旅游发展对土壤环境的影响[J].资源科学,30(6):837-842.
吕君,刘丽梅.2005.草原旅游发展的生态环境影响研究[J].干旱区资源与环境,19(3):110-114.
马建华,朱玉涛.2008.嵩山景区旅游活动对土壤组成性质和重金属污染的影响[J].生态学报,28(3):955-965.
马建章,程鲲.2008.自然保护区生态旅游对野生动物的影响[J].生态学报,(6):2818-2827.

马克平，刘玉明.1994.生物群落多样性的测度方法Ⅰα多样性的测度方法（下）[J].生物多样性，2：231－239.

马友鑫，刘玉洪，张克映.1998.西双版纳热带雨林片断小气候边缘效应的初步研究[J].植物生态学报，22(3)：250－255.

明庆忠.2001.试论生态旅游环境问题的类型及其产生原因[J].云南师范大学学报，21(2)：67－52.

那守海.2004.张杰旅游生态学的理论与实践[J].东北林业大学学报，32(3)：89－90，93.

潘云芬，徐庆，程元启，等.2008.安徽升金湖自然保护区湿草本种子植物区系研究[J].湿地科学，6(2)：304－309.

彭翔.2000.武陵源风景名胜区环境问题的现状、成因及对策[J].旅游学刊，(1)：43－46.

普利高津.1987.从混沌到有序[M].上海：上海译文出版社：223.

秦伟，朱清科，张学霞，等.2006.植被覆盖度及其测算方法研究进展[J].西北农林科技大学学报（自然科学版），34(9)：163－170.

秦远好，谢德体，王壮.2008.旅游活动对自然保护区游憩地带植物的影响[J].西南大学学报：自然科学版，30(10)：105－112.

秦远好，谢德体，魏朝富，等.2006.土壤生态环境对游憩活动冲击的响应研究[J].水土保持学报，20(3)：61－65.

屈明，薛立，徐燕.2005.旅游开发及其对生态系统和景观的影响[J].生态科学，24(3)：268－272.

璩向宁.2007.宁夏沙湖旅游开发对水体环境的影响[J].干旱区资源与环境，21(3)：105－107.

全华，陈田，杨竹莘.2002.张家界水环境演变与旅游发展关系[J].地理学报，57(5)：619－624.

全华.2003.武陵源风景名胜区生态环境演变趋势与阈值分析[J].生态学报，23(5)：938－945.

邵华木，王宗英，张光生.1995.九华山东西坡不同带谱土壤动物群落[J].山地研究，13(1)：14－21.

沈德中.2002.污染环境的生物修复[M].北京：化学工业出版社：12－13，15.

沈琪，刘珂，李世玉，等.2008.杭州西溪湿地植物组成及其与水位光照的关系[J].植物生态学报，32(1)：114－122.

石强，李科林，廖科.2005.景区环境影响评价[M].北京：化学工业出版社：22－24.

石强，吴章文，贺庆棠.2002.旅游开发利用对张家界国家森林公园大气质量影响的综合评价[J].北京林业大学学报，24(4)：25－28.

石强.钟林生，汪晓菲.2004.旅游活动对张家界国家森林公园植物的影响[J].植物生态学报，28(1)：107－113.

舒美英，蔡建国，方宝生.2009.杭州西溪湿地外来入侵植物现状与防治对策.浙江林学院学报，26(5)：755－761.

宋进喜，王伯铎，李怀恩.2002.西安市旅游开发的环境效应及环境整治建设[J].西北大学学报：自然科学版，32(6)：683－686.

宋力夫，杨冠雄，郭来喜.1985.京津地区旅游环境的演变[J].环境科学学报，5(3)：255－265.

宋秀杰，赵彤润，郑希伟，等.1997.松山自然保护区旅游开发的环境影响研究[J].环境科学，18(3)：57－59.

隋跃宇，焦晓光，高崇，等.2009.土壤有机质含量与土壤微生物量及土壤酶活性关系的研究[J].土壤通报，40(5)：1036－1039.

孙玉军，韩艺师，彭绍兵.2001.旅游风景区索道对环境的影响及其管理[J].北京林业大学学报，28(1)：107－113.

谭周进，戴素明，谢桂先，等.2006.旅游踩踏对土壤微生物生物量碳、氮、磷的影响[J].环境科学学报，26(11)：1921－1926.

谭周进，肖启明，杨海君，等.2005.放牧对张家界索溪峪景区土壤微生物区系及活度的影响[J].自然资源学报，20(6)：885－890.

谭周进，肖启明，杨海君，等.2006.旅游对张家界国家森林公园土壤酶及微生物作用强度的影响[J].自然资源学报，21(1)：133－138.

万忠梅，宋长春，杨桂生，等.2009.三江平原湿地土壤活性有机碳组分特征及其与土壤酶活性的关系[J].环境科学学报，29(2)：406－412.

汪嘉熙.1986.苏州园林风景旅游价值及其环境保护对策研究[J].环境科学，(4)：85－90，105.

王桂梭，潘宝林，等.1996.黄山旅游与环境研究[M].北京：中国科学技术出版社：316.

王国新，王如松，毛春红.2009.杭州西溪国家湿地公园不良旅游行为及其对景区环境的影响[J].应用生态学报，20(6)：1423－1430.

王辉，姜斌.2005.生态足迹模型对旅游环境承载力计算的应用[J].辽宁师范大学学报(自然科学版)，28(3)：358－360.

王金亮，王平，鲁芬，等.2004.碧塔海景区旅游活动对湿地生态环境影响研究[J].地理科学进展，23(5)：101－108.

王晶，包维楷，何丙辉，等.2006.旅游活动对九寨沟地表径流氮磷流失的影响研究[J].生态环境，15(2)：284－288.

王静.2006.旅游活动对溶洞碳酸钙沉积景观影响及保护性研究[J].资源科学，28(5)：140－144.

王蕾，高尚玉，刘连友，等.2006.北京市 11 种园林植物滞留大气颗粒物能力研究[J].应用生态学报，17(4)：597－601.

王立龙，陆林，唐勇，等.2010.中国国家级湿地公园运行现状、区域分布格局与类型划分[J].生态学报，30(9)：2406－2415.

王立龙，陆林.2009.湿地生态旅游研究进展[J].应用生态学报，20(6)：1517－1524.

王文瑞.2003.我国自然保护区旅游产业生态模式[J].干旱区资源与环境，17(5)：109－112.

王小君，宋桂龙.2007.践踏胁迫对三种草坪草地下生物量及土壤物理性质的影响[J].中国园林，(7)：65－67.

王兴中.1993.区域旅游景观结构与景观效应配置的系统分析——以三门峡市为例[J].人文地理，8(3)：19－26.

王仰麟.1997.景观生态系统及其要素的理论分析[J].人文地理，12(1)：1－5.

王业青，张光生，成小英，等.2007.湿地公园声环境效应[J].中国农学通报，23(6)：581－585.

王振中，张友梅，夏卫生，等.1996.有机磷农药对土壤动物群落结构的影响研究[J].生态学报，16(4)：357－365.

王资荣，郝小波.1988.张家界国家森林公园环境质量变化及其对策研究[J].中国环境科学，8(4)：

23－30.
魏宏森，曹淑贞.1995.系统论—系统科学哲学[M].北京：清华大学出版社：201－214.
魏遐，唐伽拉.2006.城市生态公园旅游规划方法研究——以温州生态园为例[J].地理学科进展，25(1)：122－128.
文祯中，陆健康.2004.应用生态学[M].上海：上海教育出版社：93.
乌建国.2000.景观生态学-格局、过程、尺度与等级[M].北京：高等教育出版社：11－18.
邬建国.1996.生态学范式变迁综论[J].生态学报，16(5)：449－460.
吴必虎.1996.旅游生态学与旅游目的地可持续发展[J].生态学杂志，15(2)：37－43，54.
吴东辉，张柏，陈鹏.2006.长春市不同土地利用条件下大型土壤动物群落结构与组成[J].动物学报，52(2)：279－287.
吴甘霖，黄敏毅，段仁燕，等.2006.不同强度旅游干扰对黄山松群落物种多样性的影响[J].生态学报，26(12)：3924－3930.
吴明，邵学新，蒋科毅.2008.西溪国家湿地公园水体和底泥N、P营养盐分布特征及评价[J].林业科学研究，21(4)：587－591.
武国柱，席建超，刘浩龙，等.2008.六盘山自然保护区不同类型植被对人类旅游干扰的响应[J].资源科学，30(8)：1169－1175.
席建超，葛全胜，成升魁，等.2004.旅游消费生态占用初探：以北京市海外入境旅游者为例[J].自然资源学报，19(2)：224－229.
席建超，胡传东，武国柱，等.2008.六盘山生态旅游区旅游步道对人类践踏干扰的响应研究[J].自然资源学报，23(2)：274－284.
肖笃宁，李秀珍，高峻.2003.景观生态学[M].北京：科学出版社：2－4.
谢贤政，马中.2006.应用旅行费用法评估黄山风景区游憩价值[J].资源科学，28(3)：128－136.
邢福，吕宪国，倪红伟，等.2008.三江平原沼泽湿地群落演替系列β多样性[J].应用生态学报，19(1)：2455－2459.
徐菲菲，杨达源，黄震方.2005.基于层次熵分析法的湿地生态旅游评价研究——以江苏盐城丹顶鹤湿地自然保护区为例[J].经济地理，25(5)：707－711.
徐菲菲.2003.滨海生态旅游地可持续发展模式研究：以江苏连云港为例[J].经济地理，23(4)：547－550.
薛达元，包浩生.1999.长白山自然保护区生物多样性旅游价值评估研究[J].自然资源学报，14(2)：140－145.
严斧.2004.旅游生态学[M].长沙：湖南科学出版社：1－3.
杨刚，谢永宏，陈心胜，等.2009.洞庭湖区退田还湖后不同恢复模式下土壤酶活性的变化[J].应用生态学报，20(9)：2187－2192.
杨桂华，李鹏.2005.旅游生态足迹：测度旅游可持续发展的新方法[J].生态学报，25(6)：1475－1480.
杨开忠，杨咏，陈洁.2000.生态足迹分析理论与方法[J].地球科学进展，15(6)：630－636.
杨锐.2003.LAC理论：解决风景区资源保护与旅游利用矛盾的新思路[J].中国园林，(3)：19－21.
尹文英.1998.中国土壤动物检索图鉴[M].北京：科学出版社.

尹文英，杨逢春，王振中，等.1992.中国亚热带土壤动物[M].北京：科学出版社.
于澎涛，刘鸿雁，陈杉.2002.人为干扰对松山自然保护区植被的影响[J].林业科学，38(4)：162－166.
余世孝，郭泺.2005.山东泰山地区景观结构变化及其分形分析[J].生态学报，25(1)：129－134.
俞穆清，朱颜明，田卫，等.1999.长白山国家级自然保护区旅游与环境可持续发展研究[J].地理科学，19(2)：189－192.
张邦俊，潘仲麟，黄有兴.1994.风景区环境噪声的模糊综合评价[J].中国环境科学，14(3)：182－184.
张光生，王燕.2002.自然保护区生态教育及其实施对策[J].生态经济，(12)：33－35，39.
张桂萍，张峰，茹文明.2008.旅游干扰对历山亚高山草甸植物多样性的影响[J].生态学报，28(1)：407－415.
张国彬，薛平，侯文芳，等.2005.游客流量对莫高窟洞窟内小环境的影响[J].敦煌研究，(4)：83－86.
张文艺，蔡建安，等.2003，API法在马鞍山市空气质量评价中的应用[J].植物资源与环境学报，12(1)：62－63.
张英，郭良栋，刘润进.2003.都江堰地区丛枝菌根真菌多样性与生态研究[J].植物生态学报，27(4)：537－544.
章家恩.2005.旅游生态学[M].北京：化学工业出版社：1－11.
章锦河，张捷，梁琳，等.2005.九寨沟旅游生态足迹与生态补偿分析[J].自然资源学报，20(5)：735－744.
章锦河，张捷.2004.旅游生态足迹模型及黄山市实证分析[J].地理学报，59(5)：763－771.
章文波，符素华，刘宝元.2001.目估法测量植被覆盖度的精度分析[J].北京师范大学学报：自然科学版，37(3)：402－408.
周延亭.1986.略论我国的旅游环境保护[J].旅游论坛，(3)：29－35.
周永广.2005.旅游业环境管理[M].杭州：浙江大学出版社：26－28.
朱伟，李国卿，赵联芳.2006.长江淡水潮汐湿地植物特性和植物群落演替研究——以镇江北固山湿地为例[J].长江流域资源与环境，15(5)：608－613.
朱珠，包维楷，庞学勇，等.2006.旅游干扰对九寨沟冷杉林下植物种类组成及多样性的影响[J].生物多样性，14(4)：284－291.
訾兴中，张定成.1999.琅琊山植物志[M].北京：中国林业出版社：494.
Acost C A，Perry S A. 2000. Differential growth of crayfish *Procambarus alleni* in relation to hydrological conditions in marl prairie wetlands of Everglades national park，USA [J]. Aquatic Ecology，34：389－395.
Adams L W，Geis A D. 1983. Effects of roads on small mammals [J]. Journal of Applied Ecology，20：403－415.
Allison V J，Miller R M，Jastrow J D，et al. 2005. Changes in soil microbial community structure in a tallgrass prairie chronosequence [J]. Soil Sci Soc Am J，69：1412－1421.
Andersen U V. 1995. Resistance of Danish coastal vegetation types to human trampling [J].

Biological Conservation, 71(3): 223 - 230.

Andrés-Abellán M, Alamo J B, Landete-Castillejos T, et al. 2005. Impacts of visitors on soil and vegetation of the recreational area "Nacimiento Del Rfo Mundo" [J]. Environmental Monitoring and Assessmen, 101 (1 - 3): 55 - 67.

Andrés-Abellán M, Lopés-Serrano F R, Morote F A G, et al. 2006. Assessment of trampling simulation impacts on native vegetation in Mediterranean sclerophyllous forest [J]. Environmental Monitoring and Assessment, 120: 93 - 107.

Arnberger A, Hinterberger B. 2003. Visitor monitoring methods for managing public use pressures in the Danube Floodplains National Park, Austria [J]. Journal for Nature onservation, 11: 260 - 267.

Arrowsmith C, Inbakaran R. 2002. Estimating environmental resiliency for the Grampians National Park, Victoria, Australia: a quantitative approach [J]. Tourism Management, 23(3): 295 - 309.

Axelsson-Lindgren C, Sorter G. 1987. Public response to differences between visually distinguishable forests stands in a recreation area [J]. Landscape and Urban Planning, 14(3): 211 - 217.

Bai R, Sutanto M. 2002. Report the practice and challenges of solid waste management in Singapore [J]. Waste Management, 22: 557 - 567.

Baldwin J. 2000. Tourism development, wetland degradation and beach erosion in Antigua, west Indies [J]. Tourism Geographies, 2: 193 - 218.

Barni E, Siniscalco C. 2000. Vegetation dynamics and arbuscular mycorrhiza in old-field successions of the western Italian Alps [J]. Mycorrhiza, 10: 63 - 72.

Bates G H. 1935. The vegetation of footpaths, sidewalks, carttracks and gateways [J]. Journal of Ecology, 23: 470 - 487.

Batten L A. 1977. Sailing on reservoirs and its effects on water bird [J]. Biological Conservation, 11(1): 49 - 58.

Bayfield N G. 1971. Some effects of walking and skiing on vegetation at Cairngorm [J]. Journal of Applied Ecology, 7: 469 - 485.

Bayfield N G, Lloyd R J. 1973. An approach to assessing the impact of use on a long distance foot — path — the Pennine Way. Recreation News Supplement, 11 - 17.

Bedini S, Turrini A, Rigo C, et al. 2010. Molecular characterization and glomalin production of arbuscular mycorrhizal fungi colonizing a heavy metal polluted ash disposal island, downtown Venice [J]. Soil Biology and Biochemistry, 42: 758 - 765.

Belnap J. 2002. Impacts of off-road vehicles on nitrogen cycles in biological soil crusts: resistance in different U.S. deserts [J]. Journal of Arid Environment, 52: 155 - 165.

Bennett M A, Kriwoken L K, Fallon D L. 2003. Managing bushwalker impacts in the Tasmanian wilderness world heritage area. Australia [J]. International Journal of Wildness, 9(1): 14 - 18.

Benninger-Traux M, Vankat J L, Schaefer R L. 1992. Trail corridors as habitat and conduits for movement of plant species in Rocky Mountain National Park, Colorado, USA [J]. Landscape Ecology, 6(4): 269 - 278.

Berzas J J, García L F, Rodríguez R C, et al. 2000. Evolution of the water quality of a managed natural wetland: tablas De Daimiel national park (Spain). Wat Res. 34(12): 3161 - 3170.

Bever J D, Schultz P A, Pringle A, et al. 2001. Arbuscular mycorrhizal fungi: more diverse than meets the eye, and the ecological tale of why. Bioscience, 51(11): 923 - 931.

Bhakiyathu Saliha B, Krishnakumar S, Saravanan A, et al. 2005. Microbial and enzyme dynamics in distillery spentwash treated soil [J]. Research Journal of Agriculture and Biological Sciences, 1(2): 166 - 169.

Bikangaga S, Picchi M P, Focardi S, et al. 2007. Perceived benefits of littoral wetlands in Uganda: a focus on the Nabugabo wetland [J]. Wetlands Ecology and Management, 15: 529 - 535.

Blom C W P M. 1976. Effects of trampling and soil compaction on the occurrence of some Plantago species in coastal sand dunes. Ⅰ. Soil compaction, soil moisture and seedling emergence [J]. Oecologica Plantarum, 11: 225 - 241.

Blom C W P M. 1977. Effects of trampling and soil compaction on the occurrence of some Plant ago species in coastal sand dunes. Ⅱ. Trampling and seedling establishment [J]. Oecologica plantarum, 12: 363 - 381.

Boerner R E J, Brinkman J A , Smith A. 2005. Seasonal variations in enzyme activity and organic carbon in soil of a burned and unburned hardwood forest [J]. Soil Biology & Biochemistry, 37: 1419 - 1426.

Bolling J D, Walker L R. 2000. Plant and soil recovery along a series of abandoned desert roads [J]. Journal of Arid Environments, 46: 1 - 24.

Bothe H, Turnau K, Regvar M. 2010. The potential role of arbuscular mucorrhizal fungi in protecting endangered plants and habitats [J]. Mycorrhiza, 20: 445 - 457.

Boucher D H, Aviles J, Chepote R. 1991. Recovery of trail side vegetation from trampling in a tropical rain forest [J]. Environmental Management, 15: 257 - 262.

Boyle S A, Samson F B. 1985. Effects of nonsonsumptive recreation on wildlife: a review [J]. Wildlife Society Bulletin, 13: 110 - 116.

Bright J A. 1986. Hiker Impact on Herbaceous vegetation along trails in evergreen woodland of Texas [J]. Biological Conservation, 36: 53 - 69.

Brooks R P, Wardrop D H, Cole C A, et al. 2005. Are we purveyors of wetland homogeneity? A model of degradation to improve wetland mitigation performance [J]. Ecological Engineering, 24: 331 - 340.

Caalders J. 2002. Biodiversity and tourism impacts and interventions [J]. Annals of tourism Research, 29(3): 743 - 761.

Campbell J E, Gibson D J. 2001. The effect of seeds of exotic species transported via horse dung on vegetation along trail corridors [J]. Plant Ecology, 157: 23 - 35.

Carlson L H, Godfrey P J. 1989. Human impact management in a coastal recreation and natural area [J]. Biological Conservation, 49: 141 - 156.

Casieri L, Lahmidi N A, Doidy J, et al. 2013. Biotrophic transportome in mutualistic plant-fungal interactions [J]. Mycorrhiza, 23: 597 - 625.

Chin C L M, Moore S A, Wallington T J, et al. 2000. Ecotourism in Bako National Park, Borneo: visitors' perspectives on environmental impacts and their management [J]. Journal of Sustainable Tourism, 8(1): 20 - 35.

Christopoulou O G, Tsachalidis E. 2004. Conservation policies for protected areas (wetland) in Greece: a survey of local resident's [J]. Water, Air, and Soil Pollution: Focus, 4: 445 - 457.

Cilimburg A, Monz C, Kehoe S. 2000. Wildland recreation and human waste: a review of problems, practices and concerns [J]. Environmental Management, 25: 587 - 598.

Cilimburg A. 1999. Wilklland recreation and human waste: a view of problems, practices and concerns [J]. Environment Management, 125(6): 587 - 592.

Cole D N. 1986. Recreational impacts on backcountry campsites in Grand Canyon National Park, Arizona, USA [J]. Environmental Management, 10(5): 651 - 659.

Cole D N. 1987. Research on soil and vegetation in wilderness: a state-of-knowledge review [M]//Lucas R C. Proceedings of the National Wilderness Research Conference. Ogden: Intermountain Research station, 135 - 177.

Cole D N. 1992. Modeling wilderness campsites: factors that influence amount of impact [J]. Environmental Management, 16(2): 255 - 264.

Cole D N. 1995a. Disturbance of natural vegetation by camping: experimental applications of low-level stress [J]. Environmental Management, 19(3): 405 - 416.

Cole D N. 1995b. Experimental trampling of vegetation. Ⅰ. Relationship between trampling intensity and vegetation response [J]. Journal of Applied Ecology, 32: 203 - 214.

Cole D N. 1995c. Experimental trampling of vegetation. Ⅱ. Predictors of resistance and resilience [J]. Journal of Applied Ecology, 32: 215 - 224.

Cole D N. 2004. Impacts of hiking and camping on soils and vegetation: a review//Buckly Ralf. Environment impact of ecotourism [J]. Wallingford UK: CAB International, 41 - 46.

Cole D N. 2005. Computer simulation of recreation use: current status, case studies and future directions [R]. Fort Collins: USDA, Forest Service, Rocky Mountain Research Station.

Cole D N. 2007. Seedling establishment and survival on restored campsites in subalpine forest [J]. Restoration Ecology, 15(3): 430 - 439.

Cole D N, Bayfield N G. 1993. Recreational trampling of vegetation: standard experimental procedures [J]. Biological Conservation, (63): 209 - 215.

Cole D N, Landres P B. 1996. Threats to wilderness ecosystems: impacts and research needs [J]. Ecological Applications, 6(1): 168 - 184.

Cole D N, Monz C A. 2002. Trampling disturbance of high-elevation vegetation, Wind River Mountains, Wyoming, USA [J]. Arctic, Antarctic, and Alpine Research, 34: 365 - 376.

Cole D N, Monz C A. 2003. Impacts of camping on vegetation: response and recovery following acute and chronic disturbance [J]. Environmental. Management, 32(6): 693 - 705.

Cole D N, Monz C A. 2004. Spatial patterns of recreational impact on experimental campsites [J]. Journal of Environmental Management, 70: 73 - 84.

Cole D N, Spildie D R. 1998. Hiker, horse and llama trampling effects on native vegetation in Montana [J]. Journal of Environmental Management, 53: 61 - 71.

Cole D N, Spildie D R. 2000. Soil amendments and planting techniques: campsite restoration in the Eagle Cap Wilderness, Oregon [C]. USDA Forest Service Proceedings, 5: 181 - 187.

Cole D N, Spildie D R. 2006. Restoration of plant cover in subalpine forests disturbed by camping: success of transplanting [J]. Natural Areas Journal, 26(2): 168 - 178.

Cole D N, Spildie D R. 2007. Vegetation and soil restoration on highly impacted campsites in the Eagle Cap Wilderness, Oregon [J]. USDA Forest Service General Technical Report, 198 (185): 327 - 331.

Cole D N, Trull S. 1992. Quantifying vegetational response to recreational disturbance in the Northern Cascades. Washington [J]. Northwest Science, 66(4): 229 - 236.

Cole D N, Wagtendonk W, McClaran M P, et al. 2004. Response of mountain meadows to grazing by recreation pack stock [J]. Journal of Range Management, 57(2): 153 - 160.

Cole V, Sinclair A J. 2002. Measuring the ecological footprint of a Himalayan tourist center [J]. Mountain Research and Development, 22(2): 132 - 141.

Cousins J R, Hope D, Gries C, et al. 2003. Preliminary assessment of arbuscular mycorrhizal fungal diversity and community structure in an urban ecosystem [J]. Mycorrhiza, 13: 319 - 326.

Dale D, Weaver T. 1974. Trampling effects on vegetation of the trail corridors of north Rocky Mountain Forests [J]. Journal of Applied Ecology, 11: 767 - 772.

Deluca T H, Patterson W A, Freimund W A, et al. 1998. Influence of llamas, horses, and hikers on soil erosion from established recreation trails in western Montana, USA [J]. Environmental Management, 22(2): 255 - 262.

Diamond S A, Trenham P C, Adams M J, et al. 2005. Estimated ultraviolet radiation doses in wetlands in six national parks [J]. Ecosystems, 8: 462 - 477.

Dinesh R B, Masahiko O. 1998. Effects of nature trails on ground vegetation and understory colonization of a patchy remnant forest in an urban domain [J]. Biological Conservation, 85(1 - 2): 123 - 135.

Duim R V D, Caalders J. 2002. Biodiversity and tourism impacts and interventions [J]. Annals of tourism Research, 29(3): 743 - 761.

Dumbrell A J, Ashton P D, Aziz N, et al. 2011. Distinct seasonal assemblages of arbuscular mycorrhizal fungi revealed by massively parallel pyrosequencing [J]. New Phytologist, 190:

794 - 804.

Earll R C, Williams A T, Simmons S L. 1997. Aquatic litter, management and prevention — the role of measurement [J]. Medcoast, 14(11): 383 - 396.

Forman R T T. 1995a. Land Masaics: The Ecology of Landscapes and Regions [M]. Cambridge: Cambridge University Press.

Forman R T T. 1995b. Some general principles of landscape and regional ecology [J]. Landscape Ecology, 10: 133 - 142.

Gallet S, Lemauviel S, Roze F. 2004. Responses of three heathland shrubs to single or repeated experimental trampling [J]. Environment Management, 33(6): 821 - 829.

Gallet S, Roze F. 2001. Resistance of Atlantic Heathlands to trampling in Brittany: influence of vegetation type, season and weather conditions [J]. Biological Conservation, 97(2): 189 - 198.

Gange A C, Case S J. 2003. Incidence of microdochium patch disease in golf putting greens and a relationship with arbuscular mycorrhizal fungi [J]. Grass and Forage Science, 58: 58 - 62.

Garrod G, Willis K G. 1999. Economic valuation of the environment: methods and case studies [M]. Cheltenham: Edward Elgar Publishing.

Gautam R, Heart S. 2000. Environmental issues in Nepal and solving them using the cleaner production approach [J]. Journal of Cleaner Production, 8: 225 - 232.

Gereta E, Mwangomo E, Wolanski E. 2004. The influence of wetlands in regulating water quality in the Seronera river, Serengeti national park, Tanzania [J]. Wetlands Ecology and Management, 12: 301 - 307.

Getzner M. 2002. Investigating public decisions about protecting wetlands [J]. Journal of Environmental Management, 64: 237 - 246.

Gielen D J, Kurihara R, Moriguchi Y. 2002. The environmental impacts of Japanese tourism and leisure [J]. Journal of Errvironmental Assessment Policy and Management, 4(4): 397 -424.

Gilpin M, Hanski I. 1991. Metapopulation Dynamics: Empirical and Theoretical Investigations [M]. London: Academic Press.

Gossling S. 2002. Ecological foot-print analysis as a tool to assess tourism sustainability [J]. Ecological Economics, 43: 199 - 211.

Gouvenain R C. 1996. Indirect impacts of soil trampling on tree growth and plant succession in the North Cascade Mountains of Washington [J]. Biological Conservation, 75(3): 279 - 287.

Gutzwiller K J, Cole D N. 2005. Assessment and Management of Wildland Recreation Disturbance [M]. Sixth edition. Bethesda: The Wildlife Society: 779 - 796.

Hamilton H R. 1996. Identification and analysis of outdoor recreation habitats: the recreation habitat analysis method [J]. Jawra Journal of the American Water Resources Bulletin, 32(4): 761 - 776.

Hammit W E, Cole D N. 1987. Wildland Recreation: Ecology and Management [M]. Second Edition. New York: Wiley: 3 - 7.

Hammitt W, Cole D N. 1998. Wildland Recreation: Ecology and Management [M]. New York: John Wiley & Sons: 28 - 31.

Hardiman N, Burgin S. 2011. Effects of trampling on in-stream macroinvertebrate communities from canyoning activity in the Greater Blue Mountains World Heritage Area [J]. Wetlands Ecology Management, 19: 61 - 71.

He X, Mourtov S, Steinberger Y. 2002. Spatial distribution and colonization of arbuscular mycorrhizal fungi under the canopies of desert halophytes [J]. Arid Land Research and Management, 16: 149 - 160.

Hijri I, Sykorova Z, Oehl F, et al. 2006. Communities of arbuscular mycorrhizal fungi in arable soils are not necessarily low in diversity [J]. Molecular Ecology, 15: 2277 - 2289.

Hill W, Pickering C M. 2006. Vegetation associated with different walking track types in the Kosciuszko alpine area, Australia [J]. Journal of Environmental Management, 78(1): 24 - 34.

Hopper J R., Yaws C L, Ho T C, et al. 1993. Waste minimization by process modification [J]. Waste Management, 13: 3 - 14.

Husband R, Herre E A, Young J P W. 2002. Temporal variation in the arbuscular mycorrhizal communities colonizing seedlings in a tropical forest [J]. FEMS Microbiology Ecology, 42: 131 - 136.

Inskeep E. 1991. Tourism Planning: an Integrated and Sustainable Development Approach [M]. New York: Van No strand Reinhold: 25 - 28.

Joselito M. Arocenaa, Sanjay K. Nepalb. 2006. Michael Rutherford visitor-induced changes in the chemical composition of soils in backcountry areas of Mt Robson Provincial Park, British Columbia, Canada [J]. Journal of Environmental Management, 79: 10 - 19.

Jurkiewicz A, Ryszka P, Anielska T, et al. 2010. Optimization of culture conditions of Arnica montana L.: effects of mycorrhizal fungi and competing plants [J]. Mycorrhiza, 20: 293 - 306.

Kerry L B, Jamie B K. 2003. Impacts of nutrient additions and digging for human waste disposal in natural environments, Tasmania, Australia [J]. Journal of Environmental Management, 69: 299 - 306.

Kozlowski T T. 1999. Soil compaction and growth of woody plants [J]. Scandinavian Journal of Forest Research, 14(6): 596 - 619.

Kröger R, Rogers K H. 2005. Dwindling resources and fragmentation of landscapes around parks: wetlands and forest patches around Kibale national park, Uganda [J]. Eur J Wildl Res, 51: 25 - 30.

Kuitunen M, Rossi B, Stenroos A. 1998. Do highways influence density of land birds [J]. Environmental Management, 22(2): 297 - 302.

Leung Y F, Jeffrey L. 1998. Marion evaluating spatial qualities of visitor impacts on recreation resources: an index approach [J]. Journal of applied Recreation Research, 23(4): 367 -389.

Leung Y F, Marion J L. 1996. Trail degradation as influenced by environmental factors: a state-of-knowledge review [J]. Journal of Soil and Water Conservation, 51(2): 130 - 136.

Leung Y F, Marion J L. 1998. Evaluating spatial qualities of visitor impacts on recreation resources: an index approach [J].Journal of Applied Recreation Research, 23(4): 367 -389.

Leung Y F, Marion J L. 1999. Assessing trail conditions in protected areas: application of a problem-assessment method in Great Smoky Mountains National Park, USA [J]. Environmental Conservation, 26(4): 270 - 279.

Leung Y F, Marion J L. 1999. Characterizing backcountry camping impacts in Great Smoke Mountains National Park, USA [J]. Journal of Environmental Management, 57: 193 - 203.

Leung Y F, Marion J L. 2000. Recreation impacts and management in wilderness: a state-of-knowledge review//McCool S F. Wilderness Science in A Time of Change Conference [C]. Ogden: Rocky Mountain Research Station, 23 - 48.

Li H , Reynolds J F. 1993. A new contagion index to quantify spatial pattern [J]. Landscape Ecology, 8: 155 - 162.

Li W J, Ge X D, Liu C Y. 2005. Hiking trails and tourism impact assessment in protected area: Jiuzhaigou biosphere reserve China [J]. Environmental Monitoring and Assessment, 108 (1 - 3): 279 - 293.

Liao S W, Chang W L. 2005. Inter pretationand discrimination of marshy wetlands by soil factors in the Kuan-Tu natural park, Taiwan [J]. Environmental Monitoring and Assessment, 107: 181 - 202.

Liddle M J, Greig-Smith P J. 1975. A survey of tracks and paths in a sand dune ecosystem [J]. Journal of Applied Ecology, 12: 893 - 930.

Liddle M J. 1975. A selective review of the ecological effects of human trampling on natural ecosystems [J]. Biological Conservation, 7: 17 - 36.

Liddle M J. 1991. Recreation ecology: effects of trampling on plants and corals. Trends in ecology and evolution [J]. Ecology and Evolution, 6(1): 13 - 17.

Liddle M. 1997. Recreation Ecology [M]. London: Chapman & Hall, 639.

Litter S, Mohr J J. 1979. Reestablishing understory plants in overused wooded areas of Maryland state parks [C]. Research Paper, Northeastern Forest Experiment Station, USDA Forest Service (NE - 431): ii+9.

Littlemore J, Barker S. 2001. The ecological response of forest ground flora and soils to experimental trampling in British urban woodlands [J]. Urban Ecosystems, 5(4): 257 -276.

Majerus M. 1997. Restoration of Disturbances in Yellowstone and Glacier National Parks [J]. Journal of Soil and Water Conservation, 52(4): 232 - 236.

Mangan S A, Eom A H, Adler G H, et al. 2004. Diversity of arbuscular mycorrhizal fungi across a fragmented forest in Panama: insular spore communities differ from mainland communities [J]. Oecologia, 141(4): 687 - 700.

Araújo M C B D, Costa M F. Costa. 2006. Municipal services on tourist beaches: costs and benefits of solid waste collection [J]. Journal of Coastal Research, 22(5): 1070-1075.

Marion J L, Leung Y F. 2001. Trail resource impacts and an examination of alternative assessment techniques [J]. Journal of Park and Recreation Administration, 19(3): 17-37.

Marion J L. Farrell T A. 2002. Management practices that concentrate visitor activities: camping impact management at Isle Royale National park [J]. Journal of Environment Management, 66(2) : 201-212.

Max M C, Wood M, Jarvis S C. 2001. A microplate fluorimetric assay for the study of enzyme diversity in soils [J]. Soil Biology & Biochemistry, 33: 1633-1640.

McDougall K L, Wright G T. 2004. The impact of trampling on feldmark vegetation in Kosciuszko National Park, New South Wales [J]. Australian Journal of Botany, 52: 315-320.

McEwen D, Cole D N. 1997. Campsite impact in wilderness areas [J]. Parks and Recreation, 32(2): 24-30.

McNaughton S J. 1978. Stability and diversity of ecological communities [J]. Nature, 274: 251-253.

McNaughton S J. 1994. Biodiversity and function of grazing ecosystems//Schulze D E, Mooney H A, et al. Biodiversity and Ecosystem Function [M]. Berlin: Spring-Verlag, 361-383.

Meinecke E. 1928. A Report on the Effect of Excessive Tourist Travel on the California Redwood Parks Sacramento [M]. CA: California State Printing Office, 20.

Miller S G, Knight R L, Miller C K. 1998. Influence of recreational trails on breeding bird communities [J]. Ecological Applications, 8(1): 162-169.

Muthukumar T, Senthilkumar S, Rajangam M. 2006. Arbuscular mycorrhizal morphology and dark septate fungal associations in medicinal and aromatic plants of Western Ghats, Southern India [J]. Mycorrhiza, 17: 11-24.

Needhama M D, Rollins R B. 2005. Interest group standards for recreation and tourism impacts at ski areas in the summer [J]. Tourism Management , 26: 1-13.

O'Neill R V, DeAngelis D L, Waide J R, et al. 1986. A Hierarchical Concept of Eystems [M]. Princeton: Princeton University Press.

O'Neill R V, Gardner R H, Milne B T, et al. 1991. Heterogeneity and spatial hierarchies// Kolasa J, Pickett S T A. Eoological Het～eity [M]. New York: Springer-Verlag: 85-96.

O'Neill R V. 1996. Recent developments in ecological theory: hierarchy and scale//Scott J M, Tear T H, IAlvis F W. GAP Analysis: A Landscape Approach to Biodiversity Planning. Bethesda: American Sixty of Photcgranunetry & Remote Sensing: 7-14.

Öpik M, Moora M, Zobel M, et al. 2008. High diversity of arbuscular mycorrhizal fungi in a boreal herb-rich coniferous forest [J]. New Phytologist, 179: 867-876.

Orłowska E, Ryszka P, Jurkiewicz A, et al. 2005. Effectiveness of arbuscular mycorrhizal fungi (AMF) strains in colonization of plants involved in phytostabilization of zinc wastes [J]. Geoderma, 129: 92-98.

Paggi S J. 2001. Diversity of Rotifera (Monogononta) in wetlands of Río Pilcomayo national park, Ramsar site (Formosa, Argentina) [J]. Hydrobiologia, 462: 25 - 34.

Peiffer S, walton-day K, Macalady D. 1999. The interaction of natural organic matter with iron in a wetland (Tennessee Park, Colorado) receiving acid mine drainage [J]. Aquatic Geochemistry, 5: 207 - 223.

Peng S L, Fang W. 1995. Development of species diversity in restoration process of tropical man-made forest ecosystem in China [J]. Acta Ecologica Sinica, 15(supp A): 18 - 30.

Pickering C, Harrington J, Graeme W. 2003. Environmental impacts of tourism on the Australian alps protected areas: judgments of protected area managers [J]. Mountain Research and Development, 23(3): 247 - 254.

Pickett S T A, White P S. 1985. The Ecology of Natural Disturbane and Patch Dynamics [M]. Orlando: Academic Press.

Pickett S T A, Wu J, Cadenasso M L. 1999. Patch dynamics and the ecology of disturbed ground: a framework for synthesis//Walker L R 1-ed. Ecosystems of Disturbed Ground [M]. New York: Elsevier: 707 - 722.

Pielou E C. 1975. Ecological Diversity [M]. New York: John Wiley: 16 - 51.

Pimm S L. 1984. The complexity and stability of ecosystems [J]. Nature, 307: 321 - 326.

Pinn E H. Rodgers M. 2005. The influence of visitors on intertidal biodiversity [J]. Journal of the Marine Biological Association of the UK, 85: 263 - 268.

Purevdor J S, Tateishi R, Ishiyama T, et al. 1998. Relationships between percent vegetation cover and vegetation indices [J]. International Journal of Remote Sensing, 19(18): 3519 - 3535.

Rachel K, Janet F T. 1988. Ethnicity and preference for natural settings: A review and recent findings [J]. Landscape and Urban Planning, 15(1 - 2): 107 - 117.

Radford B J, Wilson-Rummenie A C, Simpson G B, et al. 2001. Compacted soil affects soil macrofauna populations in a semi-arid environment in central Queensland [J]. Soil Biology & Biochemistry, 33: 1869 - 872.

Radhika K P, Rogrigues B F. 2010. Arbuscular mycorrhizal fungal diversity in some commonly occurring medicinal plants of Western Ghats, Goa region [J]. Journal of Forestry Research, 21(1): 45 - 52.

Redecker D, Schüßler A, Stockinger H, et al. 2013. An evidence-based consensus for the classification of arbuscular mycorrhizal fungi (Glomeromycota) [J]. Mycorrhiza, 23: 515 - 531.

Reid S E, Marion J L. 2004. Effectiveness of a confinement strategy for reducing campsite impacts in Shenandoah National Park [J]. Environmental Conservation, 31(4): 274 - 282.

Rencz A N, O'driscoll N J, Hall G E M, et al. 2003. Spatial variation and correlations of mercury levels in the terrestrial and aquatic components of a wetland dominated ecosystem: Kejimkujik park, nova, Scotia, Canada [J]. Water, Air, and Soil Pollution, 143: 271 - 288.

Reyhan Gedikli, Ali Özbilen. 2004. A mathematical model to determine unit area size per person needed in a neighborhood park: a case study in Trabzon city (Turkey) [J]. Building and Environment, 39: 1365 - 1378.

Rodgers K, Cox E, Newtson C. 2003. Effects of mechanical fracturing and experimental trampling on hawaiian corals [J]. Environmental Management, 31(3): 377 - 384.

Roovers P, Verheyen K, Hermy M, et al. 2004. Experimental trampling and vegetation recovery in some forest and heathland communitie [J]. Applied Vegetation Science, 7: 111 - 118.

Rossi J P, Blanchart E. 2005. Seasonal and land-use induced variations of soil macrofauna composition in the Western Ghats, southern India [J]. Soil Biology & Biochemistry, 37: 1093 - 1140.

Russell A. 2007. Anthropology and ecotourism in European wetlands [J]. Tourist Studies, 7: 225 - 244.

Rusterholz H P, Verhoustraeten C, Baur B. 2011. Effects of long-term trampling on the above-ground forest vegetation and soil seed bank at the base of limestone cliffs [J]. Environmental Management, 48: 1024 - 1032.

Sanjay K N, Paul W. 2007. Comparison of vegetation conditions along two backcountry trails in Mount Robson Provincial Park, British Columbia (Canada) [J]. Journal of Environmental Management, (82): 240 - 249.

Sardans J, Peñuelas J. 2005. Drought decreases soil enzyme activity in a Mediterranean Quercusilex L. forest [J]. Soil Biology & Biochemistry, 37: 455 - 461.

Saunders D A, Hobbs R J, Margules C R. 1991. Biological consequences of ecosystem fragmentation: a review [J]. Conservation Biology, 5(1): 18 - 32.

Schleyer M H, Celliers L. 2005. Modelling reef zonation in the greater St Lucia wetland park, south Africa [J]. Estuarine, Coastal and Shelf Science, 63: 373 - 384.

Silvius M J, Oneka M, Verhagen Z A. 2000. Wetlands: lifeline for people at the edge [J]. Physics and Chemistry of the Earth, 25: 645 - 652.

Smardon R C. 2006. Heritage values and functions of wetlands in southern Mexico [J]. Landscape and Urban Planning, 74: 296 - 312.

Smith D L O, Dickson J W. 1990. Contributions of vehicle weight and ground pressure to soil compaction [J]. Journal of agricultural engineering research, 46: 13 - 29.

Smith F A, Smith S E. 2013. How useful is the mutualism-parasitism continuum of arbuscular mycorrhizal functioning [J]. Plant and Soi, 363: 7 - 18.

Sorice M G, Shafer C S, Ditton R B. 2006. Managing endangered species within the use-preservation paradox: the florida manatee (trichechus manatus latirostris) as a tourism attraction [J].Environmental Management, 37(1): 69 - 83.

Sousa A, Garcìa-Murillo P. 2003. Changes in the wetlands of Andalusia (Doñana natural parks, SW Spain) at the end of the little ice age [J]. Climatic Change, 58: 193 - 217.

Spildie D R, Cole D N, Walker S C. 2000. Effectiveness of a confinement strategy in reducing pack stock impacts at campsites in the Selway Bitterroot Wilderness, Idaho [C]. USDA Forest Service, Proceedings Rocky Mountain Research Station, 5: 199 - 208.

Stankey G H, McCool S F, Stokes G L. 1990. Managing for appropriate wilderness conditions: the carrying capacity issue//Hendee J C, Stankey G H, Lucas R C. Wilderness Management [M]. Golden CO: North American Press (Fulcrum Publishing) 215 - 239.

Stoeckla N, Greinerb R, Mayocchib C. 2006. The community impacts of different types of visitors: an empirical investigation of tourism in North-west Queensland [J]. Tourism Management, 27: 97 - 112.

Su X, Wu X B, Yan P, et al. 2007. Rearrangement of a mitochondrial tRNA gene of the concave-eared torrent frog, Amolops tormotus [J]. Gene, 394: 25 - 34.

Su Y Y, Guo L D. 2007. Arbuscular mycorrhizal fungi in non-grazed, restored and over-grazed grassland in the Inner Mongolia steppe [J]. Mycorrhiz, 17: 689 - 693.

Sun D, Walsh D. 1998. Review of studies on environmental impacts of recreation and tourism in Australia [J]. Journal of Environmental Management, 53(4): 323 - 338.

Sutherland W J, Armstrong B S, Armsworth P R. 2006. The identification of 100 ecological questions of high policy relevance in the UK [J]. Journal of Applied Ecology, 43: 617 - 627.

Tao Z P. 2003. Ecological Rucksack and Ecological Footprint — the Weight and the Area Concept of Sustainable Development [M]. Beijing: Economical Sciences Publishing House: 161 -206.

Taylor Audrey R, Knight Richard L. 2003. Wildlife responses to recreation and associated visitor perceptions [J]. Ecological Applications, 13(4): 951 - 963.

Thurston E, Reader R J. 2001. Impacts of experimentally applied mountain biking and hiking on vegetation and soil of deciduous forest [J]. Environmental Management, 27(3): 397 - 409.

Tosun C. 2002. Host perceptions of impacts: a comparative tourism study [J]. Annals of Tourism Research, 29(1): 231 - 253.

Trakolis D. 2001. Local people's perceptions of planning and management issues in Prespes Lakes National Park, Greece [J]. Journal of Environmental Management, 61: 227 - 241.

Turrini A, Glovannetti M. 2012. Arbuscular mycorrhizal fungi in national parks, nature reserves and protected areas worldwide: a strategic perspective for their in situ conservation [J]. Mycorrhiza, 22: 81 - 97.

Turton Stephen M. 2005. Managing environmental impacts of recreation and tourism in rainforests of the wet tropics of queensland world heritage Area [J]. Geographical Research, 43(2): 140 - 151.

Tuttle M, Griggs G. 1987. Soil erosion and management recommendations at three state vehicular recreation areas, California [J]. Environmental Geological Water Science, 10(2): 111 - 123.

Tzatzanis M, Wrbka T, Sauberer N. 2003. Landscape and vegetation responses to human impact in sandy coasts of Western Crete, Greece [J]. Journal for Nature Conservation, 11(3): 187 -195.

van der Heijen M G A, Boller T, Wiemken A, et al. 1998. Different arbuscular mycorrhizal fungal species are potential determ ants of plant community structure [J]. Ecology, 79: 2082 - 2091.

Vepsäläinen M, Kukkonen S, Vestberg M, et al. 2001. Application of soil enzyme activity test kit in a field experiment [J]. Soil Biology & Biochemistry, 33: 1665 - 1672.

Verbruggen E, Röling W F M, Gamper H A, et al. 2010. Positive effects of organic farming on below-ground mutualists: large-scale comparison of mycorrhizal fungal communities in agricultural soils [J]. New Phytologist, 186: 968 - 979.

Vistad O I. 2003. Experience and management of recreational impact on the ground — a study among visitors and managers [J]. Journal forNature Conservation, 11: 363 - 369.

Vogelsang K M, Reynolds H L, Bever J D. 2005. Mycorrhizal fungal identity and richness determine the diversity and productivity of a tallgrass prairie system [J]. New Phytol, 172: 554 - 562.

Wackernagel M, Ree W. 1996. Our Ecological Footprint: Reducing Human Impact on the Earth [M]. Philadelphia: New Society Publishers: 52 - 53.

Wager J A. 1964. The Carrying Capacity of Wild Lands for Recreation Forest Science Monograph [M]. Washington D C: Society of American Foresters: 24.

Wall G. 1998. Implications of global climate change for tourism and recreation in wetland areas [J]. Climatic Change, 40: 371 - 389.

Wang B, Qiu Y L. 2006. Phylogenetic distribution and evolution of mycorrhizas in land plants [J]. Mycorrhiza, 16: 299 - 363.

Wang F Y, Liu R J, Lin X G, et al. 2004. Arbuscular mycorrhizal status of wild plants in saline-alkaline soils of the Yellow River Delta [J]. Mycorrhiza, 14: 133 - 137.

Wang J H, Lu Y T, Shen G Q. 2007. Combined effects of candmium and butachlor on soil enzyme activities and microbial community structure [J]. Environ Geol, 51: 1221 - 1228.

Wang L, Wang W D, Gong Z G, et al. 2006. Integrated management of water and ecology in the urban area of Laoshan district, Qingdao, China [J]. Ecological Engineering, 27: 79 - 83.

Ward F A, Beal D. 2000. Valuing Nature with Travel Cost Model [M]. UK: Edward Elgar Publishing.

Whinam J, Cannell E F, Kirkpatrick J B, et al. 1994. Studies on the potential impact of recreational horse riding in some alpine environments of the Central Plateau, Tasmania [J]. Journal of Environmental Management, 40: 103 - 117.

Whinam J, Chilcott N. 1999. Impacts of trampling on alpine environments in central Tasmania [J]. Journal of Environmental Management, 57(3): 205 - 220.

Whitehead P G, Neal C. 2005. The Wheal Jane wetland remediation system study: some general conclusions [J]. Science of the Total Environment, 338: 155 - 157.

Wing M, Shelby B. 1999. Using GIS to integrate information on forest recreation [J]. Journal of Foresty, 97 (1): 12 - 16.

Wolski P, Murray-Hudson M. 2008. An investigation of permanent and transient changes in flood distribution and outflows in the Okavango Delta, Botswana [J]. Physics and Chemistry of the Earth, 33: 157 - 164.

Woodward F I. 1994. How many species are required for a functional ecosystem//Schulze D E, Mooney H A, et al. Biodiversity and ecosystem function [M]. Berlin: Spring-Verlag: 271 - 291.

Wu J, Loucka O L. 1995. From balance-of-nature to hierarchical patch dynamics: a paradigm shift in ecology [J]. Quarterly Review of Biology, 70: 439 - 466.

Yamato M, Iwasaki M. 2002. Morphological types of arbuscular mycorrhizal fungi in roots of understory plants in Japanese deciduous broadleaved forests [J]. Mycorrhiza, 12: 291 - 296.

Yang A N, Lu L, Zhang N. 2011. The diversity of arbuscular mycorrhizal fungi in the subtropical forest of Huangshan (Yellow Mountain), East-central China [J]. World Journal of Microbiology and Biotechnology, 27: 2351 - 2358.

Yoda Akemi, Watanabe Teiji. 2000. Erosion of mountain hiking trail over a seven-year period in Daisetsuzan National Park, Central Hokkaido, Japan [J]. USDA Forest Service Proceedings, 5: 172 - 178.

Yufai L, Marion J L, Coe D N, et al. 2000. Marion recreation impacts and management in wilderness: a state-of-knowledge review [J]. USDA Forest Service Proceedings, 15(5): 23 - 48.

Zabinski C A, DeLuca T H, Cole D N, et al. 2002. Restoration of highly impacted subalpine campsites in the Eagle Cap Wilderness, Oregon [J]. Restoration Ecology, 10(2): 275 -281.

Zhang Y, Guo L D, Liu R J. 2004. Survey of arbuscular mycorrhizal fungi in deforested and natural forest land in the subtropical region of Dujiangyan, southwest China [J]. Plant and Soil, 261: 257 - 263.

Zhao D D, Zhao Z W. 2007. Biodiversity of arbuscular mycorrhizal fungi in the hot-dry valley of the Jinsha River, southwest China [J]. Applied Soil Ecology, 37: 118 - 128.

Zhao Z W, Wang G H, Yang L. 2003. Biodiversity of arbuscular mycorrhizal fungi in tropical rainforests of Xishuangbanna, southwest China [J]. Fungal Diversity, 13: 233 - 242.

彩　　图

图 7－1　太平湖国家湿地公园生态保育区采样点示意图

图　　版

图版1　太平湖国家湿地公园生态保育区河口滩地实地调查图

A 大湖冲滩地

B 大湖冲局部水段出现蓝藻

C 营盘山滩地上修建的水泥游憩设施

D 吴家洲滩地

E 石壁陈过度放牧滩地

F 渔业干扰下的乌里村滩地

图版 2　安徽太平湖国家湿地公园规划——功能分区图

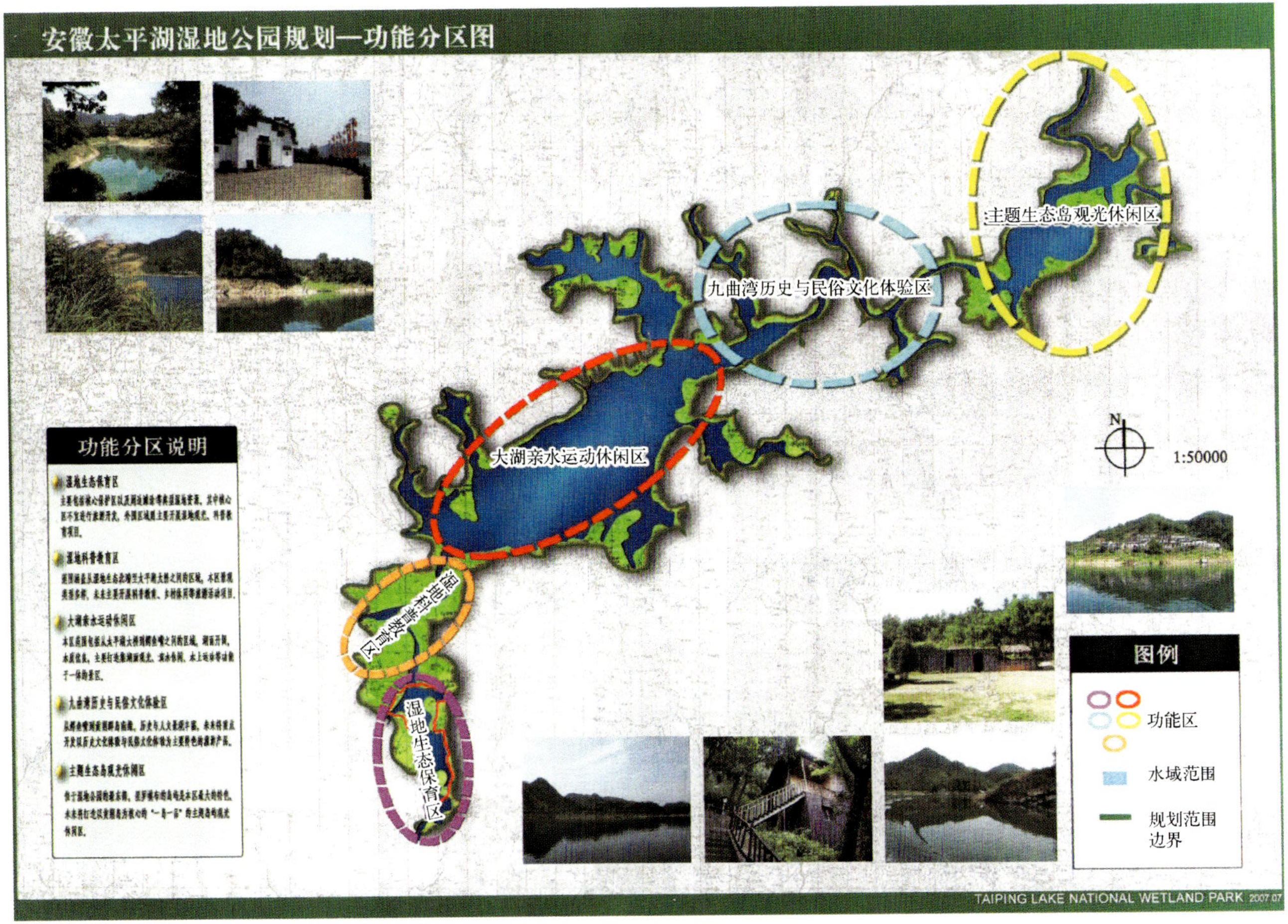

图版 3 太平湖国家湿地公园不同功能区实地调查图

Ⅰ 吴家洲

Ⅱ 营盘山

Ⅲ 猴岛

Ⅳ 白鹭洲